東亞《近思録》文獻叢書

近思録釋疑

【朝鮮】金長生 鄭 曄 撰 【朝鮮】宋時烈 修訂

程水龍 陸淼淼 校點

近思續録

【朝鮮】宋秉璿 金聖禮 編

彭春玉 李 想 校點

海東七子近思録

【朝鮮】朴泰輔 編

傅孟凱 校點

國家古籍整理出版專項經費資助項目
國家社科基金一般項目《仿編〈近思録〉文獻整理与研究》（編號20BZX059）

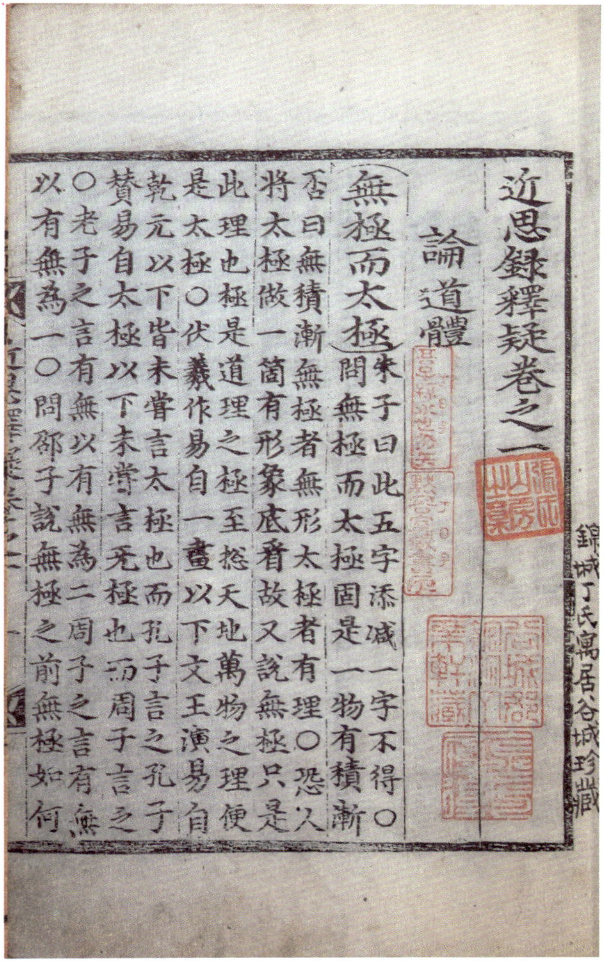

近思録釋疑卷之一

論道體

無極而太極 朱子曰此五字添減一字不得○問無極而太極固是一物有積漸否曰無積漸無極者無形太極者有理○恐人將太極做一箇有形象底看故又說無極只是此理也極是道理之極至摠天地萬物之理便是太極○伏羲作易自一畫以下文王演易自乾元以下皆未嘗言太極也而孔子言之孔子贊易自太極以下未嘗言无極也而周子言之○老子之言有無以有無為二周子之言有無以有無為一○問邵子說無極之前無極如何

錦城丁氏寓居谷城珍藏

韓國成均館大學校藏李朝顯宗二年木板本《近思録釋疑》書影

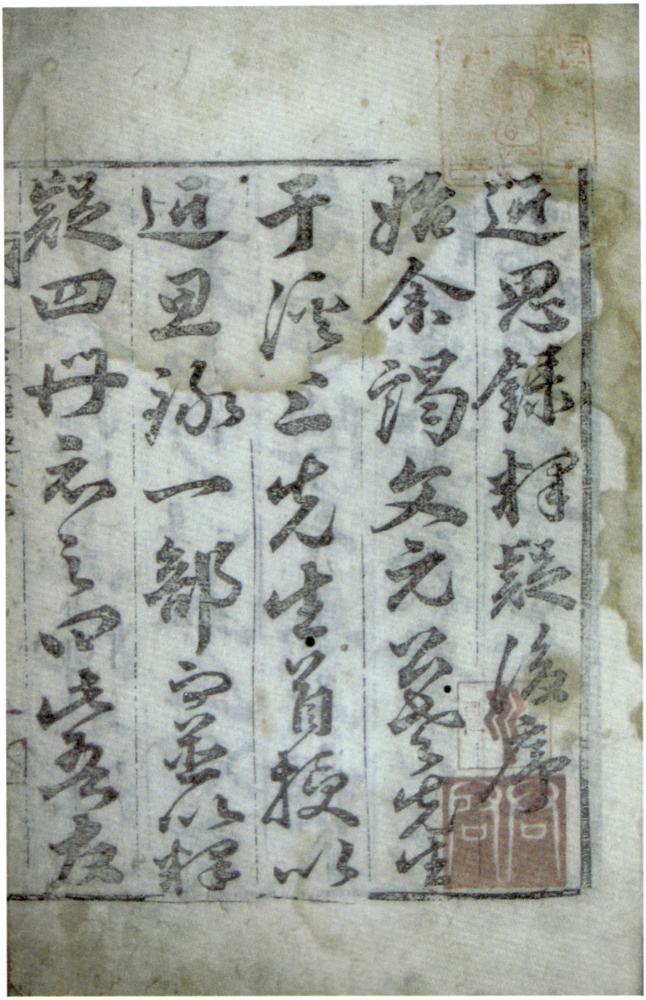

韓國梨花女子大學藏《近思录释疑》書影

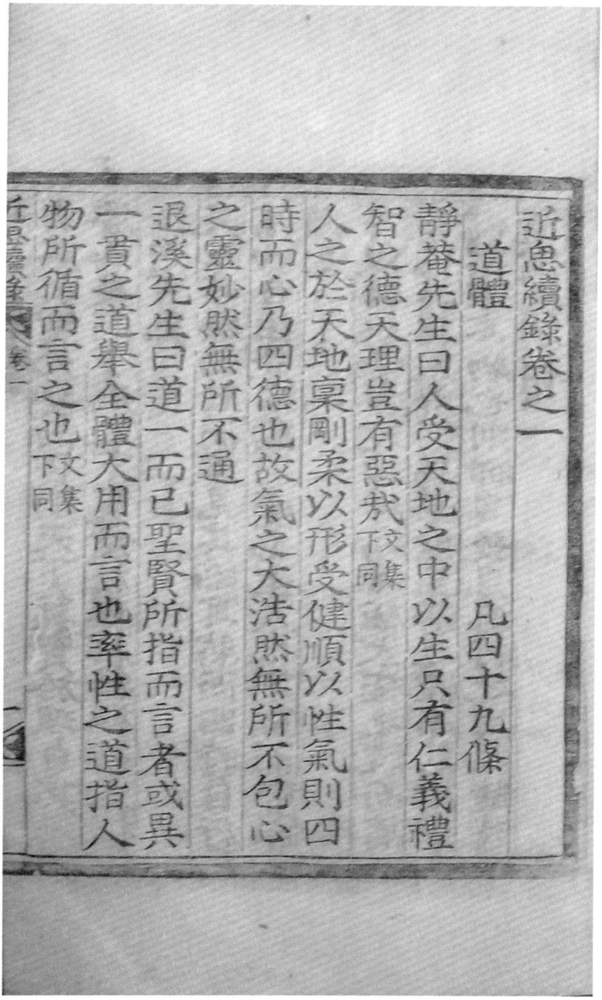

近思續錄卷之一

道體　凡四十九條

靜菴先生曰人受天地之中以生只有仁義禮智之德天理豈有惡哉文集下同

人之於天地稟剛柔以形受健順以性氣則四時而心乃四德也故氣之大浩然無所不包心之靈妙然無所不通

退溪先生曰道一而已聖賢所指而言者或異一貫之道舉全體大用而言也率性之道指人物所循而言之也文集下同

近思續錄　卷一　一

韓國國立中央圖書館藏《近思續録》書影

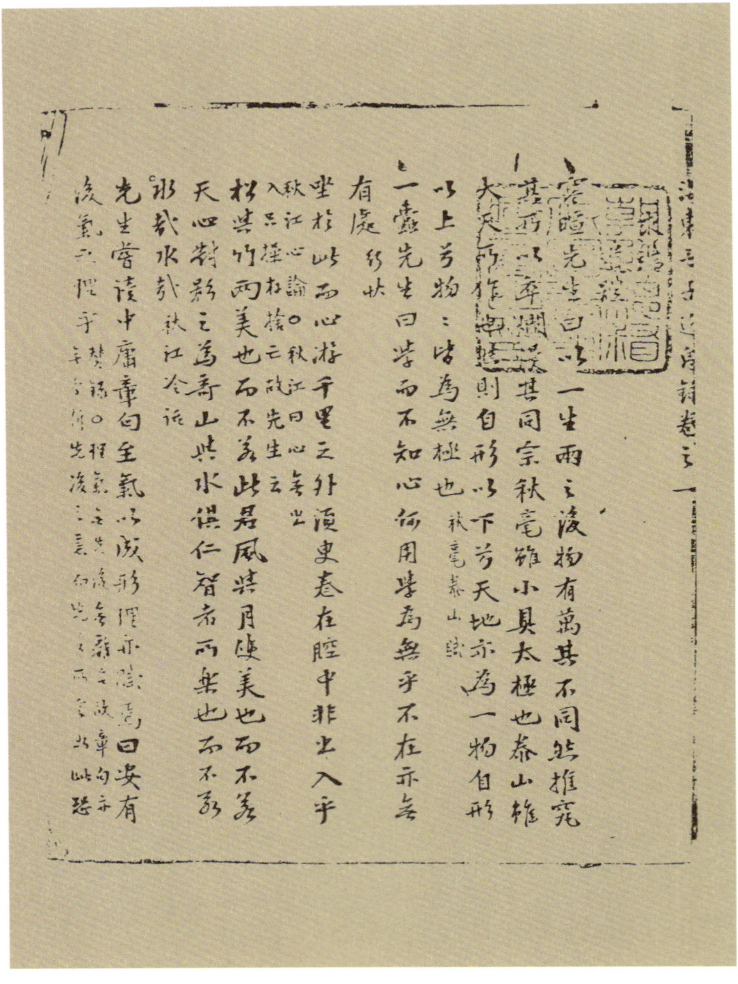
海東七子近思録卷之一

寒暄先生曰：一生兩，兩之後物有萬，其不同。然推究其所以，是其同宗。秋毫雖小，具太極也；泰山雖大，是所作樂，則自形以下者，天地亦爲一物；自形以上者，物物皆爲無極也。秋毫泰山說

一蠹先生曰：學而不知心，何用學爲？無乎不在，亦無有處。行狀

坐於此而心游千里之外，須臾卷在腔中，非出入乎？

於其竹兩美也，而不著此君；風與月俱美也，而不著天心對影之爲；奇山與水俱仁智，亦兩樂也，而不取形哉水哉。秋江冷話

先生嘗讀中庸章句至氣以成形，理亦賦焉，曰：安有後氣之理乎？

韓國國立中央圖書館藏筆寫本《海東七子近思録》書影

東亞近思録文獻叢書序

朱熹（一一三〇—一二〇〇），字元晦，號晦庵。祖籍徽州婺源（今江西婺源），出生於福建南劍尤溪，爲二程三傳弟子。謚號文，世稱朱文公。朱熹爲南宋閩學之傑出代表，其哲學思想後世稱爲朱子學。他吸收了程顥、程頤、周敦頤、邵雍、張載等人的學術思想，揚棄了佛道的哲學，建立了自己的理學體系，成爲宋代理學的集大成者。故全祖望認爲朱子「致廣大，盡精微，綜羅百代」，錢穆説「前古有孔子，近古有朱子」，視爲中國近古最偉大的思想家。其著述宏富，在其一生編撰的二三十種著述中，除四書章句集注之外，與吕祖謙共同編撰的近思録是後世傳刻最多、流播最廣的一種。

南宋淳熙二年，朱熹與吕祖謙「相與讀周子、程子、張子之書，歎其廣大閎博，若無津涯，而懼夫初學者不知所入也，因共掇取其關於大體而切於日用者」，編成近思録十四卷。關於此書，朱熹自己認爲：「近思録好看。四子，六經之階梯；近思録，四子之階梯。」朝鮮半島李朝初年金宗瑞説：「是書所載，皆正心修身之要。」隨即李朝大儒李滉等倡行「洛閩近思之學」，以爲不讀近思録則難以「窮理盡性以至於命」。朝鮮朱子學者一直將此書作爲國民進入聖學的津梁。

由於此書在東亞尊崇程朱之學者心中地位甚高，故朝鮮半島不斷有人或注解、或續編、或札録、或宣講此書。

同樣身處東亞漢字文化圈中的日本，也把此書視作經典，將其定性爲僅次於五經、四書的讀本，是青少年入道的階梯。日本江户時代中村惕齋説：「天下古今之書，莫貴於六經、四子，而次焉者獨有此篇。」江户會津藩學校奉行山内俊温認爲「此書之爲聖學之階梯、大道之標表」。自江户時代至二十世紀四十年代，日本在受容中國近思録及其注本的同時，通過重刻、注釋、翻譯、講讀、仿編等途徑整理産生了大量「近思録文獻」。

所以，近思録作爲理學經典是毋庸置疑的，梁啓超、錢穆都尊奉此書爲宋代理學的首選經典，以爲「後人治宋代理學，無不首讀近思録」，錢穆還將近思録視作「復興中華文化人人必讀的九部書」之一。當代學者束景南説：「在朱熹以後直到近代，程朱理學在很大程度上是借助於近思録的注釋刊刻流布得到廣泛傳播的，宋、明、清儒者們也多以近思録爲『階梯』，從近思録切入到對程朱理學的認識與接受，因而一部近思録的注釋傳刻流布史，也就是一部宋明到近代的理學接受史。」

在東亞理學發展史上，作爲承傳北宋四子思想兼而體現朱子理學構建理念的近思録，備受尚儒者推崇，於是近思録不斷被各國注釋、續編、傳抄、刊印，形成多種整理形式的「近思録文獻」。目前存世的東亞近思録文獻版本達六百種之多。其版本形態多姿多彩，文本内容或尊崇中國程朱之學，或將中土與本邦性理之學相融合，或有意體現本邦儒者之思想，因而形成了漢文化圈中獨特、系統的近思録文獻建構與傳播景觀。

朱子學在近現代經過洗禮之後，依然是學者、政治家推崇的優秀文化思想。被提升到理學經典地位的近思録，至今仍煥發出無限生機。近二十年來以近思録整理、注釋、研究爲對象的著述在國内外出版機構陸續面世，差不多形成一股研究「近思録文獻」的熱潮。其中特别值得肯定的是嚴佐之先生主編的近思録專輯，獲得了海内外學術界的好評。但是此編僅收傳世的部分中國近思録文獻，尚不能全面反映東亞史上宏富的近思録文獻全貌，讀者也難以更多地認知近思録在東亞悠久而廣泛的影響。

考察歷史上東亞區域的「近思録文獻」，我們便會明確認知到近思録所藴藏的理學思想在東方古典學視野中所擁有的歷史影響與不朽魅力。近思録及其後續著述不僅在本土具有强大的生命力、影響力，而且歷史上朝鮮半島、日本的相關文獻也與之存在深厚的淵源關係。從存世的相關文獻稍作探究，不難發現東亞區域的「近思録文獻」存在明顯的共通之處，其中的修身之要、爲學之方、齊家治政之術、入聖之道等有着永恒的生命，其不朽的思想價值是值得世代相傳的。

在上海古籍出版社的積極努力下，以「東亞近思録文獻」爲整理對象，申請了「國家古籍整理出版資助項目」，並獲得立項。該項目的設立，極益於东亞儒學思想，特别是程朱理學學術思想史之研究，亦利於當今社會的文化建設與人生修爲。新時期，我國正把文化建設放在全局工作的突出位置，要求堅守中華文化立場，强調不斷提高國家文化軟實力，增强中華文化影響力，發揮文化引領風尚的作用，那麼作爲中華思想文化經典之一的近思録，作爲史上東亞區域的先進文化，曾經惠及了無數讀者，蕴含着無限生機與活力，其中之精華依然值得我們繼承與發展。

在該項目立項前後，確定由蘇州大學教授程水龍負責組稿，約請了華東師範大學、上海大學、蘇州大學、温州大學等高校的專家和青年才俊對近思録文獻進行搜集、校點、整理。定名爲東亞近思録文獻叢書。

雖説東亞各國有不同數量的近思録整理文本，但仍有許多工作有待開展，而將我國的近思録各類文本與朝鮮半島、日本相關經典文本匯集一處進行校點整理，史上從未有過，故編校本叢書也是一次有意義的嘗試。考慮到盡量不與已出版的近思録文獻重複，本叢書校點整理的對象會避開華東師範大學出版社出版的近思録專輯，凡專輯已校點出版的中國學者關於近思録的著述不再收録，而是在南宋至二十世紀中期的東亞近思録文獻中選取。

最終我們在前人和當代學者整理近思録文獻的基礎上，剔除重複，精選國内尚存的近思録原文本、注本、續編本之代表，以及現存韓國、日本的具有代表性的「近思録文獻」典籍約三十部，依據古籍整理的規範校點整理。這些校點整理對象的選取，既是力求反映朱、吕編輯近思録之初心，也要展示近思録東亞傳播史上注釋、仿編、講論此書的代表作品。朱熹當初主編近思録，是爲了便利於初學者閲讀周敦頤、張載、程顥、程頤四子的宏富著述，使之近思切問，掌握入道門徑。因而近思録也成爲南宋後期，元、明、清各朝崇儒者家弦户誦之經典，尤爲塾師童蒙所親睞，故朱子再傳弟子熊剛大對近思録、續録、别録逐句進行句解，注文淺近易懂，旨在方便童蒙閲讀理解；南宋佚名所撰文場資用分門近思録，則將近思録按内容分成若干小類進行重新編輯，既滿足童蒙求學之需，又便宜科考之用；清初吕留良的「吕氏家塾讀本」近思録，在原文六百二十二條語録的基礎上稍增注文，以便本族子弟通曉該書；周公恕整理改造葉采近思録集解而成分類經進近思録集解，每卷各立細目，反映了元明之際頗具特色的近思録注本改編類次現象；清代李振裕、高喬重鐫近思録集解則反映出清初對葉采集解的改組類次特色；清末張紹价在前人注解的基礎上，吸納近思録多家注本之精華，亦兼顧晚清時事，對近思録進行了簡明流暢的注解，反映出時代大變革之際的儒者對朱子學的審視與經世致用的情懷。

朝鮮李朝學者的近思録釋義、近思録增解、近思録附注，是注釋近思録之代表，近思録釋疑、星湖先生近思録疾書、近思録集解或問又反映出朝鮮朱子學者對南宋代表性注本葉采近思録集解的推崇與質疑。續近思録、近思續録、海東七子近思録等則是朝鮮學者仿編近思録或汪佑五子近思録而成的本邦文獻，反映出在那個「望道唯憑性理書」的時代李朝社會對朱子學的尊崇。

日本江户、明治時期學術界在推崇近思録之餘，以日本學者特有的方式進行注釋、訓點，近思録備考、近思録欄外書、鼇頭近思録等便是其中的代表。日本學者還有意揭示朱子學、陽明學的異同。他們既注重在童蒙中傳播近思録近思切問之精髓，又不斷講論自己的主張，近思録訓蒙輯疏、近思録説略、近思録鈔説等乃其代表。另外，崇敬程朱之學者不斷仿照近思録體例編撰續編性質的文本，如近思録集説，融中國、朝鮮、日本諸多學者的論述於一書。

這些不同時期的近思録代表注本、續編文本，爲童蒙架設的通向聖賢階梯的「近思録文獻」，反映出史上東亞文化思想深厚的歷史淵源，也是現今我們認知東亞史上程朱理學思想的重要文獻，是程朱理學思想研究中頗爲倚重的一手文獻資料。它們不僅是研究東亞儒學的基礎文獻，社會大衆讀之亦可發揮調攝身心之功用。

對於上述入選本叢書的各書，主編都盡量提供時代較早、内容完整、校刻或抄寫精審的底本給校點整理者，並負責最終統稿。各校點整理者對其整理編校對象，自負其責，比較各種版本，辨其源流，選取校本或相關文獻，在「校點説明」中簡要概述所選底本的内容、版訊、價值等。

在編校整理中，對於有價值的序跋、傳記資料，也盡量收集附於書後。最終完成編校的每一部文獻，大體由校點説明、基本文獻、相關附録資料構成。

本叢書從策劃到申請資助，都是上海古籍出版社領導和編輯牽頭完成的，尤其是得到劉海濱先生、徐卓聰先生等的大力支持與幫助。正是因爲有了他們的辛勤付出，本叢書的編撰方能有條不紊地按計劃順利實施。因主編和諸位編校者不能遍觀聖賢之書，故而本叢書中難免會有不足之處，敬請賢達指正！

主編　程水龍

二〇二一年三月

目録

近思録釋疑

近思續録

海東七子近思録

[朝鮮]金長生 鄭 曄 撰
[朝鮮]宋時烈 修訂
程水龍 陸淼淼 校點

近思録釋疑

校點説明

葉采，字仲圭，號平巖，南宋建安（今屬福建建甌）人。朱熹再傳弟子。撰近思録集解十四卷，此注本「悉本朱子舊注，參以升堂記聞及諸儒辯論，擇其精純，刊除繁複，以次編入，有闕略者，乃出臆説。朝删暮輯，踰三十年」（葉采近思録集解序）。葉采創製的各卷篇目、解題，使原書體例顯得更加明晰完備，内容更趨明朗，亦多爲後世近思録的續編、仿編者所宗，因襲沿用，綿延不絶。故集解成爲近思録衆多注本中流布最廣者。

據現存文獻資料可知，歷史上葉采近思録集解曾遠播朝鮮半島、日本等。朝鮮李朝時期刻印、抄寫的中國學者「近思録文獻」有多種，其中以葉采近思録集解爲絶對主體，今存二十八種之多；其本土再生的「葉采集解系列版本」達三十種。可見歷史上東亞學界對集解的青睞，認爲「葉氏私淑於北溪陳氏，其説宜得朱子之意」（高津泰近思録訓蒙輯疏序），因而「葉注之爲世誦習久」（盧相稷近思録釋義序）。

但是，在程朱理學成爲東亞學術思想的主流之後，朝鮮王朝及社會各層一方面對程朱之學予以尊崇，接受並傳播，另一方面朝鮮本土學者開始進行反思，甚至出現反朱批朱的思潮。那些質疑、批判者，有通過對四書的再詮釋，來批判以四書章句集注爲基礎所建構的朱子學思想系統的，也有由詮釋近思録、仿編新生本邦文本等路徑來展現自己觀念主張而逐漸形成具有本民族色彩的朱子學的。金長生、鄭曄便是這些質疑者中的代表。

金長生（一五四八—一六三一），字希元，號沙溪，李朝光州人。他少年老成，先後追隨宋翼弼、李珥研習周敦頤、二程、朱熹的著述與近思録等，自稱是李珥嫡傳。是李朝的儒學者、思想家。謚文元，人稱文元公。著述有李珥先生狀德、經書辨疑、沙溪集、沙溪先生遺稿等。所著近思録釋疑，多概括闡釋近思録某些語録。

鄭曄（一五六三—一六二五），字時晦，號守夢、雪村，朝鮮草溪人。謚號文肅，人稱文肅公。著述有近思録釋疑、守夢集等。他師從向裹、李珥、宋翼弼，與金長生爲同門師友關係。

金長生曾經將自己閱讀近思録的認識撰爲一册，請鄭曄指正。回聲出現在十餘年之後。當鄭曄外甥羅萬甲在明崇禎二年（一六二九）將鄭氏撰寫的釋疑「四卷」（即四册）寄給金長生時，金氏甚感欣慰。拜讀之後，一方面發現自己昔日的疑惑涣然冰釋；另一方面，金長生也發現鄭曄釋疑是在他自己所撰基礎上修潤而成的。而此時鄭曄已歿，雖然金長生認爲「第於其中或有可疑者，恨未及時晦在世時評論歸一」（金長生近思録釋疑序），但是他還是覺得鄭曄此書學有所宗、思有所得，可取之處甚多，故特撰近思録釋疑序一篇，以表懷念之情、稱頌之意。

然而此時已是垂暮之年的金長生已無精力校訂全書，其門人宋時烈（一六〇七—一六八九）擔起此責，對釋疑進行了校勘。宋氏初名聖賚，字英甫，號尤庵、華陽洞主、橋山老夫、南澗老叟，李朝恩津人。謚號文正，人稱文正公。他是李朝孝宗至肅宗時期的名臣，曾任左議政，同時也是李朝中期著名的儒學者、思想家。其學「一主於朱子」，到了李朝後期，人稱其「宋子」或「宋夫子」。其著述有李珥先生年譜、紫雲廟庭碑、近思録誤本辨證、朱文抄選、尤庵集等。

作爲程朱理學的忠信者宋時烈，在金長生授以近思録與近思録釋疑後，宋氏幾十年用功於斯，「取此書（校點者按：指近思録釋疑）以理舊學，則字有其訓，句有其解，不翅若瞽者之有相矣」。從而深悟金長生、鄭曄關於近思録的論述。他認爲釋疑中所引朱子之説，近似於蔡模所編近思續録，故而益信金長生「讀近思者不可以無此」之言。但考慮到釋疑本爲草本，未及修定，凡例不乏賓主舛亂之病，於是對此書進行校改，稍改原稿樣式，「大書近思本文以爲之綱，而以其所釋諸説分注於其下」。又正其次序之舛者，使其綱目相承，井伍不紊」（宋時烈近思録釋疑後序）。同時，宋氏對那些需要「修潤損益之處」，「不敢以妄意穿鑿」，而是將金長生以前教誨自己的相關語録增補其中。明崇禎三十四年（一六六一），當鄭曄外甥羅萬甲欲刊梓近思録釋疑時，宋時烈受託作序，把自己的工作作了介紹。

顯而易見，近思録釋疑十四卷，是兩代學人歷時多年的心血結晶。金長生、鄭曄編撰，宋時烈校讎。此書對近思録絶大多數條目（當然，有時僅就某條語録中的部分詞句）進行了詮釋或考證。兩位撰者與一位校者多處引用朱熹再傳弟子葉采近思録集解的文字，間有評析質疑，或解釋近思録集解中的注文，或指出葉采注文「似未洽當」「恐未穩」「恐未安」「似不襯切」「下語恐有病」「恐未免牽合」等，其字裏行間的委婉揣測語氣，表現出友善商榷之意，故稱「釋疑」。金、鄭、宋三人釋疑的文字，又多處引用栗谷（李珥）、退溪（李滉）、沙溪（金長生）之言，從中也展現出朝鮮王朝大儒的某些學術主張。而宋時烈的校讎文字，多以按語的方式來表現。

近思録釋疑十四卷現存多種版本，如李朝筆寫本多部，李朝木板本多種，李朝活字本多種。本次校點整理以現藏首爾大學奎章閣的近思録釋疑明崇禎三十四年（一六六一），即顯宗二年木板本（簡稱「顯宗二年本」）爲底本。該本每半葉七行十八字，注文小字雙行同。四周單欄，有界行。白口，對魚尾。版心魚尾間刻印書名簡稱與卷次、頁碼。卷一卷端首行頂格題「近思録釋疑卷之一」，次行低一字半格題「論道體」，第三行頂格刻印正文。近思録原文刻作大字，「釋疑」的文字刻作雙行小字。各卷除首條外，每條之間用「○」區分開來。卷末有尾題「近思録釋疑卷之某某」。卷首刊崇禎二年金長生近思録釋疑序、崇禎三十四年宋時烈近思録釋疑後序。前一篇爲行書上板，後一篇爲行草書上板。

校本選用李朝顯宗年戊申年(一八四八)活字本(簡稱「戊申字本」)。此本每半葉十行每行十七字,小字雙行同。四周雙欄,有界行。白口,對魚尾。卷首印有崇禎二年金長生近思録釋疑序,崇禎三十四年宋時烈近思録釋疑後序。首爾大學奎章閣藏,宋熹準近思録注解叢編第二册收録了該活字本的影印本。

本次校點對底本中各卷各條編排不統一之處作了適當調整,條與條之間空一行,同一條内容則前後緊隨。對底本中出現的異體、俗體字夾雜使用等情形,校點時多改作通行的繁體字,如「盖」改作「蓋」、「无極」改作「無極」、「乏」改作「定」、「恠」改作「怪」、「荅」改作「答」、「无窮」改作「無窮」、「囙」改作「因」、「寀」改作「實」、「虗」改作「虛」、「躰」「体」改作「體」、「辤」「辞」改作「辭」、「断」「斷」改作「斷」等,在特指揚雄時,「楊子」改作「揚子」。在刊刻過程中,「〇」符號時有漏略,整理者以前後邏輯關係加以增補,不出校勘記。不當之處,懇請方家教正。

校點者蘇州大學程水龍、中山大學陸淼淼

近思録釋疑序

吾友草溪鄭時晦，於儕流年最少，少於我十五歲，奄然先我而逝，既久，而悲歎之意常往來于懷也。時晦嘗謂余：「吾受教於先人矣，曰爾當以栗谷爲師，金某爲友，故敢與吾子相從爾。」自是切磋道義，相期特深。曩余讀近思録到難會處，引諸儒諸説，間附以己見，録作一册，請時晦刊正，已過十餘稔矣。今年秋羅校理萬甲謫海西，將行，以時晦所撰釋疑四卷見寄。蓋羅於時晦爲甥，時晦未及浄寫，屬於羅君故也。程朱格言，逐條類聚，亦取瞽説録於其間，蓋見時晦相信之篤也。閑中一閲，怳若(警)〔謦〕咳之相接，而前日所疑釋然冰解，老境得此，誠大幸也。第於其中或有可疑者，恨未及時晦在世時評論歸一耳。時晦早事向裏，出入栗谷、龜峰兩先生之門，學有所得，居家多可取之行，立朝不與人苟同。或州縣，或田野，盤桓不進，其意蓋可想矣。及至今上朝，多被眷重，委任責成，將有所施，不幸齎志而没，惜哉！思時晦而不見，見時晦之所著，差可慰懷，遂爲之序。崇禎二年己巳重陽，沙溪金長生書。

近思録釋疑後序[一]

始余謁文元老先生于溪上，先生首授以近思録一部，而並以釋疑四册視之，曰：「此吾友守夢公之所編也，讀近思者不可以無此也。」時余蒙陋益甚，無以窺其梗槩，又方親受先生旨訣，似若無事於此書者。未幾先生歿，踽踽若窮人之無歸，而有幽室求物之歎，乃取此書以理舊學，則字有其訓，句有其解，不翅若瞽者之有相矣。而又凡老先生平日議論多在其中，怳若復承（謦）〔謦〕咳於函丈之間，竊不勝羹牆江漢之思也。又多以朱子説從門補入，互成部居，是不待覺軒之手而宛一寒泉之續編，其功可謂大矣。於是追憶先生之言，果知此書之不可無也。第其凡例無甚賓主，又其先後間或錯置，意其爲草本而未及修定爾。余竊僭不自揣，與一二同志[二]，參其校讎，稍改舊樣，大書近思本文以爲之綱，而以其所釋諸説分註於其下，又正其次序之舛者，使其綱目相承，井伍不紊。蓋欲其便於考閲而已，非欲求異於原書也。其間或不免有修潤損益之處，則亦以其所聞於老先生者，而不敢以妄意穿鑿，以犯不韙之罪也。蓋公與老先生俱學于栗谷之門，其淵源宗絡無有不同，則今其所聞於老先生者，亦公平日之緒論也。況公之此書固與平巖本註多有異同而不以爲嫌者，本欲公天下之義理而無一毫彼我之私，則正亦不能不以此有望於後人也。若曰公能操其戈以入平巖之室，而反自有墨守之心，顧語後世曰「一字不可改易」云爾，則非所以知公者也。噫！九原可作，必將莞爾而笑，以爲粗得其當日之心矣。顧自始學以至于今，殆將三十年矣。悼前修之益遠，懼眇旨之無傳[三]，每抱遺編，徒切傷歎，今海州牧使羅公星斗[四]，以公之宅相謀入于梓，以壽其傳。而以余嘗與知其顛末也，求余一言以識，故輒書于簡末如右云。崇禎紀元之三十四年辛丑秋夕，後學恩津宋時烈謹序。

【校勘記】

[一] 近思録釋疑後序　顯宗二年木板本此处有行楷、行草上板的兩篇後序，行楷上板的後序没有篇名，將「録一部而並以釋」七字錯置於篇名位置。行草上版的後序有篇名「近思録釋疑後序」。本次校點依據行草上板的後序標點。

[二] 與一二同志　「與」，顯宗二年本的前一篇後序、釋疑戊申字本均作「間從」。

[三] 懼眇旨之無傳　顯宗二年本的前一篇後序作「懼餘韻之終泯」。

[四] 今海州牧使羅公星斗　「公」字，顯宗二年本的前一篇後序、釋疑戊申字本作「侯」。

近思録釋疑卷之一

論道體

無極而太極。朱子曰：此五字添減一字不得。○問：「無極而太極」，固是一物，有積漸否？曰：無積漸。無極者無形，太極者有理。○恐人將太極做一箇有形象底看，故又説「無極」，只是此理也。「極」是道理之極，至總天地萬物之理便是太極。○伏羲作易，自一畫以下。文王演易，自乾元以下，皆未嘗言太極也，而孔子言之。孔子贊易，自太極以下，未嘗言無極也，而周子言之。○老子之言有無，以有無爲二。周子之言有無，以有無爲一。○問：邵子説「無極之前」，無極如何説前？曰：邵子就圖上説循環之意。自姤至坤，是陰含陽；自復至乾，是陽分陰。坤復之間乃無極，自坤反姤是無極之前。○問：因「而」字，生陸氏議論。曰：「而」字自分明。下云「動而生陽，静而生陰」，説一「生」字，便見其自太極來。今曰「而」，則只是一理。○此「而」字輕，無次序故也。○北溪陳氏曰：「而」字只輕接過，不可就此中間作兩截看。

註「**上天之載**」止「**復有無極也**」問：「上天之載」，是太極否？朱子曰：蒼蒼者是上天，理在「載」字上。「上天之載，無聲無臭」，是就有中説無。「無極而太極」，是就無中説有。○北溪陳氏曰：「無聲無臭」，是解「無極」二字。「造化樞紐，品彙根柢」，是解「太極」二字。○謝氏方叔曰：言造化之樞紐，所以明陰陽五行一太極。言品彙之根柢，所以明男女萬物一太極。○按：宋史本傳增其語，曰「自無極而爲太極」。陸象山亦謂「大傳明言易有太極，今乃言無，何耶？」朱子發明其不然，以爲非太極之外，復有無極也。**節齋** 名淵，字伯静，西山元定之子。與弟九峯沈皆不仕，隱德不耀，有易訓解。**畢竟** 退溪曰：「要其終而言也。」沙溪曰：「猶言定是也。」**便會** 沙溪曰：「會」字猶「能」字意。**必當先有** 按：性理大全：「太極動而生陽。」註：北溪陳氏曰「所謂太極者，其理已具」云云，而無「必當先有」四字。**一陽初動處，萬物未生時** 康節詩：冬至子之半，天心無改移。一陽初動處，萬物未生時。玄酒味方淡，大音聲正希。此言如不信，更請問包羲。

「太極動而生陽」止**「兩儀立焉」** 朱子曰：「動而生陽，静而生陰」，不是動後方生陽，蓋纔動便屬陽，纔静便屬陰。○理有動静，故氣有動静。若理無動静，則氣何自而有動静乎？○動極生静，非是又有別一箇静來繼此動；但動極則自然静，静極則自然動。○太極未動之前便是陰，陰静之中，自有陽之根；陽動之中，又有陰之根。動之所以必静者，根乎陰故也；静之所以必動者，根乎陽故也。○問：必至於「互爲其根」，方分陰陽？曰：從動静便分。問：「分陰分陽」，是帶上句？曰：然。「動而生陽，静而生陰」，則陰陽分而兩儀立矣。静極復動以後，所以明混闢不窮之妙。○兩儀是天地，與畫卦兩儀自别。玉齋胡氏曰：儀，匹也，如俗謂一雙一對爾。○皇極經世書：「十二會爲一元，一萬八百年爲一會。初間一萬八百年而天始開，又一萬八百年而地始成，又一萬八百年而人始生。」邵子於「寅」上方始註一「開物」字。蓋初間未有物，只是氣塞，及天開些子後，便有一塊查滓在其中，漸漸凝結而成地。初則溶軟，後漸堅實，今山形自高而下，便如水漾沙之勢。以此知必是先有天，方有地，有天地交感，方始生物來。○臨川吴氏曰：一元凡十二萬九千六百歲，分爲十二會，一會計一萬八百歲。天地之運，至戌會之中爲閉物，兩間人物俱無矣。如是又五千四百年而戌會終。自亥會始五千四百年，當亥會之中，而地之重濁凝結者，悉皆融散，與輕清之天混合爲一，故曰混沌。清濁之混，逐漸轉甚，又五千四百年，而亥會終，昏暗極矣，是天地之一終也。貞下起元，又肇一初，爲子會之始，仍是混沌，是謂「太始」，言一元之始也；是謂「太一」，言清濁之氣混合爲一而未分也。自此逐漸開明，又五千四百年，當子會之中，輕清之氣騰上，有日有月，有星有辰，日月星辰四者成象，而共爲天。又五千四百年，當子會之終，故曰「天開於子」。濁氣雖摶在中間，然未凝結堅實，故未有地。又五千四百年，當丑會之中，重濁之氣凝結者，始堅實而成土石；濕潤之氣爲水，流而不凝；燥烈之氣爲火，顯而不隱。水火土石四者成形而共爲地，故曰「地闢於丑」。又五千四百年而丑會終。又自寅會之始五千四百年，當寅會之中，兩間人物始生，故曰「人生於寅」也。

註「**一陰一陽之謂道**」繫辭。問：陰陽，氣也，所以陰陽道也。道也者，陰陽之理也。朱子曰：此説得之，若只言陰陽之謂道，則陰陽是道。今曰「一陰一陽」，則是一陰一陽往來循環不已者，乃道也。**誠者，聖人之本** 通書。問：誠者，聖人之本？朱子曰：此言本領之「本」。聖人之所以聖者，誠而已。**誠者，物之終始** 中庸。朱子曰：天下之物，皆實理之所爲，故必得是理，然後有是物。所得之理既盡，則是物亦盡而無有矣。凡有一物，則其成也，必有所始；其壞也，必有所終。而其所以始者，實理之至，而向於有也；其所以終者，實理之盡，而向於無也。若無是理，則亦無是物矣。此誠所以爲物之終始。○問：誠者，物之終始。曰：誠是實理，有此理則有此物，徹頭徹尾皆是此理，所謂「未有無此理而有此物也」。**誠者，命之道** 胡子知言。朱子曰：「誠者，命之道；中者，性之道；仁者，心之道。」此數句説得密。伯恭云「知言勝正蒙」，似此等處，誠然。天之所以命乎人者，實理而已，故言「誠者，命之道」。問：「道」字不如「德」字。曰：所以程子云「中者，性之德爲近之」，但言其自然，則謂之道；言其實體，則謂之德。「德」字較緊，「道」字較實[一]。○

按：自所謂「至命之道也」，此朱子引繫辭、通書、中庸、知言之語，釋「太極之有動静，是天命流行」之意也。**誠之通、誠之復** 通書。**繼之者善，成之者性** 繫辭。朱子曰：通者，方出而成於物；復者，各得而藏於己；繼之者，氣之方出而未有所成之謂也。善則理之方行，而未有所立之名也。成則物之已成，性則理之已立者。問：繼是動静之間否？曰：是静之終，動之始也。「繼」字便是「動」之頭。若只一闔一闢而無繼，便是闔殺了。繼之爲義，接續之意。言既有此道理，其接續此物者莫非善，而物之成形，各具此理而爲性也。○問：「復」如伏藏。曰：復只是回來。濂溪與伊川説「復」字差不同，濂溪就歸處説，伊川卻就動處説。濂溪就「利」「貞」上説，伊川就「元」字頭説。二説只是所指地頭不同，道理只一般。**分之所以一定而不移** 問：「分之所以一定而不移」，不知名分之分、性分之分。朱子曰：分猶定位耳。**所乘之機** 朱子曰：機氣，機也。機，是關捩子。踏着動底機，便挑撥得那静底；踏着静底機，便挑撥得那動底。○勉齋黄氏曰：蔡季通對朱先生問：「所乘之機，如何下得恁地好？」先生微笑。大抵只看太極乘着什麽機，乘着動機便動，乘着静機便静，那太極卻不自會動静。**形而上、形而下** 繫辭。程子曰：有形皆器也。○朱子曰：器是形迹。「**推之於前**」止「**其終之離也**」 沙溪曰：理與氣，推之於陰陽未生之前，引之於陰陽已生之後也。**用起天地先，體立天地後** 沙溪曰：用與體皆指陰陽而言，陰陽之用起於天地未形之先，陰陽之體乃立於天地已成之後。天地亦陰陽中之物也。體，形體之體，氣爲用，質爲體。○按：朱子以「動而生陽」、「靜而生陰」爲一定而不移，葉氏則以此爲流行；朱子以「動靜互爲其根」爲流行，葉氏以此爲「一定而不易」，語意頗不同。然葉氏亦以爲「流行中定分未嘗亂」，「對待中妙用實相流通」。

「**陽變陰合**」止「**四時行焉**」 問：陰盛何以居右？陽盛何以居左？朱子曰：左右但以陰陽之分耳。○水質陰而性本陽，火質陽而性本陰。水外暗而内明，以其根於陽也；火外明而内暗，以其根於陰也。○地言其大槩，土是地之形質，土於四時各寄旺十八日，或謂王於戊己。然季夏乃土之本宮，故尤王於夏末，月令載「中央土」者，以此。○勉齋黄氏曰：横渠先生云：「水火，氣也。故炎上潤下與陰陽相爲升降，土不得而制焉。木金者，土之華實，其性有水火之雜。故木之爲物，水漬而得生，火然而不離，蓋得土之浮華於水火之交也。金之爲物，得火之精於土之燥，得木之精於水之濡[二]，故水火相得而不相害，鑠之則反流而不耗，蓋得土之精實於水火之際也。」○五行之序，以質之所生而言，則水本是陽之濕氣，以其初動爲陰，所陷而不得遂，故水陰勝。火本是陰之燥氣，以其初動爲陽，所掩而不得達，故火陽勝。木則陽之濕氣浸多，以感於陰而舒，故發而爲木，其質柔，其性煖。金則陰之燥氣浸多，以感於陽而縮，故結而爲金，其質剛，其性寒。土則陰陽之氣各盛，相交相搏，凝而成質，以氣之行而言，則一陰一陽，往來相代。木火金水云者，各就其中而分老少耳，故其序各由少而老。土則分旺四季，而位居中者也。此五者序若參差，而造化所以發育之具，實並行而不相悖。蓋質則陰陽交錯，凝合而成；氣則陰陽兩端，循環不已，行只得喚做陰陽。既有五行，則陰陽在五行之中。〇太極圖解有一處可疑，圖以水陰盛，故居右；火陽盛，故居左；金陰穉，故次水；木陽穉，故次火。此是説生之序。下文卻説，水木陽也，火金陰也，卻以此爲陽，彼爲陰。論來物之初生，自是柔嫩，如陽始生爲水，尚柔弱，到生木已强盛；陰始生爲火，尚微，到生金已成質。如此則水爲陽穉，木爲陽盛；火爲陰穉，金爲陰盛。不知圖解所指是如何？晦庵先生云「舊也如此看」，畢竟是可疑。

註「**以質而語其生之序，以氣而語其行之序**」問：以質而語其生之序，此豈就圖而指其序耶？水木何以謂之陽？火金何以謂之陰？朱子曰：天一生水，地二生火，天三生木，地四生金。一三陽也，二四陰也。問：以氣而語其行之序，則木火土金水，此豈即其運用處而言之耶？木火何以謂之陽？金水何以謂之陰？曰：此以四時而言。春夏爲陽，秋冬爲陰。「**天一生水**」止「**天五生土**」勉齋黄氏曰：自一至十，特言奇耦之多寡爾，初非以次序而言。天得奇而爲水，故曰一生水。一之極而爲三，故曰三生木。地得耦而爲火，故曰二生火。二之極而爲四，故曰四生金。何也？一極爲三，以一運之圓而成三，故一而三也。二極爲四，以二周之方而成四，故曰二二而四也。如果以次序言，則一生水而未成水，必至五行俱足，猶待第六而後成水，二生火而未成火，必待五行俱足，然後第七而成火耶？如此則全不成造化，亦不成義理矣。六之成水也，猶坎之爲卦也，一陽居中，天一生水也。地六包於外，陽少陰多而水始盛成。七之成火也，猶离之爲卦也，一陰居中，地二生火也。天七包於外，陰少陽多而火始盛成。坎屬陽而離屬陰，以其内者爲主，而在外者成之也。○按：性理大全：李氏希濂云：「勉齋削其次第，但以得多寡爲說。既乖生成之序，復戾變合之旨。」此當考見。

五行，一陰陽　韻會曰：五行運於天地間，未嘗停息，故名「五行」。○朱子曰：太極、陰陽、五行，只將元亨利貞看甚好。太極是元亨利貞都在上面；陰陽是利貞是陰，元亨是陽；五行是元是木，亨是火，利是金，貞是水。

註「**精粗本末無彼此**」沙溪曰：熊氏註云：「太極爲精，陰陽爲粗；太極爲本，陰陽爲末。」此註恐誤。栗谷嘗曰：「精粗本末，以氣言也，一理通於無精無粗、無本末彼此之間也。」後來讀朱子書，有曰「不論氣之精粗，而莫不有是理」云云。栗谷之說實出於此，熊說不可從也。

五行之生也，各一其性。朱子曰：陰陽是氣，五行是質。有這質，所以做得物事出來。五行雖是質，他又有五行之氣做這物事，方得。然卻是陰陽二氣截做這五箇，不是陰陽外别有五行。纔生五行，便被氣質拘定，各爲一物，亦各有一性，而太極無不在也。氣質之性，只是此理，墮在氣質之中，故隨氣質而自爲一性也。周子所謂「各一其性」者。○問：觀聖賢，有是指義理而言者，有是指氣禀而言者，卻不容無分别。今傳文云「五行之生，隨其氣質而所禀不同」。所謂「各一其性」也，這「性」字當指氣而言。各一其性，則渾然太極之全體，無不具於一物之中，而性之無所不在，又可見矣。這「性」字當指理而言，恐讀者莫知所從。曰：陰陽五行之爲性，各是一氣所禀，而性則一也。○勉齋黄氏曰：所謂「五行之生，各一其性」者。言五行之成質，雖其别有五，而各具一太極也。○按：朱子又嘗曰：「無極之妙，亦未嘗不各具於一物之中，則此性字以理言也。」大槩以文勢觀之，則自五行而推本之至於無極，又反言其無極之妙，無不各具於一物之中。朱子論此非一，而恐此爲定論也。**「無極之真」**止**「變化無窮焉」**乾道成男，坤道成女。繫辭說卦：乾，健也。坤，順也。○朱子曰：變者，化之漸；化者，變之成。○問：周子言無極之真，卻不言太極，如何？朱子曰：「無極之真」，已該得太極在其中。「真」字便是大極。○真者，理也；精者，氣也。理與氣合，故能成形。先有理，後有氣；先有氣，後有理，皆不可得而推究。以意度之，則疑此氣是依傍這理行。及此氣之聚，則理亦在焉。蓋氣則能凝聚造作，理卻無情意，無造作，即此氣凝聚處，理便在其中。○凝是此氣結聚，自然生物。「乾道成男，坤道成女」，通人物言之。在動物如牝牡之類，在植物亦有男女，如麻有牡麻，及竹有雌雄之類。○程子曰：隕石無種，種於氣。麟亦無種，亦氣化。「厥初生民」亦如是。○朱子曰：萬物之始，氣化而已。既形氣相禪，則形化長而氣化消。楞嚴經後面説：「大劫之後，世上人都死了，無復人類，卻生一般禾穀，長一尺餘，天上仙人下來喫，見好後只管來，喫得身重，遂上去不得，世間方又有人種。」此説固好笑，但某因此知得世間卻是其初有箇人種，如他樣説。○潛室陳氏曰：氣化，謂未有種類之初，陰陽之氣合而生；形化，謂既有種類之後，牝牡之形合而生，皆兼人物言之。○問：昨日是夏，今日立秋，爲變到那全然天涼，没一些熱時，是化否？朱子曰：然。又曰：「化而裁之之謂變」，則化又是漸。蓋化如正月一日，漸化至三十日，至二月一日，則是正月變爲二月。然既變則又化，是化長而變短。此等字，須當通看乃好。

註「**性爲之主**」止「**經緯錯綜**」朱子曰：無極之理便是性。性爲之主，而二氣、五行經緯錯綜於其間也。○按：程子曰：「絪緼，陰陽之感。」本義：「絪緼，交密之狀。醇，謂厚而凝也。」臨川吴氏曰：「天地之二氣交，故物之以氣化者，其氣醲厚而能醇。男女之二氣交，故物之以形化者，其精凝聚而能生。」

「**惟人也**」止「**萬事出矣**」朱子曰：靈處只是心，不是性。性只是理。知覺是心之靈，得其秀而最靈，乃氣質以後之事。○問：孟子言「乃若其情，則可以爲善」，而周子以善惡於動處並言，不同如何？曰：情未必皆善，然本則可以爲善，而不可以爲惡。惟反其情，故爲惡。孟子言其正，周子兼其正與反者而言也。

註「**天地之心**」按：人者，天地之心。出二程全書，語類亦引之曰「人爲天地之心」。**陽善陰惡** 朱子曰：以陰陽善惡言之[三]，則陰陽之正皆善也，其沴皆惡也；以象類言之，則陽善而陰惡。

聖人定之以中正仁義而主静 朱子曰：此是聖人「修道之謂教」處。○問：「聖人定之以中正仁義」，是聖人自定？是定天下之人？曰：此承上章「惟人也得其秀而最靈」言之，五性感動而善惡分，故「定之以中正仁義而主静」，以立人極。○聖人全體大極，無所虧缺，故其定之也，乃所以一天下之動而爲之教化，制其情欲使趍於善也。○中正即禮智，中正尤親切。中是禮之得宜處，正是智之正當處。自氣化一節以下，又節節應前面圖説。仁義中正，應五行也。中正仁義，言生之序，以配水火木金也。○智於四德屬貞，貞正而固也，所以「正」字較親切。○問：周先生説静，與程先生説敬，義同而意異？曰：程子是怕人理會不得他「静」字意，便似坐禪入定。周子之説只是「無欲故静」，其意大抵以静爲主。○「主静」二字乃言聖人之事，蓋承上文定之以中正仁義而言，以明四者之中，又自有賓主耳。○問：於此心寂然無欲，而静處欲見所謂正義者，何以見？曰：見理之定體便是。○「主静」云者，以其相資之勢言之，則動有資於静，静無資於動。如乾不專一，則不能直遂；坤不翕聚，則不能發散。龍蛇不蟄，則無以奮；尺蠖不屈，則無以伸，亦天理之必然也。○退溪曰：「於答敬夫、東萊書，皆以中仁屬静。圖説本註以正義屬静，恐正義爲静的確，故記論性答藁後，以此爲定論矣。然而此『中仁爲静』必有説更詳之。」或問：「太極圖解、答南軒、東萊書何無一定之論也？」答曰：「相爲體用，亦不妨。」圖説「立天之道」章小註。朱子曰：「大抵仁義中正，各有體用。如惻隱是動，仁便是静；羞惡是動，義便是静。主静者，主正與義也。正義便是利貞。中是亨，仁是元。」問：「智者動，仁者静。如圖説則智爲静，仁爲動，如何？」曰：「仁固有安静意思，然施行卻有運用之意。又智是潛伏淵深底道理，至發出則有運用。然至於運用各當其理，不可易處，又不全於動[四]。智於四德屬貞。伊川解『貞』字謂正而固也，所以『正』字較親切。」**立人極**　沙溪曰：極者，表準之謂，人心之太極也。「**與天地合其德**」止「**合其吉凶**」　乾卦文言。栗谷曰：「四」其字，指天地、日月、四時、鬼神而言也。鬼神合其吉凶者，聖人知事之吉凶，如鬼神之明也。退溪曰：鬼神之屈伸變化無窮，而吉凶之應相尋於人事。聖人潛見飛躍，進退消息，與時偕行，而不失其正，是爲合其吉凶。若以知吉凶言之，則與「合」字意不相應。

註「**處之也正，裁之也義**」問：「處」與「裁」字義相近？朱子曰：然。處，是居之；裁，就事上裁度。又曰：「處」字作「居」字，即分曉。**向之所謂欲動情勝、利害相攻者，於此乎定矣**。按：此承上文。本註「自非聖人全體太極有以定之，則欲動情勝，利害相攻」而言也。葉氏於上文註刪去此語，故「向之所謂」云者便無來歷。**成位乎中** 繫辭本義曰：成位，謂成人之位。其中，謂天地之中。此則體道之極功[五]，聖人之能事，可以與天地參者矣。**李果齋** 名方子，字公晦，邵武光澤人，朱門高弟，嘉定中進士第三，爲國子學録。天資近道，爲學見大本。著傳心精語、紫陽年譜。「**五性感動**」止「**立極之要領也**」按：五性感動，面貌不同，而當其靜也，渾然一體而已。若如果齋之說，則五性各自動自靜，靜時亦有間架，而不得爲渾然一體也。且「能定其性」云者，亦失朱子「利害相攻者定矣」之意也。「**或問：周子不言禮智**」止「**尤重中正**」按：朱子以「中正」爲禮智，而中爲用，正爲體矣。葉氏以易之「中正」引而同之，又以仁義爲體，中正爲用，此說亦有病矣。

君子修之吉，小人悖之凶 朱子曰：太極首言性命之源，用力處卻在修吉、悖凶，其本則主於靜。「**立天之道**」止「**知生死之說**」繫辭。朱子曰：陰陽以氣言，剛柔則有形質可見矣。至仁與義，則又合氣與形而理具焉，然亦一而已矣。蓋陰陽者，陽中之陰陽；柔剛者，陰中之陰陽也；仁義者，陰陽合氣，剛柔成質，而是理始爲人道之極也。然仁爲陽剛，義爲陰柔，仁主發生，義主收斂，故其分屬如此。○或問揚子云云：君子於仁也柔，於義也剛，蓋取其相濟而相爲用之意。曰：仁體剛而用柔，義體柔而用剛。○問：「立天之道曰陰與陽，立地之道曰柔與剛，立人之道曰仁與義」，則仁當屬陰？曰：仁何嘗屬陰！袁機仲力争要以仁屬陰，引揚子之言爲證，殊不知論仁之定體自是屬陽。○仁義禮智四者之中，仁義是箇對立底關鍵。蓋仁，仁也，而禮則仁之著；義，義也，而智則義之藏。猶春夏秋冬雖爲四時，然春夏皆陽之屬也，秋冬皆陰之屬也。故曰：「立天之道曰陰與陽，立地之道曰柔與剛，立人之道曰仁與義。」是知天地之道，不兩則不能以立，故端雖有四，而立之者則兩耳。仁存諸心性之所以爲體也，義制乎事性之所以爲用也。然又有説焉，以其性而言之，則皆體也；以其情而言之，則皆用也。以陰陽言之，則義體而仁用也；以存心制事言之，則仁體而義用也。錯綜交羅，惟其所當，而莫不各有條理存焉。按：「性之所以爲用」之「性」，疑「情」字。○勉齋黄氏曰：天之道，不外乎陰陽、寒暑、往來之類是也；地之道，不外乎剛柔、山川、流峙之類是也；人之道，不外乎仁義、事親、從兄之類是也。陰陽以氣言，剛柔以質言，仁義以理言。雖若有所不同，然仁者陽剛之理也，義者陰柔之理也，其實則一。○程子曰：以春爲始而原之，其必有冬；以冬爲終而反之，其必有春。死生者，其與是類也。○朱子曰：原者推之於前，反者要之於後。○又曰：反如摺轉來，謂方推原其始，卻摺轉來看其終。「原」字「反」字皆就人説，「反」如回頭之義。○又曰：先生之言，其高極乎太極無極之妙，而其實不離乎日用之間；其幽探乎陰陽五行造化之蹟，而其實不離乎仁義禮智、剛柔善惡之際。其體用之一源，顯微之無間。秦漢以下，未有臻斯理者，而其實則不外乎六經、論語、中庸、大學、七篇之所傳也。

註「**太極之體**」、「**太極之用**」按：朱子曰「於其中各有體用」云，則葉氏之以陰陽、剛柔、仁義爲太極之體，以死生爲太極之用者，恐未穩。「**易有太極**」止「**斷可識矣**」「易有太極，神無方而易無體」。繫辭註：「易之變化，無有形體也。」○按：易者，陰陽之變；太極者，其理也。節齋引「易有太極」之語以釋之，曰「變易無體，而有至極之理也」，至謂無極者，亦言「其無體之易」云云。其説之差，恐不細也。

○「**誠無爲**」止「**不可窮之謂神**」朱子曰：誠，實理也。無爲，猶寂然不動也。實理該貫動静，而其本體則無爲也。「幾者，動之微」，動則有爲，而善惡形矣。「诚無爲」，則善而已。動而有爲，則有善有惡。誠是實理，無所作爲，便是天命之謂性，喜怒哀樂未發之謂中。「幾者，動之微。」微，動之初，是非善惡於此可見。○問：以誠配太極，以善惡配陰陽，以五常配五行，此固然。但陽變陰合，而生水火木金土，則五常必不可謂共出於善惡也。此似只是説得善之一脚。曰：通書終頭是配合[六]，但此處卻不甚似。如所謂「刚善刚恶，柔善柔恶」，則確然是也。德者，人之得於身，有此五者而已。仁、義、禮、智、信者，德之體；愛、宜、理、通、守者，德之用。理，謂有條理；通，謂通達；守，謂確實。此三句就人身而言。誠，性也；幾，情也；德，兼性情而言也。元來誠幾德便是太極二五，此老些子活計畫在裏許。○神只是聖之事，非聖外又有一箇神，別是箇地位也。「性焉安焉之謂聖」，是就聖人性分上説。「發微不可見，充周不可窮之謂神」，是他人見其不可測耳。○勉齋黄氏曰：曰者，因情而明性。性也，復也，發微也，主性而言。安也，執也，充周也，主情而言。聖賢體是德於性情之間，淺深之分如此。○問：「之謂聖，之謂賢，之謂神」三句。曰：聖、賢、神三字，自是就所到之地位而言。若曰此聖人、此賢人、此神人也。○問：周子之學，是自得於心，還有所傳授否？朱子曰：也須有所傳授。渠是陸詵婿，温公涑水記聞載陸詵事，是箇篤實長厚底人。

註「**性者獨得於天**」問：如何言「獨得」？朱子曰：此言聖人合下清明完具，無所虧欠。此是人所獨得者[七]，此對了「復」字説。復者已失，而反其初，便與聖人獨得處不同。「安」字對了「執」字説。執是執持，安是自然。性此理而安焉者，聖人也；復此理而執焉者，賢人也。**思誠**孟子註：欲此理之在我者，皆實而無僞。**研幾**繫辭本義：研，猶審也。「**愚謂性焉復焉**」止「**誠幾神之義**」按：「性焉，復焉，以誠而言也。」此與朱子「性也，復也，發微也，主性而言」之説似矣。但「主」字之意則若分而言之，是乃主此云云耳。況此章本註釋之曰：「不待勉强，而誠無不立，幾無不明，德無不備，思誠研幾以成其德，有以守之」云云，則性、安、復、執，通誠幾德而言之也，然則葉氏之分屬似未洽當。至於次章誠、神、幾，乃聖人之事也，故朱子曰：「幾善惡者，言衆人也。動而未形，有無之間者，言聖人毫釐發動處，此理無不見。」然則通書此章「幾」字，與「動而未形，有無之間者幾也」之「幾」不同，而且「充周不可窮之謂神」與「感而遂通之神」，其意亦異。葉氏之説，恐失於牽合也。

○「**喜怒哀樂**」止「**天下之達道**」「感而遂通天下之故」。繫辭。○問：伊川言「喜怒哀樂未發謂之中，中者，寂然不動是也」。南軒言「伊川此處有小差，所謂喜怒哀樂未發之中[八]，言衆人之常性；寂然不動者，聖人之道心」。又，南軒卞呂與叔論中書説，亦如此論[九]。今載近思録如何？朱子曰：前輩多如此説，不但欽夫，自五峯發此論，某自是曉不得。今湖南學者往往牢守此説，某看來，「寂然不動」，衆人皆有是心，至「感而遂通」，惟聖人能之，衆人卻不然。蓋衆人雖具此心，未發時已自汩亂了，至感發處，如何會得如聖人中節！

○「**心，一也**」止「**所見如何耳**」答吕與叔書。○朱子曰：此語與横渠「心統性情」相似。○沙溪曰：心有指體言，有指用言，惟觀言者所見如何耳。

○「**乾，天也**」止「**以性情謂之乾**」朱子曰：乾坤是性情，天地是皮殻。○問：「天，專言之則道也，天且不違是也〔一〇〕。」此語何謂？曰：程子此語，某亦未敢以爲然。「天且不違」，此只是上天曰「知性則知天」〔一一〕。此「天」便是「專言之則道」者否？曰：是。如「天之蒼蒼」，便是説形體；「惟皇上帝降衷于下民」，是説帝便似以物給付與人，便有主宰之意。鬼神只是往來屈伸，功用只是論發見者。所謂「神也者，妙萬物而爲言」，妙處即是神。功用是有迹底，妙用是無迹底。○功用如寒來暑往，日往月來，春生夏長，皆是鬼神。論來只是陰陽屈伸之氣，謂之陰陽亦可也。然必謂之鬼神者，以良能功用而言也。○漢上朱氏曰：妙萬物而爲言者，物物自妙也。南軒張氏曰：神無在而無不在，無爲而無不爲，强名之曰「神」者，即其妙萬物而爲言也。

○按：「天且不違」[一二]，易文言語。以大人與天地合德，先天而天不違，故言天且不違也。今於「天，專言則道也」，引用此句則是天與道爲一也，故朱子云「某亦未敢以爲然」，然大槩語意好，故又稱其好意思。

註「**道者，天理當然之路**」按：此雖祖先賢之語，而凡下語各有攸當，故於中庸「率性之謂道」，朱子釋之曰：「日用事物之間，莫不各有當行之路，是則所謂道也。」然則路以人物日用當行言也，今於天以當行之路釋之，恐不精切。**妙用言其理** 按：妙用，言其功用之妙處，易所謂「妙萬物」是也。今曰「妙用言其理」，若以妙用爲太極者，然可疑。**造化之迹，二氣之良能** 朱子曰：「良能」，是説往來屈伸乃理之自然，非有安排措置[一三]。二氣，則陰陽。良能，是其靈處。○雙峯饒氏曰：「造化之迹」，指其屈伸者而言；「二氣良能」，指其能屈能伸者而言。程子只説他屈伸之迹，不説他靈處，張子説得精。

○「**四德之元**」止「**專言則包四者**」朱子曰：須先識得元與仁是箇甚物事，更就自家身上看甚麼是仁[一四]，甚麼是義、禮、智。既識得這箇，便見得這一箇能包得那數箇。○問：仁既偏言則一事，如何又可包四者？曰：偏言之仁，便是包四者底；包四者底，便是偏言之仁。○

問：仁何以包四者？曰：人只是箇這一箇心，就裏面分爲四。且以惻隱論之：本只是惻隱，遇當辭遜則爲辭遜，不安處便爲羞惡，分别處便爲是非。若無一箇動底醒底在裏面，便也不知羞惡、辭遜、是非。譬如天地只是一箇春氣，發生之初爲春氣，發生長得過便爲夏，收斂便爲秋，消縮便爲冬。明年又從春起，渾然只是一箇發生之氣。○仁之包四德，猶冢宰之統六官。○勉齋黄氏曰：仁包四者，「包」字須看得出。嘗記朱先生云「未發則有仁義禮智之性，而仁則包四德，已發則有惻隱、羞惡、恭敬、是非之情，而惻隱則貫四端」，「貫」字如一箇物串在四箇物裏面過，「包」字如四箇物都合在一箇物裏面。

註「**乾卦彖傳**」按：彖，文王所繫卦辭，以斷一卦之吉凶。彖，斷也。**信者，仁之真實也**　按：「真」字似未穩，下「確」字未知如何。

○**天所賦爲命，物所受爲性**　乾卦彖傳。○朱子曰：理一也，自天之所賦與萬物言之，故謂之命；以人物之所禀受于天言之，故謂之性。其實，所從言之地頭不同耳。○北溪陳氏曰：性即理也，何以不謂之理而謂之性？蓋理是汎言天地間人物公共之理，性是在我之理。只這道理受於天而爲我所有，故謂之性。「性」字從生從心，是人生來具是理於心，方名之曰「性」。其大目只是仁義禮智四者而已。得天命之元，在我謂之仁；得天命之亨，在我謂之禮；得天命之利，在我謂之義；得天命之貞，在我謂之智。性與命本非二物，在天謂之命，在人謂之性，故程子曰：「天所賦爲命，物所受爲性。」文公曰：「元亨利貞，天道之常；仁義禮智，人性之綱。」

○**鬼神者，造化之迹**　乾卦文言傳。朱子曰：風雨霜露，日月晝夜，此鬼神之迹也。○北溪陳氏曰：造化之迹，以陰陽流行著見於天地間者言之。○潛室陳氏曰：「造化之迹」，猶言造化之可見者，非粗迹之迹。爲寒爲暑，爲晝爲夜，爲榮爲枯，有迹可見，此處便是鬼神。于今一禽一獸，一花一木，鍾英孕秀，有彫斲繪畫所不能就者，倏忽見于人間，是孰爲之耶？即造化之迹，鬼神也。○西山真氏曰：今人以幽暗不可見者爲鬼神，殊不知山峙川流，日照雨潤，雷動風散，乃分明有迹之鬼神。

○「**剥之爲卦**」止「**聖人不言耳**」　孔氏曰：卦者，掛也，懸卦物象以示人也。○繫辭：「爻也者，效天下之動者也。」本義：「效，放也。」○朱子曰：凡陰陽之生，一爻當一月，須是滿三十日，方滿得那腔子，做得一畫成。今坤卦非是無陽，陽始生甚微，未滿那腔子，做一畫未成。非是坤卦純陰便無陽也。然此亦不是甚深奥事，但伊川當時解，不曾分明道與人，故令人做一件大事看。○自觀至剥，三十日剥方盡。自剥至坤，三十日方成坤。三十日陽漸長，至冬至方是一陽，第二陽方從此生。陰剥，每日剥三十分之一，一月方剥得盡；陽長，每日長三十分之一，一月方長得成一陽。陰剥時，一日十二刻，亦每刻中漸漸剥，全一日方剥得三十分之一。陽長之漸，亦如此[一五]。○問：十月何以爲陽月？曰：剥盡爲坤，復則一陽生也。復之一陽，不是頓然便生，乃是自坤卦中積來。且一月三十日，以復之一陽分作三十分，從小雪後便一日生一分。上面趲得一分，下面便生一分，到十一月半，一陽始成也。以此便見得天地無休息處。且以一月分作三十分，細以時分之，是三百六十分。○雙峯饒氏曰：十月雖當純坤之月，而其序介乎剥、復二卦之間，以言乎前半月，則有剥而未盡之陽；小雪以前。以言乎後半月，則有復而方生之陽。小雪以後。剥之陽方盡於上，而復之陽已生於下矣，是烏得爲無陽乎？知十月之非無陽，則四月之非無陰，亦可知矣。此陰陽消息之理，至精至微，自程傳始發之，然所言者其理，而未有以驗其氣數之必然也。朱子推明之曰：「是當以一爻分三十分，陰陽日進退一分。」剥之陽剥於九月之霜降，而盡於十月之小雪。復之陽則生於小雪，而成於十一月之冬至。夬之陰決於三月之穀雨，而盡於四月之小滿。姤之陰則生於小滿，而成於五月之夏至。於是理與數合，然後知陰陽絶續之際，果無一息之間斷。而程子之言，爲益信矣。

註「**一氣無頓消**」止「**不容有間斷**」按：程子「以卦配月」之説，乃以剥卦配九月、復卦配十一月之類也。葉氏引此語，以言其積累而成月、成爻之意，此各自爲一義也。朱子曰：「到冬至方生得，就一畫在地下。」葉氏所謂「應於地上」者，恐誤也。

○「**一陽復於下**」止「**孰能識之**」問：動之端乃心之發處〔一六〕，何故云「天地之心」？朱子曰：須就卦上看。上坤下震，坤是静，震是動。十月純坤，當貞之時，萬物收斂，寂無蹤迹，到此一陽復生便是動。然不直下「動」字，卻云「動之端」，端又從此起。雖動而物未生，未到大段動處。凡發生萬物，都從這裏起，豈不是天地之心。○程子説「天地以生物爲心」，最好，此乃是無心之心也。天地若果無心，則須牛生出馬，桃樹上發李花，他卻自定。心便是主宰處，所以謂天地以生物爲心也。○復非天地心，復則見天地心。蓋天地以生物爲心。此卦之下一陽爻，即天地所以生物之心也。至於復之得名，則以此陽之復生而已，猶言臨、泰、大壯、夬也。但於其復而見此一陽之萌於下，則是因其復而見天地之心耳。一陽來復，其始生甚微，固若静矣。然其實動之機，其勢日長，而萬物莫不資始焉。此天命流行之初，造化發育之始，天地生生不已之心於是而可見矣。若其静而未發，則此心之體雖無所不在〔一七〕，然卻有未發見處。此程子所以以「動之端」爲天地之心，亦舉用以該其體爾。○程子曰：聖人無復，故未嘗見其心。天地之氣，所以有陽之復者，以其有陰也；衆人之心，所以有善之復者，以其有惡也。若聖人之心，則天理渾然，初無間斷，人孰得以窺其心之起滅耶？若静而復動則亦有之，但不可以善惡爲言耳。○沙溪云：先儒，乃王弼也。○按：程子曰：「自古儒者皆言『静見天地之心』，惟某言『動而見天地之心』。」據此，所謂「先儒」，非獨一王弼也。

○**仁者天下之公，善之本**　西山真氏曰：伊川語録中説「仁者以天地萬物爲一體」，説得太寬，無捉摸處。易傳只云：「四德之元，猶五常之仁；偏言則一事，專言則包四者。」又云：「仁者，天下之公，善之本也。」只此兩處説仁，極平正確實。學者且當玩此，此是程子手筆也。

○「**有感必有應**」止「**默而觀之，可也**」　朱子曰：造化與人事感應[一八]。且如雨暘，雨不成只管雨，便感得暘來；暘不成只管暘，暘已是應處，又感得雨來。寒暑晝夜，無非此理。如人夜睡，不成只管睡至曉，須著起來；一日運動，向晦亦須當息。凡一死一生、一出一入、一往一來、一語一默，皆是感應。○問：如日往則感得那月來，月往則感得那日來，感應之理是如此。曰：此以感應之理言之，非有情者。云「有動皆爲感」，似以有情者言。父慈，則感得那子愈孝；子孝，則感得那父愈慈，其理亦只一般。問：伊川解屈伸往來一段，以屈伸爲感應。屈伸之與感應若不相似，何也？曰：屈則感伸，伸則感屈，自然之理也。今以鼻息觀之，出則必入，出感入也；入則必出，入感出也。故曰「感則有應，應復爲感，所感復有應」。屈伸非感應而何？「感應」二字有二義：以感對應而言，則彼感而此應；專於感而言，則感又兼應意。〇按：「感通之理」以下彖傳語，朱子合而成一説，後多類此。

〇「天下之理」止「孰能識之」朱子曰：恒，非一定之謂，故晝則必夜，夜而復晝；寒則必暑，暑而復寒，若一定，則不能常也。其在人，「冬日則飲湯，夏日則飲水」；「可以仕則仕，可以止則止」。又如孟子辭齊王之金而受薛宋之餽，皆隨時變易，故可以爲常也。〇問：竊謂有不一定而隨時變易者，有一定而不可變易者。曰：他政是論物理之終始變易，所以爲恒而不窮處。然所謂不易者，亦須有變通，乃能不窮。如君尊臣卑，分固不易，然上下不交也不得。父子固是親親，然所謂命士以上，父子異宫，則又有變焉。惟其如此，所以爲恒。

註「隨時變易」止「亘萬古而常然」按：程子之意，則謂「往來屈伸，終而復始」，故天下之理恒而不窮矣。葉氏以往來屈伸之亘萬古而常然爲恒，語意微不同。

〇「人性本善」止「下愚之不移」問：伊川謂「語其才則有下愚之不移」，與孟子之意不同？朱子曰：孟子只見得性善，便把才都做善，不知氣禀各不同。程子説得較密。○問：孟子言才處「非才之罪也」。又曰：「不能盡其才者也。」又曰：「非天之降才爾殊也。」又曰：「以爲未嘗有才焉。」如孟子之意，未嘗以才爲不善。而伊川卻説才有善有不善，其言曰：「氣清則才善，氣濁則才惡。」又曰：「氣清則才清，氣濁則才濁。」意者，以氣質爲才也。以氣質爲才，則固有善、不善之分也。孟子卻止以才爲善者，何也？曰：孟子與伊川論才，皆是。孟子所謂才，只是指本性而言。性之發用無有不善處。如人之有才，事事做得出來。一性之中，萬善完具，發將出來，便是才也。又云惻隱、羞惡，是心也。能惻隱、羞惡者，才也。如伊川論才，卻是指氣質而言也。此伊川所以云有善、不善也。才猶材質，人之能也。才是能主張運動做事底，這事有做得，有不會做得，這處可見其才。

註「**合理與氣而成氣質**」栗谷曰：「『合理與氣』，此言未穩，言氣則理在其中。」沙溪曰：「大學首章小註：北溪陳氏曰：『人生得天地之理，又得天地之氣，理與氣合，所以虛靈。理氣元不相離，本混融無間。』如陳氏説，則人物未生時，理氣相離，至始生時，得天地之理，又得天地之氣，與之相合而生。如陰陽男女相合而生人物，其可乎？且人得理氣而虛靈，物不得理氣而蔽塞乎？人物通塞之分，不在於合理氣，而在於得氣之正且通、偏且塞也。種種下語，無非有病。」按：無極之真，二五之精，妙合而凝，則理氣合之説，未爲不可。

而但葉氏謂「合理與氣而成氣質」，有若理氣上別有主張者合而成之，此語有病。北溪所云「既得天地之理，又得天地之氣」者，果似有先後之次。而且謂「理與氣合，所以虛靈」，亦皆未穩。

○**在物爲理，處物爲義** 朱子曰：凡物皆有理，蓋理不外乎事物之間。「處物爲義」，義，宜也，是非可否處之得宜，所謂義也。如這卓子是物[一九]，於理可以安頓物事。我把他如此用，便是義。○按：或問：「伊川云：『在物爲理，處物爲義。』又曰：『在義爲理。』何如？」潛室陳氏曰：「理對義言，則理爲體，而義爲用；對道言，則道爲體，而理爲用。然則『在義爲理』亦伊川語也。」

○**動靜無端**。註「經説」二程全書篇名。**陰陽密移** 按：列子曰：「運轉無已，天地密移。」註説實出於此。**無間可容息** 見上「剥之爲卦」條。**其間元不斷續** 見下「近取諸身」條。

○**多少不盡分**。註「**分者，天理當然之則**」按：此語不切。「分」恐是職分之分。葉氏之意，則以君臣父子爲物，而謂君臣父子各無不足之理也。然則此「分」字當以各其分限看可也。然鄙意則以爲天地之生人物，各得其理而無不足。君臣之義，父子之親，皆在我所當然之理也。然則此「分」字，以職分看可也。

○**忠信所以進德**　問：詳此一段意，只是體當這箇實理。雖説出有許多般，其實一理也。朱子曰：此只是解「終日乾乾」，故説此一段。從「上天之載，無聲無臭」説起。雖是「無聲無臭」，其闔闢變化之體，則謂之易。然所以能闔闢變化之理，則謂之道；其功用著見處，則謂之神；此皆就天上説。及説到「命于人，則謂之性；率性，則謂之道；修道，則謂之教」，是就人身上説。上下説得如此子細，都説了，可謂盡矣。故説神「如在其上，如在其左右」，又皆是此理顯著之迹。看甚大事小事，都離了這箇事不得。上而天地鬼神，下而萬事萬物，都不出此。故曰「徹上徹下，不過如此」。形而上者，無形無影是此理；形而下者，有情有狀是此器。然有此器則有此理，有此理則有此器，未嘗相離，卻不是於形器之外別有所謂理。亘古亘今，萬事萬物皆只是這箇，所以説「但得道在，不係今與後，已與人」。

註「**發乎真心之謂忠**」按：朱子曰：「發己自盡爲忠。」此語攧撲不破，豈但以發乎真心而已者爲忠乎？程子曰：盡己之謂忠，以實之謂信，盡乎實理，則雖聖人之誠，不過如此。

「其體則謂之易」止**「其用則謂之神」**問：「其體則謂之易」，如何看？朱子曰：體，是體質之「體」。易者，陰陽錯綜，交換代易之謂，寒暑晝夜，闔闢往來，而實理於是流行其間，非此則實理無所頓放。猶君臣、父子、夫婦、長幼、朋友，有此五者，而實理寓焉。故曰「其體則謂之易」，言易爲此理之體質也。「其體則謂之易」，在人則心也；「其理則謂之道」，在人則性也；「其用則謂之神」，在人則情也。

註**「變易之用謂之神」**按：只下「用」字似泛，必帶「妙」字之意可也。

孟子去其中，發揮出浩然之氣，沙溪曰：「去其中」，去，猶就也。其中，指上文自「上天之載」，至「修道之教」也。○孟子本註曰：人能養成此氣，則其氣合乎道義而爲之助，使其行之勇決，無所疑憚。○朱子又曰：道是舉體統而言，義即吾心之所能斷制者。李先生曰：配是襯貼起來。「襯貼」二字，説「配」字極親切。蓋道義是虛底物，本自孤單；得這氣襯貼起來，便張大無所不達。今人做事，亦有合於道義者。若無此氣，則只是一箇衰颯底人[二〇]。

註**「正大之體」**按：體，乃體段之體。孟子本註曰：蓋天地之正氣，而人得以生者，其體段本如是也。

説神「如在其上，如在其左右」問：説神「如在其上，如在其左右」，不知如何？朱子曰：一段皆是明道體無乎不在。名雖不同，只是此理發出。○問：「洋洋如在其上，如在其左右」，似不是感格意思[二一]，是自然如此。曰：固是。然亦須自家有以感之，始得。○新安陳氏曰：自「體物不可遺」以上，所説鬼神，所包甚闊。自「使人齊明」以下，方是就無所不包之鬼神中，提出所當祭祀之鬼神來説，見得鬼神隨祭而隨在，流動充滿，昭著發見，無所不在。所謂「體物而不可遺」者，豈不可驗之於此哉？

註「**誠者，忠信之體**」按：此「體」字，「本體」之「體」也。

「**形而上**」止「**道亦器**」　朱子曰：形而上虚，是道理；形而下實，是器。這箇分別得最親切，故明道云：「惟此語截得上下最分明。」問：「形而上下」，如何以形言？曰：此言最的當。設若以有形、無形言之，便是物與理相間斷了。所以謂「截得分明」者，只是上下之間，分別得一箇界至分明[二二]。器亦道，道亦器，有分別而不相離也。○問：伊川云「形而上謂道，形而下謂器」，須著如此説？曰：這是伊川見得分明，故云「須著如此説」。「形而上者」是理，「形而下者」是物。如此開説，方見得分明。如此了，方説得道不離乎器，器不違乎道處[二三]。又曰：理只在器上，理與器未嘗相離。○按：此實明道語，而以伊川爲問答，可疑。

○「**醫書言手足痿痺**」止「**可以得仁之體**」按：痿，於危反。痹，音卑，冷濕病也。○新安陳氏曰：仁者之心，視人物即己身也。體認得人物皆爲己，則此心之仁，周流貫通，何所往而不至乎？若視人物爲人物，而不屬於己，自不相干。又曰：雖是己身，其氣既不周流貫通，則手足亦自不屬己矣。○朱子曰：「程子合而言之，上下似不相應，不若分兩截看。惟仁者之心如此，故求仁之術必如此也。」論語此章是三節，前面説仁之功用，中間説仁之體，後面説仁之方。○子貢所問爲仁，如堯、舜也做不得，何况蓽門圭竇之士？聖人所以提起，夫仁者「己欲立而立人，己欲達而達人」，正指仁之本體。蓋己欲立，則思處置他人也立；己欲達，則思處置他人也達。放開眼目，推廣心胷，此是甚氣像！如此安得不謂仁之本體？若能近取譬者，以我之欲立而知人之亦欲立；以己之欲達而知人之亦欲達，如此則止謂之仁之方而已。此爲仁則同，但「己欲立而立人，欲達而達人」，是已到底，「能近取譬」，是未到底，其次第如此。○西山真氏曰：蓋手足本吾一體，緣風痹之人，血氣不貫於手足，便與不屬己相似。人與物亦本吾一體，緣頑忍之人，此心不貫於民物，不仁於手足，不仁於民物，皆以其不屬己故也。殊不知天地吾之父母，與人雖有彼我之異，與物亦有貴賤之殊，要之，本同一體。只緣私意一生，天理泯絶，便以人己爲二致，亦如手足，本是吾身之物，只緣風邪所中，血氣隔塞，遂以手足爲外物。手足，民物之比也；風邪，私意之比也。人無私意之害，則民物之休戚自然相關，一見赤子入井，則此心爲之怵惕。無風邪之病，則手足之癢痾，亦自然相關，雖小小疾苦，比心亦爲之痛楚。當如此玩味，方曉程子「痿痹不仁」之意。

○「**生之謂性**」止「**生之謂也**」問：「生之謂性」與「天命之謂性」同乎？程子曰：「性」字不可一槩論。「生之謂性」，止訓所稟受也。「天命之謂性」，此言性之理也。○問：氣質之説，起於何人[二四]？朱子曰：此起於張、程。極有功於聖門[二五]，有補於後學。○人物既生，則即此所稟以生之氣，而天命之性有焉。此程子所以發明告子「生之謂性」之説，而以「性則氣，氣即性」者言之也。「生之謂性」是生下來喚做性底，便有氣稟挾雜，便不是理底。性如椀盛水，後人便以椀爲水。水卻本清，椀卻有浄有不浄。問：「性即氣，氣即性」，此言人生性與氣混合者。曰：有此氣爲人，則理具於身，方可謂之性。又曰：性者，渾然天理而已。纔説性時，則已帶氣矣。所謂「離了陰陽更無道」，此中最宜分別。

註「**人之有生**」止「**是之謂性**」按：「生之謂性」，告子語也。程子以「性即氣，氣即性」釋之也。故朱子曰：「此程子所以發明告子『生之謂性』之説，而以『性即氣，氣即性』者言之也。謂人生以後，方可謂之性。言性時，已帶氣矣，性與氣不可分而爲二，此『性』字乃氣質之性也。」葉氏所謂「理因具焉，是之謂性」者，此以理言也。釋「生之謂性」，似不襯切。

人生氣禀，理有善惡，朱子曰：此「理」字不是説實理，猶云「理當如此」，只作「合」字看。**善固性也，惡亦不可不謂之性**。朱子曰：他原頭處都是善，因氣偏，這性便偏了。然此處亦是性。如墨子之心本是惻隱，孟子推其弊，到得無父處，這箇便是「惡亦不可不謂之性也」。又問：惡是氣禀，如何云「亦不可不謂之性」？曰：既是氣禀惡，便牽引那性不好。蓋性只是搭附在氣禀上，既是氣禀不好，便和那性壞了。又曰：性本善，而今乃惡，亦是此性爲惡所汩，如水爲泥沙所混，不成不唤做水！

註「**程子又曰**：『**善惡皆天理**』」止「**本皆善，而流於惡**」按：程、朱兩説只言其本善而流惡耳，如朱子所謂「因氣偏，此性爲惡所汩，如水爲泥沙所混，不成不唤做水」等語，於「惡亦不可不謂之性」意極分曉。

「**人生而静**」止「**不是性也**」朱子曰：性須是箇氣質，方説得箇「性」字。若「人生而静」以上，只説得箇天道，下「性」字不得。所以子貢曰：「夫子之言性與天道，不可得而聞也」，便是如此。所謂「天命之謂性」者，是就人身中指出這箇是天命之性，不雜氣禀者而言爾。○纔説性時，則便是夾氣質而言[二六]，所以説時便已不是性也。「**凡人説性，只性繼之者善**」止「**不爲水也**」朱子曰：此「繼之者善」，指發處而言之也。性之在人，猶水之在山，其清不可得而見也。流出而見其清，然後知其本清也。所以孟子只就「見孺子入井，皆有怵惕惻隱之心」處，指以示人，使知性之本善者也。易所謂「繼之者善也」，在性之先；此所引「繼之者善也」，在性之後。蓋易以天道之流行者言，此以人性之發見者言。唯天道流行如此[二七]，所以人性發見亦如此。若水之就下處，當時只是衮説了。蓋水之就下，便是喻性之善。○「繼之者善」，周子是説生生之善。程子説作人性之善，用處各自不同。若以此觀彼，必有窒礙。○流至海而不污者，氣禀清明，自幼而善，聖人性之而全其天者也；流未遠而已濁者，氣禀偏駁之甚，自幼而惡者也；流既遠而方濁者，長而見異物而遷焉，失其赤子之心者。濁有多少，氣之昏明純駁有淺深也，不可以濁者不爲水，惡亦不可不謂之性也。○説「水流而就下了」，又説「從清濁處去」，與「就下」不相續。這處只要認得大意可也。

註「**繫辭曰：一陰一陽」止「『繼之』云者，猶水流而就下**」按：朱子曰：「所謂繼之者善，猶水流而就下也。皆水也，有流而至於海。」他這是兩箇譬喻。水之就下處，他這下更欠言語，要須爲他作文補這裏始得。他當時只是衮説了。」然則「水流而就下」及「皆水也」，此兩語當分作别段，不可連接看。朱子説破「繼之者善，水流而就下」等語詳且盡矣。而葉氏引易所謂「繼之者善」，混而言之，至於「『繼之』云者，猶水流而就下」，此説尤不明快。

「**人不可以不加澄治之功**」止「**舜有天下而不與焉**」問：「水之清，則性善之謂也」至於「舜有天下而不與」一節，是言學者去求道，不是外面添。聖人之教人，亦不是强人分外做。朱子曰：「此理天命也」一句，亦可見。○論語集註：不與言，不以位爲樂也。○陵陽李氏曰：此又自其性之本然者而推言之。所引論語，雖非本文之意，大率以爲一循其本然，非私智所能與耳。○中庸或問曰：「因其道之所在，而爲之品節防範，以立教於天下，使夫過不及者，有以取中焉」、「推而至於天下之物，亦順其所欲，違其所惡，因其材質之宜以致其用，制其取用之節以遂其生。此則聖人所以財成天地之道，然亦未始外乎人之所受乎天者而强爲之也。」所謂「循此修之，各得其分」，而引舜事以通結之者，爲得其旨，故其門人亦多祖之。但所引舜事，或非論語本文之意。○按：此言舜亦不過率性修道之盡其極耳，不加毫末於性分之外。雖至於受堯之禪以有天下之大，而此則於舜不相關，所樂不在乎此也。

註「**不能自勉，不能力加澄治之功**」按：非自勉之外復有澄治之功也。下語亦恐不精。

○朱子曰：「『生之謂性』一段當作三節看，其間有言天命者，有言氣質者。『生之謂性』是一節，『水流就下』是一節，『清濁』又是一節。」横渠云：「形而後有氣質之性，善反之，則天地之性存焉。」將此兩箇「性」字分别，自「生之謂性」以下，凡説「性」字者，孰是天地之性，孰是氣質之性，則其理明矣。○按：性理大全：朱子論「生之謂性」，而段段説破以示人。「生之謂性」至「生之謂也」一段，「人生氣禀」至「不可不謂之性也」一段，「生之謂性」至「水流而就下也」一段，「皆水也」至「各自出來」一段，「此理，天命也」至「不與焉」一段。而且曰「生之謂性」是一節，「水流就下」是一節，「清濁」又是一節，其作段分節，互有不同，何也？所謂三節者，此分别天命之性、氣質之性而言之也。「生之謂性」，氣質之性也，「水流而就下」，天命之性也，「清濁」，又是氣質之性也。上項作段，以文意之止處爲主。

○**觀天地生物氣象** 草不除説。見下「觀聖賢」篇。○張九成曰：明道書：窗前有草茂覆砌，或勸之芟，明道曰「不可」，欲常見造物生意。又置盆池，畜小魚數尾，時時觀之，曰：「欲觀萬物自得意。」

○「**元者，善之長**」，**所謂仁也**。朱子曰：元亨利貞皆是善，而元則爲善之長，亨利貞皆是那裏來。仁義禮智亦皆善也，而仁則萬善之首，義禮智皆從這裏出爾。又曰：仁是惻隱之母，惻隱是仁之子。又仁包義禮智三者，仁是長兄[二八]，管屬義禮智，故曰「元者，善之長」。○程子曰：易雖言「元者，善之長」，亦得通四德以言之。

○**滿腔子是惻隱之心**。朱子曰：腔子，猶言軀殼耳。滿腔子只是言充塞周徧，本來如此，是就人身上指出理充塞處，最爲親切。若於此見得，則萬物一體，更無内外之別。若見不得，卻去腔子外尋，則莽莽蕩蕩，無交涉矣。又曰：腔子，身裏也。○勉齋黄氏曰：陵陽李氏謂：「腔子指人身言，天地間充塞上下，渾然生物之意，無有空處。人得此以爲心，則亦四體百骸，充塞徧滿，無非此惻隱之心，觸處即是，無有欠缺也。」此説極是。

○「**天地萬物之理**」止「**手之舞之，足之蹈之**」問：如何便至「不知手之舞，足之蹈」？朱子曰：真箇是未有無對者。看得破時，真箇是差異好笑。且如一陰一陽，便有對，至於太極，卻對甚底[二九]？曰：「太極有無極對。」「此只是一句。如金木水火土，即土亦似無對，然皆有對。太極便與陰陽相對。此是『形而上者謂之道，形而下者謂之器』，便對過，卻是横對了。土便與金木水火相對。蓋金木水火是有方所，土卻無方所，亦對得過。胡氏謂『善不與惡對』。惡是反善，如仁與不仁，如何不可對？若不相對，覺説得天下事都尖斜了，没箇是處。」○問：「天下之理，無獨必有對。」有動必有靜，有陰必有陽，以至屈伸消長盛衰之類，莫不皆然。還是他合下便如此耶？曰：自是他合下來如此，一便對二，形而上便對形而下。然就一言之，中又自有對[三〇]。且如眼前一物，便有背有面，有上有下，有内有外。二又各自爲對，雖説「無獨必有對」，然獨中又自有對。且如棊盤路兩兩相對，末梢中間只空一路，若似無對。然此一路對三百六十路，此所謂「一對萬，道對器」也。○天下之物未嘗無對，有陰便有陽，有仁便有義，有善便有惡，有語便有默，有動便有靜，然又各只是一箇道理[三一]。如人行出去是這脚，行歸亦是這脚。譬如口中之氣，噓則爲温，吸則爲寒耳。○蔡季通云：「理有流行，有對待。先有流行，後有對待。」曰：「難説先有後有。」季通舉太極説，以爲道理皆然，且執其説。

○「**中者，天下之大本**」止「**敬而無失最盡**」朱子曰：「喜怒哀樂未發謂之中」，「亭亭當當，直上直下」等語，皆是形容中之在我，其體段如此。「出則不是」者，出便是已發。發而中節，只可謂之和，不可謂之中矣，故曰「出便不是」。問：「亭亭當當」之説。曰：此俗語也，蓋不偏不倚，直上直下之意也。問：敬固非中，惟「敬而無失」，乃所以爲中否？曰：只是常敬，便是

「喜怒哀樂未發之中」也。○按：亭亭，猶聳立也。當當，猶方正也。朱子曰：「不知如何整頓得此心身。四亭八當，無許多凹凸也。」又曰：「亭當均平，以此意推之，可想其亭亭當當底氣象也。」「敬而無失」，子夏語，見論語顏淵篇，本註曰「持己以敬而不間斷」。以此註觀之，則失即間斷也。

○**公則一**。註「**公則萬物一體**」按：「公則一」者，義理公共之心，則千萬人之心一也，無彼此之殊，而私則不然。故「人心不同如面，只是私心」也。葉氏所謂「萬物一體」者，似是論仁，而恐不襯着於此章之意也。

○「**凡物有本末**」止「**必有所以然**」或問：「其然」、「所以然」之説。朱子曰：灑掃應對之事，其然也，形而下者也；灑掃應對之理，所以然也，形而上者也。自形而下者而言，則灑掃應對之與精義入神、本末精粗不可同日而語矣。自形而上者言之，則未嘗以其事不同而有餘於此，不足於彼也。曰：其曰「物有本末不可分者」，何也？曰：有本末者，其然之事也；不可分者，以其所以然之理也。○饒氏曰：程朱所論，本末不同。朱子以大學之正心誠意爲本，程子以理之所以然爲本，朱子是以子游之意推之。○雲峯胡氏曰：按朱子謂「本末者，事也；不可分者，所以然之理也」，饒氏卻謂「已然者爲末，所以然者爲本」。蓋朱子解程子之言以本末爲事，而不可分爲兩段事者是理。饒氏解程子之言，以末爲事而本爲理，不可不辨也。○按：詳見論語子張篇。

○「**楊子拔一毛**」止「**安排着則不中矣**」列子楊朱篇：禽子問楊朱曰：「去子體之一毛，以濟一世，汝爲之乎？」楊朱曰：「世固非一毛之所濟。」禽子曰：「假濟爲之乎？」楊子不聽。○朱子曰：楊朱乃老子弟子，其學專於爲己。又曰：莊子數稱楊子居之爲人。吾恐楊氏之學，如今道流修煉之士。其保嗇神氣，雖一句話不妄與人說。只是箇逍遥物外，僅足其身。墨子尚儉惡樂，所以説里名朝歌，墨子回車[三二]。想得是箇澹泊槁枯底人，其事父母也粗衣糲食，必不能堪。○孟子本註：摩頂，摩突其頂也。小註：突，觸也。○南軒張氏曰：摩其頂以至踵，一身之間，凡可以利天下者，皆不惜也。○新安陳氏曰：安排者，以私意揣度之，而不順其自然也。○退溪録云：安，是安頓之安。排，排布也。安頓、排布，皆用意措置之謂。○沙溪曰：着，猶言爲也。

註「**中者，隨時而立**」按：「立」字未穩。

○**中央** 廣雅云：央，極中也。

○**無妄之謂誠，不欺其次矣** 雲峯胡氏曰：漢儒皆不識「誠」，李邦直始謂「不欺之謂誠」，徐仲車謂「不息之謂誠」，至程子始曰「無妄之謂誠」，朱子又加以「真實」二字，「誠」之説盡矣。○程子曰：「動以天爲無妄，動以人欲則妄矣。」無妄者，至誠也；至誠者，天之道也。○朱子曰：無妄，實理自然之謂。又曰：非無妄故能誠，無妄便是誠。無妄，是兼天地萬物所同得底渾淪道理；不欺，是就一邊人身説。又曰：無妄者，聖人也。謂聖人爲無妄，則可；謂聖人爲不欺，則不可。又曰：無妄，實理自然之謂。○問：此正所謂「誠者，天之道也；思诚者，人之道」否？曰：然。○中庸小註：東陽許氏曰：「至誠無息，惟至誠所以無息，惟無息乃見誠之至。」

註「**李邦直**」按：伊川祭文曰「惟公世推文章，位登丞輔」、「少服公名，晚識公面，重以姻媾，始終異眷」云云。邦直，疑是伊川婿，李通直之兄弟也。**徐仲車** 按：徐積，字仲車，山陽人。三歲父没，事母至孝。以父名石，終身不用石器。母亡，廬墓三年，雪夜伏墓側，哭不絶聲。時甘露降，木成連理。積初從胡瑗學，惡衣食，不以爲恥。應舉入都，載母以從。比登第，同年共致百金爲壽，卻之。後薦孝廉，爲楚州教授。卒，謚「節孝先生」。

○「**沖漠無朕**」止「**一箇塗轍**」朱子曰：此言未有這事，先有這理。如未有君臣，已先有君臣之理；未有父子，已先有父子之理。不成元無此理，直待有君臣父子，卻旋將道理入在裏面。問：「既是塗轍，卻只是一箇塗轍」，是如何？曰：是這一箇事，便只是這一箇道理。精粗一貫，元無兩樣。今人只見前面一段事無形無兆，將謂是空蕩蕩；卻不知道「沖漠無朕，萬象森然已具」。曰：「未應不是先，已應不是後」，「應」字是應務之「應」否？曰：未應，是未應此事；已應，是已應此事。未應固是先，卻只是後來事；已應固是後，卻只是未應時理。○問：「未應不是先」一條。曰：未應如未有此物，而此理已具；到有此物，亦只是這箇道理。塗轍，是車行處。且如未有塗轍，而車行必有塗轍之理。

○「**近取諸身**」止「**自然不息**」「近取諸身」，出繫辭。○程子曰：凡物之散，其氣遂盡，無復歸本原之理。天地間如紅爐，雖生物消鑠亦盡，況既散之氣，豈有復在？天地造化，又焉用此既散之氣？其造化者自是生氣。今夫海水潮，日出則水涸，是潮退也，其涸者已無也。月出則潮水復生，卻不是將已涸之水爲潮，此是氣之終始。**七日來復** 隆山李氏曰：於臨曰「八月有凶」，於復則曰「七日來復」。陽消而數月，幸其消之遲；陽長而數日，幸其長之速也。○節齋蔡氏曰：不言月而言日者，猶詩所謂一之日、二之日也。○鄭氏剛中曰：七者陽數，日者陽物，於陽長言七日。八者陰數，月者陰物，臨剛長，以陰爲戒，故曰八月。

註「**以理而言，以氣而言**」按：呂氏「所屈者不亡」、謝氏「摧仆歸根」等說，亦反原之意。故朱子並非之，且謂「不必將既屈之氣，復爲方伸之氣」者，明其屈伸往來，乃生生自然之理也。葉氏以理以氣之分，恐不可也。**形潰反原** 按：中庸或問：張子曰：「形聚爲物，物潰反原。」張子他說，亦有是說，而程子數辨其非。東見録中所謂「不必以既反之氣，復爲方伸之氣」者，其類可考也。

○「**問仁**」止「**爲仁則不可**。」和靖尹氏曰：鮑某嘗問伊川：「仁者愛人，便是仁乎？」伊川云：「愛人，仁之事耳。」謝收問：「愛人是仁否？」伊川云：「愛人乃仁之端，非仁也。」○朱子曰：仁是根，愛是苗，不可便喚苗做根。然而這箇苗，卻定是從那根上來。○又曰：理便是性，緣裏面有愛之理，所以發出來無不愛。○問：周子説「愛曰仁」，與博愛之説如何？曰：愛曰仁，猶曰「惻隱之心，仁之端也」，是就愛處指出仁。若博愛之謂仁，便是把博愛做仁了，終不同。○答張敬夫書曰：類聚孔、孟言仁處，以求夫仁之説，程子爲人之意，可謂深切。然專一如此用功，卻恐不免長欲速好徑之心，滋入耳出口之弊，亦不可不察也。大抵二先生之前，學者全不知有仁字。凡聖賢説仁處，不過只作愛字看了。自二先生以來，學者始知理會仁字，不敢只作愛説。然其流弊，又一向離了愛字，懸空揣摸，既無真實見處，故其爲説恍惚驚怪，弊病百端，殆反不若全不知有仁字，而只作愛字看，卻之爲愈也。○北溪陳氏曰：自孔門後，人都不識仁。漢人只把做恩愛説[三三]，又就上起樓起閣將仁看，全粗了，故韓子遂以博愛爲仁。至程子始分別得明白。**體認** 退溪録云：體，驗也。認，辨識也。有蚩氓失其牛，出見一人駕(車牛)(牛車)，就車中而認之曰：「吾牛也。」其人不辨，而與之，失物而得。其分辨而識之曰：「此吾失物也。」此「認」字之義也。體，即所謂做他那骨子。

○「**問：仁與心**」止「**乃情也**」問：心與仁何異？程子曰：於所主曰心，名其德曰仁。曰：謂仁者心之用乎？曰：不可。曰：然則猶五穀之種，待陽氣而生乎？曰：陽氣所發，猶之情也。心猶種焉，其生之德，是謂仁也。

○「**義訓宜**」止「**未晚也**」或問：上蔡以覺言仁，是如何？朱子曰：若但知得箇痛癢，則凡人皆覺得，豈盡是仁者耶？不覺固是不仁，然便謂覺是仁，則不可。○以「生」字説仁，生自是上一節事。當來天地生我底意，我而今須要自體認得。問：知覺亦有生意？曰：固是。將知覺説來冷了。覺在知上卻多，些少搭在仁邊[三四]。○答張敬夫書曰：上蔡所謂「知覺」，只是智之發用處，但惟仁者爲能兼之，故謂仁者心有知覺則可，謂心有知覺謂之仁則不可。正如言「仁者必有勇，有德者必有言」，豈可遂以勇爲仁、言爲德哉？○程子曰：仁者必愛，指愛爲仁則不可。不仁者無所知覺，指知覺爲仁則不可。○上蔡謝氏曰：心有所覺謂之仁，四體之偏痹謂之不仁。取名於不知覺也，不知覺則死矣。身與事接而心漠然不省者，與四體不仁無異也。○陳淵問楊龜山曰：萬物與我爲一，其仁之體乎？曰：然。朱子曰：彼謂物我爲一者，可以見仁之無不愛矣，而非仁之所以爲體之真也。彼謂心有知覺者，可以見仁之包乎智矣，而非仁之所以得名之實也。

註「**智者，天理之明睿**」按：洪範：「思曰睿。」註：睿者，通乎微也。睿當屬思，訓「智」

恐不穩。**以人體之** 按：中庸曰：「仁者人也。」註曰：人，指人身而言。具此生理，自然有惻怛慈愛之意。孟子曰：「仁也者，人也。」註曰：仁者，人之所以爲人之理也。「訓人」之義，本於庸、孟，而若指人爲仁則不可，故程子非之。今以體之者，乃訓人者之言也，言「人與我均此理氣，以人爲我一體，則惻怛之意如此」云云耳。然此與陳淵之説同也，但獨於人同理，而於萬物理不同耶？程子曰：「仁者，以天地萬物爲一體，莫非我也。」何獨以人爲一體也？葉氏徒知訓人之不可，而不知「以人體之」之語尤有病也。○又按：雲峯胡氏曰：「朱子四書釋仁曰『心之德，愛之理』、義曰『心之制，事之宜』、禮曰『天理之節文，人事之儀則』，皆兼體用，獨『智』字未有明釋，嘗欲竊取朱子之意以補之曰：『智則心之神明，所以妙衆理而宰萬物者也。』」番陽沈氏曰：「智者，涵天理動静之機，具人事是非之鑑。」愚者謂胡氏專釋「心」字也。

○**性即理也**。朱子曰：程子言「性即理也」此一句，自古無人敢如此道。

註「**攧**」韻會作「摃」，急擊如投擲之勢。「**撲**」韻會：打也。

○「**問：心有善惡**」止「**卻謂之流也**」問：「心本善，發於思慮，則有善，有不善」，如何？朱子曰：疑此段微有未穩處。蓋凡事莫非心之所爲，雖放僻邪侈，亦是心之爲也。問：心之用雖有不善，亦不可謂之非心否？曰：然。問：胡五峯云：「人有不仁，心無不仁。」先生以爲下句有病。近以先生之意推之，莫是五峯不曾分别得體與發處言之否？曰：只爲他説得不備。若云人有不仁，心無不仁；心有不仁，心之本體無不仁，則意方足耳。問：心既發，則可謂之情，不可謂之心？曰：此句亦未穩。心是貫徹上下，不可只於一處看。心主於身，所以爲體者性也，所以爲用者情也，是以貫乎動静而無不在焉。○按：若既發則不可謂之心，此恐程子初來所見。心一也，有指體而言者，有指用而言者，是乃定論也。觀朱子答張敬夫書，則以已發爲人心，而後以爲心者，固所以主於身，而無動静語默之間者也。然則程、朱所見，亦有前後之異如此。○又按：水譬心，流譬情。

註「**是性所存**」指心而言耶？恐未瑩。

○**性出於天，才出於氣**。註「**性本乎理，才本乎氣**」按：分爲二本，恐未穩。朱子「發於性，禀於氣」之説極精妙，此論才之清濁，而引張子語，以爲氣質之性是也，「才」與「性」恐不同也。

○「**性者自然完具**」止「『**四端**』**不言信**」程子曰：四者有端，而信無端，只有不信，更無信。如東西南北已有定體，更不用信。若以東爲西，以南爲北，則有不可信。如東即東，西即西，則無信。或問：仁義禮智，性之四德，又添箇「信」字，謂之五性，如何？朱子曰：信是誠實。此四者，實有是仁，實有是義，禮智皆然。如五行之有土，非土不足以載四者。○又曰：四端之信，猶五行之土，無定位，無成名，無專氣，而水火金木無不待。是而生者，故土於四行無不在，於四時則寄王焉，其理亦猶是也。○雲峯胡氏曰：按：饒氏云：「以四方論之，無定位，無成名，無專氣；以五方論之，亦未嘗無定位、成名、專氣，不可執一看。」愚見朱子之說，是就五方看，方見得。試以河圖看之，五土居中，似有定位。然三八木位乎東，不可以西；一六水位乎北，不可以南。如中間五點，則自具五方，而於東西南北無所不該，似有定位，而實無定位也。一二三四，各因五而後成七八九六，故於四季各寄旺十八日。木火金水，各專生長收藏之一氣，而各成生長收藏之一名。然無土皆不可，是則土無專氣，而氣無所不貫；土無成名，而名無所不成。就四方看如此，就五方看亦如此，似不必分也。分看則論土於四行之外，是猶論信於四端之外；合看則土實在四行之中，而信在四端之中也。

註「**四者各立**」按：性是渾然全體，本不可以名字言，但其中含具萬理。而綱紀之大者，有此四者，若曰仁義禮智四者各立，則是寂然之中，面貌已分，互相對立也。此語頗有病。

四端不言信，配四時而言　按：先儒固有或備言五性以配五行，或只言仁義以配陰陽，或以仁義禮智配金木水火。然孟子之説四端不言信，則非爲配四行而不言也。本章集註：程子曰：「四端不言信者，既有誠心爲四端，則信在其中耳。」果齋之説恐未穩。

○「**心，生道**」止「**人之生道也**」　朱子曰：「『心，生道也』，此句是張思叔所記，疑有欠闕處，必是當時改作行文，所以失其文意。伯豐云：何故入在近思録中？曰：如何敢不載？但恐有闕文，此四字説不盡。○天地生物之心是仁。人之稟賦接得此天地之心，方能有生。故惻隱之心在人，亦爲生道也。又曰：惻隱之心，乃是得天之心以生，生物便是天之心。○問：『心生道也』一段，上面『心生道』，莫是指天地生物之心？下面『惻隱之心，人之生道』，莫是指人所得天地之心以爲心？蓋在天只有此理，若無那形質，則此理無安頓處。故曰『有是心，斯具是形以生』。上面猶言『繼善』，下面猶言『成性』。曰：上面『心，生道也』，全然做天底，也不得。蓋理只是一箇渾然底，人與天地混合無間。○『有是心，斯具是形以生。』是心乃屬天地，未屬我在。至下面『各正性命』，則方是我底，故又曰『惻隱之心，人之生道也』。仁者，天地生物之心，而人物之所得以爲心。人未得之，此理亦未嘗不在天地之間。只是人有是心，便自具是理以生。又不可道有心了，卻討一物來安頓放裏面。似恁地處，難看，須自體認得。○退溪曰：「惻隱之心，人之生道」，程子此一段語，朱門辨説三條可考也。蓋此「生」字只是生活之生，生生不窮之義，即與天地生物之心貫串，只一「生」字。故朱子答「或問天地生物之心」曰：「天地之心只是箇『生』，凡物皆是生，方有此物。人物所以生生不窮者，以其生也，才不生，便乾枯死了。」以此觀之，桀、跖不能無，是以生亦是生活之生耳。來喻以爲生出之義，又以爲動用之義，恐非本意也。○按：「生」字有生物之生，有生生之生。雖一生理，然其下字之意則隨語各異。以此章言之，「生道也」，皆生物之生也。退溪論此「生」字，引朱子答或問之説，曰：「此『生』字只是生活之生，生生不窮之義，即與天地生物之心貫串。」只一生字，以朱子「如草木萌芽，枝葉條幹皆是生，方有之人物，所以生生不窮者，以其生也」之語觀之，則非以生生爲活也，以其生活故能生生也。若以生活、生生、生物之生，做一「生」字看，則其於隨語解意，恐不分曉，如何如何？○又按：「心生道也」，以天地之心看之，則文勢似無源頭來歷。然以朱子「天地之心是仁，人接得此天地之心，方能有生」之説，及「是心乃屬天地，人有是心，便自具生理以生」等語觀之，則心者，天地之心也；生道者，生物之理也。有是心，斯具是形以生者，人得此生物之理，可具是形以生也。惻隱之心，人之生道也，惻隱之心在人，亦生物之理也，言其一箇生物之理，天人混合無間者也。大槩此章朱子疑其欠闕，當以此爲正。

註「**酬酢運用，生生不窮**」恐尤不襯切。

○「**橫渠先生**」止「**無非教也**」朱子曰：橫渠語録用關、陝方言，甚者皆不可曉。近思録所載，皆易曉者。○「坱然太虚」，此張子所謂「虚空即氣」也。天在四畔，地居其中，減得一尺地，遂有一尺氣，但人不見耳。此是未成形者。及至「浮而上，降而下」，則已成形者，若「融結，糟粕煨燼」[三五]，即是氣之查滓。要之，皆是示人以理。○問：「虚實動静之機，陰陽剛柔之始」兩句，欲云「虚實動静，乘此氣以爲機；陰陽剛柔，資此氣以爲始」，可否？曰：此兩句只一般。實與動便是陽，虚與静便是陰，但虚實動静是言其用，陰陽剛柔是言其體而已。問：虚實以陰陽言否？曰：以有無言。○問：「始」字之義如何？曰：只是説如箇生物底母子相似，萬物都從這裏生出去。上文説「升降飛揚」，便含這虚實動静兩句在裏面了。所以虚實、動静、陰陽、剛柔者，便是這升降飛揚者爲之，非兩般也。○問：言機言始，莫是説理否？曰：此本只是説氣，理自在其中。一動一静，便是機處，無非教也。教便是説理。此等語都是經鍛錬底語，須熟念細看。禮記中「天道至教，聖人至德」，與孔子「予欲無言」，天地與聖人都一般，精底都從粗底上發見，道理都從氣上流行。雖至粗底物，無非是道理發見，天地與聖人皆然。○張子曰：陰氣凝聚，陽在外者不得入，則周旋不舍而爲風。○朱子曰：雨如飯甑有蓋，其氣蒸鬱，而汗下淋漓則爲雨。霜只是露結成，雪只是雨結成。○禮记禮器曰：天道至教，聖人至德。延平周氏曰：天道無非教，凡有象者，皆至教也。○孔子閒居曰：天有四時，春秋冬夏，風雨霜露，無非教也。

○「**游氣紛擾**」止「**立天地之大義**」朱子曰：游氣是氣之發散生物底[三六]。游亦流行之意；紛擾者，參錯不齊。陰陽即氣也，豈陰陽之外復有游氣耶？「日月運行，一寒一暑」，此陰陽之循環也；「乾道成男，坤道成女」，此游氣之紛擾也。○此一段專説氣，未及言理。「游氣紛擾」，此言氣，到此已是查滓麄濁者，去生人物，蓋氣之用也。「動静兩端」，此説氣之本。○游是散殊，比如一箇水車，一上一下，兩邊只管衮轉[三七]，這便是循環不已，立天地之大義底；一上一下，只管衮轉，中間帶得水灌溉得所在，便是生人物之萬殊。天地之間，二氣只管運轉，不知不覺生出一箇人，不知不覺又生出一箇物。即他這箇斡轉，便是生物時節。○問：游氣莫便是陰陽？曰：此固是一物。但横渠所説「游氣紛擾，合而成質」，恰是指陰陽交會言之。「陰陽二端，循環不已」，卻是指那分開底説。○譬如一箇扇相似，扇便是立天地之大義底，扇出風來便是生人物底。

○「天體物不遺」止「無一物之不體」朱子曰：凡言體，便是做他那骨子。猶言天體於物，仁體於事。本是言物以天爲體，事以仁爲體。緣須著從上説，故如此下語。問：與「體物不可遺」一般否[三八]？曰：然。問：「禮儀三百，威儀三千」，無一物而非仁。曰：禮儀、威儀，須得仁以爲骨子。○問：此段莫是言人之所以爲人者，皆天之所爲，故雖起居動作之頃，而所謂天者未嘗不在也？曰：公説「天體物不遺」，既説得是；則所謂「仁體事而無不在」者，亦不過如此。今所以理會不透，祇是以天與仁爲有二也。今須將聖賢言仁處，就自家身上思量，久之自見。○「昊天曰明，及爾出王」，言往來遊衍，無非是理。「無一物之不體」，猶言無一物不將這箇做骨。横渠此語，是將赤心片片説與人。荀、楊何曾有此？○篁墩程氏曰：張子此言，正是發明「克己復禮爲仁」之義。○退溪録云：「禮儀，冠婚喪祭、大射、鄉飲酒之類。威儀，進退、升降、拜伏之類。言三千三百者數未必至此，總言其曲折之多也。旦，明也，日出之時爲旦也。遊衍，遊樂之意。」問：此段上面言天，次言仁，而後面先言仁，後言天者，互言之以極發明否？曰：是。

○鬼神者，二氣之良能。朱子曰：伊川謂「鬼神者，造化之迹」，卻不如横渠所謂「二氣之良能」。蓋程説固好，只渾淪在這裏。張説分明，便見有箇陰陽在。問：良能之義。曰：只是二氣之自然者耳。屈伸往來，是二氣自然能如此。問：伸是神，屈是鬼否？曰：氣之方來皆屬陽，是神；氣之反皆屬陰，是鬼。午前是神，午後是鬼；初一以後是神，十六以後是鬼；草木方發生是神，凋落是鬼；人自少至壯是神，衰老是鬼；嘘是神，吸是鬼；風露鼓動是神[三九]，收斂是鬼。○上蔡謝氏曰：横渠説得别，這箇便是天地間妙用。

○氣日至而滋息　程子曰：息，訓爲生者，蓋息則生矣。一事息則一事生，中無間斷。如碩果不食，則便爲復也。○朱子曰：此息只是「生息」之「息」，非「止息」之「息」。嘗看孟子言「日夜之所息」，程子謂「息字有二義」。某後來看，只是生息。

○性者，萬物之一源。註「**性原于天**」止「**西銘之根本**」按：朱子曰：「性爲萬物之一源。性者，人物之所同得。非惟己有[四〇]，人亦有是；非惟人有，物亦有是。」此通人與物而言之也。葉氏只曰「人所同得」，又曰「能盡人之性」，而物則不及，然則天命之性有所欠闕，而大人亦不能盡物之性矣。不能盡物之性，則可謂盡其道乎？此則不但措語間病敗也。此章本意則不過曰「性者，人與物之所同得，而惟大人能盡其道，立必俱立，成不獨成」，猶論語所謂「己欲立而立人」，中庸「成己成物」之意也。「知必周知」者，知在己之理，而天下萬物之理，無不周知也。「愛必兼愛」者，愛於其親，而天下之人與物無所不愛也。此句乃大人盡其道之事也，其末彼自蔽塞者，蔽言人，塞言物。此章自頭至尾，無不通人物而言之者，如此看首尾，則語意不滯，萬物一源之旨，有所歸宿矣。○或曰：立必俱立，成不獨成，可語於人，不可語於物。曰：立必俱立，則然矣；成不獨成，豈不可語於物哉？王制不曰「獺祭魚，然後虞人入澤梁。豺祭獸，然後田獵。鳩化爲鷹，然後設罻羅。草木零落，然後入山林」乎？此聖人成育萬物之道。而朱子論修道之教曰：至於天下之物，則順其所欲，違其所惡，因其材質之宜以致其用，制其取用之節以遂其成者。此可見「成不獨成」之意也。○又按：兼愛，孟子註曰：「無所不愛也。」朱子又曰：「兼天下之人而盡愛，蓋墨道也。」此則只取其語以言「大人無所不愛」之意，不可以辭害義。葉氏所謂「使人皆得所愛」，語意未妥，且「立者，禮之幹」，此亦未穩。易曰：「貞者，事之幹。」本義曰：「貞者，於人則爲智，而爲衆事之幹。」幹，木之身而枝葉所依而立者也。以元亨利貞之貞爲衆事之幹，固也。以立爲禮之幹，可乎？況此「立」字，「己欲立而立人」之立也。朱子以「或人所論欲立，謂欲自立於世，立人謂扶持培埴，使之自立」之説爲是，然則與「立於禮之卓然自立，不爲事物之所揺奪」者不同矣。葉氏以立、知、愛、成四字分屬禮智仁義，爲學之始終。若謂「立於禮，成於樂」者，然則此四句乃爲學之次序，非大人盡道之事也。種種語病，不可不知。

○「**一故神**」止「**不疾而速**」　朱子曰：横渠語曰「一故神」，自註云「兩在故不測」。又曰「兩故化」，自註云「推行於一」。説得極好，須當子細看。但近思録所載與本書不同。當時緣伯恭不肯全載，故後來不曾與他添得。「一故神」，只是一物，卻周行乎事物之間。如所謂陰陽、屈伸、往來、上下，以至於行乎什百千萬之中，無非這一箇物事，所以謂「兩在故不測」。「兩故化」，凡天下之事，一不能化，惟兩而後能化。且如一陰一陽，始能化生萬物。雖是兩箇，要之亦是推行乎此一爾。○或問：一故神。曰：一是一箇道理，卻有兩端，用處不同。譬如陰陽：陰中有陽，陽中有陰；陽極生陰，陰極生陽，所以神化無窮。○横渠此語極精。見李先生説云：「舊理會此段不得，終夜倚上坐思量，以身去裏面體，方見得平穩。」○直卿云：「一故神」，猶「一動一静，互爲其根」；「兩故化」，猶「動極而静，静極復動」。○按：繫辭曰：「寂然不動，感而遂通天下之故。」又曰：「惟神也，故不疾而速，不行而至。」小註：誠齋楊氏曰：「銅山東傾，而洛鐘西應，豈惟物理哉？人氣亦有之，其母齧指，而其子心動，此一物之理，一人之氣，相應相同，有不疾而速，不行而至者也，況聖心之神乎？是故範圍天地，而一念不踰時；經緯萬方，而半武不出户，豈假疾而後速，行而後至？何爲其然也？心之神也。」

註「**擬議**」繫辭。朱子曰：擬議，只是裁度自家言動。**爲物不貳**中庸：「天地之道，可一言而盡也。其爲物不貳，則其生物不測。」註：不貳，所以誠也。

○**心統性情**朱子曰：「惟心無對」，「心統性情」。二程卻無一句似此切。○統，猶兼也。○統，如「統兵」之「統」，言有以主之也。○凡物有心而其中必虚，如雞心、猪心之屬，切開可見，人心亦然。只這些虚處，便包藏許多道理，彌綸天地，該括古今。推廣得來，蓋天蓋地，莫不由此，此所以爲人心之妙歟。心是神明之舍，爲一身之主宰。性便是許多道理，得之於天而具於心者。發於智識念慮處，皆是情，故曰「心統性情」也。○如仁義禮智是性也，孟子曰：「仁義禮智根於心。」惻隱、羞惡、辭讓、是非，本是情也，孟子曰：「惻隱之心，羞惡之心，辭讓之心，是非之心。」以此言之，則見得心可以統性情。○季通云：「心統性情」，不若云心者性情之統名。

○「**凡物莫不有是性**」止「**與聖人一**」朱子曰：横渠言：「凡物莫不有性，由通蔽開塞，所以有人物之别；由蔽有厚薄，有智愚之别[四二]。」似欠了生知之聖。○横渠此段不如吕與叔分别得分曉。吕曰：「蔽有淺深，故爲昏明；蔽有開塞，故爲人物。○看來塞中也有通處，如猿狙之性即靈，豬則全然蠢了，便是通蔽不同處。「本乎天者親上，本乎地者親下。」如人頭向上，所以最靈；草木頭向下，所以最無知；禽獸之頭横了，所以無知；猿狙稍靈，爲他頭有時也似人，故稍向得上。

註「**此人與物之所共也**」「此」字，指理氣言也。

【校勘記】

[一]　道字較實　「實」，朱子語類卷一百一作「寬」。

[二]　得木之精於水之濡　「木」，當據正蒙叁兩篇、性理大全卷一作「水」；「水」，當據正蒙叁兩篇、性理大全卷一作「土」。

[三]　以陰陽善惡言之　「言」，性理大全卷一作「論」。

[四]　又不全於動　「全」，朱子語類卷三十二作「專」。

[五]　此則體道之極功　「此」上，周易本義卷三有「至」字。

[六]　通書終頭是配合　「終」，朱子語類卷九十四作「從」。

〔七〕此是人所獨得者　「人」上，當據朱子語類卷九十四補「聖」字。

〔八〕所謂喜怒哀樂未發之中　「未發」二字，朱子語類卷九十五無。

〔九〕亦如此論　「論」字，朱子語類卷九十五無。

〔一〇〕天且不違是也　「不」，朱子語類卷六十九作「弗」。按：下句亦同。

〔一一〕此只是上天曰知性則知天　「上天」之「天」，當據朱子語類卷六十九改作「文」。

〔一二〕天且不違　「不」，易文言傳作「弗」。

〔一三〕非有安排措置　「措」，朱子語類卷六十三作「布」。

〔一四〕更就自家身上看甚麼是仁　「更」，朱子語類卷九十五作「便」。

〔一五〕亦如此　「此」下，朱子語類卷七十一有「長」字。

〔一六〕動之端乃心之發處　「之端」二字，朱子語類卷七十一無。

〔一七〕則此心之體雖無所不在　「心之」，朱子語類卷七十一作「之心」。

〔一八〕造化與人事感應　「感應」下，周易大全卷十二有「皆是」二字。

〔一九〕如這卓子是物　「卓」，朱子語類卷九十五作「棹」。

〔二〇〕則只是一箇衰颯底人　「颯」字，朱子語類卷五十二無。

〔二一〕似不是感格意思　「不」，朱子語類卷六十三作「亦」，據文意，以「不」字爲是。

〔二二〕分別得一箇界至分明　「至」，朱子語類卷七十五作「止」。
〔二三〕器不違乎道處　「違」，朱子語類卷七十五作「遺」。
〔二四〕起於何人　「起」，朱子語類卷四作「始」。
〔二五〕極有功於聖門　「極」上，朱子語類卷四有「某以爲」三字。
〔二六〕則便是夾氣質而言　「質」，朱子語類卷九十五作「稟」。
〔二七〕唯天道流行如此　「唯」，朱子語類卷九十五作「明」。
〔二八〕仁是長兄　「是」，朱子語類卷五十九作「似」。
〔二九〕卻對甚底　「卻」，朱子語類卷九十五作「便」。
〔三〇〕中又自有對　「中」上，朱子語類卷九十五有「一」字。
〔三一〕然又各只是一箇道理　「各」，朱子語類卷九十五作「卻」。
〔三二〕里名朝歌墨子回車　「里」，當爲「邑」，漢書卷五十一：「故里名勝母，曾子不入；邑號朝歌，墨子回車。」
〔三三〕漢人只把做恩愛説　「愛」，北溪字義卷上作「惠」，此句下又有「是又太泥了愛」一句。
〔三四〕些少搭在仁邊　「些」上，朱子語類卷四有「只」字。
〔三五〕若融結糟粕煨燼　「融」上，當據朱子語類卷九十八補「所謂山川之」五字。

〔三六〕游氣是氣之發散生物底　「底」下，朱子語類卷九十八有「氣」字。
〔三七〕兩邊只管衮轉　「衮」，朱子語類卷九十八作「滚」。按：本節下同。
〔三八〕與體物不可遺一般否　「物」下，當據朱子語類卷九十八補「而」字。
〔三九〕風露鼓動是神　「露」，朱子語類卷六十三作「雷」。
〔四〇〕非惟己有　「有」下，朱子語類卷九十八有「是」字。按：本節「非惟人有」下亦如此。
〔四一〕有智愚之別　「有」上，當據朱子語類卷九十八補「故」字。

近思録釋疑卷之二

論爲學[一]

「總論爲學大要」止「『尊德性』矣，必『道問學』」[二]　沙溪曰：首卷論道體，非尊德性也。葉氏以「尊德性」言之，恐未安。若是泛論，以起「道問學」，則又似贅。

聖希天　朱子曰：天自是天，人自是人，終是如何得似天？自是用法天。明王奉若天道，無非法天者。**志伊尹之所志**　朱子曰：只是不忠於私[三]，今人仕宦只爲禄，伊尹卻「禄之天下不顧[四]，繫馬千駟不視也」。「**學顏子**」止「**過則聖**」　問：過顏子則工夫又更純細[五]，此固易見。不知過伊尹時如何説？朱子曰：只是更加些從容而已，過之，便似孔子。伊尹終是有擔當底意思多。

○顔子好學論　按：伊川年十八，在太學。當時大儒胡瑗爲學官，命題「顔子所好何學論」，伊川乃述此文。**學以至聖人之道也**　雙峯饒氏曰：道者，方法之謂，言學以至乎聖人底方法也。下文言「學之道」與「學之得其道」皆此意。**儲精**　朱子曰：精氣流過[六]，儲蓄得二氣之精聚，故能生出人物。○退溪曰：精，即太極圖説所謂「二五之精」。此獨言精者，言精而無極之真在其中故也。儲，即所謂「妙合而凝」之義。「**其本也真而靜**」止「**仁義禮智信**」　朱子曰：本，本體也。真是不雜人僞，靜是未感物時。五性便是真，未發便是靜。真靜兩字，亦自不同。蓋真則指本體而言，靜但言其未感乎物。下文所謂未發，即靜之謂也，所謂五性，即真之謂也。然則「仁義禮智信」云者，乃所謂未發之藴，而性之真也。又曰：「靜」字乃指未感本然言。蓋人生之初，未感於物，一性之真，湛然而已，豈非當體本然，未嘗不靜乎？惟感於物，是以有動。○退溪曰：「其本也，真而靜」與「其未發也，五性具焉」者，固非兩截事，但其爲説，則實作兩重説了。第一番只指本然之性，不雜人僞，湛然淵妙處説，故曰「其本也，真而靜」。第二番再就前所謂靜處，説破所謂真者之名目，故曰「其未發也，五性具焉」。朱子與蔡元定論此云「伊川文字如此多頭項」，又謂之「疊説」是也。

註「**人生而靜，天之性**」樂記。退溪曰：朱子謂程子此論非閲聚而作，故其文間有未洽好處。

喜、怒、哀、懼、愛、惡、欲[七]按：記禮運曰：何謂人情？喜、怒、哀、懼、愛、惡、欲七者，不學而能。○問：愛與欲何別？朱子曰：愛是泛愛那物，欲則有意於必得，便要挈將來。○退溪曰：子思作中庸，言喜怒哀樂而遺懼，不知何故。○又答奇高峯書曰：四端，情也；七情，亦情也。均是情也，何以有四七之異名耶？愚嘗妄以爲情之有四端七情之分，猶性之有本性氣稟之異。然則其於性也，既可以理氣分言之，至於情，獨不可以理、氣分言之乎？惻隱、羞惡、辭讓、是非，何從而發乎？發於仁、義、禮、智之性焉爾。喜、怒、哀、懼、愛、惡、欲，何從而發乎？外物觸其形而動於中，緣境而出焉爾。四端之發，孟子既謂之心，則心固理氣之合也，然而所指而言者則主於理，何也？仁、義、禮、智之性，粹然在中，而四者其端緒也。七情之發，朱子謂本有當然之則，則非無理也。然而所指而言者則在乎氣，何也？外物之來，易感而先動者，莫如形氣，而七者其苗脉也。安有在中爲純理，而才發爲雜氣，外感則形氣，而其發爲理之本體耶？四端皆善也，故曰「無四端之心者，非人也」，而曰「乃若其情，則可以爲善矣」。七情善惡未定也，故一有之而不能察，則心不得其正，必發而中節，然後乃謂之和。由是觀之，二者雖曰「皆不外乎理氣」，而因其所從來，各指其所主與所重而言之，則謂之某爲理，某爲氣，何不可之有乎？近看朱子語類論孟子四端處，正論此事。其說云「四端是理之發，七情是氣之發」。得是說，然後方信愚見不至於大謬。○高峯與退溪書曰：人心未發則謂之性，已發則謂之情，而性則無不善，情則有善惡，此乃固然之理也。但子思、孟子所就以言之者不同，故有四端七情之别耳，非七情之外復有四端也。今若以謂四端發於理而無不善，七情發於氣而有善惡，則是理與氣判而爲兩物也，是七情不出於性，而四端不乘於氣也。若又以四端之發純理，故無不善，七情之發兼氣，故有善惡者而改之，則雖似稍勝於前説，愚意亦恐未安。性之乍發，氣不用事，本然之性得以直遂者，正孟子所謂四端者也。此固然是天理所發，然非能出於七情之外也，乃七情中發而中節者之苗脉也。然則以四端七情對舉互言，而謂之純理兼氣，可乎？論人心道心，則或可如此説，若四端七情，則恐不得如此説。蓋七情不可專以人心觀也。夫理，氣之主宰也；氣，理之材料也。二者固有分矣，而其在事物也，則固混淪而不可分開。但理弱氣强，理無朕而氣有迹，故其流行發見之際，不能無過不及之差。此所以七情之發，或善或惡，而性之本體，或有所不能專也。然其善者乃天命之本然，惡者乃氣禀之過不及，則所謂四端七情者，初非有二義也。近來學者，不察孟子就善一邊，剔出指示之意，例以四端七情别而論之，愚切病焉。○栗谷答牛溪書曰：人心、道心，雖二名，而其源則只是一心。其發也，或爲理義，或爲食色，故隨其發而異名。其發也爲理義，則推究其故，何從而有此理義之心乎？此由於性命在心，故有此道心也。其發也爲食色，則推究其故，何從而有此食色之念乎？此由於血氣成形，故有此人心也云爾。非若互發之説，理發氣發而大本不一也。若謂理氣互發，則是理氣二物各爲根柢。於方寸之中，理發則爲道心，氣發則爲人心矣。然則吾心有二本矣。大抵發之者氣也，所以發者理也。非氣則不能發，非理則無所發，無先後，無離合，不可謂互發也。但人心道心，則或爲形氣，或爲道義，其源雖一，其流既岐，固可分兩邊説下矣。若四端七情，則有不然者。四端是七情之善一邊也，七情是四端之總會者也，一邊安可與總會者分兩邊相對乎？朱子「發於理，發於氣」之説，意必有在。其意亦不過曰「四端專言理，七情兼言氣」云爾，非曰四端則理先發，七情則氣先發也。退溪因此而立論曰：「四端理發而氣隨之，七情氣發而理乘之。」所謂氣發理乘之者可也。非特七情爲然，四端亦是氣發而理乘之也，何則？見孺子入井而惻隱者，氣也，此所謂氣發也。惻隱之本則仁也，此所謂理乘之也。若理發氣隨之説，則分明有先後矣。若曰理發氣隨，則是纔發之初，氣無干涉，而既發之後，乃隨而發也，此豈理耶？明彦之論則分明直截，勢如破竹。退溪辨説雖詳，而義理不明。明彦學識豈敢冀於退溪乎？只是有箇才智，偶於此處見得到耳。七情之包四端，吾兄猶未見得乎？夫人之情當喜而喜，臨喪而哀，見所親而慈愛，見理而欲窮之，見賢而欲齊之者，仁之端也。當怒而怒，當惡而惡者，義之端也；見尊貴而畏懼者，禮之端也。知其所當喜、所當怒、所當哀、所當懼，又知其所不當喜、所不當怒、所不當哀、所不當懼者，智之端也。若以四端準於七情，則惻隱屬愛，羞惡屬惡，恭敬屬懼，是非屬于知其當喜怒與否之情也。

七情之外，更無四端。然則四端專言道心，七情合人心道心而言之也，與人心道心之自分兩邊者，豈不迥然不同乎？本然之性則專言理而不及乎氣，氣質之性則兼言氣而包理在其中，亦不可以主理主氣之説泛然分兩邊也。本然之性與氣質之性分兩邊，則不知者豈不以爲二性乎？且四端謂之主理可也，七情謂之主氣則不可也。七情包理氣而言，非主氣也。子思論性情之德曰：「喜怒哀樂之未發謂之中，發而皆中節謂之和。」只舉七情，不舉四端。若七情主氣，則子思論大本達道而遺卻理一邊矣，豈不爲大欠乎？**鑿** 按：鑿木之器，以鐵爲之。○朱子曰：性固不可鑿，但人不循此理，去傷了他。○退溪曰：性之鑿去其性，猶鑿之鑿物也。**覺者約其情，使合於中** 按：覺，覺其情蕩性鑿也。約，猶收束底意。○西山真氏曰：此章之要，在「覺著約其情，使合於中」一語。心無不正，性無不善，所以害其正喪其善者，爲情所累也。故必先約其情，然後能正心而養性。雙峯饒氏曰：用功最緊要處，在「約其情，使合於中」。約是工夫，中是準則，四勿便是約的工夫，禮便是中的準則。○退溪曰：中於節則便是中。**先明諸心，知所往** 朱子曰：這一段緊要處，只在「先明諸心」上。知所往如識路，力行求至如行路。

註「**涵養與知行並進**」按：程子曰：「涵養須用敬，進學則在致知。」分明作兩腳説。或問：「致知後，須持養，方力行？」朱子曰：「如是，則今日致知，明日持養，後日力行！只持養便是力行[八]，正心誠意豈不是行？」觀此二説，則涵養乃行也。若曰「涵養之功與知並進」，則可也；「與知行並進」云，則不可。

自明而誠 中庸本註曰：自由也，先明乎善，後能實其善者，賢人之學由教而入者。

註「**以上兩章**」止「**幾於化矣**」按：「學之道」至「邪僻之心無自生矣」，非兩章也，乃論爲學之道一段，而知行功效備矣。「誠之之道，在乎信道篤」者，承「自明而誠」申言之也。「信道篤」帶知意，蓋知之明故信之篤也。仁義忠信不離乎心，造次顛沛、出處語默必於是。守固之事，而誠之之功也。「居安」以下，誠之之效也。葉氏就「信道篤」以下分作三段，必屬知、仁、勇，已似支離，而又以「仁義忠信不離乎心」爲「信道篤」，以「造次顛沛、出處語默必於是」爲「行之果」，段段分屬，重複如此，恐未免牽合之病也。

「**有不善**」止「**未嘗復行**」朱子曰：今人只知「知之未嘗復行」爲難，殊不知「有不善未嘗不知」是難處。直是顔子天資好，如至清之水，纖芥必見。今人亦有説道知得這箇道理，及事到面前，又卻只隨私欲做將去，只爲是不曾知。○問：顔子之所學，蓋人之有生，五常之性，渾然一心之中。未感物之時，寂然不動而已，而不能不感於物，於是喜怒哀樂七情出焉。既發而易縱，其性始鑿。故顔子之學見得此理分明，必欲約其情以合於中，剛決以克其私。私欲既去，天理自明，故此心虚静，隨感而應。或有所怒，因彼之可怒而已無與焉[九]。怒纔過，而此心又復寂然，何遷移之有！所謂過者，只是微有差失。張子謂之「慊於己」，只是略有些子不足於心，便自知之，即隨手消除，更不復萌作。爲學工夫如此，可謂真好學矣。曰：所謂學者，只是學此而已。「**守之也**」止「**不目而化**」退溪曰：守，持守也。○雙峯饒氏曰：不遷不移，皆是守而未化之事。若怒自然不遷，心無過可貳，則化而無事於守矣。家語：「顏子少孔子三十歲，年二十九而髮白，三十二而早卒。」○程子曰：其未化者，如人操尺度量物，用之尚不免有差。至於化，則己便是尺度，尺度便是己。

○**定性書** 游酢題行狀後曰：先生聞道甚早，年逾冠，張子厚友而師之。逮先生之官，以「定性未能不動」致問，先生爲破其疑，使内外動静，道通爲一。其後子厚學成德尊，識者謂與孟子比。○問：定性書也難理會。朱子曰：也不難。「定性」字，説得也詫異。此「性」字是箇「心」字意。明道言語甚圓轉，初讀未曉得，子細看卻成段相應。此書在鄠州時作，年甚少。○「定性」一章，明道言不惡事物，亦不逐事物。今人惡則全絶之，逐則又爲物引將去。蓋横渠有意於絶外物而定其内。明道意以爲須是内外合一，「動亦定，静亦定」，則應物之際，自然不累於物。○

問：定性書是正心誠意工夫否？曰：正心誠意以後事。夫張子之於道，固非後學所敢議，然意其强探力取之意多，涵泳完養之功少，故不能無疑於此。程子以是發之，其旨深哉！**内外二本** 西山真氏曰：理自内出而周於事，事自外來而以應理。理即事也，事即理也，故曰「無内外」。夫能定能應，有寂有感，皆心之妙也。若以定與寂爲是，而應與感爲非，則是以性爲有内外也。事物之來，以理應之，猶鑑懸於此而形不能遁也。鑑未嘗隨物而照，性其可謂隨物而在外乎？故事物未接，如鑑之本空者，性也；事物既接，如鑑之有形者，亦性也。内外曷嘗有二本哉？

註「**人在天地間**」止「**無時而能定也**」按：勉齋曰：「若以心有内外，則不唯未可語定，亦且不識心矣。」蓋既以内外爲二本，則是不知心之無内外，何可遽語定哉？葉氏所謂「人在天地間，不能不與物接」者，於本文意不襯。

普萬物，順萬事，擴然大公，物來順應，自私用智。問：所謂「普萬物，順萬事」者，即「廓然而大公」之謂；「無心無情」者，即「物來而順應」之謂。自私則不能「廓然而大公」，所以不能以有爲爲應迹；用智則不能物來而順應，所以不能以明覺爲自然。朱子曰：然。應迹，爲應事物之迹[一〇]。若心，則未嘗動也。問：自私則不能以有爲爲應迹，用智則不能以明覺爲自然。

曰：此書首尾，只此兩項。○問：「廓然而大公[一一]，物來而順應。」學者卒未到此，奈何？曰：雖未到此，規模也是恁地。聖人自有聖人大公，賢人自有賢人大公，學者自有學者大公。大公是包説，順應是就裏面細説。「廓然而大公」是「寂然不動」，「物來而順應」是「感而遂通」。

「**易曰：貞吉悔亡**」止「**不可得而除也**」 按：咸九四傳曰：四在中而居上，當心之位，故爲感之主。而言感之道，貞正則吉而悔亡。又四説體居陰而應初，故戒於貞感之道。有所私係，則害於感通，乃有悔也。貞者，虛中無我之謂也。○問：咸九四傳[一二]，説虛心貞一處，全似敬。朱子曰：蓋嘗有此語曰[一三]：敬，心之貞也。○問：明道曰「莫若廓然而大公，物來而順應」，如何？曰：「廓然大公」，便不是「憧憧」；「物來順應」，便不是「朋從爾思」。○問：此以私感，彼以私應，所謂「朋從爾思」。曰：然。 **規規於外誘之除** 按：規規，莊子註：「蹇，淺也。」此指橫渠絶外物之意而言。憧憧往來，與貞相反者也。

註「**各以朋類從其所思**」 按：此釋「明從爾思」也。然文勢不相屬。

今以惡外物之心 按：亦指橫渠之欲絶外物也。 **反鑑** 按：應物者心，照物者鑑也。今惡外物，則是反鑑也。「**易曰：艮其背**」止「**不見其人**」 艮卦辭。傳曰：欲牽於前而求其止，不可得也。故艮之道，當艮其背，所見者在前，而背乃背之，所不見也[一四]。止於所不見，則無欲以亂其心，而止乃安。「不獲其身」，不見其身也，謂忘我也。無我則止矣。「行其庭，不見其人」，庭除之間，至近也。在背，則雖至近不見，謂不交於物也。外物不接，内欲不萌，如是而止，乃得止之道也。○問：伊川解「艮其背」，云「止於所不見」，又云「不交於物」，則是無所見，無所交，方得其所止而安。朱子曰：這處無不見底意思。濂溪也恁地説。周子曰：「艮其背，背非見也，亦可疑外物，豈能不接？」但當於非禮勿視、聽、言、動四者用力，是他偶看錯了，相傳如此。○本義曰：蓋身，動物也。唯背爲止，艮其背，則止於所當止也。止於所當止，則不隨身而動矣。是不有其身也，如是，則雖行於庭除有人之地，而亦不見其人矣。蓋「艮其背」而「不獲其身」者，止而止也。「行其庭」而「不見其人」者，行而止也。不獲其身，如君止於仁，臣止於忠，但見得事之當止，不見得此身之爲利爲害。纔將此身預其間，則道理便壞了！古人所以捨生取義者，只爲不見此身，方能如此。**所惡於智者，爲其鑿也。**孟子本註：「天下之理，本皆利順[一五]；小智之人，務爲穿鑿，所以失之。」陳氏曰：所惡者，小智也。**非外而是内** 按：亦指横渠而言也。**内外兩忘** 問：是内不自私，外應不鑿否？朱子曰：是。

註「**在外者終不容以寂滅**」按：寂滅，恐不可以在外者言。「外」字，恐當作「内」字。

動静莫非自然 按：是定明以後事，下語亦恐失序。

○朱子曰：此篇大綱只在「廓然而大公，物來而順應」兩句。其他引易、孟子，許多説話皆是如此[一六]。末謂「第能於怒時遽忘其怒，而觀理之是非」，一篇著力緊要，只在此一句。伊川文字段數分明，明道多只恁成片説將去，初看似無統説[一七]，子細理會，中間自有路脈貫串將去。○問：「天地之常」至「順應」是第二段，此書大意不過此七句而已[一八]。「廓然大公」，是不絶乎物；「物來順應」，是不累乎物。勉齋黄氏曰：固是如此。「普萬物，順萬事」，便是不絶乎物；「無情無心」，便是不累乎物，只是此兩意貫了一篇。自「易貞吉」至「除也」是第三段，此乃引易以結上段之意。「貞吉」，則虚中無我，不絶乎物，而亦不累乎物也；「憧憧」，則累乎物矣。自「人之情」至「索照也」是第四段，只是與前二段意相反。自私便是求絶乎物，用智是反累乎物，不能以有爲爲應迹，故求絶乎物；不能以明覺爲自然，故反累乎物。自「易曰：艮其背」至「應物爲累哉」是第五段，以結上文。艮不獲其身則無我，無我則不自私用智，而鑿則不以明覺爲自然，故不若内外之兩忘也。自「聖人之喜」至「如何哉」是第六段，以聖人喜怒，明其廓然大公，物來順應也。後面是第七段，未嘗無怒，而觀理是非，則未至於聖人而於道思過半矣。○又曰：末一段專説「順應一邊」，然未嘗不怒，則是大公。朱文公舊説亦兼「大公」、「順應」而言，蓋以遽忘其怒爲大公也。

○**動多於聖人** 沙溪曰：動，動輒之意。

○「**内積忠信**」止「**學之始終也**」 易乾卦文言：子曰：「君子進德修業，忠信，所以進德也；修辭立其誠，所以居業也。知至至之，可與幾也；知終終之，可與存義也。」程子曰：「『知至至之』主知，『知終終之』主終。知至至之，如今學者且先知有至處，便從此至之，是可與幾也。非知幾，安能先識至處？知終終之，知學之終處而終之，然後可以守義[一九]。」○朱子曰：伊川以「篤志」解「立其誠」，便緩了。「積」字説得好。蓋上句以「知至」爲重，而「至之」二字爲輕；下句則以「知終」爲輕，而「終之」二字爲重。○本義曰：忠信主於心者，無一念之不誠也。修辭見於事者，無一言之不實也。雖有忠信之心，然非修辭立誠，則無以居之。知至至之，進德之事，知終終之，居業之事。○問：「立誠」不就制行上説，而特指「修辭」，何也？曰：人不誠處，多在言語上。修辭立誠，便要立得這忠信。若口不擇言，逢事便説，只這忠信亦被汩没動盪[二〇]，立不住了。○問：進德只一般説，至修業，卻又言「居業」，何也？曰：修業、居業二者，只是一意。業如屋宇，未修則當修之，既修則居之。修業便是要居他。○「進德」是營度方架這屋相似，「居業」是據見成底屋居之。「可與幾」是見得前面這箇道理。「存義」是守這箇義。

「可與幾」、「可與存義」，是傍人説[二一]，與「可與立」、「可與權」之「可與」同。○問：「終」字「至」字，其義相近，如何？曰：這處人都作兩段衮將去[二二]，所以難得分曉。須分作四截説。「知至」是知得到處，「知終」是終其到處。「至之」是須著行去到那處，「終之」是定要守到那處。上兩箇「知」字卻一般。遺書所謂「知至至之，主知也；知終終之，主終也」，均一知也。上卻主知，下卻主終。要得守，故如此。○孟子本註：「始，始之也。終，終之也。條理，猶言脉絡，指衆音而言也。知者，知之所及[二三]。聖者，德之所就也。」「知」，本文作「智」。

註「**日知其所亡，月無忘其所能**」論語本註：「亡，無也。謂己之所未有。」新安陳氏曰：爲學當日有所進，而知其所未得；月有所守，而不忘其所已得。知其所無[二四]，則識愈長而日新；保其所有，則得愈堅而不失。**至，謂至善之地，所重者在知，故曰「可與幾」**。**正其始，成其終**。按：「至善」之「至」，「至極」之「至」也。「知至」之「至」，乃至處也。葉註語欠曲折。若曰「至至處即至善之地」云，則似勝。「所重者在知，故曰可與幾」者，亦未瑩。必若朱子所謂未做到那裏，先知得如此，所以説可與幾者，然後語意痛快。且「正其始，成其終」云者，下語種種有病。

○「**君子主敬**」止「**孰爲疑乎**」　程子曰：乾九三言聖人之學，坤六二言賢人之學，此其大致也。若夫敬以直内，義以方外，則聖人不越乎此。○朱子曰：敬立而内自直，義形而外自方。若欲以敬要去直内，以義要去方外，則非矣。○直，是直上直下，胷中無纖毫委曲；方，是割截方正之意。○文言：將「敬」字解「直」字，「義」字解「方」字。「敬義立，而德不孤」，即解「大」字。敬而無義，則做事出來必錯了。只義而無敬，則無本何以爲義？皆是孤也。須是敬義立方不孤，施之事君則忠於君，事親則悦於親，交朋友則信於朋友，皆不待習而無一之不利也。○雙峯饒氏曰：蓋孤則偏於一善，而其德狹；不孤則衆善畢集，而其德大矣。體用全備，無適不宜，其於行事坦然，無所疑惑，此所以不習而無不利也。

註「**敬主乎中**」止「**事當其則**」　按：此兼動静而言之也。然朱子曰「專言敬，而不知就日用念慮處分别。其公私義利之所在，而決取舍之幾焉，則亦不免於昏憒雜擾，而所謂敬者，有非敬矣」。又曰「義是心頭斷事底。心斷於内，而外便方正」云。以此觀之，謹獨乃屬於義也。葉氏以戒懼謹獨爲敬，只以「酬應之際，事當其則」爲義，恐未免外義之病。**所行無一不備**　按：「無所用而不周」者，言其用無不周遍也。註説恐失本意。

〇「**動以天**」止「**不利有攸往**」傳：「無妄者，至誠也。」本義：無妄，實理自然之謂。史記作「無望」，謂無所期望而有得焉者，其義亦通。爲卦自訟而變，九自二來而居於初。又爲震主，動而不妄者，故爲無妄。〇問：既無邪心，何以不合正理？朱子曰：有人自是其心全無邪，而卻不合於正理，如賢智者過之。他其心豈曾有邪？卻不合正理。佛氏亦豈有邪心者！所謂「雖無邪心，而不合正理」者，實該動静而言。然燕居獨處之時，物有來感，理所當應，而此心頑然，固執不動，則雖無邪心，而只此不動處，便非正理。又如應事接物處，理當如彼，而吾所以應之者，乃如此。則雖未必出於有意之私，然只此亦是不合正理。既有不合正理，則非邪妄而何？〇眚，按：韻會：目病，生瞖也，又過也。〇雙峯胡氏曰：其匪正謂，三三不正，則離毀而有眚矣，不利有攸往。戒震九若往二，則六二來，初而成訟矣；若往三，則三來[二五]，初而成遯矣。皆不利於有所往也。〇「**人之藴蓄**」止「**蓄成其德**」象曰：天在山中，大蓄。君子以多識前言往行，以蓄其德。〇按：識，如字，又音志。〇傳：天爲至大而在山之中，所蓄至大之象。〇本義：「天在山中」，不必實有是事，但以其象言之耳。〇按：「在」字輕。

〇「**咸之象**」止「**無我之謂也**」傳：澤性潤下，土性受潤，澤在山上，而其漸潤通徹，是二物之氣相感通也。君子觀山澤通氣之象，而虛其中以受於人。○朱子曰：兑上缺，有澤口之象；兑下二陽畫，有澤底之象。艮上一畫陽，有土之象；下二陰畫中虛，便是滲水之象。○問：「以量而容之」，莫是要着意容之否？曰：非也。以量者，乃是隨我量之大小以容之[二六]，便是不虛了。○問：感通之理。曰：感，是事來感我；通，是自家受他感處之意。○本義：九四居股之上，脢之下，又當三陽之中，心之象也。九四乃以陽居陰，爲失其正，故因占設戒。○問：憧憧往來，朋從爾思。曰：往來自不妨，天地間自是往來不絶。只不合著憧憧了，便是私意。聖人未嘗不教人思，只是不可憧憧。「憧憧」，只是加一箇忙迫底心，猶言「助長」、「正心」，與計獲相似。方往時，又便要來；方來時，又便要往，只是一箇忙。○問：憧憧往來，猶言往來于懷否？曰：非也。此憧憧者是加私意，不好底往來。○易感應處[二七]，伊川説得未備。往來，自還他有自然之理。惟正静爲主，則吉而悔亡。至於憧憧，則私意爲主，而思慮所及者朋從，所不及者不從矣[二八]。○問：感只是内感？曰：物固有内感者。然亦不專是内感，固有外感者。如人語極須默，默極須語，先後自相感，此便是内感。若有人自外來喚自家，只是喚做外感。感於内者自是内，感於外者自是外。如此看，方周偏平正。只做内感，便偏頗了。○問：「憧憧往來」，如霸者以私心感人，便要人應。自然往來，如王者我感之也，無心而感。其應我也，無心而應，周偏公溥，無所私係。如此否[二九]？曰：是如此。○雙湖胡氏曰：四與初爲往來之爻，而二爻皆不正，故戒以憧憧往來，則所感者狹而不廣矣。四當心象，而不言心者，以心在内不可見，故特言「心之用思者，心之用也」。

註「**初爲拇**」止「**上爲輔頰舌**」按：拇，茂后反，足大指也。腓，方非反，足肚也。股，髀幹也。脢，武盃反，又音每，背肉也。輔，夾輪木，所以備輻壞，又頰骨也。論語小註曰：輔，面頰也。○建安丘氏曰：咸六爻以人身取象，上卦象上體，下卦象下體。初在下體之下，爲拇；二在下體之中，爲腓；三在下體之上，爲股，此下卦三爻之序也。四在上體之下，爲心；五在上體之中，爲脢；上在上體之上，爲口，此上卦三爻之序也。拇、腓、股隨體而動，應感者也。脢不能思，無感者也。輔頰舌以言，爲説不足以感人者也。皆不能盡乎感之道，唯四居心位，爲感之至[三〇]。

○「**君子之遇艱阻**」止「**自修其德也**」本義：蹇，難也。足不能進，行之難也。○象曰：「山上有水，蹇。君子以反身修德。」傳：山之峻阻，上復有水，坎水有險陷之象，上下險阻，故爲蹇也。○中溪張氏曰：反身取艮之背，修德取坎之心。○按：字會：一穀不升曰歉，又食不飽。

○「**非明則**」止「**無所用**」傳：豐，盛大之義。爲卦，震上離下。震，動也。離，明也。○初九傳：初九明之初，九四動之初，宜相須以成其用。○朱子曰：徒行不明，則行無所向，冥行而已；徒明不行，則明無所用，空明而已。

○「**習重習**」止「**所謂君子**」雙峯饒氏曰：「習」字訓重，故重險謂之習坎。○朱子曰：説文「習」字，從羽從白。月令所謂「鷹乃學習」是也。○按：復，扶又反。○朱子曰：「浹洽」二字有深意。如浸物於水，水若未入，只是外面濕，内面依然乾，必浸之久，則透裏皆濕。習而熟，熟而悦，脉絡貫通，程子所謂「浹洽」是也。○南軒張氏曰：「時復思繹」，言學者之於義理，常時紬繹其端緒而涵泳之也。○按：繹，抽繭爲絲。○朱子曰：「以善及人而信從者衆」，纔九字爾，而無一字之虚設也。義理，人心所同然，非有我之得私也。吾獨得之，雖足以説矣，然告人而莫信，率人而莫從，是獨擅此理，而人不得與於吾心之所同也。如十人同食，一人獨飽，九人不下咽，吾之所悦雖深，亦曷能達於外邪？今吾之學足以及人，而信從者又衆，則將皆有以得其心之所同然者，而吾之所得，不獨爲一己之私矣。其歡欣宣暢，雖宫商相宣，律吕偕和，何足以方其樂！○程子曰：悦在心，樂主發散在外。朱子曰：程子非以樂爲在外也。以爲積滿乎中，而發越乎外耳。悦則方得於內，而未能達於外也。○雙峯饒氏曰：悦與樂皆是在中底，今此「樂」字對上文「悦」字言之，則是主發散在外而言。○新安陳氏曰：「不見是而無悶」，出易乾文言。不見是於人，而無悶於心。

○**古之學者爲己，今之學者爲人** 朱子曰：聖賢論學者用心得失之際，其説多矣，然未有如此言之切而要者。○又曰：今須先正路頭，明辨爲己爲人之别，直見得透，卻旋旋下工夫，則意思自通[三二]，知識自明，踐履自正。積日累月，漸漸熟。若見不透，路頭錯了，則讀書雖多，爲文日工，終做事不得。○又曰：學者須是爲己。譬如喫飯，寧 無寧也。可逐些 少少也。喫，令飽爲是乎！寧可鋪 設也。攤 開也。放 置也。門外，報人道我家有許多飯爲是乎！近來學者，多是以自家合做底事報與人。只是將義理略從肚 腹也。裏過，卻翻出許多説話。如此者，只是不爲己，圖好看，如南越王黄屋左纛，聊以自娱耳。

○**卓爾** 論語註：卓立貌。吴氏曰：所謂「卓爾」亦在乎日用行事之間，非所謂窈冥昏默者。

○朱子曰：是聖人之大本立於此酬酢萬變處，即前日高堅前後底。今看得確定親切，不似向來無捉摸處，不是離高堅前後之外，別有所謂「卓爾」者也。○**足之蹈之，手之舞之**孟子。新安陳氏曰：手舞足蹈，天理之真樂，形見於動容之間而不自知者也。

○「**明道先生**」止「**實修業處**」朱子曰：明道論「修辭立其誠，所以居業」，説得來洞洞流轉。○又曰：人多將言語做没緊要，容易説出來。若一一要實，這工夫[三二]。○修辭便是立誠，如今人持擇言語，丁一確二，一字是一字，一句是一句，便是立誠。若還脱空亂語，誠如何立？○修辭立誠，只於平日語默之際，以氣上驗之，思與不思而發，意味自別。明道所謂「體當自家，敬以直内，義以方外之實事」者，只觀發言之平易躁妄，便見其德之厚薄、所養之淺深矣。○問：「修辭立誠」與「閑邪存誠」相似否？曰：他地位自別。閑邪存誠，不大段用力；修辭立誠，大段着氣力。○括蒼龔氏曰：終日三象。三，下卦之終，故諸爻多於三言終。○雲峯胡氏曰：下乾終而上乾繼之，故曰「乾乾」。

註「**擬議修辭立於外**」止「**乾乾而不息**」按：擬議，非體當之意，且修辭立於外，文字有病。無一言之不實，亦是用功，豈是見功之地乎？「無一念之不實，無一言之不實」，則表裏一於誠也，此乾乾不息底工夫，又推而極之，曰「至誠，故乾乾而不息」，似非本文意。

○觀天地之化乃可知 程子曰：天地之化，一息不留，疑其速也。然寒暑之變甚漸。

○「**孟子才高**」止「**須是學顏子**」 朱子曰：孟子不甚細膩，如大匠把得繩墨定，千門萬户自在。○答林擇之曰：「近略整頓孟子説，見得此老直是把得定，但常放教到極險處，方與一斡轉，後便見天理人欲直是判然。非有命世之才，見道極分明，不能如此。然亦只此便是英氣害事處，便是才高無可依據處。」「顏子才雖未嘗不高，然其學却細膩切實，所以學者有用力處。孟子終是麤。」○問：「孟子無可依據，學者當學顏子。」如養氣處，豈得謂無可依據？曰：孟子皆是要用。顏子曾就己做工夫[三三]，所以學顏子則不錯。○問：顏子之學，莫是先於性情上着工夫否？曰：然。顏子生平，只是受用「克己復禮」四箇字。○孟子説得麤，不甚子細；只是他才高，自至那地位。若顏子説話，便可下手做；孟子底，更須解説方得。

○「**且省外事**」止「**不遠矣**」 朱子曰：明善了，又更須看自家進誠心與未。問：「文章雖不中不遠」，便是應那「省外事」一句否？曰：然。

註「**呂與叔**」見下。○朱子曰：此説只可施之與叔諸人，若與龜山言，便不着地頭了。今看了近思録，須將遺書兼看。蓋他一人是一箇病痛，故程先生説得各各自有精采。

○「**學者識得**」止「**栽培之意**」　朱子曰：識得與實有，須做兩句看。識得，是知之也；實有，是得之也。若只識得，只是知有此物；卻須實有諸己，方是己物。○潛室陳氏曰：滿腔子是惻隱之心，既體認得分明，又須讀書涵養義理，以灌溉滋養之。

註「**所存無非天理**」止「**以封植之**」　按：「吾心所存，無非天理，則地位已高，此後又博求義理以封植」云者，語失先後之序。

○「**昔受學**」止「**所樂何事**」　鮮于侁問：顏子何以不改其樂？伊川曰：君謂其所樂者何也？曰：樂道而已。曰：使顏子以道爲樂而樂之，則非顏子矣。○問：伊川以爲若「以道爲樂」，不足爲顏子。又卻云「顏子所樂者仁而已」。不知道與仁何辨？朱子曰：非是樂仁，唯仁故能樂耳。是他有這仁，日用間無些私意，故能樂也。而今卻不要如此論，須求他所以能不改其樂者是如何。緣能非禮勿視、聽、言、動，這四事做得實頭工夫透，自然至此。○問：但以爲孔顏之樂在於樂道，則是孔顏與道終爲二物。要之，孔顏之樂，只是私意浄盡，天理消融，自然無一毫繫累耳。曰：然。但今人説樂道，説得來淺了。要之，説樂道亦無害。程子云：「人能克己，則心廣體胖，仰不愧，俯不怍，其樂可知。」○聖人德盛仁熟，從心所欲不踰矩，形骸雖是人，其實一塊天理，又焉得而不樂？○孔顏之樂，大綱相似，難就此分淺深。惟是顏子止説「不改其樂」，聖人卻云「樂亦在中其[三四]」。「不改」字[三五]，恐與聖人略不相似，亦只争些子。聖人自然樂，顏子僅能不改。○西山真氏曰：程、朱二先生若有所隱而不以告人者，其實無所隱而告人之深也。蓋道只是當然之理而已，非有一物可以玩弄而娱悦也。若云所樂者道，則吾身與道各爲一物，未到渾融無間之地，豈足以語聖賢之樂哉？顏子工夫，乃是博文約禮上用力[三六]。博文者，欲於天下之理[三七]，無不窮究，而用功之廣也；約禮者，以理檢束其身[三八]，而用功之要也。博文者，格物致知之事也；約禮者，克己復禮之事也。内外精粗，二者並進，則此心此身皆與理爲一，從容游泳於一理之中[三九]，雖簞瓢陋巷不知其爲貧，萬鍾九鼎不知其爲富，顏子之樂也。程、朱二先生恐人只想像顏子之樂，而不知實用其功。程子全然不露，只使人自思而得之，朱先生又恐人無下手處，特説出「博文約禮」，令學者從此用力，真積力久，自然有得，至于欲罷不能之地，則顏子之樂，可以庶幾矣。○按：潛室陳氏曰：「濂溪必令二程深究孔顏所樂何事。」雙峯饒氏亦曰：「周子每令人尋其所樂者何事。」以此二説觀之，「所樂何事」乃濂溪「必令人尋之」之語也。

○**大做脚須得**　按：「須」字可疑，他本或作「始」。性理羣書作「方」。

註「**惰於進善**」按：此句不但與持守固滯意不相屬，其於釋心不開闊，亦不襯切。

○**明道先生曰：「舜發於畎畝」**止「**舉於海**」孟子。按：孫叔敖隱處海濱，楚莊王舉之爲令尹。○朱子曰：只是要事事經歷過。一條路若素不曾行，忽然一旦撞行去，少間定墮坑落塹也！○按：上六段皆明道語，而於此别以明道先生起之，未詳其意。

○**參也，竟以魯得之**。程子曰：曾子，孔子在時甚少，後來所學不可測，安知其不至聖人？且易簀之事，非大賢以上作不得。○朱子曰：「曾子魯鈍難曉，只是他不肯放過。若這事看未透，直是推得到盡處[四〇]，所以竟以魯得之。緣他質魯鈍，不便理會得，故終着工夫，遂見得透徹。若理會不得，便放下了，如何得通透，終於魯而已。」曾子之爲人敦厚質實，而其學專以躬行爲主，故其真積力久，而得以聞乎一貫之妙。曾子説話，盛水不漏。

○**以記誦博識爲玩物喪志**　按：「玩物喪志」，書旅獒篇語。玩，韻會：弄也，戲也。○朱子曰：明道以上蔡記誦爲玩物喪志，蓋爲其意不是理會道理，只是誇多鬥靡爲能。若明道看史不蹉一字[四二]，則意思自別。此正爲己爲人之分。

註「**顯道**」按：謝顯道，名良佐，習舉業，已知名，往扶溝見明道先生受學。先生謂：謝子雖少魯，直是誠篤，理會事有不透，其顙有泚，其憤悱如此。○武夷胡氏曰：二程得孟子不傳之學，以倡天下。而升堂覩奥，號稱高弟，在南方則廣平游定夫、上蔡謝顯道、龜山楊中立三人是也。○朱子曰：上蔡所著論語説及門人所記遺語，皆行於世。如以生意論仁，以實理論誠，以惺惺論敬，以求是論窮理，其命意皆精當，而直指窮理居敬爲入德之門，則又最得明道教人之綱領。**心中不容絲髮事**　按：若以「静時工夫」言之，則如此可也；不分動静而儱侗言之，則恐有病。**汗流浹背面發赤**　明道曰：此便是惻隱之心。朱子曰：上蔡「聞過慚惶」，自是羞惡之心，如何却説惻隱？是有惻隱之心方會動，動了始有羞惡，有恭敬，有是非。動處便是惻隱。**卻將此事**　按：此事似指「舉史不遺一字」及明道「逐行看過」之事。**本志未免昏塞**　按：「志」字恐不若「心」字之穩。

○「**禮樂只在進反**」止「**性情之正**」　馬氏曰：以體言之，禮減樂盈；以用言之，禮進樂反。

禮主減，故勉而作之，而以進爲文；樂主盈，故反以抑之，而以反爲文。減而不進，則幾於息矣，故銷；盈而不反，則至於流矣，故放。○劉氏曰：禮必有和，以爲減之報。報者，相濟之意也。樂必有節，以爲盈之反。反者，知止之謂也。禮減而得其和而相濟，則從容欣愛而樂矣，此「樂而和禮」也；樂盈而得其節以知止，則優柔乎中而安矣，此「禮以節樂」也。○朱子曰：禮，如凡事儉約，如收斂恭敬，便是減；須當着力向前去做，便是進。樂，如歌詠和樂，便是盈；須當有箇節制，和而不流，便是反。禮減而卻進前去，樂盈而卻反退來，便是得情性之正。

註「**又曰**」按：「又曰」以下亦樂記語，非朱子說。

○「**父子君臣**」止「**不是王者事**」朱子曰：「天分」即天理也。父安其父之分，子安其子之分，君安其君之分，臣安其臣之分，則安得私？故雖「行一不義，殺一不辜，而得天下」，有所不爲。

○「**論性不論氣**」止「**二之則不是**」朱子曰：天命之性，若無氣質，卻無安頓處。且如一勺水，非有物盛之，則水無歸着。程子云：「論性不論氣，不備；論氣不論性，不明，二之則不是。」

所以發明千古聖賢未盡之意，甚爲有功。○勉齋黄氏曰：天命之性，本無不善。氣裏這性，性纔入氣裏面去，便有善有惡，有清有濁，有偏有正。清濁偏正雖氣爲之，然着他夾了，則性亦如此。譬如水本清，流在沙石上去，其清自若；流在濁泥中去，這清底也濁。○朱子曰：孟子言性，只説得本然底，論才亦然。荀、揚、韓諸人雖是論性，其實只説得氣。荀子只見得不好人底性，便説做惡。揚子見半善半惡底人，便説善惡混。韓子見天下有許多般人，所以立爲三品之説。就三子中，韓子説又較近。他以仁義禮智爲性，以喜怒哀樂爲情，只是中間過接處少箇「氣」字。○北溪陳氏曰：近世東坡蘇氏又以爲性未有善惡，五峯胡氏又以爲性無善惡，都只含糊就人與天相接處捉摸，説箇性是天生自然底物，更不曾説得性端的指定是甚底物[四二]。直至二程得濂溪先生太極圖發端，方始説得分明極至，更無去處。其言曰「性即理也」，此語最是簡切端的。如孟子説善，善亦只是理，但不若指認理字下得較確定。程子於本性之外，又發出氣稟一段，方見得善惡所由來。蓋只論大本而不及氣稟，則所論有欠闕未備；若只論氣稟而不及大本，便只説得粗底，而道理全然不明。氣稟之説何從而起[四三]？夫子曰：「性相近也，習相遠也。惟上智與下愚不移。」此正是説氣質之性。子思所謂三知三行，及所謂「雖愚必明，雖柔必强」，亦是説氣質之性，但未分明指出氣質字爲言耳。到二程始分明指認説出，甚詳備。横渠因之又立爲定論曰：「形而後有氣質之性。善反之，則天地之性存焉。」氣質之性，是以氣稟言之。

天地之性，是以大本言之。其實天地之性亦不離氣質之中，只是就那氣質中分别出天地之性，不與相雜爲言耳。

○**論治便須識體**　問：是體段之「體」否？朱子曰：是如此。又問：如爲朝廷有朝廷之體，爲一國有一國之體，爲州縣有州縣之體否？曰：然。是箇大體有格局當做處。如作州縣，便合治告訐，除盜賊，勸農桑，抑末作；如朝廷，便須開言路，通下情，消朋黨。這箇都是定底格局，合當如此做。且如國家遭汴都之禍，國於東南，所謂大體者，正在於復中原，雪讎恥。

○「**曾點、漆雕開**」止「**聖人與之**」　論語註：曾點之學，蓋有以見夫人欲盡處，天理流行，隨處充滿，無少欠闕。故其動静之際，從容如此。而其言志，則又不過即其所居之位，樂其日用之常，初無舍己爲人之意。而其胷次悠然，直與天地萬物上下同流，各得其所之妙，隱然自見於言外。○朱子曰：曾點見得事事物物上皆是天理流行。良辰美景，與幾箇好朋友行樂。他看日用之間，莫非天理，在在處處，莫非可樂。曾點見道無疑，心不累事，其胷次灑落，有非言語所能形容者。○曾點有康節底意思，將那一箇物玩弄。○曾點氣象固是從容灑落，然須見得他因甚得如此，始得。若見得此意，自然見得他做得堯舜事業處。○大意便是本初處。若不曾見得大意，如何下手做工夫。斯者，非大意而何？若推其極只是性，蓋「帝之降衷」便是。○或問：開未能自信，而程子以爲已見大意，何也？曰：人惟不見其大者，故安於小今。開之不安於小，如此，則非見乎大者不能矣。○曾點開闊，漆雕開深穩。○點見得高，卻於工夫上有疏略處。開見處不如點，然有向進之意。○論資禀之誠慤，則開優於點。語其見趣超詣，脱然無毫髮之累，則點賢於開。然開之進則未已也。

○**根本須是先培**壅。註「**朱子曰**」止「**此意也**」按：明道先生曰：「聖賢千言萬語，只是欲人將已放之心約之，使反復入身來，自能尋向上去。」朱子截取此言，以明培壅根本之意。

○**夾持** 朱子曰：最下得此兩字好。**達天德** 朱子曰：敬義内外，交相養夾，定在這裏，莫教一箇有些走失。如此，則下不染於物欲，只得「上達天德」也。○沙溪曰：「此」指敬義而言也。

註「**霎**」按：韻會：音翣，小雨。語録解：暫忽之頃。**直上去上達天德** 按：二意似不同。

○「**董仲舒**」止「**不計其功**」按：仲舒，廣川人。○朱子曰：仲舒所立甚高。後世之所以不如古人者，以道誼功利關不透耳[四四]。○道、誼是箇體、用。道是大綱説，誼是就一事上説。功是就道中做得功效出來。○正義未嘗不利，明道豈必無功，但不先以功利爲心耳。問：正義不謀，在處事之後[四五]。如此看否？曰：恁地説也得。他本是合掌説，看來也須微有先後之序。

○乾卦文言曰：「利者義之和也。」朱子曰：如君臣父子各得其宜，此便是和處[四六]，安得謂之不利！如「君不君，臣不臣，父不父，子不子」，此便是不和，安得謂之利！又曰：利，是那義裏面生出來底。凡事處置得合宜，利便隨之。又曰：義者，得宜之謂，處得其宜，不逆了物，即所謂「利」。

孫思邈　京兆人。**膽欲大，心欲小**　朱子曰：膽大是千萬人吾往之意，心小只是畏敬。

○「**視聽、思慮**」止「**真與妄**」朱子曰：言視聽、思慮、動作皆是天理。其順發出來，無非當然之理，即所謂真。其妄者，卻是反乎天理者也。○問：視聽、思慮、動作，皆天之所爲。及發而不中節，則是妄。故學者須要識别之。曰：妄是私意，不是不中節。這正是顔子之所謂「非禮」者，非禮處便是私意。○問：胡伯達疑云：「既是天，安得妄？」某以爲此六者，人生皆備，故知均稟於天，但順其理則是真，違其理則是妄，妄即人爲之私耳。曰：有物必有則，此天也。

若非其則，則是人爲亂之妄而已矣。

〇**學只要鞭辟近裏着己** 朱子曰：「鞭辟近裏」，此是洛中語。辟，如驅辟一般。一處説作「鞭約」，大抵是要鞭督向裏去[四七]。**切問而近思，仁在其中**。論語。朱子曰：此全未是説仁處，方是尋討箇求仁門路。當從此去，漸見效在其中，謂有此理耳。又曰：此四事只是爲學工夫，未是爲仁。然人能「博學而篤志，切問而近思」，則心不放逸，天理可存，故曰「仁在其中」。

「**言忠信**」止「**夫然後行**」 論語本註：言其於忠信篤敬念念不妄[四八]，隨其所在，常若有見，雖欲頃刻離之而不可得。然後一言一行，自然不離於忠信篤敬，而蠻陌可行也。〇蠻，南蠻。貊，北狄。其者指忠信篤敬而言。〇朱子曰：篤，有重厚深沉之意。敬而不篤，則有拘迫之患。南軒張氏曰：篤敬者，敦篤於敬也。雙峯饒氏曰：凡事詳審不輕發，是篤底意思；戒謹恐懼，猶恐失之，是敬底意思。篤自篤，敬自敬。〇按：饒説與朱、張之説不同。〇朱子曰：參前倚衡，只是見得理如此，不成是有一塊物事光輝在那裏。此謂言必欲其忠信，行必欲其篤敬，念念不忘，而有以形於心目之間耳。

註「**信順**」 出禮記，見下。

「**質美者**」止「**至則一也**」胡氏曰：明得盡，查滓化卻。天資高，知之即能行之，而私意無所容也。莊主容，敬主心，内外交致其力，常常操守以涵養之，然後可使私意消釋。程子此條專爲學者言，不主於釋經也。○退溪曰：明得盡屬知，知之明也。查滓渾化，乃行之之效。卻，語辭，當屬上句。俗讀云「卻與天地」，非是。問：心學以心中有一物爲非，而曰「言忠信，行篤敬，念念不忘，使參前倚衡」，則莫是偏繫之病否？曰：夫如是，故程子曰「不可着意，又不可不着意」。○按：性理羣書「卻與天地」爲句。

○「**忠信所以進德**」止「**坤道也**」隆山李氏曰：文言字字皆有位置。乾九三言誠，坤六二言敬。誠敬者，乾坤之別也。先儒誠敬之學起於此。○朱子曰：「忠信所以進德」至「可與存義」也，都是徑前做去，有勇猛嚴厲、斬截剛果之意。須是見得，方能恁地，更着力不得。坤卦則未到這地位，「敬以直内，義以方外」，未免緊貼把捉，有持守底意。又曰：「忠信所以進德」，是乾健工夫，蓋是剛健粹精，兢兢業業，日進而不自已，如活龍然，精彩氣燄自有不可及者。直内方外，是坤順工夫，蓋是固執持守，依文按本底做將去，所以爲學者事也。「忠信進德」、「敬以直内」，分屬乾、坤，蓋取健順二體。修辭立誠，自有剛健主立之體；敬義便有靜順之體。進修便是箇篤實，敬義便是箇虛靜，故曰「陽實陰虛」。

○「**蠱之象**」止「**振民育德**」蠱大象：「山下有風，蠱。君子以振民育德。」傳：「山下有風，風遇山而回，則物皆散亂，故爲有事之象。君子觀有事之象，以振濟於民。」朱子曰：「振起，聳動。民觀聽，養育其德也。在己則養德，於天下則濟民。君子之所事，無大於此二者。」○隆山李氏曰：「振民」，猶巽風之鼓爲號令也；「育德」，猶艮山之養成財力也。

○「**博學而篤志**」止「**徹上徹下之道**」朱子曰：於是四者也見得箇仁底道理，便是徹上徹下之道。○篤志，只是至誠懇切以求之，不是理會不得又掉了。若只管汎汎底外面去博學，更無懇切之志，便成放不知求底心[四九]，便成頑麻不仁。惟篤志，又切問近思，便有歸宿處，這心便不汎濫走作，仁便在其中。○胡氏曰：學、問、思是徹下；仁在其中，是徹上。○沙溪云：了，知也。「了」字釋在「道」字下。○按：性理羣書註曰：悟此，則仁之全體可見，故曰「徹上徹下之道」。據此，沙溪說恐未穩。

註「**即此一念**」按：「一念」二字似剩。

○「**弘而不毅**」止「**無以居之**」程子曰：弘而不毅，則無規矩而難立；毅而不弘，則隘陋而無以居之。又曰：弘大剛毅，然後能勝重任而遠到。○朱子曰：「弘」只是寬廣，卻被人只把做度量寬容看了，便不得。弘是「執德不弘」之「弘」。「弘」字只對「隘」字看，便見得。○「毅」是立腳處堅忍强厲，擔負得去底意。○雲峯胡氏曰：惟弘能勝重，不以一善而自足也；惟毅能致遠，不以半途而自廢也。

○**杜元凱語** 杜預左傳序曰：將令學者尋其枝葉，究其所窮，優而柔之，使自求之；饜而飫之，使自趍之。若江海之浸，膏澤之潤，渙然冰釋，怡然理順，然後爲得也。本註：「以寬舒學者之心，使自求索其高意；以飽足學者之好，使自奔趍其深致。如江海以水深之故，所浸者遠；如膏澤以雨多之故，所潤者博。江海之浸，膏澤之潤，以喻傳之廣記備言，亦欲浸潤經文，使義理通透也。」

註「**涵養有漸**」按：序註所論，所謂浸潤，非謂涵養有漸也。然言之於涵養亦好。

○**祈天永命** 書傳。西山真氏曰：天命至公，不可以求而得也。曰祈者，蓋一於用德，乃不祈之祈也。

○「**忠恕所以公平**」止「**其致則公平**」程子曰：「如心爲恕。」朱子曰：「忠是無一毫自欺處，恕是稱物平施處。忠因恕見，恕由忠出。」○忠恕，猶形影，無忠，則不能爲恕。忠只是一箇忠，做出百千萬箇恕來。○忠是本根，恕是枝葉。非是別有枝葉，乃是本根中發出，枝葉即是本根。○「造德則自忠恕」[五〇]，是從這裏做出來；「其致則公平」，言其極則公平也。○退溪曰：造，詣也。

○「**仁之道**」止「**仁之用也**」退溪曰：消，須也。○問：公只是仁之理，專言公，則只虛空説着理，而不見其切於己，故必以身體之，然後我與理合而謂之仁，亦猶孟子合而言之道也。然公果如之何而體？如之何而謂之仁？亦不過克盡己私。至於此心豁然，瑩浄光潔，徹表裏純是天理之公，生生無間斷，則天地生物之意常存。此體公所以爲仁，所以能恕，所以能愛。「人」字只是指吾此身而言，緊要却在「體」字上，不審是否？朱子曰：此説得之。○體者，乃是以人而體公。蓋人撐起這公作骨子，則無私心而仁矣。蓋公只是一箇公理，仁是人心本仁。人而不公，則害夫仁。故必體此公在人身上以爲之體，則無所害其仁，而仁流行矣。○恕與愛本皆出於仁，然非公則安能恕？安能愛人？○仁之發處自是愛，恕推那愛底[五一]。○問：先生謂「愛如水，恕如水之流」，退而思[五二]，有所未合。竊謂仁如水，愛如水之潤，恕如水之流，不審如何？曰：説得好。昨日説過了，恕是分俵那愛底。如一桶水，愛是水，恕是分俵此水何處一杓，故謂之施。愛是仁之用，恕所以施愛者。○問：施與用如何分別？曰：恕之所施，施其愛爾。不恕，則雖有愛而不能及人也。「施」、「用」兩字，移動全不得。這般處，唯有孔孟能如此，下自荀揚諸人便不能。昔有言「盡己之謂忠，盡物之謂恕」，伊川言「盡物只可言信」，恕是推己，故只可言施。如此等處，極當細看。○公在仁之先，愛、恕在仁之後。

註「**榦**」按：與「幹」同，築墻兩旁木也。**恕則泉之流出**按：此與或人所問「恕如水之流」同意，然以朱子「恕是分俵此水」之説觀之，則葉註語未圓備，似欠分俵意。

○**麄**按：山足也。

註「**什麽**」按：與「甚麽」同。「**肋**」按：韻會：與「勒」通，脅骨也。

○「**人謂要力行**」止「**能得幾時子**」或問：「力行」如何是淺近語？朱子曰：不明道理，只是硬行。他只是見聖賢所爲，心下愛，硬依他行。這是私意，不是當行。若見得道理時，皆是當恁地行。又問：「這一點意氣能得幾時子」是如何[五三]？曰：久時，將次只是恁地休了。○退溪曰：「一切，猶『一』是也。」按：大學註：「壹是一切也。」漢書註：「猶以刀切物，取其齊整。」沙溪云：是「子」猶云日子。

註「**人力之使然，意氣之使然**」按：「使然」二字皆未穩，若云「所爲」則如何？

○**不得道理** 沙溪云：豈有不得道之理也？

○**吕與叔** 按：淵源録：大鈞之弟，藍田人。始學於横渠先生，卒乃入洛事二先生，有東見録。元祐中，除大學博士。范内翰薦可爲講官，未用而卒。程子稱其深潛於禮。有爲與叔挽詩云：「曲禮三千目，躬行四十年。」朱子曰：「吕與叔惜乎壽不永，如天假之年，必所見又别。」**俳** 按：此俳，俳優也。**輸** 退溪曰：「猶致也，又爲也。」柳眉岩曰：「輸猶負也，勝負謂之贏輸。」按：此「輸」字當作「爲」字意看。**心齋** 莊子。退溪曰：大意謂「不茹葷」是祭祀之齋，一志虚心爲心齋。顔淵能心齋，故孔子告之以道。

註「**子游作檀弓，子夏作樂記**」按：劉氏曰：「檀弓首言子游，及篇内多言之，疑是其門人所記。」臨川吴氏曰：「樂經則亡矣，其經疑多是聲音樂舞之節，少有辭句可讀誦記識，故秦火之後無傳，諸儒不過能言樂之義而已。劉向所得樂記，與河間獻王所撰不同。」

○**涵養須用敬，進學則在致知**。朱子曰：無事時且存養在這裏，提撕警覺，不要放肆。到講習應接時，便當思量義理。○伊川言：「涵養須用敬，進學則在致知。」不言克己。蓋敬勝百邪，便自克，如誠則便不消言閑邪之意。猶善守門户，則拒盜便是一等事，不消更言别有拒盜底。若以涵養對克己言之，各别作一事亦可[五四]。○問：致知後，須持養，方力行？曰：如是，則今日致知，明日持養，後日力行！只持養便是行。正心、誠意豈不是行？但行有遠近，治國、平天下則行之遠耳。下「須」字、「在」字，皆要齊頭着力，不可道知得了方始行。

○**不能居仁由義**　按：孟子曰：吾身不能居仁由義，謂之自棄也。

○**必有事焉集義**　孟子本註曰：有事，如「有事於顓臾」之有事。集義，猶言積善，蓋欲事事皆合於義也。○朱子曰：集義是養氣之丹頭，必有事是集義之火法。必有事，言養氣者必以集義爲事，須要把做事去做。**中理在事** 按：所以中者，非吾心之裁制乎？然理在事上，故曰「中理在事」。

○問：敬、義何別？註「**集義只是事事求箇是**」朱子曰：南軒曰「集義，只是事事求箇是」而已。此則説窮理，未説到集義。程子所謂「知有是非，順理而行」，可謂縝密。**欲爲孝不成** 退溪曰：指按：以下論「集義」底語也，不可把「守着一箇孝」一句，比「只守一箇敬」看。下之不得如此而言也。

○三月不違仁 論語。朱子曰：三月只是言其久爾，非謂三月後必違也。古人三月無君則吊，去國三月則復，詩人以一日不見如三月兮。夫子聞韶，三月不知肉味，皆久之意。○本註曰：仁者心之德，心不違仁者，無私欲而有其德也。○程子曰：顔子經天道之變，而爲仁如此，能久於仁也。過此則從心不踰矩，聖人也。○朱子曰：顔子豈直恁虚空湛然，常閉門合眼静坐，不應事，不接物，然後爲不違仁也！顔子有事亦須應，須飲食，須接賓客，但只是無一毫私欲耳。

○**先難後獲**　論語本註曰：「先其事之所難，而後其效之所得，仁者之心也。」朱子曰：董子所謂仁人者，「正其誼不謀其利，明其道不計其功」，正謂此也。○程子曰：先難，克己也。以所難爲先而不計所獲，仁也。○問：既曰仁者，則安得有己私而更須克己耶？朱子曰：仁者雖己無私，然安敢自謂己無私乎？克己正是要克去私心，若又計其效之所得，乃私心也。只此私心，便是不仁。○新安陳氏曰：先難，所包者闊，本不但言克己。程子謂克己是於所難之中，又舉甚者言之，而求仁之功莫先焉。○朱子曰：「先難後獲」，仁者之心如是，故求仁者之心亦當如是。獲，有期望之心，學者之於仁，工夫最難。但先爲人所難爲，不必有期望之心，可也。

註「**利仁**」　論語本註曰：利猶貪也。蓋心知篤好，而必欲得之也。

○「**有求爲聖人之志**」止「**可與權**」　論語註曰：「可與者，言其可與共爲此事也。權，稱錘也，所以稱物而知輕重者也。可與權，爲能權輕重使合義也。」楊氏曰：信道篤，然後可與立。知時措之宜，然後可與權。洪氏曰：權者，聖人之大用，未能立而言權，猶人未能立而欲行，鮮不仆矣。○朱子曰：立，是見得那正當道理分明了，不爲事物所遷惑。可與立者，能處置得常事；可與權者，能處置得變事。○程子曰：反經合道爲權。公羊唱之，何休和之。自漢以下，無人識「權」字，才説權，便是變詐，不知權只是經所不及者。權量輕重，使之合義，才合義，便是權也。○按：公羊傳：「權者何？反於經，然後有善者也。」見桓公十一年。韓康伯註繫辭「巽以行權」云「反經而合道」。何休註公羊傳。○朱子曰：權與經須有異處，雖有異而權實不離乎經也。這裏所爭只毫釐。伊川説「權只是經」，恐也未盡。伊川又云「權是經之所不及者」，此説方盡。經有不可行處，而至於用權，此權所以合經也。「反經合道」一句，思之亦通，緣「權」字與「經」字對説。纔是權，便是變卻那箇經。雖謂之反經，可也。伊川見漢儒言「反經是權，恐無忌憚者，得借權以自便」，因有此論。

○今之學者爲物 按：論語本註「物」作「人」。

○君子之學。註「**行抵乎成進德之地**」按：兩語言賢人則可語，聖人則不可。

○人安重則學堅固 按：論語：「君子不重則不威。」本註：「輕乎外者必不能堅乎內，故所學亦不堅固也。」○朱子曰：輕最害事，飛揚浮躁，所學安能堅固？

註「**隳**」與「隳」同，毁也，許規反。

○「**博學之**」止「**非學也**」雙峯饒氏曰：學必博，然後有以聚天下之見聞而周知事物之理；問必審，然後有以訂其所學之疑；思必謹，然後有以精研其學問之所得而自得於心；辨必明，然後有以別其公私、義利、是非、真妄於毫釐疑似之間，而不至於差謬。擇善至此，擇之可謂精矣。如是而加以篤行，則日用之間，由念慮之微以達於事爲之著，必能去利而就義，取是而舍非，不使一毫人欲之私得以奪乎天理之正，而凡學問思辨之所得者，皆有以踐其實矣。○朱子曰：五者無先後，有緩急，不可謂博學時未暇審問，審問時未暇謹思，謹思時未暇明辨，明辨時未暇篤行。五者從頭做將去，初無先後也。

○**張思叔**按：淵源録：河南壽安人。家甚微，年長未知讀書，爲人傭作。一日見縣官出入傳呼道路，思叔頗羡慕。或告之曰：「此讀書所致耳。」思叔始發憤，從人受學，後頗能文。至僧寺見道楷禪師，悦其道，有祝髮從之之意。時周恭叔官洛中，思叔亦從之。恭叔謂之曰：「子他日程先生歸，可從之學，無爲空祝髮也。」及伊川歸自涪陵，思叔始見先生。時從學者衆，伊川獨許思叔，以族女妻之。思叔因讀孟子「志士不忘在溝壑，勇士不忘喪其元」，始有自得處。後更窮理造微，少能及之者。思叔三十歲方見伊川，後伊川一年卒。朱子曰：「思叔最後進，然深惜其早世。使天與之年，殆不可量也。」

○**人之爲學，忌先立標準**。朱子曰：學者固當以聖人爲師，然亦何須先立標準？才立標準，心裏便計較思量幾時到聖人處？聖人田地又如何？便有箇先獲底心。顔淵曰：「舜何人也？予何人也？有爲者亦若是。」也只是如此平説。

○**尹彦明** 按：淵源録：其先洛陽人。靖康初，召到京師，懇辭還山，詔授和靖處士，以榮其歸。虜陷洛陽，舉家遭禍，先生死復蘇，竄于長安山中，轉徙四五年而長安陷。劉豫僭位，使人來招之。先生夜逸去，徒步渡渭，久之止于涪。紹興五年，以崇政殿説書召，力辭。居一年，後赴召。紹興初入朝，滿朝注想，如待神明。然在經筵，少開悟啓發之功。時高宗好看山谷詩，尹云：「此人詩有何好處，陛下看此做甚麽？」只説得此一語也。**見伊川後，半年方得大學、西銘看**。朱子曰：「是教他自就切己處思量，未欲便把那書與之讀。此意思也好，也有病。蓋且養他氣質，淘潠音巽，噴水也。去了那許多不好底意思。如學記所謂『未卜禘，不視學，游其志也』之意。」本註：禘，五年之大祭也，不五年不視學。所以優游學者之心志也。此意固好，然也有病者，蓋天下有多少書，若半年間都不教他看一字，幾時讀得天下許多書！所以彥明後來工夫少了。此便是病。或曰：「想得當時大學亦未成倫緒，難看在。」曰：「然。」〇沙溪曰：此與大學讀法朱子說不同。此謂「厚積誠意」。半年之後，始讀大學、西銘。讀法則謂「讀大學、西銘至於半年之久」。

註「**無私己**」按：「無」字恐不可下於初學，不如「去」字之穩。

〇**有人說無心**。註「**本，天理之公**」按：「本」字剩。

〇**天下何思何慮**　朱子曰：謂雖萬變之紛紜，而所以應之各有定理，不假思慮而知也。〇臨川吳氏曰：思者，心之用也。慮者，謀度其事也。心體虛靈，如止水明鏡，未與物接，寂然不動，何思之有；既與物接，應之各有定理，何慮之有？理之在心者同，因事之不同，而所行之途各殊；理之在心者一，因事之不一，而所發之慮有百途。雖殊慮雖百，而應事之理則同而一也，故定心應事，動而無動，則亦何慮之有？「**是有此理**」止「**着工夫**」或問：謝子曰「當初發此語時」如何？曰：見得這箇事，經時無他念，接物亦應副得去。問：如此，卻何故被一句轉卻？曰：當了須有不透處[五五]。若不得他一句救拔，便入禪家去矣。伊川直是會鍛鍊得人，說了又却道「恰好着工夫」。○問：以「説了」爲絶句否？「發得太早在，是恰好着工夫處否？」退溪曰：「得人」字絶句，然「得」字粘着「鍛鍊」説，「人」字單舉説，爲是發得太早處，非是着工夫，因是回頭却説平實田地上做活計，是恰好着工夫處耳。○沙溪曰：葉氏以「何思何慮」、「是則是有此理」爲恰好着工夫，朱子以「發得太早在」爲恰好着工夫，二説不同。「鍛鍊得人説」者貼「是則是有此理」否？貼「發得太早在」否？○按：是有此理，賢却發得太早，是鍛鍊得人説了者也。恰好着工夫則在其中，恐不可以「鍛鍊得」、「着工夫」分屬上二句也。

註「**至誠之道，不思而得**」中庸。按：中庸本意言其聖人之德，真實無妄，不待思而得也。此就知上説。「何思何慮」，言順理自然，不費思慮云爾，意相不同。**坐忘** 見下。**不動心** 孟子。按：不動心，朱子謂「於言有所不達，則當舍置其言，而不必反求其理於心；於心有所不安，則當力制其心，而不必更求其助氣」。此與司馬子微之坐忘不同矣。葉氏渾而言之，不可不辨。**合下** 沙溪曰：「猶言當初。」退溪、眉岩皆訓初。

○**管着** 按：猶「主着」之意。「**救得一邊**」止「**執着一邊**」按：戒玩物則溺於過高，此救一邊倒一邊也。只怕人執着一邊，恐人偏執一邊，不能自立於中途也。

註「**浴沂御風**」按：此必上蔡語。**墮**按：落也，見架韻。

○「**精義入神**」止「**未或致知也**」按：繫辭曰：「精義入神，以致用也；利用安身，以崇德也。過此以往，未之或知也。窮神知化，德之盛也。」朱子曰：精研其義，至於入神，屈之至也。然乃所以爲出而致用之本，利其施用，無適不安，信之極也。然乃所以爲入而崇德之資，内外交相養、互相發也。○所謂義者，宜而已。精義者，精諸此而已。精之至而入於神，則於事物之所宜，毫釐委曲之間，無所不悉，有不容言之妙矣。此所以致用而用無不利也。利用安身，今人循理則自然安利，不循理則自然不安利。○精研義理，無絲毫之差，入那神妙處，這便是要出來致用。外面用得，利而身安，乃所以入來。自崇己德，致用之用，即利用之用。○「精義入神」疑與「行處」不相關，然而見得道理通徹，乃所以「致用」。「利用安身」亦疑與「崇德」不相關，然而動作得其利[五六]，則德自崇。○李敬子問：「求利吾外也」，「求」字似有病，便有先獲底心。「精義入神」，自然是能利吾外，何待於求？曰：然。當云「所以利吾外也」。入神，是入至於微妙處。此卻似向内做工夫，非是作用於外，然乃所以致用於外也。「事豫吾内」，事未至而先知其理之謂[五七]。○下學之事，盡力於精義利用。自此以上，亦無所用其力矣。至於「窮神知化」，便如「自誠而明」相似，「未之或知」，是到這裏不可奈何。○横渠云：「陰陽二氣推行以漸，謂化；闔闢不測，謂神。」伊川説「神」、「化」等，卻不似横渠説得分明。○横渠曰：「一故神，兩在故不測。兩故化。」化是逐些子挨將去底[五八]，一日復一日，一月復一月，節節挨將去，便成一年。神，是一箇物事，或在彼，或在此。當其在陰時，全體在陰；在陽時，全體在陽。都只是這一物，兩處都在，不可測，故謂神。

註「**著萬物而有迹**」按：化固有迹，然語意似陡。如曰「變萬物而有漸」，則如何？**窮理盡性以至於命** 説卦。朱子曰：窮天下之理，盡人物之性，而合於天道，此聖人作易之極功也。○物物皆有理，須一一推窮。性則是理之極處，故云盡；命則性之所自來處，故云至。此本是就易上説。易上皆説物理，便是窮理盡性，即此便是至命。所以通書説：「易者，性命之原。」此只言作易者如此。後人説去學問上，卻是借他底。**非思之所能得，勉之所能至** 按：若如此説，則學者終不可到「窮神知化」地位耶？若曰「非思勉之所能及」，則可也。

○**形而後有氣質之性** 朱子曰：天地之性是理也，纔到有陰陽行處，便有氣質之性，於此便有昏明厚薄之殊。○有天地之性，有氣質之性。天地之性，則太極本然之妙，萬殊之一本也；氣質之性，則二氣交運而生，一本而萬殊也。**善反**按：「善」字猶「能」字意。

○「**德不勝氣**」止「**脩夭而已**」問：前日見先生説，以性命之「命」爲聽命之「命」。適見舊答潘恭叔書，以「命」與「性」字只一般，如言性與命也。所以後面分言「性天德」、「命天理」，不知如何？朱子曰：也是如此。但「命」字較輕。問：若將「性命」作兩字看，則「於氣」、「於德」字，如何地説得來？則當云「性命皆由於氣，由於德」始得。曰：横渠文字自如此。○德性若不勝那氣稟，則性命只由那氣；德性能勝其氣，則性命都是那德。兩者相爲勝負。然亦非是元頭不渾全，只是氣稟之偏隔着。故窮理盡性，則善反之功也。「性天德」、「命天理」，則無不是元來至善之物矣。○問：從前看「性命於德」一句，意謂此性由其德之所命。今如此云，則是「性」、「命」二字皆是德？曰：然。○程子曰：「窮理盡性以至於命，則全無着力處。」三事一時并了，元無次序，不可將窮理作知之事。若實窮得理，即性命亦可了。天命，猶天道也，以其用言之則謂之命。張子曰：「程子説『只窮理，便是至於命』，亦是失於大快。此義儘有次序，須是窮理，便能盡得己之性，則推類又盡人之性。既盡得人之性，須盡萬物之性，一齊盡得。」如此，然後至於天道也，其間煞有事。或問：「程、張之説孰是？」朱子曰：「各是一説。程子皆以見言，不如張子有作用。窮理是知[五九]，盡性是行，覺程子是説得快了。如爲子知所以爲孝，爲臣知所以爲忠，此窮理也；爲子能孝，爲臣能忠，此盡性也。能窮其理，而充其性之所有，方謂之盡。『以至於命』，是拖腳，説得於天者。」○問：「性天德，命天理」，這處性、命如何分別？曰：性以其定者言，命以其流行者言。○朱子曰：張子只是説性與氣皆從上面流下來。自家之德，若不能有以勝其氣，則衹是承當得他那所賦之氣。若是德有以勝其氣，則我之所以受其賦予者皆是德。故窮理盡性，則我之所受，皆天之德；其所以賦予我者，皆天之理。○横渠云：「所不可變者，惟壽夭耳。」要之，此亦可變。但大槩如此。○按：「性命於氣」，文意分明，「性命於德」一句，有若以德與性爲二者，然不可曉。然横渠文字本如此。

註「**雜揉之質**」按：「質」字未穩。揉，恐當從「米」，雜也。

○「**莫非天也**」止「**物欲行**」朱子曰：只將自家意思體驗，便見得。人心虚静，自然清明，纔爲物欲所蔽，便暗了[六〇]，此陰濁所以勝也。**領惡而全好**記仲尼燕居○應氏曰：「領，謂總覽收拾之也。好惡對立，一長一消，惡者收斂而無餘，則善者渾全而無虧。」劉氏曰：「領惡，猶言克己也。」

○「**大其心**」止「**合天心**」朱子曰：「大其心，則能遍體天下之物。」體，猶「仁體事而無不在」，言心理流行，脉絡貫通，無有不到。苟一物有未體，則便有不到處。包括不盡，是心爲有外。蓋私意間隔，而物我對立，則雖至親，且未必能無外矣。○「物有未體」，此「體」字猶云體羣臣也。伊川曰「天理二字，卻是自家體貼出來」，是這樣「體」字。○問：不以見聞梏其心。梏，按韻會：手械也。朱子曰：「如彼禁械，更不容他轉動。」曰：此是說聖人盡性事。如今人理會學，先於見聞上做工夫到，然後脫然貫通。蓋尋常見聞，一事只知得一箇道理，若到貫通，便都是一理，曾子是已。○盡心，只是極其大；心極其大，則知性知天，而無有外之心矣。然孟子之意，只是說窮理之至，則心自然極其全體而無餘，非是要大其心而後知性、知天也。○問：如何是「不足而合天心」？曰：天大無外，物無不包。物理所在，一有所遺，則吾心爲有外，便與天心不相似。橫渠此說固好，然只管如此說，便無規矩，無歸着。此心便瞥入虛空裏去了。○按：孟子曰：「盡其心者，知其性也。知其性，則知天矣。」朱子曰：「天大無外，而性稟其全，故人之本心，其體廓然，亦無限量。惟其梏於形氣之私，滯於聞見之小，是以有所蔽而不盡。人能即事即物，窮究其理，至於一日會通貫徹，無所遺焉，則有以全其本然之體。而吾之所以爲性，天之所以爲天者，皆不外此，而一以貫之矣。伊川云『盡心然後知性』，此不然，『盡』字大，『知』字零星。性者，吾心之實理。若不知得，卻盡箇甚，惟就『知』上積累將去，自然盡心。人能盡其心者，只爲知其性。以大學之序言之，知性則物格之謂，盡心則知至之謂也。」按：橫渠說「盡心知性知天」，與伊川意相似，而與朱子說不同。

註「**萬物一體，藩籬爾汝**」按：朱子釋「體」字曰：「體認之『體』也，體羣臣之『體』也，體貼出來之『體』也。置心在物中，究見其理，如格物、致知之意也。」合此而觀之，則物有未體之「體」，乃是就事物上體認之意。一物之理或有所未體，則心爲有外云耳。朱子論「體天下之物」，則曰「猶仁體事而無不在」；論「物有未體」，則曰「體認釋兩『體』字」，其意微矣。葉氏似以此「體」字爲仁者，與天地萬物爲一體之「體」，此不可曉。**體物不遺** 中庸。按：此言鬼神爲物之體，而物之所不能遺也。然用之於心之體物亦好。**扞格内外** 謂身與物也。栗谷曰：格，如「民莫敢格」之格。**人能全心德之大** 按：此據橫渠意而釋之，故自與孟子註不同。

○**仲尼絶四** 論語曰：「子絶四：毋意、毋必、毋固、毋我。」本註曰：絶，無之盡者。毋，史記作

「無」，是也。意，私意；必，期必；固，執滯；我，私己。○程子曰：此「毋」字非禁止之辭，聖人絶此四者，何用禁止。○問絶四。朱子曰：須知四者之相因［六一］：凡人做事，必先起意，不問理之是非，必期欲事成而已。事既成，又復執滯不化，是之謂固。三者只成就得一箇我。及至我之根源愈大，少間三者又從這裏生出。我生意，意又生必，必又生固，又歸宿於我。正如「元亨利貞」，元了亨，亨了又利，利了又貞，循環不已。但有善不善之分耳。○無意者，渾然天理，不任私意；無必者，隨事順理，不先期必也；無固者，過而不留，無所凝滯也；無我者，大同於物，不私一身也。意是始，我是終，固、必在中間，一節重似一節也。**竭兩端之教** 按：論語曰：「我叩其兩端而竭焉。」註：「兩端，猶兩頭。」尹氏曰：聖人之言，上下兼盡。即其近，衆人皆可與知；極其至，則雖聖人亦無以加焉，是之謂兩端。**意有思也** 按：思者，人之所不能無者，安得絶之。横渠此語恐有病。**必有待也** 按：此與朱子所謂「期必也，必欲其成」之意少異。

註「**克治融釋**」 按：克治，始學也。融釋，成德也。**萌心之始期望於終** 按：此等語從横渠意解之，故自與朱子説不同。**我者成於己私** 按：己私即是我也，「成於」二字未穩。

有方 沙溪曰：方，方所也，滯而有方所也。

○「**上達**」止「**人欲歟**」按：論語曰：「君子上達，小人下達。」朱子曰：「君子反天理〔六二〕，故日進乎高明；小人徇人欲，故日究乎污下。」又曰：「上達，是曉得透徹到那總頭處，不特知到這裏，行也到這裏了。」○君子一日長進似一日，小人一日沉淪似一日。究者，究竟之義。

○「**知崇天也**」止「**天地位而易行**」按：繫辭曰：「知崇禮卑，崇效天，卑法地。天地設位，而易行乎其中矣。成性存存，道義之門。」朱子曰：「『知崇』是知識要超邁，『禮卑』是須就切實處行。若知不高，則識見淺陋；若履不切，則所行不實。知識高便是象天，所行實便是法地。」潛室陳氏曰：「知以虛明爲用，屬陽屬天，皆言其輕清也；禮以形氣爲質，屬陰屬地，皆言其重濁也。」○朱子曰：「陰陽升降便是易。易者，陰陽是已。天地設位而變化行，猶知禮存性而道義出也。存存，謂存而又存，不已之意也。道，體也。義，用也。」

註「**性斯成**」按：成性，朱子曰：「本成之性也。」又曰：「猶言見性底。」「性然」此章，知禮成性，則須如葉説乃通。**易之理**按：本義曰：「天地設位而變化行。」變化，言易也。然則「易之理」，「理」字有病。

○「**困之進人**」止「**疢疾以此**」朱子曰：「困，德之辨」，困而通，則可辨其是；困而不通，則可辨其非。進齋徐氏曰：人處困窮，出處語默之間，取予辭受之際，最可觀德。當義則爲君子，違理則爲小人。○朱子曰：感速，言我之感發速也。○按：慧，聰警也。南軒張氏曰：人平居漠然不省，唯疢疾加焉，則動心忍性，有所感發，故慧知由此而生。

註「**見理也明**」按：朱子「可辨」之説，承困之彖辭「困而不失其所亨，其唯君子」而言也。朱子説則當辨其處困者之是與非。葉氏以「見理之明」釋之，其意不同。然葉説得横渠之意。又按：朱子曰「辨猶子細」，與前説不同。

○「**言有教**」止「**瞬有存**」朱子曰：此語極好。君子「終日乾乾」，不可食息間，亦不必終日讀書，或静坐存養，亦是。○一息之間亦有養，一瞬之間亦有存[六三]，如「造次顛沛必於是」之意，但説得太緊。

○**訂頑** 退溪曰：訂，平議也，亦有訂正訛舛之意。頑者，不仁之名。不仁之人，私欲蔽錮，心頑如石，故謂之頑。此銘反覆推明「吾與天地萬物一本」之故，使其頑然之心融化洞徹，物我無間，癢痾疾痛，真切吾身，而仁道得矣，故名之曰訂頑。**稱父稱母** 朱子曰：自一家言之，父母是一家之父母；自天下言之，天地是天下之父母。西銘自首至末，皆是「理一分殊」。乾父坤母，固是一理；分而言之，便見乾坤自乾坤，父母自父母，惟「稱」字便見異也。**藐** 按：韻會：「遠也，又弱也。」左傳：「藐諸孤。」**混然中處** 按：此言混合無間，蓋此身便是從天地來。

註「**禮記云云**」按：記哀公問。孔子曰：「仁人之事親也如事天，事天如事親，是故孝子成身[六四]。」註曰：「親則近而疑其不尊，天則遠而疑其難格。事親如事天者，所以致其尊而不欲其褻也；事天如事親者，所以求其格而不欲其疏也。此兩句非聖人不能言。成身者，言其德之不虧也。」無「此謂」二字。

「**天地之塞**」止「**吾其性**」 朱子曰：西銘緊要，血脉盡在「天地之塞吾其體，天地之帥吾其性」兩句上。上面「乾稱父」，至「混然中處」是頭，下面「民吾同胞，物吾與也」，便是箇項。下面便撒開說，許多緊要都是這兩句。若不是此兩句，則天自天[六五]，我自我，有何干涉！或問：此兩句，便是理一處否？曰：然。○「塞」與「帥」字，皆張子用字妙處。塞，乃孟子「塞天地之間」；體，乃孟子「氣體之充」者；帥，即「志，氣之帥」，而有主宰之意。○「天地之塞」，謂充滿乎天地之間，莫非氣，而吾所得以爲形骸者，皆此氣耳。「天地之帥」，則天地之心，而理在其中也。○問：一士人云「聞之先生：『吾其體，吾其性』，『其』字有我去承當之意」，今考經中初無是說。曰：承當之説，不記有無，然實下承當字不得。然當時只是説得禀受之意，渠記得不仔細也。○問：先生解以「乾健坤順爲天地之志」，天地安得有志？曰：復其見天地之心，天地之情可見。安得謂天地無心情乎！程先生說「天地以生物爲心」，最好，此乃是無心之心也。**民吾同胞，物吾與也** 按：胞，胎也。詩小弁註：「獨不處父母之胞胎乎？故謂兄弟同胞。」○問：與莫是「黨與」之與否？朱子曰：然。**大君者，吾父母宗子** 問：宗子如何是適長子？朱子曰：此正以繼禰之宗爲喻爾。繼禰之宗，兄弟宗之，非父母之嫡長子而何？○退溪曰：既以天下之人爲吾兄弟，則當以繼禰之宗爲言。若繼祖以上之宗，則皆非吾親兄弟也。**惸獨鰥寡** 按：孟子「惸」作「煢」。註：「困悴貌。獨，單也」。又孟子：「老而無妻曰鰥，老而無夫曰寡，老而無子曰獨，幼而無父曰孤。此四者，天下之窮民而無告者。」**顛連** 按：恐是顛沛流連之意。**于時保之** 按：周頌我將云：「畏天之威，于時保之。」註：言我其敢不夙夜畏天之威，以保天與文王所以降監之意乎？孟子引之，以結畏天者保其國之意。**子之翼** 按：大雅烝民云：「小心翼翼。」翼翼，恭敬貌。○朱子曰：若言「同胞吾與」了，便說着「博施濟衆」，卻不是。所以只教人做工夫處，只在敬與恐懼，故曰「于時保之，子之翼也」。**樂且不憂** 按：孟子曰：

「以大事小者，樂天者也。」註：「天者，理而已矣。自然合理，故曰樂天。」論語曰：「君子不憂不懼。」註：「理足以勝私，故不憂。」程子曰：「仁者不懼，樂天者也。」○朱子曰：「仁者，天下之公。私欲不萌，而天下之公在我，何憂之有！」○又按：繫辭曰：「樂天知命，故不憂。」**違曰**

悖德 退溪曰：違，違天也，即論語「違仁」之違，違仁即違天也。孝經曰：「不愛其親，而愛他人者，謂之悖德。」**濟惡者不才** 按：左傳：季文子使史克對宣公曰：「高陽氏有才子八人，世濟其美，不隕其名。顓頊氏有不才子，世濟其凶，增其惡名。」註：濟，成也。渾敦、窮奇、檮杌三族，皆不才子。**踐形** 孟子註：「一」人之有形有色，無不各有自然之理，所謂天性也。踐，如踐言之踐，蓋衆人有是形而不能盡其理，故無以踐其形。唯聖人有是形而又能盡其理，然後可以踐其形而無歉也。**惟肖** 書說命。退溪曰：横渠將「丹朱之不肖，舜之子亦不肖」之「肖」，轉作肖天地之義，而其文則用傅説惟肖之語，其巧妙無窮。「**知化**」止「**善繼其志**」按：繫辭曰：「窮神知化，德之盛也。」中庸曰：「孝者善繼人之志，善述人之事。」○朱子曰：如知得恁地便生，知得恁地便死，知得恁地便消，知得恁地便長，此皆是繼天地之志。隨他恁地進退消長盈虚，與時偕行，小而言之，飢食渴飲，出作入息；大而言之，君臣便有義，父子便有仁，此都是述天地之事。化底是氣，故喚做天地之事；神底是理，故喚做天地之志。窮神者，窺見天地之志，這箇無形無迹，那化底卻又都見得。**不愧屋漏爲「無忝」**退溪曰：衛武公作抑詩以自警，其詩曰：「相在爾室，尚不愧于屋漏。」相，視也。屋漏，室西北隅，謂深隱處也。言在室中之時，猶當戒懼謹畏，使無愧於屋漏也。此事，天事也。周大夫遭亂，兄弟相戒，作小宛，其詩曰：「夙興夜寐，無忝爾所生。」言無作不善，以忝辱父母。此引喻云，是爲天無忝之子矣。**存心養性爲「匪懈」**退溪曰：孟子曰：「存其心，養其性，所以事天。」程子曰：「心也，性也，天也，一理也。」詩烝民曰：「夙夜匪懈，以事一人。」詩人本謂仲山甫能盡忠事君，孝經引之，以言卿大夫盡忠事君，乃所以爲孝。故横渠以是爲孝子事親之事，因以喻不懈於事天也。**惡旨酒，崇伯子之顧養**按：崇伯，鯀爵。見書註。○退溪曰：儀狄作酒，禹飲而甘之，曰：「後世必有以酒亡其國者。」遂疏儀狄而絶旨酒。崇伯子，謂禹也。孟子以好飲酒不顧父母之養爲不孝，故横渠引此而反其語云：「禹之惡旨酒，乃遏人欲而存天理，如子不好飲酒，而能顧父母之養也。」**育英材，潁封人之錫類**退溪曰：孟子曰：「得天下英才而教育之，三樂也。」潁考叔爲封疆之官，故謂之封人。鄭莊公置母于城潁，誓曰：「不及黄泉，無相見。」考叔見公，公賜之食，舍肉羹，曰：「請以遺母。」公曰：「爾有母，我獨無。」考叔問何謂，公告之故，對曰：「掘地及泉而相見，誰曰不然？」公從之，母子如初。君子曰：「考叔愛其母，施及莊公。」詩既醉曰：「孝子不匱，永錫爾類。」其是之謂乎！横渠引此而言君子推吾天性之善以教英材，如考叔推己孝以及莊公也。**舜其功也** 按：天下之爲父子者，定是其功也。**無所逃而待烹，申生其恭**。見檀弓。○退溪曰：晉獻公用驪姬之譖，欲殺申生，或勸之奔他國，不聽，遂自殺，謚曰恭。今云待烹，猶言鼎鑊且不避也。言君子之處患難，能守死不貳如此，則其敬天之心，如申生之恭也。**體其受而歸全者，參乎** 退溪曰：父母全而生之，子全而歸之。見禮記。孔子謂曾子曰：「身體髮膚，受之父母，不敢毁傷，孝之始也。」曾子終身服此教，故其臨終召門弟子曰：「啓予足，啓予手。而今而後，吾知免夫。」此曾子體受歸全之事也。「參乎」，用論語「參乎吾道一以貫之」之語。**玉汝** 退溪曰：詩民勞云「王欲玉汝」，周厲王時大夫相戒之辭。汝，指同列也。玉，寶愛之意，言王欲以汝爲玉而寶愛之。引此言天實寶愛汝而欲成就之，汝托天以指我也。○程子曰：西銘，某得此意，只是須得子厚如此筆力，他人無緣做得。孟子後只有原道一篇，西銘則是原道之宗祖也。此横渠文之粹者，充得盡時聖人也。○朱子曰：自「惡旨酒」至「勇於從令」，每一句皆存兩義。「惡旨酒」、「育英材」是事天；「顧養」及「錫類」則是事親，推類可見。○問：申生之不去，伯奇之自沉，皆陷父於惡，非中道也，而取之與舜、曾同，何也？曰：舜之底豫，贊化育也，故曰功。申生待烹，順受而已，故曰恭。曾子歸全，全其所以與我者，終身之仁也。白奇順令[六六]，順其所以使我者，一事之仁也。伯奇，尹吉甫之子，其事不知據何書而爲實自沉，恐未可盡信。然彼所事者，人也。人則有忘父母之命，有時而出於人欲之私，故有陷父之失。此所事者天也。天豈有忘，而又何陷耶？西銘大率借彼以明此。○西銘前一段如棊盤，後一段如人下棊。又曰：首三句卻似人破義題。「天地之塞」、「之帥」兩句，恰似做原題[六七]，乃一篇緊要處。「民吾同胞」至「無告者也」，乃統論如此。「于時保之」以下，是做工夫處。○西銘他不是説孝，是將這孝來形容這仁。事親底道理，便是事天底樣子。○西銘之書，指吾體性之所自來，以明父乾母坤之實，極樂天踐形、窮神知化之妙，以至於無一行之不慊而没身焉。故伊川以爲充得盡時，便是聖人。○西銘名虚而理實，名雖假借，然其理則未嘗有少異也。

註「**爲善也輕**」孟子：「民之從之也輕。」註：輕，猶易也。**得正而斃**記檀弓：曾子寢疾。童子隅坐，曰：「華而睆，大夫之簀與？」曾子瞿然起，易簀，曰：「吾得正而斃，斯已矣。」

又曰：訂頑。註「**仁者，本以天地萬物爲一體**。」按：所謂仁之體，乃指仁之大體，初非謂以天地萬物爲一體也。**至此則又有「見於大本一原之妙」**按：到此地位，自有見於大本一原之妙，程子所謂「自别有見處」是也。「又」字未妥，恐不如「自」字爲穩。

游酢 按：淵源録：建州建陽人，元豐六年登進士第。侍臣薦爲太學録，除博士，後知舒州、濠州。罷歸，寓歷陽。宣和五年卒，年七十有一。公與兄醇俱以文行知名。明道在扶溝倡學，公往從之，盡棄其學學焉。○朱子曰：定夫清德重望，皎如日星。雖奴隸之賤，皆知其流風餘韻足以師世範俗，事業不得大施，獨有中庸、論、孟説垂於世。**中庸之理** 西山真氏曰：中庸綱領在性、道、教三言，而終篇之義，無非教人以全天命之性。西銘綱領亦只在其體其性之二言，而終篇反覆推明，亦欲人不失乾父坤母之所賦予者，爲天地克肖之子而已。故游先生以爲即中庸之理也。**楊中立** 按：淵源録：中立先世唐末避地，寓南劍州將樂縣，因家焉。熙寧九年中進士第，調汀州司户，不赴。後除龍圖直學士，主祠。紹興五年卒，年八十三。明道在潁昌時，公往從學，明道甚喜。及歸，送之出門，謂坐客曰：「吾道南矣。」天資仁厚，寬大能容物，不見其涯涘，不爲崖異絶俗之行，以求世俗名譽。性至孝，幼喪母，哀毁如成人。事繼母尤謹，杜門種學，渟滀涵浸，人莫能測者幾十年。○朱子曰：龜山解文字，著述無綱要。晚歲一出，爲士子詬駡。此行固是有病，但後人又何曾夢到他地位！惟胡文定以柳下惠「援而止之而止」比之，極好。○謝上蔡曰：明道最愛中立，伊川最愛定夫，觀二人氣象亦相似。○按：龜山初上書，伊川答之，龜山又上書曰：「時昔從明道即授以西銘，使讀之，尋繹累日，乃若有得，於是始知爲學之大方，豈敢妄疑其失。比同於墨氏，恐其流遂至兼愛，非謂西銘與墨氏同也。今得先生開諭丁寧，傳之學者，自當釋然無惑也。」○朱子曰：「楊中立答伊川先生書有『釋然無惑』之語，先生讀之曰『楊時也未釋然』，先生蓋亦未之許也。然龜山語録有曰：『西銘理一而分殊，知其理一所以爲仁，知其分殊所以爲義。』所謂分殊，猶孟子言親親而仁民，仁民而愛物，其分不同，故所施不能無差等耳。」或曰：「如是則體用果離而爲二矣。」曰：「用未嘗離體也。以人觀之，四肢百骸具於一身者，體也。至其用處，則首不可以加履，足不可以納冠，蓋即體而言，而分已在其中矣。」此論分別異同，各有歸趣，大非答書之比，豈其年高德盛而所見始益精與？○西銘一篇，始末皆是理一分殊。以乾爲父，坤爲母，便是理一而分殊；「予兹藐焉，混然中處」，便是分殊而理一。「天地之塞吾其體，天地之帥吾其性」，分殊而理一；「民吾同胞，物吾與也」，理一而分殊。逐句推之，莫不皆然。如云「知化則善述其事」，是我述其事；「窮神則善繼其志」，是我繼其志。又如「存吾順事，没吾寧也」，以自家父母言之，生當順事，死當安寧；以天地言之，生能順事而無違拂，死則安寧也。此皆是分殊處。逐句渾淪看，便見理一[六八]；當中横截看，便見分殊。○問：先生云：「推親親之厚，以大無我之公[六九]。因事親之誠以明事天之道[七〇]。」看此二句，足以包括西銘之統體，可見得「理一分殊」處分曉。曰：然。

註「**莫非自然之理**」按：此言分殊也。

砭愚 退溪曰：以石爲針治病謂之砭，以此銘治去愚病，故名之曰「砭愚」。○張子曰：戲謔不唯害事，志亦爲氣所流，不戲謔亦是持氣之一端。按：「持氣」之「氣」，疑「志」字。○西山真氏曰：韓子與張籍書云：「昔者夫子猶有所戲。」詩曰：「善戲謔兮，不爲虐兮。」記曰：「張而不弛，文、武不能也。」惡害其爲道哉，而張子乃云爾，何耶？蓋牛刀之言，夫子特以發子游而非正言，故曰「戲爾」。武公之戲曰善，曰不爲虐，則和而有節可知。百日之蜡，一日之澤。按：蜡，韻會當從示，音乍。古者臘月卜日行蜡祭于里社及國都社稷，蜡百物之神。先王閔其民終歲勞苦，至是日許之以燕，恣其歡樂，故言百日之蜡，一日吾君之澤。蓋是日也，恣民之燕樂以休其勞，非文、武自爲戲也。若張子則持志養氣之功嚴，惟恐戲言戲動以害之，故既爲東銘，又發此語。按：此語指「戲謔不惟害事」一段。學者誠以身體之，當戲謔時，志能不爲氣所流否？然後知張子真藥石之言，未可以夫子、武公自諉也。○按：退溪曰：「或者有甚於前所云者，前面人以爲非己心，謂己當然而已，猶有可改之望。至此或者則以之爲己戲、爲己誠，更無可改之意，所以爲甚也。」愚謂非己心，謂己當然者，此泛論其不明自誣之意。其曰或者，指謂某人如此云也，恐不可分前後，以彼爲甚於此也。○朱子曰：東銘正如今法書所謂「故失」兩字。又曰：横渠學力絶人，尤勇於改過，獨以戲爲無傷。一日忽曰：「凡人之過，猶有出於不知而爲之者，至戲則皆有心爲之也，其爲害尤甚，遂作東銘。」又曰：二銘雖同出於一時之作，然其辭義之所指，氣象之所及，淺深廣狹，判然不同。是以程門專以西銘開示學者，而於東銘則未嘗言。蓋學者誠於西銘之言反覆玩味而自得之，則心廣理明，意味自別。若東銘，則雖分别長傲，遂非之實於毫釐之間，所以開警後學，亦不爲不切。然意味有窮，而於下學工夫猶有未盡者，又安得與西銘「徹上徹下，一以貫之」之旨同日語哉？○退溪曰：訂頑、砭愚二言，皆頗隱奥，將致學者辨詰紛然之弊，故程子以爲啓争端，改之爲東銘、西銘云。

註「**非其心之本然**」按：「本然」字未穩。

○**范巽之** 按：張子門人，序正蒙。○問：横渠語范巽之一段，如何？朱子曰：今人不能「脱然如大寐之得醒」，其只是捉道理説。要之，也説得去，只是不透徹。又曰：正要常存意不忘[七二]。曰：只是常存不及古人意。曰：設此語者，只不要放倒此意爾。○按：葉氏所謂朱子以題目言，又以義理言，其釋「游心浸熟」之意不同者，語意則將不及古人作題目游心浸熟，而自得之耳。

○「**未知立心**」止「**以利吾往**」朱子曰：横渠此説甚好，便見有次序處。若是思慮紛然，趍向未定，未有箇主宰，如何地講學！○未知立心，則或善或惡，故胡亂思量，惹得許多疑起。既知所立，則是此心已立於善而無惡，便又惡講治之不精。急於可欲之善，則便是無善惡之雜，便是立吾心於不疑之地。人之所以有疑而不果於爲善者，以有善惡之雜。今既有善而無惡，則若決江河以利吾往矣。○潛室陳氏曰：「橫渠云『未知立心，惡思多之致疑』，蓋立心知敬之謂[七二]。先立箇主人翁了，方做得窮理格物工夫。」按：此語與朱子說不同。○按：孟子「可欲之謂善」。朱子曰：天下之理，其善者必可欲，其惡者必可惡。其爲人也，可欲而不可惡，則可謂善人矣。又曰：「可欲」是資禀好，別人以爲「可欲」是說這人可愛也。其爲人處心造事，行己接物，一皆可欲而不可惡，則可謂之善人矣。○慶源輔氏曰：先儒多以可欲爲己之欲，獨集註不然，可欲是別人以爲可欲。○按：橫渠所謂「可欲」與朱子意不同。

註「**急於明可欲之善**」止「**無所疑惑**」按：朱子曰：「急於可欲之善，則便是無善惡之雜，便是『立吾心於不疑之地』。」此專以行言，葉說似以知言，恐未穩。

遜此志，務時敏，厥修乃來。書說命「惟學遜志」云云。註：遜，謙抑也。時敏者，無時而不敏也。遜其志，如有所不能。敏於學，如有所不及。虛以受人，勤以勵己，則其所脩如泉始達，源源乎其來矣。○朱子曰：遜順其志，捺按：韻會：乃曷切，以手按之也。下這志，入那事中，子細低心下意，與他理會。若高氣不伏，以爲無緊要，不能入細理會得，則其脩亦不來矣。既遜其志，又須時敏，若似做不做，或作或輟，亦不濟事。須是「遜志又務時敏」，則「厥脩乃來」。爲學之道，只此二端而已。**敏而求之** 論語註：敏，速也，謂汲汲也。

註「**遜此志**」止「**講學爲急**」按：書註曰：「如有所不及，勤以勵己。」朱子曰：遜其志，又須時敏，若似做不做，或作或輟，亦不濟事。然則時敏以敏於行言，不但以講學言也。若以遜志、務時敏爲立心，以後之事則可，若分「遜志」與「務時敏」以應「立心」與「講學」，則恐未免牽合之失。

○**明善爲本，固執之乃立**。按：中庸曰：「不明乎善，不誠乎身。」又曰：「擇善而固執之。」

註「**所見者亦寖微**」按：大小以德言也，葉説未曉。

○**尊德性，道問學** 中庸本註曰：「尊者，恭敬奉持之意。德性者，吾所受於天之正理。」**每日須求多少爲益。知所亡，改得少不善**。論語註：「亡，無也，謂己之所未有。」按：退溪答栗谷曰：「須求多少爲益，知所亡，改得少不善。」此段文意果似未瑩，然其大義只如葉註之説。註中「不知」二字貼「所亡」字，乃論語「日知其所亡」之意也。但其文嶢崎，令人難讀耳。「改得少不善」，謂有少不善輒改之也，非欠一「多」字。栗谷釋「求」字在「善」字下，與退溪釋不同。

註「『**尊德性**』**則是約禮**」止「**下學之事**」按：葉氏以「尊德性」爲上達，「道問學」爲下學。然尊德性中亦有下學，上達操存是下學，極高明是上達，道問學亦然。博學雖是下學，「盡精微而道中庸」，亦是下學乎？**增益其不知，改治其不善** 按：多少爲益之益，即德性上益。問學上益之益，統言兩「益」字也。知所亡者，日知其所未知也。此非德性上事，乃學問上事也。必日知所亡，而改得少不善，乃屬德性上事矣。緣葉氏以「增益其不知，改治其不善」，分作兩腳説，故誤看此段文義者，多不可不辨。且葉氏「增益其不知」文字有病，「益」字下有「知」字乃通。

〇**爲天地立心**。註「**參贊化育**」中庸曰：「可以贊天地之化育，則可以與天地參矣。」朱子曰：「贊，猶助也。與天地參，謂與天地並立而爲三也。」又曰：「天人所爲，各自有分，人做得底，卻有天做不得底？如天能生物，而耕必用人；水能潤物，而灌必用人；火能熯物，而爨必用人。財成輔相[七三]，皆人，非贊而何？」按：程子曰：「人者，天地之心。」朱子曰：「所謂天地之心，而人之極也。」據此立心，似爲立人極也。葉氏引「參贊化育」等語以釋之，恐未然。

○**使學者先學禮**。上蔡謝氏曰：「横渠教人以禮爲先，大要欲得正容謹節，其意謂『世人汗漫無守，便當以禮爲地』，教他取上面做工夫。然其門人下梢[七四]，溺於形名、度數之間，故其學無傳之者。明道則不然，先使學者有知識，卻從敬入。」或問：「横渠教人以禮爲先，如明道使學者從敬入[七五]，何故不同？」曰：「既有知識，窮得物理，卻從敬上涵養出來，自然是别『正容謹節』，外面威儀，非禮之本。」○朱子曰：觀上蔡説得又自偏了。這都看不得禮之大體，所以都易得偏。如上蔡説横渠之非，以爲「欲得正容謹節」。這自是好，如何廢這箇得？如專去理會刑名度數，固不得；又專廢了這箇[七六]，也不得。如上蔡説，便非曾子「籩豆則有司存」，本末並見之意。後世如有作者，必不專泥於刑名度數，亦只整頓其大體。如孟子在戰國時已自見得許多瑣碎不可行，故説喪服、經界諸處，只是理會大體，此便是後來要行古禮之法。**一副當**　退溪曰：吏文：「凡物一件謂之一副」。**延蔓之物**　退溪曰：「譬」之下恐脱「被」字，似以「延蔓之物」比「世習」，言學者被世習纏繞。若能學禮而除去世習纏繞，則自然脱灑長進。若草木被延蔓之物，若有人解去蔓物，則自然長大上去也。但上無「草木」字，又無「被」字，而其下只云「即上去」，文理甚不穩。○按：延蔓之物，即是上去者也。纏繞，别物纏繞也。

○**多聞不足以盡天下之故**　按：繫辭曰：「感而遂通天下之故。」孟子曰：「天下之言性也，則故而已。」註：故者，其已然之迹，若所謂天下之故者也。事物之理，雖若無形而難知，然其發見之已然，則必有迹而易見。

註「**故所以然也**」　按：此與孟子註不同。以孟子註意看，恐於「多聞」字爲襯。

○**卒無所發明，不得見聖人之奥**。按：此言爲人者然也。

註「**寛而栗，剛而無虐，簡而無傲**」舜典本註：寛者必不足於栗，故欲其栗，所以慮其偏而輔翼之也。剛者必至於虐，故欲其無虐。簡者必至於傲，故欲其無傲，所以防其過而戒禁之也。**柔而立**　皐陶謨本註：「柔而立」者，柔順而植立也。

○**文要密察**　按：中庸曰：「文理密察，足以有別。」註：密，詳細也。察，明辨也。

○**心大則百物皆通，心小則百物皆病**。朱子曰：通，只是透得那道理去；病，則是窒礙了。問：如何是小？曰：此言狹隘，則事有窒礙不行，如仁則流於姑息，義則入於殘暴，皆見此不見彼。

註「**處己待人**」按：葉氏只言己與人，而不及於物，何耶？吾儒與萬物爲一體，釋氏滅絶天倫，此心大小之相去，爲如何哉？通，無隔塞也。

○**合内外，平物我，此見道之大端**。朱子曰：蓋道只是致一公平之理而已。○按：「見」字釋在「端」字下。

○**穿鑿**退溪曰：穿墻鑿壁，如太極賦「穴墻垣爲户牖」云爾。**創**按：造也。**代大匠斲，希不傷手**。老子。按：韓退之祭柳子厚文用此意，曰「不善爲斲，血指汗顔，巧匠傍觀，縮手袖間」。

○**多見其不知量**論語本註：「多，與祇同，適也。不知量，謂不自知其分量也。」漢儒註釋亦曰：適，自見其不知量也。

〇**操術** 按：「操」謂所操，「術」謂心術。

〇**於吾言無所不悦** 論語本註：顏子於聖人之言，默識心通，無所疑問，故夫子云然。按：此段言有或人不肯言其所得，所至雖不得見其底，然其不肯言，又非顏子「默識心通，無所不悦」之比也。既非無所不悦者，則乃是不求益者之類也。又非於吾言無所不悦。此語甚厚，且含譏非之意。「又」字乃輕接過，不必深看。

〇**攬外事** 按：韻會：攬，撮持也。又，手取也。

註「**急於自治，何暇務外**」按：此解耳目役外之意，而下語有病。然則「不肯自治」當屬上句讀耶？恐不然。

【校勘記】

［一］按：「論爲學」三字，底本無，本次整理依據全書體例增補。

［二］總論爲學大要止尊德性矣必道問學　「大」，葉采近思録集解卷二作「之」。

［三］只是不忠於私　「忠」，朱子語類卷九十四作「志」。

［四］伊尹卻禄之天下不顧　「不」，朱子語類卷九十四作「弗」。按：本節下同。

［五］過顔子則工夫又更純細　「純」，朱子語類卷九十四作「絶」。

［六］精氣流過　「過」，四書大全論語集注大全卷六作「通」。

［七］喜怒哀懼愛惡欲　「懼」，葉采近思録集解卷二作「樂」。

［八］只持養便是力行　「力」字，朱子語類卷一百一十八無。

［九］因彼之可怒而已無與焉　「而」上，朱子語類卷三十有「而怒之」三字。

［一〇］爲應事物之迹　「爲」，朱子語類卷九十五作「謂」。

［一一］廓然而大公　「廓」，葉采近思録集解元刊本、朱子語類卷九十五作「擴」。按：本節下同。

［一二］咸九四傳　「咸九四傳」，朱子語類卷七十二作「咸傳之九四」。

［一三］蓋嘗有此語曰　「此」字，朱子語類卷七十二無。

［一四］所不見也　「所」上，程氏易傳卷四有「是」字。

［一五］本皆利順　「利順」，孟子集註卷八作「順利」。

［一六］許多説話皆是如此　「許多説話」四字，朱子語類卷九十五無。

〔一七〕初看似無統説　「説」字，朱子語類卷九十五無。

〔一八〕此書大意不過此七句而已　「七」，性理大全卷三十三作「二」。

〔一九〕然後可以守義　「以」，二程遺書卷十九作「與」。

〔二〇〕逢事便説只這忠信亦被汩没動盪　「逢」上，朱子語類卷九十五有「只管」二字；「只這」，朱子語類卷九十五作「則」。

〔二一〕是傍人説　「傍」，朱子語類卷九十六作「旁」。

〔二二〕這處人都作兩段衮將去　「衮」，朱子語類卷六十九「滚」。

〔二三〕知者知之所及　「知者」之「知」，孟子集註卷十作「智」。

〔二四〕知其所無　「無」，四書大全論語集注大全卷十九作「亡」。

〔二五〕若往三則三來　「若」上，周易會通卷六有「九」字；「三來」上，周易會通卷六有「六」字。

〔二六〕乃是隨我量之大小以容之　「容之」之「之」，朱子語類卷七十二作「人」。

〔二七〕易感應處　「感應」，朱子語類卷七十二作「咸感」。

〔二八〕所不及者不從矣　「從」上，朱子語類卷七十二有「朋」字。

〔二九〕如此否　「如」上，朱子語類卷七十二有「是」字。

〔三〇〕爲感之至　「至」，周易大全卷十二作「主」。

［三一］則意思自通　「意思」，朱子語類卷一百一十四作「思慮」。

［三二］這工夫　「夫」下，當據朱子語類卷六十九補「自是大」三字。

［三三］顔子曾就己做工夫　「曾」，朱子語類卷九十五作「須」。

［三四］聖人卻云樂亦在中其　「中其」，當據朱子語類卷三十一改作「其中」。

［三五］不改字　「字」下，朱子語類卷三十一有「上」字。

［三六］乃是博文約禮上用力　「是」下，宋元學案卷八十一有「從」字。

［三七］欲於天下之理　「欲於」，宋元學案卷八十一作「言于」。

［三八］以理檢束其身　「以理」，宋元學案卷八十一作「言以禮」。

［三九］從容游泳於一理之中　「一」，宋元學案卷八十一作「天」。

［四〇］直是推得到盡處　「推」，朱子語類卷三十九作「捱」。

［四一］若明道看史不蹉一字　「蹉」，朱子語類卷九十五作「差」。

［四二］更不曾説得性端的指定是甚底物　「更」，北溪字義卷上作「竟」。

［四三］氣稟之説何從而起　「何從」，北溪字義卷上作「從何」。

［四四］以道誼功利關不透耳　「誼」，朱子語類卷一百三十七作「義」。

［四五］正誼不謀在處事之後　「正誼不謀在處事之後」，朱子語類卷九十五作「正誼不謀利在處事

之先明道不計功在處事之後」。

［四六］此便是和處　「是」下，當據朱子語類卷六十八補「義之」二字。

［四七］大抵是要鞭督向裏去　「向」，朱子語類卷四十五作「面」。

［四八］言其於忠信篤敬念念不妄　「妄」，四書章句集註論語集註卷八作「忘」。

［四九］便成放不知求底心　「便」上，朱子語類卷六十九有「反看這裏」四字。

［五〇］造德則自忠恕　「造」，朱子語類卷九十五作「進」。

［五一］恕推那愛底　「恕」下，朱子語類卷九十五有「是」字。

［五二］退而思　「退」上，當據朱子語類卷九十五補「淳」字。

［五三］這一點意氣能得幾時子是如何　「子」，朱子語類卷九十五作「了」。

［五四］各別作一事亦可　「別」字，朱子語類卷九無。

［五五］當了須有不透處　「了」下，宋元學案卷二十四有「終」字。

［五六］然而動作得其利　「利」，朱子語類卷七十六作「理」。

［五七］事未至而先知其理之謂　「謂」下，當據朱子語類卷九十八補「豫」字。

［五八］化是逐些子挨將去底　「些子」，朱子語類卷九十八作「一一」。

［五九］窮理是知　「知」，朱子語類卷七十七作「見」。

〔六〇〕便暗了　「暗」，朱子語類卷九十八作「陰陰地黑暗」。
〔六一〕須知四者之相因　「因」，朱子語類卷三十六作「生」。
〔六二〕君子反天理　「反」，朱子語類卷四十四作「循」。
〔六三〕一瞬之間亦有存　「間」，朱子語類卷九十八作「頃」。
〔六四〕是故孝子成身　「是故」，孔子家語大婚解作「此謂」。
〔六五〕則天自天　「自」下，朱子語類卷九十八有「是」字。按：下句同。
〔六六〕白奇順令　「白」，戊申字本作「伯」。
〔六七〕恰似做原題　「似」下，朱子語類卷九十八有「人」字。
〔六八〕便見理一　「見」，朱子語類卷九十八作「是」。
〔六九〕推親親之厚以大無我之公　「厚」，朱子語類卷九十八作「恩」；「大」，朱子語類卷九十八作「示」。
〔七〇〕因事親之誠以明事天之道　「道」，朱子語類卷九十八作「實」。
〔七一〕正要常存意不忘　「不」上，朱子語類卷九十八有「使」字。
〔七二〕蓋立心知敬之謂　「知」，陳埴近思雜問作「持」。
〔七三〕財成輔相　「財」，朱子語類卷六十四作「裁」。

［七四］然其門人下梢　「梢」，性理大全卷五十一作「梢頭」。

［七五］如明道使學者從敬入　「如」，性理大全卷五十一作「與」。

［七六］又專廢了這箇　「專」，朱子語類卷一百一作「全」。

近思録釋疑卷之三

論致知

時中　按：此謂「有時而中」也，與中庸所謂「時中」不同。

○**放下**　退溪曰：猶言捨置也。

○**出入**　論語本註曰「小節雖或未盡」，可也[一]。此言小小未盡合理者，時有之也。

註「**約**」猶「略」字之意。

○**日月至焉**　論語本註：或日一至焉，或月一至焉，能造其域而不能久也。○朱子曰：仁與心本是一物。被私欲一隔，心便違仁去，卻爲二物。若私欲既無，則心與仁便不相違，合成一物。

心猶鏡，仁猶鏡之明。鏡本來明，被塵垢一蔽，遂不明。若塵垢一去，則鏡明矣。顔子三箇月之久無塵垢。其餘人或日一次無塵垢，少間又暗；或月一次無塵垢，二十九日暗。○張子曰：始學之要，當知「三月不違」與「日月至焉」。内外賓主之辨使心意勉勉循循而不能已。過此幾非在我者。○朱子曰：「三月不違」底是仁爲主，私欲爲客。「日月至焉」者，是私欲爲主，仁卻爲客。然那客亦是主人，只是以其多在外，故謂之客。問：過此幾非在我者。曰：這只説循循勉勉，便自住不得，便自不由己。只是這箇關難過，纔過得，自要住不得，所謂「欲罷不能」。如水漲船行，更無着力處。**所見規模** 按：所見與規模也。

○**覷** 按：韻會：七慮切。伺，視也。**除非** 龜峯曰：除非、除是，同一語意也，除他曰非曰是，只爲此事之謂也。**般數** 般，「般樣」之般。數，「計數」之數。**煞** 按：韻會：殺，或作「煞」，極也。

○「**凡一物上**」止「**自有貫通處**」 按：還，語録解：語辭，又略有「抑」字意。○陳氏曰：事事物物固皆有理，而聖賢書中，又見成理義所萃，而皆事物之則也。在初學，先且就聖賢言語實處爲準則，於幽閑静一之中，虚心而詳玩，隨章逐句，一一實下，講明工夫，果實有得，則是非邪正，大分已明，而胷中權度稍定。然後次而及於論古今人物，以相參質，則其褒貶去就，方可有定論。後乃及於應接事物，更相證訂，則其裁處剖決，方中節而不至於差謬。故以我之見，有以照彼之情，而歷練感觸處，有以長吾之見，内外交相發，將何所往而非吾窮格之益也？程子之言，其有序矣。○朱子曰：致知、格物，只是一事，非是今日格物，明日又致知。格物以理言，致知以心言，而今只且就事物上格去。如讀書，便就文字上格；聽人説話，便就説話上格；接物，便就接物上格。精粗大小，都要格。久後貫通，粗底便是精，小底便是大，這便是理之一本處。○所謂窮理，不必泥古人言句，固是也，然亦豈可盡捨古人言句哉？程夫子曰：「窮理亦多端，或讀書講明道理；或論古今人物，别其是非；或應事接物，求其當否，皆窮理也。」夫講道明理，别是非而察之於應接事物之際，以克去己私，求夫天理，循循而進，無迫切陵節之弊，則亦何患。夫與古人背馳也？若欲盡捨去古人言句，道理之不明，是非之不别，泛然無所抉擇，雖欲惟出處語默之察，譬之適越者，不知東西南北之殊，而僕僕然奔走於道，其不北入燕，則東入齊，西入秦耳。○一日一件者，格物工夫次第也；脱然貫通者，知至效驗極致也。不循其序而遽責其全，則爲自罔。但求粗曉，而不期貫通，則爲自畫。○「積習既多，自當脱然有貫通處」，乃是零零碎碎湊合將來，不知不覺，自然醒悟。其始固須用力，及其得之也，又卻不暇用力[二]。

註「**究竟**」按：似有窮究而極之意。

○**窮理者非道盡窮了天下萬物之理** 問：知至若論極盡處，聖賢亦難言[三]，如孟子未學諸侯喪禮與未詳班爵之制。朱子曰：如何要一切知得！然理會得已多。萬一有插一件差異底事來，也識得他破。只是貫通，便不通底亦通將去[四]。某舊亦有此疑，後看程子説：「格物非欲窮盡天下之理[五]，積累多後，自當脱然有悟處。」方理會得。如十事已窮得八九，其一二雖未窮，將來湊合，都自見得。

○**一事上思未得，且別換一事** 問：程子説與中庸「弗得弗措」相發明否？朱子曰：看來有一樣底，若「弗得弗措」，一向思量這箇，少間便會擔閣了。若窮一事不得，便掉了别窮一事，又輕忽了，也不得。程子爲見學者有恁地底，不得已説此話。

○「**一身之中**」止「**豁然有覺處**」 朱子曰：一身之中具仁義禮智，惻隱羞惡，辭遜是非，與視聽言動，皆所當理會。至夫萬物之榮悴與夫動植小大[六]，這底是如何使，那底是如何用，車可以行陸，舟可以行水，皆當理會。○玉溪盧氏曰：至豁然覺處，則一身之理與夫萬物之理，通貫爲一矣。○按：自「忠信進德之事」至「豁然有覺處」，大學或問皆引而論之，但文字與此所録多不同。

○「**如掘井**」止「**久自明快**」朱子曰：思索譬穿井，不解便得清水。先須是濁，漸刮將去，卻自會清。

○「**横渠先生**」止「**溺於怪妄必矣**」朱子曰：横渠所謂「物怪神姦」，不必辨，且只「守之不失」。如「精氣爲物，游魂爲變」，此是理之常也。「守之勿失」者，以此爲正，且恁地去，他日當自見也。若「委之無窮，付之不可知」，此又溺於茫昧，不能以常理爲主者也。伯有爲癘[七]，别是一種道理。此言其變，如世之妖妄者也。**交來無間**沙溪曰：間，間斷也。按：無間，謂合也。

○**性與天道**論語本註曰：「性者，人所受之天理；天道者，天理，自然之本體，其實一理也。

性與天道，則夫子罕言之，而學者有不得聞者。蓋聖門教不躐等，子貢至是始得聞之。」横渠所謂「居常語之，必以了悟爲聞」者，與此不同，然亦一義也。

註「**性者人心稟賦之理**」按：語未穩，當曰「人心所具之理」。**實體** 按：實體之也。

○**心麤** 問：顔子心麤之説，恐太過否？朱子曰：「顔子比之衆人純粹，比之孔子便麤。」

○「**博學於文**」，「**習坎心亨**」朱子曰：看文字須是如猛將用兵，直是鏖戰一陣；如酷吏治獄，直是推勘到底，決是不恕他方得。○易坎卦辭。本義曰：「習，重習也。坎，險陷也。中實爲有孚心亨之象。」按：易之心亨，謂其心誠一，故能亨通也。横渠借此語以言其博學、窮理、積習、勤苦而後心通也。

註「**卦當重險**」按：「當」字未穩。

○「**義理有疑**」止「**以來新意**」朱子曰：此説最有理，若不濯去舊見，何處得新意來？今學者有二種病，一是主自家意思[八]，一是舊有先入之説，雖欲擺脱，亦被他自來相尋。

註「**誤成重出**」謂：泉州本繫卷末也。

○**路徑門庭** 朱子曰：讀書之法。如讀此一書，須知此書當如何讀。伊川教人看易，以王輔嗣、胡翼之、王介甫三人易解看，此便是讀書之門庭。緣當時諸經都未有成説，學者乍難捉摸，故教人如此。或問：如詩是吟詠情性[九]，讀詩者便當以此求之否？曰：然。讀書只就一直道理看，剖析自分曉，不必去偏曲處看。易有箇陰陽，詩有箇邪正，書有箇治亂，皆是一直路逕，可見別無嶢崎。

註「**識路徑**」止「**有規模**」按：葉氏説泛指爲學路徑門庭，似未當。

○「**凡解文字**」止「**此之謂也**」砥。詩註：礪石，言平也。○勉齋黄氏曰：觀書者，最怕氣不平。且如公冶長一章，上蔡則謂：「聖人擇婿，驚人如此。」龜山則謂：「聖人所以求於人者薄，可免於刑戮而不累其家，皆可妻也。」上蔡氣高者也，龜山氣弱者也，故所見各別如此。要之，當隨文平看，方見得聖人之本意，此觀書之大法。○按：性理大全：「平坦底道路」下有「且如」。隨卦言「君子向晦入宴息」，解者多作「遵養時晦」之「晦」。或問：「作甚『晦』字？」曰：

「此只是隨時之大者，向晦則宴息也。」

○「**揚子曰**」止「**其近如地**」按：二程全書曰：「聖人之言，遠如天，近如地。其遠也，若不可得，而及其近也，亦不可得而行[一〇]。」揚子曰：「聖人之言遠如天，賢人之言近如地。」非也。此段文字與此少異。

○「**瑩中嘗愛**」止「**九三使**」按：宋史：瑩中，南劍州人，中進士甲第，事神宗、哲宗、徽宗，位至監察御史。○沙溪曰：愛者，愛文中子之言。○按：「九三使」，「使」字如「用」字看。退溪曰：讀屬上句。

註「**此語**」葉氏指易爻辭之語而言。○沙溪曰：此語以下，瑩中語也。

○「**子在川上**」止「**便道了得他**」程子曰：此道體也。天運而不已，日往則月來，寒往則暑來，水流而不息，物生而不窮，皆與道爲體，運乎晝夜，未嘗已也。朱子曰：「與道爲體」，此一句最妙。某嘗爲人作觀瀾詞，其中有兩句云「觀川流之不息兮，悟有本之無窮」。道之本然之體不可見，觀此則可見無體之體，如陰陽五行爲太極之體。又曰：「日往月來」等未是道，然無這道，便無這箇了。有這道，方有這箇。既有這箇，就上面便可見得道，是與道做箇骨子。**道無窮，便道了** 按：兩「道」字，皆言也。**他** 按：指道體也。

○「**誦詩**」止「**達於政**」「奚以爲」，按「以」訓用，爲語辭。○雙峯饒氏曰：使有正有介，正使不能答，則介使助之。如正使自能致辭，不假衆介之助，是謂能專對。○朱子曰：如小夫賤隸閭巷之間〔一二〕，鄙俚之事，君子平日耳目所不曾聞見者，其情狀皆可因此而知之。而聖人所以修德於己，施於事業者，莫不悉備。於其間所載之美惡，讀誦而諷詠之，如是而爲善，如是而爲惡。吾之所以自修於身者，如是是合做底事，如是是不合做底事。待得施以治人，如是而當賞，如是而當罰，莫不備見，如何於政不達？○又曰：於詩有得，必是於應對言語之間委曲和平。

○**凡看文字**。註「**子曰善人**」止「**即戎矣**」論語註曰：「教民者，教之以孝悌忠信之行，務農講武之法。」即，就也。戎，兵也。民知親上死長，故可以即戎。問：「善人教民七年，亦可以即戎。如何恰限七年？」朱子曰：「如此等，他須有箇分明界限。如古人謂『三十年制國用，則有九年之食』，至班固推得出那三十年，果可以有九年食處。料得七年之類亦如此。」**如有王者，必世而後仁**。論語註：王者謂聖人受命而興也。三十年爲一世。仁，謂教化浹也。程子曰：周自文、武至于成王，而後禮樂興，即其效也。「**爲邦百年**」止「**去殺矣**」論語註：百年，言相繼而久也。勝殘，化殘暴之人，使不爲惡也。去殺，謂民化於善，可以不用刑殺也。程子曰：漢自高、惠至于文、景，黎民醇厚，幾致刑措，庶乎其近之矣。

○「**如丈尺權衡**」止「**長短輕重**」北溪陳氏曰：讀四書之法，亦惟平心以玩其旨，歸而切己，以察其實用而已爾。果能於是四者，融會貫通，而義理昭明，則在我有權衡尺度，由是而稽諸經，與凡讀天下之書，論天下之事，皆莫不冰融凍釋，而輕重長短截然一定，自不復有錙銖分寸之或紊矣！

○「**讀論語者，但將**」止「**甚生氣質**」范陽張氏曰：讀論語如對孔門聖賢，讀孟子如對孟子，雖生千載之下，可以見千載人矣。○退溪答栗谷曰：葉註意言將來涵養，則可成就非常氣質也，但小學註熊氏曰「涵養既成」，「成」下句絶，恐當從葉註是。

○**終身儘多**　退溪曰：「儘」與「信」同。

○**論語讀了後**　註「**理會**」　退溪云：整理，省察也。於知於行皆曰「理會」。

○「**只剩讀着**」、「**又似剩**」　按：剩，餘也，又冗長也。下「剩」字，「冗長」意爲多。**卻待與整理過**　按：「與」字，退溪心經講録猶「當」字意。

○「**問：且將語、孟**」註「**呂晉伯**」名大忠，大臨之兄。上蔡爲講論語，晉伯正襟肅容聽之，曰：「聖人言行在焉，吾不敢不肅。」程子云：「晉伯老而好學，理會直是到底。」

○**歆**　按：恐是「感」字之意。

○**點掇地**　退溪答栗谷曰：點掇地念過，非詩人點掇，乃明道點掇然也。○按：性理羣書註曰：「只於一句之中點掇一二字讀過。」如上文「思之切矣」、「歸于正也」之類。**右曰**　按：他本作「又曰」。**親炙**按：承教人省悟而言也。

○「**不以文害辭**」止「**當如此**」「遷就他説」，性理羣書註：「改就他説」。○朱子曰：凡讀書，須看上下文義是如何，不可泥着一字。如揚子：「於仁也柔，於義也剛。」到易中，又將剛來配仁，柔來配義。如論語：「學不厭，智也；教不倦，仁也。」到中庸，又謂：「成己，仁也；成物，智也。」此等須是各隨本文意看，便自不相礙。

○**易傳序：隨時變易以從道也** 楊迪問：有道又有易，何如？程子曰：此語全未是更將傳序詳思，當自通矣。變易而後合道，「易」字與「道」字不相似也[一二]。○郭忠孝議易傳序曰：易即道也，又何從道？曰：人隨時變易，爲何，爲從道也。○朱子曰「隨時變易以從道」，主卦爻而言，今以乾卦潛見飛躍觀之，其流行而至此者易也，其定理之當然者道也。故明道亦曰「其體則謂之易，其理則謂之道」。○臨川吴氏曰：夫子傳六十四象，獨于十二卦贊其時與時義、時用之大。一卦一時，則六十四時不同也。一爻一時，則三百八十四時不同也。始於乾之乾，終於未濟之未濟，則四千九十六時，各有所值。引而伸，觸類而長，時之百千萬變無窮，而吾之所以時其時者，則一而已。**順性命之理，通幽明之故**。**開物成務**建安丘氏曰：易中所言之理，皆性命也。然所謂性命之理，即陰陽、柔剛、仁義是也。○朱子曰：故，是幽明之所以然者。○本義曰：「開物成務」，謂使人卜筮以知吉凶而成事業。古之時，民淳俗朴，風氣未開，於天下事全未知識。故聖人立龜與之卜，作易與之筮，使之趨吉避害，以成天下之事。故曰「開物成務」，物只是人物，務只是事務。「**前儒失意而傳言**」止「**傳所以作也**」程子曰：自孔子贊易之後，更無人會讀易。先儒不見於書者，有則不可知，見於書者，皆未盡。如王輔嗣（王弼也）、韓康伯（韓伯也），只以老、莊解之，是何道理？某於易傳，殺曾下工夫，如學者見問，儘有可商量，書則未欲出之也。○某於易傳已自成書，但逐旋修補，期以七十，其書可出。○和靖尹氏曰：伊川踐履盡易，其作傳只是因而寫成。○壽安張氏曰：伊川易傳成書已久，學者莫得傳授，其後寢疾，始以授尹焞。○朱子曰：伊川晚年文字如易傳，直是盛得水住！**湮**按：韻會：沉也〔一三〕。**沿流求源**按：葉註謂因言求意。愚則以爲因傳而求易也。「**易有聖人之道**」止「**尚其占**」繫辭。問：這「以」字是指以易而言否？朱子曰：然。又問：辭、占是一類，變、象是一類？曰：然。占與辭是一類者，曉得辭，方能知得占。若與人説話，曉得他言語，方見得他胷中底蘊。變是事之始，象是事之已形者，故亦是一類也。○問：以言，是取其言以明理斷事，如論語上舉

「不恒其德，或承之羞」否？曰：是。○問：以制器者尚其象。曰：這都難説。蓋「取諸離」，「取諸益」，不是先有見乎離，而後爲網罟；先有見乎益，而後爲耒耜之屬[一四]。聖人只是見魚鼈之屬，欲有以取之，遂做一箇物事去攔截他。欲得耕種，見地上硬[一五]，遂做一箇物事去剔起他；卻合於離之象，合於益之意。有取其象者，有取其意者。○問：卜用龜[一六]，亦使易占否？曰：不用。只是文勢如此。○雲峯胡氏曰：辭以明變象之理，占以斷變象之應。故四者之目，以辭與占始終焉。

註「**象事知器，占事知來**」繫辭。問：「凡見於有形之實事者皆爲器否？」朱子曰：「易中『器』字是恁地説。」問：「易書之中有許多『變化云爲』，又吉事皆有休祥之應，所以象事者於此而知器，占事者於此而知來。」曰：「是。」本義曰：變化云爲，故「象事」可以「知器」；吉事有祥，故「占事」可以「知來」。

「**君子居則**」止「**玩其占**」繫辭。朱子曰：君子居則玩其辭，如「潛龍勿用」，其理當此時只是潛晦，不當用。若占得此爻，凡事便未可做。所謂「君子動則觀其變而玩其占」，亦當知其理如此。○君子居而學易，則既觀象矣，又玩辭以考所處之當否。動而諏筮，則既觀變矣，又玩占以考所值之吉凶。善而吉者則行，否而凶者則止。是以動靜之間，舉無違理。蓋觀者一見而決，玩者反覆而不舍之辭也。○柴氏中行曰：居者，静而未涉於事也；動者，涉於事也。居則觀卦之象，而玩其辭，以探其隱賾；動則觀其剛柔之變，而玩其辭之所占，以求不悖其道。○按：「易有聖人之道」以下，皆歸重於辭也。**能通其意**按：意象與變占之意也。「**至微者理也**」止「**顯微無間**」尹焞問：莫太露天機否？程子曰：如此分明説破，猶自人不解悟。○朱子曰：蓋自理而言，則即體而用在其中，所謂一源也；自象而言，則即顯而微不能外，所謂無間也。又曰：體用一源者，以至微之理言之，則沖漠無朕，而萬象昭然已具也；顯微無間者，以至著之象言之，則即事即物，而此理無乎不在也。言理則先體而後用，蓋舉體而用之理已具，是所以爲一源也；言事則先顯而後微，蓋即事而理之體可見，是所以爲無間也。**觀會通以行其典禮**繫辭。朱子曰：會，謂理之所聚而不可遺處；通，謂理之可行而無所礙處。如庖丁解牛，會則其族，而通則其虛也。又曰：「觀會通」，是就事上看理之所聚與其所當行處。又曰：通便是空處。行得去，便是通；會，便是四邊合湊來處。且如事理間，若不於會處理會，卻只見得一偏，便如何行得通？且如有一事關着許多道理，也有父子之倫，也有君臣之倫，也有夫婦之倫。若父子之恩重，則使得「身體髮膚，受之父母，不敢毁傷」之義，而「委致其身」之説不可行。若君臣之義重，則當委致其身，而「不敢毁傷」之説不暇顧。此之謂「觀會通」。又曰：一卦之中自有會通，六爻又自各有會通。且如屯卦，初九在卦之下，未可以進，爲此屯之義；乾坤始交而遇險陷，亦屯之義；似草穿地而未伸，亦屯之義。凡此數義，皆屯之會聚處。若「盤桓利居貞」，便是一箇合行處，卻是他通處也[一七]。典禮，猶常禮、常法。又曰：禮，便是節文也。升降揖遜，是禮之節文。這「禮」字又説得闊。凡事物之常理皆是。又曰：如堯舜揖遜，湯武征伐，皆是典禮處。典禮只是常事。又曰：象理無間，觀理之所會，及事之所宜行，其常理者無不備於辭也。觀理之所會，則象在其中。觀事之所宜，則變在其中。行其常理，則占在其中。此辭之無所不備者也。行其典禮，謂「隨時變通」，而所行者常理，此所謂「從道」也。

○**毫忽** 蠶之吐絲，其細無比。一蠶爲忽，十忽爲絲，十絲爲毫，十毫爲氂，十氂爲分，十分爲寸也。

○「**大畜初、二**」止「**所宜深識**」 漢上朱氏曰：初，剛正也；二，剛中也；四、五，柔也。柔能畜剛，剛知其不可遽犯，而安之時也。夫氣雄九軍者，或屈於賓贊之儀；才力蓋世者，或聽於委裘之命。故曰大畜，時也。

○**諸卦二、五**。註「**坤六五**『**黄裳元吉**』」本義曰：黄，中色。裳，下飾。六五，以陰居尊，中順之德，克諸内而見於外[一八]，故其象如此，而其占爲大善之吉也。**泰九二**「包荒，用馮河，不遐遺，朋亡，得尚于中行。」傳曰：治泰之道，有此四者，則能合於九二之德，故曰「得尚於中行」，言能配合中行之義也。尚，配也。**蠱九三**「幹父之蠱，小有悔，無大咎。」傳曰：以剛陽之才，克幹其事，雖以剛過，而有小小之悔，終無大過咎也。然有小悔，已非善事親也。**六四**「裕父之蠱，往見吝。」傳曰：四以陰居陰，柔順之才也，所處得正，故爲寬裕以處其父事者也。夫柔順之才而處正，僅能循常自守而已。若往幹過常之事，則不勝而見吝也。**既濟九三**「高宗伐鬼方，三年克之，小人勿用。」傳曰：九三當既濟之時，以剛居剛，用剛之至也。既濟而用剛如是，乃高宗伐鬼方之事。惟聖賢之君則可。若聘威武[一九]，忿不服，貪土地，則殘民肆欲也，故戒不可用小人。**六四**「繻有衣袽，終日戒。」傳曰：四在濟卦而水體，故取舟爲義。四，近君之位，當其任者也。當既濟之時，以防患慮，變爲急。繻，當作「濡」，謂滲漏也。有衣袽以備濡漏，又終日戒懼，不怠慮患也。

○**胡先生**按：先生泰州人，累舉不第，以范文正薦，官至太常博士，學徒千數。初爲直講，專掌一學之政，遂推誠教育，朝廷名臣往往胡之徒。程伊川曰：「凡從安定先生學者，其淳厚和易之氣，望之可知也。」**當儲貳，則做儲貳使** 性理羣書註：當做太子，則做太子使。

○**反復往來上下**。註「**復、姤**」䷗䷫按：復，一陽生於下；姤，一陰生於下，此陰陽相反復也。**賁**䷕傳曰：「下體本乾，柔來文其中而爲離；上體本坤，剛往文其上而爲艮。」本義曰：自損來者，柔自三來而文二，剛自二上而文三。自既濟而來者，柔自上來而文五，剛自五上而文上。**無妄**䷘按：傳曰：「坤初爻變而爲震，剛自外而來也。」本義曰：爲卦自訟而變，九自二來而居於初。此爻之往來也。**咸**䷞彖曰：「咸，感也。柔上而剛下。」傳曰：柔上變剛而成兑，剛下變柔而成艮。**恒**䷟按：彖曰：「恒，久也。剛上而柔下。」傳曰：乾之初上居於四，坤之初下居於初。此爻之上下也。○又按：兩卦又相倒而爲上下也。○又按：反復如否、泰，往來如姤、復，上下如觀、大壯。

○**昆蟲** 按：韻會：「昆」作「蜫」，蟲之揔名也。又昆，明也，百蟲皆向明而生，入暗則死，故云「昆蟲」。

○兀　按：韻會：五忽切，高而上平也。問：莊子曰「兀者，無趾」，或曰「如今之杌子」，何如？退溪曰：後説是。○又按：韓文劉統軍碑「劉公既葬，杌于京舍」，疑是倚卓之類。

註「**使於卦象辭義**」按：「使」字似剩。

○**春秋傳序：先天**　乾卦文言曰：「先天，而天不違。」朱子曰：如「禮雖先王未之有，而可以義起」之類。蓋雖天之所未爲，而吾意之所爲自與道契，天亦不能違也。**三重**　中庸註謂：議禮、制度、考文。鄭氏所謂「三王之禮」，與本註不同。**子丑寅之建正**　前漢律歷志：「天統之正，始施於子半，日萌色赤。地統受之於丑初，日肇化而黄，至丑半，日牙化而白。人統受之於寅初，日孳成而黑，至寅半，日生成而青。」朱子曰：康節分十二會，言天開於子，地闢於丑，人生於寅。蓋天運至子始有天，至丑始有地，至寅始有人，是天地人始於此，故三代即其始處，建以爲正。新安陳氏曰：正，謂正月也。不曰「一月」而曰「正月」，取王者居正之義。迭建以爲正月，故曰「夏正」、「商正」、「周正」。**忠質文之更尚**　朱子曰：忠，只是朴實頭白直做將去；質，則漸有形質制度，而未有文采[二〇]；文，則就制度上事事加文采。然亦天下之勢自有此三者，非聖人欲尚忠、尚質、尚文也。夏不得不忠，商不得不質，周不得不文。彼時亦無此名字，後人見得如此，故命此名。
註「**無所考證而用其私意**」按：此恐非本文之旨。
「**考諸三王**」止「**不惑者也**」中庸本註曰：「建，立也，立於此而參於彼也。天地者，道也。
鬼神者，造化之迹也。不惑所謂聖人復起，不易吾言者也。」朱子曰：「此天地只是道耳，謂吾建
於此而與天地之道不相悖[二二]。」問：「鬼神只是『龜從筮從』，與鬼神合其吉凶否？」曰：「亦
是。然不專在此，只是合鬼神之理。」**行夏之時** 論語。朱子曰：陽氣雖始於黄鍾，而其月爲建
子，然猶潛於地中，而未有以見其生物之功也。歷丑轉寅，而三陽始備，於是協風乃至盛德，在
木而春氣應焉。古之聖人，以是爲生物之始，改歲之端。蓋以人之所共見者言之，至商、周始以
征伐有天下，於是更其正朔，定爲一代之制，以新天下之耳目，而有三統之説。然以言乎天，則
生物之功未著；以言乎地，則改歲之義不明，而凡四時、五行之序，皆不得其中正。此孔子所以
考論三王之制，而必行夏之時也。**乘殷之輅** 論語本註：商輅，木輅也。輅者，大車之名。古
者以木爲車而已，至商而有輅之名，蓋始異其制也。周人飾以金玉，則過侈而易敗，不若商輅之
朴素渾堅，而等威已辨，爲質而得其中也。○按：韻會：輅，車前横透木也。謂之「輅」者，言行
於路。**服周之冕** 論語本註：周冕有五，祭服之冠也。冠上有覆，前後有旒。黄帝以來，蓋已

有之，而制度儀等，至周始備。然其爲物小，而加於衆體之上，故雖華而不爲靡，雖費而不及奢。夫子取之，蓋亦以爲文而得其中也。○按：韻會：冕之言「俛」也。後仰前俯，主於恭也。**準** ○按：韻會：平也，均也，度也，又則也。漢律歷志爲揆平取正之器，又樂器名。**的** 按：韻會：明也，實也，端也。字會：射帿中正鵠。○程子曰：上古之時，自伏羲、堯、舜，歷夏、商以至于周，或文或質，因襲損益。其變既極，其法既詳，於是孔子參酌其宜，以爲百王法度之中制，此其所以爲春秋作也。顔淵問爲邦，聖人對之以「行夏之時，乘殷之輅，服周之冕，樂則韶舞」，則是大抵聖人以道之不得用，故考古驗今，參取百王之中制，斷之以義也。

註「**斗柄初昏，建寅之月**」問：何獨取初昏爲定？雙峯饒氏曰：天象難捉摸，只有初昏可見。日已落，星初明，於是時推測，方有定。若其他時候，周流四方，無可捉摸，凡測星辰都用初昏，測日景卻用日中。**越席** 按：左傳註：結草爲席也。越，音活。韻會：蒲，席也。**周禮五冕** 按：司服，掌王之吉凶衣服。享先王則衮冕，享先公饗射則鷩冕，祀四望山川則毳冕，祭社稷五祀則絺冕，祭羣小祀則玄冕。衮冕，謂衮衣而冕，以下皆然。**成宋亂** 桓公二年三月公會齊侯、陳侯、鄭伯于稷以成宋亂。胡傳曰：華督，弑君之賊，凡民罔不憝也。而桓與諸侯會而受賂以立華氏，使相宋公甚矣，故特書其所爲而曰成宋亂。**宋**

災故 襄公三十年冬十月，葬蔡景公。晉人、齊人、宋人、衛人、鄭人、曹人、莒人、邾人、滕人、薛人、杞人、小邾人會于澶淵，宋災故。胡傳曰：二百四十二年之間列會亦衆，而未有言其所爲者，此獨言其所爲何？徧刺天下之大夫也。蔡世子般弒其君，天下之大變，人理所不容也，則會其葬而不討。宋國有災，小事也，則合十二國之大夫更宋之所喪而歸其財，則可謂知務乎？**書「晉侯」，書「秦人」** 文公三年夏五月，秦人伐晉。四年秋，晉侯伐秦。胡傳曰：晉人三敗秦師，見報乃常情耳。而穆公濟河焚舟，則貶而稱人。秦取王官及郊晉地名。未至，結怨如晉師之甚也。襄公又報之，於常情過矣，而得稱爵，何也？聖人以常情待晉襄，而以王事責秦穆，所以深善秦伯。春秋大改過，嘉釋怨，王者之事也。

雖德非禹湯，可以法三代之治 朱子曰：「如是，則無本者亦可以措之治乎？」語有欠。

○**行事深切著明** 史記自序曰：子曰：「我欲載之空言，不如見之於行事之深切著明也。」註曰：孔子言我徒欲立空言，設褒貶，則不如附見於當時所因事之[三三]。人臣有僭侈簒逆，因就此筆削以褒貶，深切著明而書之，以爲將來之誡也。

註「**即道而推於用**」按：詩、書載二帝、三王所行之道，恐非即道而推於用也。**是非**

得失尤爲深切著明　按：本文之意則曰「與其載之空言，不如載之行事之深切著明者也」，非謂是非得失之深切著明也。且「因病用藥」之下，即以是非得失衮説了，文義亦不分曉。

○**學春秋**。註「**是非易決**」按：「決」字未穩，且與「是非易明」重複。

○**春秋傳爲按**。註「**黄聱隅**」按：二程全書「聱」作「贅」。

○**讀史**　朱子曰：爲學之序，爲己而後可以及人，達理而後可以制事。故程夫子教人先讀論、孟，次及諸經，然後看史，其序不可亂也。士居平世，處下位，視天下之事，意若無足爲者。及居大位，遭事會，便覺無下手處。信乎義理之難窮，而學問之不可已也。病中信手亂抽得通鑑一兩卷看，正值難處置處，不覺骨寒毛聳，心膽墮地。向來只作文字看過，卻全不自覺，真是枉讀了他古人書也。○今人讀書未多，義理未至融會處，若便去看史書，考古今治亂，理會制度典章，譬如作陂塘以溉田，須是陂塘中水已滿，然後決之，則可以流注滋埴田中禾稼[二三]。若是陂塘中水方有一勺之多，遽決之以溉田，則非徒無益於田，而一勺之水亦復無有矣。

○聖賢所存，治亂之機。退溪答栗谷曰：「存」字未詳。○沙溪曰：「存」乃聖賢以治亂之機存之於心而戒謹者也。如是看，如何？

○唐鑑　朱子曰：唐鑑意正有疏處。孫之翰唐論精練，説利害如身處親歷之，但理不及唐鑑耳。註「**范祖禹**」成都人，進士第。事神宗、哲宗，官至内翰、河南郡。太君夢一偉丈夫被金甲而至寢室，曰：「吾故漢將軍鄧禹也。」既寤，猶見之。是日公生，遂以爲名。初字夢得，温公以傳稱鄧仲華「篤行淳備」，改字淳夫。温公修歷代事迹，辟公同編修。公在書局，分職唐史，撮其機要，論次成書，名曰唐鑑。元祐元年，上奏進其書。伊川曰：「淳夫色温而氣和，尤可以開陳是非，道人主之意。」東坡嘗曰：「淳夫講説，爲今之第一。」

○序卦不可謂非聖人之藴。程子曰：韓康伯謂「序卦非易之藴，此不合道。」或問：「序卦非聖人之書，信乎？」朱子曰：「此沙隨程氏之説也。先儒以爲非聖人之藴，某以爲謂之非聖人之精則可，謂非易之藴則不可。周子分精與藴甚分明。序卦卻正是易之藴，事事夾雜都在裏面。」問：「如何謂易之精？」曰：「如『易有太極，是生兩儀，兩儀生四象，四象生八卦』。這是易之精。」○按：通書曰：「聖人之精，畫卦以示；聖人之藴，因卦以發。卦不畫，聖人之精不可得而見。微卦，聖人之藴，殆不可悉得而聞。」本註曰：精者，精微之意。畫前之易，至約之理也。藴，謂凡卦中之所有，如吉凶消長之理，進退存亡之道，至廣之業也。○臨川吴氏曰：始乾、坤，終既濟、未濟者，周易六十四卦之序也。蓋文王既立卦名，之後而次其先後之序，如此皆以施用於人事者起義。而夫子爲之傳，以發明其卦序之意，或者乃疑其非夫子之作。

○**天官之職**　按：周禮天官冢宰：「惟王建國，設官分職，以爲民極，乃立天官冢宰，使帥其屬而掌邦治，以佐王均邦國。」丘氏曰：冢宰，三公之任，而命以卿。卿，爵也。冢宰，官也。古者三公無其人，以卿兼師保之位。冢，大宰治也。天官卿，治官之長，故謂之冢宰。大宰，即冢宰也。

致曲　按：此與中庸之意不同，借以爲委曲窮究之意。

○**以意逆志**　按：孟子曰：「説詩者不以文害辭，不以辭害志。以意逆志，是謂得之[二四]。」註曰：言説詩之法，不可以一字而害一句之義，不可以一句而害設辭之志，當以己意迎取作者之志，乃可得之。**今須以崎嶇**沙溪曰：須，韻會：意，所欲也，又有必字意。○朱子曰：某嘗説，文字不難看，只是讀者心自嶢崎了，看不出。若大着意思反復熟看，那正當道理自湧出來。不要將那小意智私見識去間亂他，如此無緣看得出。如千軍萬馬，從這一條大路去，行伍紀律，自是不亂，若撥數千人從一小路去，空攪亂了正當底行陣，無益於事。

○**尚書難看**。註「**堯典**」書註：堯，唐帝名。説文曰：「典，從册，在丌上，尊閣之也。」此篇以簡册載堯之事，故名曰堯典。後世以其所載之事可爲常法，故又訓爲常也。**克明俊德**書註：明，明之也。俊，大也。**九族**書註：「高祖至玄孫之親，舉近以該遠，五服異姓之親，亦在其中。」問：「林少穎謂若如此，只是一族。所謂九族者，父族四，母族三，妻族二。是否？」朱子曰：「父族，謂本族、姑之夫、姊妹之夫、女子之夫家；母族，謂母之本族、母族與姨母之家；妻族，則妻之本族與其母族是也。上殺，下殺，旁殺。」**黎民**書註：黎，黑也。民首皆黑，故曰黎民。**於變時雍**書註：於，歎美辭。變，變惡爲善。時，是。雍，和也。**分命羲和**書註：羲仲、羲叔、和仲、和叔也。「**三百六十**」止「**四分度之一**」書註：天體至圓，周圍三百六十五度四分度之一，繞地左旋，常一日一周而過一度。

○**書須成誦**　朱子曰："近覺先生'成誦'之説最爲捷徑，蓋未論看得義理如何，且是須得此心有歸着處[二五]，不至走作。然亦須是專一精研，使一書通透爛熟，都無記不起處，方可別换一書，乃爲有益。○大抵觀書，先須熟讀，使其言皆若出於吾之口；繼以精思，使其意皆若出於吾之心，然後可以有得。"

【校勘記】

[一] 論語本註曰小節雖或未盡可也　"可也"，論語集註卷十作"亦無害也"。

[二] 又卻不暇用力　"暇"，朱子語類卷十八作"假"。

[三] 聖賢亦難言　"聖賢亦難言"，朱子語類卷十八作"則聖賢亦未可謂之知至"。

[四] 便不通底亦通將去　"不通"之"通"，朱子語類卷十八作"知"。

[五] 格物非欲窮盡天下之理　"理"，朱子語類卷十八作"物"。

[六] 至夫萬物之榮悴與夫動植小大　"夫"，朱子語類卷十八作"若"。

[七] 伯有爲癘　"癘"，朱子語類卷九十八作"厲"。

〔八〕一是主自家意思　「主」，戊申字本作「生」。

〔九〕如詩是吟詠情性　「情性」，朱子語類卷九十六作「性情」。

〔一〇〕亦不可得而行　「不」，二程遺書卷二十五無。

〔一一〕如小夫賤隸閭巷之間　「巷」，朱子語類卷四十三作「黨」。

〔一二〕易字與道字不相似也　「似」，二程文集卷十作「合」。

〔一三〕韻會沉也　「會」原作「書」，據前後文改。

〔一四〕而後爲耒耜之屬　「之屬」二字，朱子語類卷七十五無。

〔一五〕見地上硬　「上」，朱子語類卷七十五作「土」。

〔一六〕問卜用龜　「卜」原刻工刻作「十」，據朱子語類卷七十五改作「卜」。

〔一七〕便是一箇合行處卻是他通處也　「行處」之「處」，朱子語類卷七十五作「底」；「卻」，朱子語類卷七十五作「便」。

〔一八〕克諸內而見於外　「克」，當據周易本義上、戊申字本改作「充」。

〔一九〕若聘威武　「聘」，戊申字本作「騁」。

〔二〇〕而未有文采　「有」，朱子語類卷二十四作「及於」。

〔二一〕謂吾建於此而與天地之道不相悖　「天地之」三字，朱子語類卷六十四無。

〔二二〕則不如附見於當時所因事之　「事之」，史記三家註本作「之事」。
〔二三〕則可以流注滋埴田中禾稼　「埴」，朱子語類卷十一作「殖」。
〔二四〕是謂得之　「謂」，孟子卷九作「爲」。
〔二五〕且是須得此心有歸着處　「須」，性理大全卷五十三作「收」。

近思録釋疑卷之四

論存養

「一爲要」止「庶矣乎」朱子曰：一即所謂太極，静虚即陰静，動直即陽動。明通公溥，便是五行。大抵周子之書纔説起，便都貫串太極許多道理[一]。○周子只説「一者，無欲也」。這話頭高，卒急難湊泊，常人如何便得無欲？故伊川只説箇「敬」字，教人只就「敬」上捱去，庶幾執捉得定，有箇下手處。○明通，在己也；公溥，接物也。須是就静虚中涵養始得。問：「明通公溥於四象何所配？」曰：「只是春夏秋冬模樣。」曰：「明是配冬否？」曰：「似是就動處説。」曰：「便似元否[二]？」曰：「是。然這處亦是偶然相合，不是正恁地説。」○問：「明通公溥」庶矣乎？舊見劉砥所記先生語，以明配水，通配木，公配火，溥配金。溥何以配金？曰：溥如何配金？溥正是配水。此四字只依春夏秋冬之序相配將去。明配木，仁元；通配火，禮亨；公配金，義利；溥配水，智貞。想是他記錯了。○明通者，静而動；公溥者，動而静。在人言之，則明是曉得事物，通是透徹無窒礙，公是正無偏陂，溥是溥徧萬事。○勉齋黄氏曰：静虚動直，

「動」字當就「念慮之萌」上看，不可就視聽言動上看。念慮之萌既直，則視聽言動自無非禮。今以視聽言動爲動直，則念慮之萌處有所略矣。故動静當以心言也。「虚直」兩字，亦當子細體認。虚者，此心湛然，外物不能入，故虚。直者，循理而發，外邪不能撓，故直。敬則静虚，亦能動直。敬，該動静者也。

註「**通書**」沙溪曰：其書與易理相通，故謂之通書。「**人欲消盡**」，「**天理流行**」按：以「人欲消盡」、「天理流行」對言，未穩。況「消盡流行」，亦不襯切。於「虚直」兩字之意，必如朱子所謂「外物不能入，外邪不能撓」，然後語意縝密，能周天下之務，亦似泛説。且無欲則便是静虚動直不可分，静而所存者一，動而所存者一而云云也。

○**至日閉關** 復卦象曰：「雷在地中，復。先王以至日閉關，商旅不行，后不省方。」傳曰：雷在地中，陽始復之時也，陽始生於下而甚微，安静而後能長。先王順天道，當至日陽之始生，安静以養之，故閉關使商旅不得行，人君不省視四方，觀復之象而順天道也。在一人之身亦然，當安静以養其陽也。

○「**動息節宣**」止「**愼言語，節飲食**」 性理羣書註：以上下之意言之，艮止而震動，上止下動，頤頷之象。以卦形言之，上下二陽，中含四陰，外實中虚，頤口之象。口所以養身也。在身爲言語，於天下則凡命令政教出於身者皆是，愼之則必當而無失。在身爲飲食，於天下則凡貨資財用養於人者皆是，節之則適宜而無傷。推養之道，養德養天下，莫不然也。

○**震驚百里，不喪匕鬯**。震卦。本義曰：鬯，以秬黍酒和鬱金，所以灌地降神者也。不喪匕鬯，以長子言也。○平庵項氏曰：「傳曰：『千里不同風，百里不共雷。』震驚百里，極雷鳴所及之遠也。」庸齋趙氏曰：「棘木爲匕，取赤心之義。長三尺，刊柄與末。祭祀之先，烹牢於鑊，實諸鼎而加冪焉。將薦，乃舉冪以匕出之，升於俎上。」縉雲馮氏曰：「『震驚百里，不喪匕鬯』，猶不失匕箸之意。臨祭祀而匕鬯之薦，無失節也。

○「**人之所以不能安其止**」止「**外物不接**」 按：語意未穩，見上卷。

○**若不能存養，只是説話**。朱子曰：專做時文底人，他説底都是聖賢説話。且如説廉，他且會説得好；説義，他也會説得好。待他身上處[三]，只自不廉，只自不義，緣將許多話只是就紙上説。廉，是題目上合説廉；義，是題目上合説義，都不關自家身上些子事。

○**約之** 陳氏曰：猶收也。**反復入身來** 朱子曰：不是將已縱出底收拾轉來，只是知求則心便在，便是反復入身來。又曰：能求放心，則志氣清明，義理昭著，而可以上達。**尋向上去** 按：向上，猶上面、上方之意，言尋求向上而去也。

○**李籲** 按：緱氏人，元祐中爲秘書省校書郎。嘗記二先生語一篇，號師説。伊川見而稱之，而其祭文有傳學之語。朱子亦云「所記宏肆」。吕與叔哭之曰：「子之胷中，閎肆開發，求之孔門，如賜也達。」朱子曰：「劉質夫、李端伯、吕與叔諸公，所造尤深，所得尤粹。」

○「**學者全體**」止「**不遠矣**」 朱子曰：「『學者全體此心。學雖未盡，若事物之來，不可不應。』此亦只是言其大槩，且存得此心在這裏。『若事物之來，不可不應，且隨自家力量應之，雖不中不遠矣。』更須下工夫，方到得細密的當。『學者全體此心』，只是全得此心，不爲私欲汩没，非是更有一心能體此心也。此等當以意會。」○沙溪曰：「分限」，心之分限乎？事之分限乎？愚意恐是心之分限也。

註「**全主宰**」按：全體此心，本謂以此心爲體也。註説恐未穩。

○「**居處恭**」止「**元無二語**」勉齋黄氏曰：居處，指幽獨而言，未有事者也。執事，指應事而言，未涉乎人也。與人，指接物而言，則涉乎人矣。能恭敬而忠，則天理常行，而人欲不萌矣。○程子曰：充之則睟面盎背，推而達之，則篤恭而天下平矣。○慶源輔氏曰：聖人之言，貫徹上下，此數言自「始學」至「成德」，皆不過如此。近而睟盎於一身，遠而治平乎天下，亦不外乎此，皆是徹上徹下。

○**栽培涵泳** 問：今於下工夫之時，不痛自警策，而遽栽培涵泳，恐或近於放倒。南軒張氏曰：敬守此心，栽培涵泳，正是下工夫處。若近於放倒，則何栽培涵泳之有？

○**思無邪** 新安倪氏曰：此詩本美魯僖公牧馬之盛，由其心思之，正如美衛文公「秉心塞淵，而騋牝三千」之意也。**毋不敬** 西山真氏曰：「敬者，禮之綱領也。」曰：「無不敬者[四]，謂身心内外，不可使有一毫之不敬也。」然則敬之所包者廣。

註「**心存乎中**」止「**自無差失**」 按：「無不敬」，無時無事而不敬也，所包者廣，葉註只以「心存乎中」言之，似偏。且「差」字以「見之所行」言，念慮之差不爲之差耶？

○**只是心生** 朱子曰：只是敬心不熟也。**恭者，私爲恭之恭。禮者，非體之禮**。朱子曰：言恭只是人爲，禮無可捉摸。故人爲之恭，必循自然底道理，則自在也。○記禮器曰：「禮，時爲大，順次之，體次之。」項氏曰：「體者，其支體。」嚴陵方氏曰：「『形之辨』之謂體。」孔子閒居：子夏曰：『敢問何謂三無？』孔子曰：『無聲之樂，無體之禮，無服之喪，此之謂三無。』威儀逮逮，不可選也。無體之禮也。」註：「言仁人威儀之盛，自有常度，不容有所選擇。初不待因物以行禮，而後可見，故以喻無體之禮也。」藍田呂氏曰：「此三者，皆行之在心。『外無形狀，故稱無也。』『禮必有體，其無體者，非禮之文，乃禮之本也。』以此兩語觀之，非體之禮，本此而言耶。恭而無禮之『禮』字，非形體可見之禮，是乃自然之理也。」**恭而安** 横渠先生嘗言：「吾十五年學箇『恭而安』，不成。」明道先生曰：「可知是學不成，有多少病在！」謝氏曰：「凡恭謹必勉强不安肆，安肆必放縱不恭。恭如勿忘，安如勿助長。正當勿忘勿助長之間，子細體認取。」

問：「橫渠只是硬把[五]，故不安否？」朱子曰：「他只是學箇恭，自驗見不曾熟。不是學箇恭，又學箇安。」○或問：持敬覺不甚安。曰：初學如何便得安？除是孔子方「恭而安」。初要持敬，也須勉强，但覺見有些子放去，便收斂提掇起，敬便在這裏[六]，常常相接，久後自熟。

○「安」字有人爲之意，只言自然可也。

註「**盡乎當然**」按：恐非循理之意。

○「**雖則心操之則存**」止「**亦須且恁去**」朱子曰：其説蓋曰，雖是「必有事焉，而勿正」，亦須且恁地把捉操持，不可便放下了。**德不孤，必有鄰** 論語本註曰：鄰，猶親也。德不孤立，必以類應。故有德者必有其類從之，如居之有鄰也。朱子曰：此言有德者，聲應氣求，必不孤立，與易中「德不孤」不同。彼言「敬義立則内外兼備，德盛而不偏孤」，不孤，訓文中「大」字。

○按：此言「德孤」，與易同意。**左右逢其原** 孟子本註曰：左右，身之兩旁，言至近而非一處也。逢，猶值也。原，本也，水之來處也。○朱子曰：資造既深[七]，看是甚事來，無不湊著這道理，不待自家將道理去應他。且如爲人君，便有那仁從那邊來；爲人臣，便有那敬從那邊來；子之孝，有那孝從那邊來；父之慈，有那慈從那邊來，只是那道理原頭處。自家靠著他，左右前後都見是這道理。亦須且恁地把捉操持，不可便放下了。○答呂東萊書曰：「承喻整頓收歛[八]，則入於著力，從容游泳，又墮於悠悠，此正學者之通患。然程子嘗曰：『亦須且自此去，到德盛後，自然左右逢其原。』今亦當且就整頓收歛處著力，但不可用意安排，等候即成病耳。」

○**敬而無失**　朱子曰：「本不是中，只是敬而無失，便見得中底氣象。此如公不是仁，然公而無私則仁。」又曰：「中是本來底，須是做工夫，此理方著。」伯豐説：「敬而無失，則不偏不倚，斯能中矣。」曰：「説得慢了。只敬而無失，便不偏不倚，只此便是中。」問：「莫是心純於敬，在思慮則無一毫之不敬，在事爲則無一事之不敬。」曰：「只是常敬，即所以中。」

○**司馬子微**　按：一統志曰：「唐台州人，隱内方山，煉丹成仙，後人因名其村曰馬仙村。」李太白云：「予昔於江陵見天台司馬子微，謂予有仙風道骨，可與神遊八極之表，乃著大鵬遇希有鳥賦以自廣。」**坐忘論**　莊子。顔回曰：「回坐忘矣。」仲尼蹵然，曰：「何謂？」回曰：「墮支體，黜聰明，離形去知，同於大通，此謂坐忘。」仲尼曰：「同則無好也，化則無常也。而果其賢乎！」司馬子微本文曰：「坐忘者，因存想而得，因存想而忘也。行道而不見其行，非坐之義乎？有見而不行其見，非忘之義乎？何謂不行？曰：心不動故。何謂不見？曰形都泯故。或問何由得心不動？天隱子默而不答。又問何由得形都泯？天隱子瞑而不視。或者悟道而退，曰道「果在我矣。於是彼我兩忘，了無所照。」

○**越著心** 退溪曰：越，猶愈也。

○**翻車** 退溪曰：簡齋詩「荒村終日水車鳴」，水車，即翻車也。往者國人漂到中原，見其制，來告朝廷，遂頒下八道，李相國賢輔因其制而造試之。**怎生奈何** 按：猶言無如之何。**張天祺** 淵源録：諱戩，少而莊重，有老成之氣，不與羣童狎戲，長而好學，不喜爲雕蟲之辭以從科舉。父兄敦迫，喻以爲貧，乃强起就鄉貢。既冠，登進士第。歷治六七邑，誠心愛人，而有術以濟之。**上著床** 退溪曰：中原人坐卧必於床。**不得思量事** 退溪曰：張言止此。「**君實**」止「**亦何形象**」程子曰：君實常患思慮紛亂，有時中夜而作，達旦不寐，可謂良自苦。人都來多少血氣，若此，則幾何而不摧殘以盡也。又曰：「中」又何形？如何念得？也只是於名言之中揀得一箇「好」字，與其爲「中」所亂，卻不如與一串數珠之愈也。夜以安身，睡則合眼，不知苦苦思量箇甚，只是不以心爲主。他日又曰：君實近年病漸較煞，放得下也。**此大可驗** 退溪曰：此指交戰處言之，但交戰之驗，以事理言之。「持其志」以下，以做工夫言之。謂欲持志使氣不能亂，則當就此交戰處，看其志果勝與否，以爲驗也。**要之** 退溪曰：要其歸而言之也。

不害心疾 退溪曰：不爲心疾所害也。栗谷曰：「害」恐當作「患」字意看。

○「**聖人不記事**」止「**以其記事**」 朱子曰：聖人之心虛明，便能如此；常人記事忘事，只是着意之故。

註「**明德日昏**」 按：下語恐太重。

○**在澶州** 退溪曰：先生爲幕官時也。**少一長梁** 退溪曰：少，猶無也。○朱子曰：明道肚裏有一條梁，不知今人有幾條梁掛在肚裏[九]。

○「**入道莫如敬**」止「**不在敬者**」 問：程子謂「格物窮理，但立誠意以格之」，又曰「入道莫如敬」，愚以爲誠意工夫在格致後。今乃云先立誠意，始去格物，毋乃反經意歟？潛室陳氏曰：

程門此類甚多，如致知用敬，亦是先侵了正心誠意地位。蓋「誠敬」二字，通貫動靜始末，不是於格致之先更有一敬工夫在，只是欲立箇主人翁耳。不然皆妄。**不是事累心，乃是心累事**。西山真氏曰：一事有一事之理，人能安定其心，順其理以應之，則事皆得所[一〇]，心亦不勞若擾擾焉。以私心處之，則事必不得其當，而其心亦無須臾之寧。人徒知爲事之累心，不知乃心之累事也。**無一物是合少得者** 沙溪曰：無一物是可無者，謂皆不可無也。「得」字不必釋。

○**人只有一箇天理**。註「**人之所以**」止「**全其天理**」按：靈於萬物者，泛指常人。全其天理，則乃聖人也。上下自相牴牾。

○**四凶** 孟子：「舜流共工于幽州，放驩兜于崇山，竄三苗于三危[一一]，殛鯀于羽山，四罪而天下咸服。」春秋傳所記「四凶」之名，與此不同。說者以窮奇爲共工，渾敦爲驩兜，饕餮爲三苗，檮杌爲鯀，不知其果然否也。**舜何與焉？** 退溪曰：如妍媸自形於鏡，而鏡不爲妍媸所動，但隨其形而應之而已。如舜之誅四凶，舉十六相亦如此，乃物各付物也。故孔子曰：「老者安之，朋友信之，少者懷之。」

註「**止者，事物當然之則**」按：以「止於仁」言之，則仁乃事物當然之則，不可以「止」字爲當然之則。然則至善不爲事物當然之則，而止於之止爲當然之則耶？**一己私智**　按：似非本文意。

○**出門如見大賓，使民如承大祭**。或問：出門、使民之時，如此可也；未出門、使民之時，如之何？程子曰：此儼若思時也，有諸中而後見於外。觀其出門、使民之時，其敬如此，則前乎此者敬可知矣。非因出門、使民，然後有此敬也。○新安陳氏曰：程子恐人認「見賓」、「承祭」作勉强拘束之敬，故云然。

註「**心無隱慝**」止「**自然中禮者也**」按：心無、怠肆，皆與心廣體胖不貼。且程子之意，必須謹獨之功積久，而心廣體胖，乃能出門、使民時如見賓、如承祭，動容周旋，中禮也。若曰「充其至」云，則似於心廣體胖之上，又有一層動容周旋中禮地位，葉説謬矣。

○**篤恭**　陳氏曰：篤，厚其恭也。○按：禮運註引程子此語，而「天地自位，萬物自育」之下，有「四靈畢至矣」五字。**體信以達順**　禮註：「達之天下，無不順也。」朱子曰：「體信」是致中，

「達順」是致和。實體此道於身，則自然發而中節，推之天下而無所不通也。

註「**椒**」禮註與「藪」同。龍之變化叵測，未必宮沼有之，亦極言至順感召之卓異耳。「**推此敬**」止「**天以理言**」按：有是敬便可以事天，何待於推？動静語默，一循天則，即可以事天也。然「天」恐兼指上天言，不可但以理言矣。

○**存養熟後**。註「**行有餘力**」按：以此釋「泰然行將去」，恐不襯。

○**心要在腔子裏**。朱子曰：心之爲物，至虚至靈，神妙不測，常爲一身之主，以提萬事之綱，而不可有頃刻之不存者也。一不自覺而馳騖飛揚，以循物欲於軀殼之外[一二]，則一身無主，萬事無綱。雖其俯仰顧眄之間，蓋已不自覺其身之所在矣。○又曰：敬，便在腔子裏。○問：「心要在腔子裏」，若慮事應物時，心當如何？曰：思慮應接，亦不可廢。但身在此，則心合在此。曰：然則方其應接時，則心在事上。事去，則此心亦合管着[一三]。曰：固是要如此。

○「**人心常要活**」止「**一隅**」朱子曰：心無私便可推行。活者，不死之謂，是生活之「活」，對着死説。活是天理，死是人欲。周流無窮，活便能如此。無偏繫即活，憂患樂好皆便繫也。

○**「天地設位，而易行乎其中」**繫辭。**「只是敬」**問：易何以言敬？朱子曰：伊川門説得闊，使人難曉。○易是自然造化。聖人本意只説自然造化流行，程子將來就人身上説。敬則這道理流行，不敬便間斷了。前輩引經文，多是借來説己意。如「必有事焉，而勿正，心勿忘[一四]，勿助長」，孟子是説做工夫處，程子卻引來「鳶飛魚躍」處，説自然道理。

○**對越**　按：越，於也。○退溪曰：上帝指天之主宰處言，蓋天即理也。苟知理之無物不有，無時不然，則知上帝之不可須臾離，亦不可須臾忽也。

○**敬以直内，義以方外**　朱子曰：若能到私欲浄盡，天理流行處，皆可謂之仁。如「博學篤志，切問近思」，能如是，則仁亦在其中；如「克己復禮」亦是仁；「出門如見大賓，使民如承大祭」，亦是仁；「居處恭，執事敬，與人忠」，亦是仁。但從一路入，做到極處皆是仁。○敬立而内自直，義形而外自方。若欲以敬要去直内，以義要去方外，則非矣。

○**純亦不已** 中庸。程子曰：天道不已，文王純於天道亦不已。**天德王道，其要只在慎獨**。雙峯饒氏曰：天德即正心修身之謂，王道即齊家治國平天下之謂，慎獨即誠意之謂。○朱子曰：能慎獨，則無間斷，而其理不窮。若不慎獨，便有欲來參入裏面，便間斷了，如何便會如川流底意[一五]！」

○「**不有躬，無攸利**」隆山李氏曰：蒙之六三，近九二之陽，而正應在上，然坎之性陷而趨下，舍上而從二，故曰「勿用取女，見金夫，不有躬」。此女子之蒙者也。「**不立己**」止「**猶爲化物**」朱子曰：己不立，則在我無主宰矣。雖向好事，亦只是見那事物好，隨那事物去，便是爲物所化。

○**此上頭儘有商量** 退溪曰：能立箇心，然後其上頭可以商量。譬如立屋者，若無基址，豈有商量立屋之事乎？

○**閑邪則誠自存** 蘭氏廷瑞曰：邪自外入，故閑之；誠自我有，故存之。**是** 退溪曰：此也，即也，近語辭。**來著** 退溪曰：皆語辭。**動容貌** 論語曰：「動容貌，斯遠暴慢。」退溪曰：朱子則於下四字作工夫看，故上三字虛看了。程子則於上三字作工夫看，而下四字閑看了。

「**今人外面**」止「**敬只是主一**」 按：今人一段說「閑邪，誠自存」，孟子一段說「不是外面捉一箇誠來存着」，「動容貌」以下說「閑邪工夫」，「敬」以下承上文言敬也。

註「**非由外鑠**」 孟子註：鑠，以火銷金之名，自外以至內也。**操之則存** 按：以此釋「誠便存」，恐不精。

主一 或謂：如一日萬幾，須要並應。朱子曰：一日萬幾，也無並應底道理，須還他逐一件理會，但只是聰明底人卻見得快。主一兼動靜而言。又曰：所謂主一者，何嘗滯於一事？不主一，則方理會此事，而心留於彼，這卻是滯於一隅。問：有一人焉，方應此事未畢，而復有一事至，則當何如？曰：也須是做一件了，又理會一件，亦無雜然而應之理。但甚不得已，則權其輕重可也。**存此** 退溪曰：「此」指主一。

註「**存此心**」 按：葉說似泛，恐以退溪說爲正。

○**閑邪則固一矣，主一則不消言閑邪** 朱子曰：只是覺見邪在這裏，要去閑他，則這心便一了。所以説道閑邪，則固一矣；既一則邪便自不能入，更不消説又去閑邪。恰如知得外面有賊，今夜用須防他，則便惺了；既惺了，不須更説防賊。**整齊嚴肅** 朱子曰：伊川是切至工夫説與人。又曰：比因朋友講論，深究學者之病，只是合下欠卻持敬工夫，所以事事滅裂。其言敬者，又只説能存此心，自然中理，至於容貌辭氣，往往全不加功[一六]。設使真能如此存得，亦與釋、老何異？又況心慮荒忽，未必真能如此存得耶？程子言「敬必以整齊嚴肅、正衣冠、尊瞻視爲先」，又言「未有箕踞而心不慢者」，如此乃是至論。

註「**外整齊，内嚴肅**」按：玉溪盧氏曰：「外面整齊嚴肅，則内面便一。」據此，則葉氏以整齊嚴肅分内外，恐誤。

○**知何所寓** 退溪曰：心經及遺書「知」下有「如」字。知，乃不知之意，發語詞。華語稱「不知」，或去「不」只稱「知」。「**操則存**」止「**莫知其鄉**」孟子本註：「孔子言心，操之則在此，捨之則失去，其出入無定時，亦無定處如此。孟子引之，以明心之神明不測，得失之易，而保守之難。」○朱子答石子重書曰：「孔子言『操存，捨亡[一七]，出入無時，莫知其鄉』四句，而以『惟心之謂』一句結之，正是直指心之體用，而言其周流變化、神明不測之妙也。若謂其捨亡致得如此走作，則孔子言心體者，只説得心之病矣。聖人立言命物之意，恐不如此。兼『出入』兩字，有善有惡，不可皆謂捨亡所致也。又謂心之本體不可以存亡言，此亦未安。若所操而存者，初非本體，則不知所存者果爲何物，而又何必以其存爲哉？」○又曰：先聖只説「操則存，存則静，而其動也無不善矣。舍則亡，於是乎有動而流於不善者。出入無時，莫知其鄉出者亡也，入者存也。本無一定之時，亦無一定之處，特係於人之操舍如何耳。」」，只此四句，説得心之體用、始終、真妄、邪正，無所不備。又見得此心不操即捨，不出即入，別無閑處可安頓之意。○北溪陳氏曰：心是箇活物，不是帖静死定在這裏。常愛動，忽然出，忽然入，無有定時；忽在此，忽在彼，亦無定處。操之便存，捨之便亡失了。非是裏面本體走出外去，只是邪念感物逐他去，而本然之正體遂不見了。入非是自外面已放底牽入来，只一念提撕警覺便在此。人須是有操存涵養之功，然後本體常卓然在中，爲此身主宰，而無亡失之患。

註「**不患於出入無時**」按：朱子曰「出入兩字有善有惡」，然則並「出入」而謂之患，恐不精。

○**患其紛亂** 按：性理大全「亂」下有「是」字。**有主則虚** 朱子曰：若無主於中，則目之欲也從這裏入，耳之欲也從這裏入，鼻之欲也從這裏入。大凡有所欲，皆入這裏便滿了，如何得虛？**物來奪之** 按：性理大全此下有曰：今夫瓶罌有水實内，則雖江海之浸，無所能入，安得不虛？無水於内，則停注之水，不可勝注，安得不實？

註「**林用中主一銘**」按：林用中，字擇之，古田人。朱子目爲畏友，見趣操持，愈見精密。○「都」，心經作「郛」。郛，城郭也。○鬼瞰其室，楊子曰：「高明之家，鬼瞰其室。」

有主則實，有主則虛 朱子曰：敬則内欲不萌，外誘不入。自其内欲不萌而言，則曰「虛」；自其外誘不入而言，故曰「實」。只是一時事，不可作兩截看也。○「有主則實」，既言「有主」，便已是實了，卻似多了一「實」字。看來這箇「實」字，謂中有主，則外物不能入矣。**尚不愧于屋漏** 按：中庸則以爲存養工夫，此則恐是言謹獨工夫也。

註「**心常主乎我**」按：「我」字恐有病。

○**若未接物，如何爲善** 新安陳氏曰：未接物時，敬以直内，以立其本；及接物時，義以方外，以達其用。此動静交養，内外夾持之功，皆所謂爲善也。必如是，而後爲善之功始密矣。不然，則未接物時，爲無所用其爲善之力乎？

註「亹亹」繫辭。本義：猶勉勉也。

○**箕踞** 按：韻會：踑踞，大坐也，一作「箕踞」。「踞」通作「倨」，言傲坐，伸兩足，以手據膝，形如箕。**緱氏** 退溪曰：山名，亦地名，疑在龍門，距洛陽近，故程先生每往焉。**拘迫** 退溪曰：如拘縶，則氣體勞傷而生厭苦；太迫切，則心神煩促而不寧帖，所以難久也。

○**蘇季明** 退溪曰：武功人。始學於横渠，而事二程卒業。元祐末，吕大臨薦之，爲太常博士。後坐元符上書，入黨籍，編管饒州。吕大忠稱其「德性純茂，强學篤志，行年四十，不求仕進」。

喜怒哀樂未發之前 按：「前」字，心經及通書皆作「時」。退溪曰「是」。**求中** 西山真氏曰：朱子於吕氏求中之説，楊氏體所謂中之説，皆深非之。及爲延平行狀，謂其危坐終日，驗未發時氣象，而求其所謂中，則亦吕氏之説也。又云：先生教人於静中體認大本未發時氣象。其後與學者書又謂：大本達道，二先生二程也。蓋屢言之，而龜山所謂「未發之際，能體所謂中；已發之際，能得所謂和」，此語爲近之。其説又不同，將何所適從耶？蓋嘗思之，未發之前，但當敬以存養，而不可有心求。然思慮未形，而知覺不昧，性之體段自有不可掩者。程子所謂「静中有物」者，蓋謂此也。學者深味而實驗之，自當有見，未可專以言語求也。○問：某觀延平亦謂「驗喜怒哀樂未發之前」，似與季明同。朱子曰：但欲見其如此耳，然亦有病。○問：程、朱皆以求中爲非，而楊、羅、李皆以得之者，如何？退溪曰：所疑果然。然楊、羅、李三先生，皆性本沉静，而以不求求之，故無病而有得。他人性多鬧躁，而强探力求，則徒爲病而卒無得耳。**既思即是已發** 朱子曰：「程子才思即是已發」一句，能發明子思言外之意。蓋言不待喜怒哀樂之發，但有所思，即是已發。此意精微，到未發界至十分盡頭，不可以有加矣。**纔發便謂之和** 按：此恐記録有誤。發而中節謂之和，豈可以纔發不論中節、不中節皆謂之和乎？葉註「便屬已發之和」，「屬」字足以補程子之語意。**耳無聞，目無見** 朱子曰：未發之時，但未有喜怒哀樂之偏耳。若其目之有見、耳之有聞，則愈當益精明而不可亂。○答吕子約書曰：子思只説喜怒哀樂，今卻轉向見聞上去，所以説得愈多愈見支離紛冗，都無交涉。此方程門請問記録者之罪，而後人亦不善讀也。若必以未有見聞爲未發處，則只是一種神識昏昧底人，睡未足時，被人驚覺，頃刻之間，不識四到時節有此氣象。聖賢之心，湛然淵静，聰明洞徹，決不如此。若必如此，則洪範五事當云「貌曰僵，言曰啞，視曰盲，聽曰聾，思曰塞」，乃爲得其性。而致知居敬，費盡工夫，卻只養得成一枚癡獃罔兩漢矣。「**既有知覺，卻是動**」止「**安得謂之静**」 中庸或問曰：其言静時既有知覺，豈可言静，而引復以見天地之心爲説，亦不可曉。蓋當至静之時，但有能知覺者，而未有所知覺也。故以爲静中有物則可，而便以纔思即是已發爲比則未可。以爲坤卦純陰而不爲無陽則可，而便以復之一陽已動爲比則未可也。○又曰：至静之時，但有能知覺者，而無所知所覺，此易卦爲純坤，不爲無陽之象。若論復卦，則須以有所知覺者當之，不得合爲一説矣。○按：伊川引復卦之説，只明其以復爲静者之非也，其説未爲不可。朱子之所謂「亦不可曉」者，亦非以伊川之説爲非也。只以「怎生言静」之下，遽引復卦爲不可曉。「蓋當」以下，恐是明伊川之意耳。

註「**轉就動處言**」按：此即中庸或問所謂「至於動上求静」之云，則問者又轉而之它之意也。

「**喜怒哀樂未發之前，下動字**」止「**須有物始得**」問：所謂「静中有物」者，莫是喜怒哀樂雖未形，而含喜怒哀樂之理否？朱子曰：喜怒哀樂乃是感物而有，猶鏡中之影。鏡未照物，安得有影？曰：然則静中有物，乃鏡中之光明。曰：此却説得近似，但只是比類[一八]。所謂「静中有物」者，只是知覺便是。曰：伊川卻云「纔説知覺便是動」。曰：此恐伊川説得太過。今不曾着於事[一九]，但有知覺在，何妨其爲静？不成静坐便只是瞌睡。曰：知覺雖是動，而喜怒哀樂卻未發否？曰：是。按：中庸或問所論與語類不同。○問：伊川言「静中須有物始得」，此「物」云何？曰：只太極。○未發之前不可尋覓，已覺之後不容安排。但平日莊敬涵養之功至，而無人欲之私以亂之，則其未發也，鏡明水止，而其發也，無不中節矣。此是日用本領工夫，至於隨事省察，即物推明，亦必以是爲本。而於已發之際觀之，則其具於未發之前者，固可默識。故程子之答蘇季明，反復論辨，而卒之不有過以敬爲言，蓋爲此也。

○**以心使心** 問：此句病否？朱子曰：無病。其意只要此心有所主宰。○問：此二「心」字，只以人心道心判之自明白。蓋上「心」字即是道心，專以理義言之也；下「心」字即是人心，以形氣言之也。以心使心，則是道心爲一身之主，而人心其聽命也，不審是否？曰：亦是如此。然觀程先生之意，只是説自作主宰耳。**持其志無暴其氣** 孟子本註：暴，害也。○朱子曰：若當喜也須喜，當怒也須怒，這便是持志。若喜得過分，一向喜；怒得過分，一向怒，則氣便暴了，志卻反爲所重[二〇]。

○「**出辭氣**」。註「**曾子曰**」止「**鄙倍矣**」[二一] 論語本註：辭，言語。氣，聲氣也。鄙，凡陋也。倍，與「背」同，謂背理也。○朱子曰：今人議論有雖無甚差錯，只是淺陋者，此是鄙。又有說得甚高，而實背於理者，此是倍。

○**厚爲保生**　退溪曰：思叔之問主養氣而言，如今人以藥物護生，先生答以「忘生」云云者，主義理而兼養氣。「默然」者，深思而答，蓋以思叔之問爲非也。

○**把捉不定**。註「**把捉不定**」止「**是不仁**」問：心之本體，湛然虛明，無一毫私欲之累，則心德未嘗不存矣。把捉不定，則爲私欲所亂，是心外馳，而其德亡矣。朱子曰：如公所言，則是把捉不定，故謂之不仁。今此但曰「皆是不仁」，乃是言惟其不仁，所以致把捉不定也。○按：據此，則葉註誤矣。

○**致知在所養**。註○「**心境清，涵養**」按：心境清，已是涵養也。既曰「心境清」，又以「涵養」對言，有若心境清之外，又有涵養者，恐誤，且「心境清」語意近禪。

○「**心定者**」止「**輕以疾**」朱子曰：言發於心，心定則言必審，故的確而舒遲。不定則内必紛擾，有不待思而發，故淺易而急迫。此亦志動氣之驗也。

○「**人有四百四病**」止「**教由自家**」問：人有四百四病，皆外感所致，皆不由自我。惟心則操存在我，須教由自我。退溪曰：得之。

○**扶溝** 按：在虢縣[二二]，明道嘗爲主簿。**靜坐** 問：靜坐是危坐否？退溪曰：朱門人論危坐之難，朱子曰：「古人自少習熟，故至長無倦怠。今人不然，盤坐何害？靜坐不須分危坐、盤坐。朱子説止此。」但盤坐不如危坐之之肅然耳。○問：伊川嘗教人靜坐，如何？朱子曰：亦是他見人要多思慮，且以此教人收拾此心耳，若初學者亦當如此。

○**始學之要**。註「『**三月不違**』**以上**」止「**非在我者**」按：朱子曰：「『過此幾非在我者』，這箇關難過，纔過得，自倒不得[二三]，便自不由己。所謂『欲罷不能』，如水漲船行，更無着力處。」據此則葉註可疑。**前説，後説** 沙溪曰：前説指「居之三月」以下，後説指朱子説。○

按：「不違仁」，前説則我爲賓主，後説則仁爲賓主，其意不同。然前説已不違仁者，若謂仁與我爲二物者。然朱子説則以仁與私欲迭爲賓主而出入。仁非出入也，少有私欲，則便不仁，故謂之在外。此於出入賓主之意爲切。且葉氏以朱子説爲仁不違乎己，然朱子之意則非謂仁不違於己也。仁與己本豈二物，只是仁與私欲爲内外賓主。考上篇程子所謂「日月至焉」條朱子説，則知葉説之誤。

○**心清時少**。註「**存心於道，本心誠意**」按：此數説於本文正意似不襯貼。

○**如此一二年** 按：心經「年」下有「間」字。

○**人心多則無由光明** 西山真氏曰：多者，思慮紛雜之謂。

○**動静不失其時，其道光明** 艮卦彖辭傳曰：艮體篤實，有光明之義。

○**敦篤虚静者，仁之本** 朱子曰：敦篤虚静，是爲仁之本。問：虚者，仁之原。曰：虚只是無欲，故虚。虚明無欲，此仁之所由生也。又問：此「虚」字與「一大清虚」之「虚」，如何？曰：這虚也只是無欲，渠便將這箇喚做道體。然虚對實而言，卻不似形而上者。

【校勘記】

〔一〕便都貫串太極許多道理 「串」，朱子語類卷九十四作「穿」。
〔二〕曰便似元否 「似」下，朱子語類卷九十四有「是」字。
〔三〕待他身上處 「上」，朱子語類卷十三作「做」。
〔四〕無不敬者 「無」，當據禮記大全卷一、本條正文改作「毋」。按：下節亦同。
〔五〕横渠只是硬把 「把」下，當據朱子語類卷三十四補「捉」字。
〔六〕敬便在這裏 「敬便」，朱子語類卷一百二十作「教」。
〔七〕資造既深 「造」，朱子語類卷五十七作「助」。
〔八〕承喻整頓收斂 「喻」，性理大全書卷四十四作「諭」。
〔九〕不知今人有幾條梁掛在肚裏 「掛」，朱子語類卷九十六作「柱」。
〔一〇〕則事皆得所 「皆」，性理大全卷四十九作「既」。

［一一］竄三苗于三危　「竄」，當據孟子卷九改作「殺」。
［一二］以循物欲於軀殼之外　「循」，小學集註卷五作「徇」。
［一三］則此心亦合管着　「合」，朱子語類卷九十六作「不」。
［一四］心勿忘　「心」，朱子語類卷九十六作「必」。
［一五］如何便會如川流底意　「便」，朱子語類卷三十六作「卻」。
［一六］往往全不加功　「功」，性理大全卷四十六作「工」。
［一七］孔子言操存捨亡　「操」、「捨」下，孟子告子上均有「則」字。
［一八］但只是比類　「比」，朱子語類卷九十六作「此」。
［一九］今不曾着於事　「不曾著於事」，朱子語類卷九十六作「未曾知覺甚事」。
［二〇］志卻反爲所重　「重」，朱子語類卷五十二作「動」。
［二一］註曾子曰止鄙倍矣　「倍」原作「悖」，據葉采近思録集解元刊本改。
［二二］在虢縣　「虢縣」，原作「號縣」，當爲「鄠縣」，明道在此任主簿，「鄠」又作「虢」，與「號」或形近或音轉以致訛。
［二三］自倒不得　「倒」。朱子語類卷三十一作「要住」

近思録釋疑卷之五

論克己

「**君子乾乾**」止「**動可不慎乎**」 朱子曰：此章第一句言乾乾不息，而第二句言損，第三句言益者，蓋以解第一句。若要不息，須着去忿欲而有所遷改。中間「乾之用，其善是」，「其」字疑是「莫」字，蓋與下兩句相對。若只是「其」字，則無義理。

遷善改過 益象辭。 朱子曰：是兩項。遷善便是有六七分是了，遷善而就教十分是者；改過則是十分不是，全然要改。此遷善、改過之別。

吉、凶、悔、吝，生乎動。 繫辭。 括蒼龔氏曰：吝者，口以爲是文，過而不改也，故積之以成凶。○問：此章前面「懲忿窒欲，遷善改過」皆是自修底事。後面忽説動者何故？朱子曰：所謂「懲忿窒慾，遷善改過」，皆是動上有這般過失；須於方動之前審之[二]，方無凶悔吝，所以再説箇「動」。○本義曰：吉凶相對，而悔吝居其中間，悔自凶而趨吉，吝自吉而向凶也。○朱子曰：悔吝便是吉凶底交互處，悔是吉之漸，吝是凶之端。吉凶悔吝，四者循環，周而復始，悔了便吉，吉了便吝，吝了便凶，凶了又悔，正如「生於憂患，死於安樂」相似[二]。

註「**象山之高**」止「**窒塞之**」朱子曰：「君子觀山之象以懲忿，觀澤之象以窒慾。」又曰：「懲忿如摧山，窒慾如填壑。」又曰：「人怒時，自是恁突兀起來。故孫權曰『令人氣湧如山』。慾如污澤，然其中穢濁解污染人，須當填塞了。」按：以此數語觀之，則言「怒之突兀如山，欲如污澤」，非謂「象山之高，而懲創之也；象澤之深，而窒塞之也」。葉註可疑。

○「**孟子曰：養心**」止「**明通，聖也**」孟子本註曰：欲，如口鼻耳目四支之欲，雖人之所不能無，然多而不節，未有不失其本心者。○朱子曰：孟子只是言天理、人欲相爲消長分數。其爲人也寡欲，則人欲分數少，故雖有不存焉者寡矣，不存焉者寡[三]，則天理分數多也。其爲人也多欲，則人欲分數多，故雖有存焉者寡矣，存焉者寡，則天理分數少也。蓋「多」字對「寡」字説。

○濂溪言「寡欲以至於無」，蓋恐人以寡欲爲便得了，故言不止於寡而已[四]，必至於無然後可。然無底工夫，則由於能寡慾。到無欲，非聖人不能。曰：「然則『欲』字如何？」曰：「不同。此寡欲，則是合不當如此者，如私欲之類。若是飢而欲食，渴而欲飲，則此欲亦豈能無？但亦是合當如此。」

註「**誠立實體安固，明通實用流行**」問：於聖，獨言用而不及於體；於賢，偏言體而不及於用，如何？退溪曰：好看了始得。非賢止於誠立而不能明通，聖止於明通而本無誠立。但聖賢之間，不能無誠立明通之高下精粗而已。

○「**由乎中**」止「**養其中**」朱子曰：「由乎中而應乎外」，是推本，視聽言動四者皆由中而出，泛言其理如此耳，非謂從裏面做工夫也。「制於外所以養其中」，方是説做工夫處，全是自外而内，自葉流根之意。問：克己工夫從内面做去，反説制於外，如何？曰：制卻在内。又問：此是説仁之體而不及用？曰：「制於外」，便是用。**視箴** 朱子曰：人之視聽言動，視最在先，爲操心之準則。此兩句未是不好。至「蔽交於前」，方有非禮而視；故「制之於外，以安其内」，則克己復禮也。如是工夫無間斷，則久而自從容不勉，故曰久而誠矣。○沙溪曰：心之無形，難以操之，惟視之發於非禮處，從而操之，是謂有要也。**聽箴：知誘物化** 按：樂記曰：「知誘於外，人化物也。」伊川説蓋本此。○胡氏曰：不言聽而言知者，聽者知之初，知者聽之後。因知而此心爲之動，故以知言，其實一也。○問：視箴何以特説心？聽箴何以特説性？曰：互換説，也得。然諺云「開眼便錯」，視所以就心上説。「人有秉彝，本乎天性。」道本自在這裏，卻因雜得外面言語來誘之，聽所以就性上説[五]。○視是將這裏底引出去，所以云「以安其內」；聽是聽得外面來，所以云「閑邪存誠」。

註「**有定者得其所當止**」按：有定，謂心有所定，恐不可遽謂得所止也。

言箴：**樞機**　繫辭曰：君子居其室，出其言善，則千里之外應之；不善[六]，則千里之外違之。言行，君子之樞機。言行，君子之所以動天地也，可不慎乎！**興戎出好**　書曰：「惟口出好興戎。」蔡傳曰：「好，善也；戎，兵也。言發於口，則有二者之分。」**非法不道**　孝經曰：非先生之法言不敢道。○朱子曰：言箴上四句是説身上最緊切處[七]，須是不躁妄，方始静專。自家這心自做主不成，如何去接物？下云「矧是樞機，興戎出好」四句，是説謹言底道理。下四句卻説四項病痛[八]。

註「**躁，輕肆**」止「**妄之致也**」按：雲峯胡氏曰：「易是輕言，煩是多言，肆是放言，悖則純乎不善矣。朱子以爲是四項病，而諸家只解歸『躁妄』二字，非矣。」胡説正中葉氏之病，況以「静」「專」二字分屬「躁」「妄」，尤爲破碎。

動箴　白雲許氏曰：視聽言各指一事，動則舉一身而言。故動箴兼心説，謂「內而心之動，外而身之動，皆出於正，表裏如一，則天理流行。若强制於外而動於中者，或未盡善，則病根不除，未爲得也。」此即慎獨工夫。○朱子曰：思是動之微，爲是動之著。這箇是該動之精粗。蓋思於內，不可不誠；爲於外，不可不守。看文字須得箇骨子。諸公且道動箴那箇是緊要？答曰「順理則裕」。曰：要連「從欲唯危」都是[九]。這是生死路頭！○哲人、志士，説兩般人：哲人只於思慮間，便見得合做與不做；志士便於做出了，方見得。雖是兩般，大抵順理便安裕，從欲便危險。

註「**習與性合**」按：以「合」字解「成」字，恐未穩。

造次克念，戰兢自持。按：上句言「誠之於思」，下句言「守之於爲」，如此看，如何？**習與性成，聖賢同歸**。沙溪曰：按：覺軒蔡氏曰：「聖，性之也，謂哲人；賢，習之也，謂志士。及其成功則一也，故曰『同歸』。」陳氏曰：「習之久而與氣質之性俱化，則賢亦聖矣。」二説皆非。蓋我之習熟與性俱成，則我與聖賢同歸矣。及其成功，則一之意也。又按：「習與性成」之「性」，葉註以爲本然，新安陳氏則引書「兹乃不義，習與性成」，以爲氣質以何爲正。栗谷曰「陳説長」。○朱子曰：四箴，有説多底，有説少底，多底減不得，少底添不得。○顏子平生只是受用「克己復禮」四箇字。○顏子克己，如紅爐上一點雪！○説文謂「勿」字似旗脚。此旗一揮，三軍盡退，工夫只在「勿」字上。纔見非禮來，則禁止之，便克去；纔克去，便能復禮。

○**復之初九，無祇悔**。傳：「祇宜音柢，抵也。玉篇云：『適也，義亦同。』陸德明『音支』。玉篇、五經文字、羣經音辨並見衣部。」○本義：一陽復生於下，復之主也。祇，抵也。

○**晋其角**傳：爲卦，離在坤上，明出地上也。日出於地，升而益明，故爲晋。晋，進而光明盛大之意也。角，剛而居上之物。上九以剛居卦之極，故取角爲象。

○「**夬九五**」止「**中行無咎**」傳：夬爲卦，兑上乾下。以二體言之，澤，水之聚也，乃上於至高之處，有潰決之象。以爻言之，衆陽上進，決去一陰，所以爲夬也。夬者，剛決之義。○中行，中道也。莧陸，今所謂馬齒莧是也。曝之難乾，感陰氣之多者也，而脆易折。五若如莧陸，雖感於陰，而決斷之易，則於中行無過咎矣。○本義：莧陸，今馬齒莧，感陰氣之多者。九五當決之時，爲決之主，而切近上六之陰，如莧陸。然若決而決之，而又不爲過暴，合於中行，則無咎矣。○朱子曰：莧、陸是兩物。莧者，馬齒莧；陸者，章陸，一名商陸，皆感陰氣多之物。

○**節之九二**傳：爲卦，澤上有水。澤之容有限，澤上置水，滿則不容，爲有節之象，故爲節。

〇朱子曰：說則欲進，而有險在前，進去不得，故有止節之義。節便是阻節之義。〇爻：「九二，不出門庭，凶。」傳曰：二雖剛中之質，然處陰居說而承柔。處陰，不正也；居說，失剛也；承柔，近邪也。

〇「**人而無克伐怨欲**」止「**開示之深也**」論語本註：「有是四者而能制之，使不得行，可謂難矣。仁則天理渾然，自無四者之累，不行不足以言之也。」程子曰：「人無克伐怨欲四者，便是仁也。只爲原憲著一箇不行，不免有此心，但不行也，故孔子謂『可以爲難』。此孔子着意告原憲處，欲他有所啓發，他承當不得，不能再發問也。」〇朱子曰：「克己」，如誓不與賊俱生；「克伐怨欲不行」，如「薄伐玁狁，至于太原」，但逐出境而已。

註「**克忮害**」按：論語本註：「克，好勝。」葉註與此異。

〇**治懼亦難** 問：獨處一室，或行闇中，多有驚懼，何也？程子曰：只是燭理不明。若能燭理，則知所懼者妄，何懼焉？〇問：人患多懼，雖明知其不當懼，然不能克。莫若且强制此心使不動否？朱子曰：只管强制，也無了期。只是理明了，自是不懼。

○「**他山之石，可以攻玉**」程子曰：玉之温潤，天下之至美也；石之粗厲，天下之至惡也。然兩玉相磨，不可以成器，以石磨之，然後玉之爲器，得以成焉。猶君子之與小人處也，横逆侵加，然後修省畏避，動心忍性，增益預防，而義理生焉，道德成焉。吾聞諸邵子云。○朱子曰：邵子云：「有才之正者，有才之不正者。」他山之石，其小人之才乎！又曰：康節煞有好説話。近思録不曾取入。**動心忍性** 孟子本註：「所謂『性』亦指氣稟食色而言耳，動其仁義理智之心，忍其聲色臭味之性。」新安陳氏曰：「動心則善念由此生，忍性則物欲由此窒。」

註「**動心而不敢苟安**」按：「苟安」二字，似不襯切。

○「**目畏尖物**」止「**何畏之有**」朱子曰：疑病每如此。尖物元不曾刺人，他眼病只管見尖物來刺人耳。○問：前輩説治懼，室中率置尖物。曰：那箇本不能害人，心下要恁地懼，且習教不如此妄怕。問：習在危階上行底，亦此意否？曰：那箇卻分明是危，只教習教不怕着。問：習得不怕，少間到危疑之際，心亦不動否？曰：是如此。

○**責上責下，而中自恕己**。按：徒如上之無禮，責下之不忠而已，在中間自恕其不能。

○「**九德**」最好。註「**亦行有九德**」止「**强而義**」書蔡註：亦總也。總言德之見於行者，其凡有九也。寬而栗者，寬弘而莊栗也。柔而立者，柔順而植立也。愿而恭者，謹愿而恭恪也。亂而敬者，有治才而敬畏也。擾而毅者，馴擾而果毅也。直而温者，徑直而温和也。簡而廉者，簡易而廉隅也。剛而塞者，剛健而篤實也。彊而義者，彊勇而好義也。而，轉語辭。○蘇氏曰：「横流而濟」曰亂，故才過人，可以濟大難者。曰亂，亂臣十人是也。才過人者，患於恃才而不敬。「**卓立**」止「**不至於虐**」按：「九德」當從本註之釋。葉氏以植立爲卓立，以整治爲文，以簡易爲簡，大皆未穩。至於「剛而塞」，本註以「篤實」釋「塞」字，而葉氏以爲「不至於虐」，大失本義。

○「**飢食渴飲**」止「**廢天職**」朱子曰：這是天教我如此。飢便食，渴便飲，只得順他。窮口腹之欲，便不是。蓋天只教我飢則食，渴則飲，何曾教我窮口腹之欲？

○**自私之理** 按：朱子論理有善惡，而曰「此理字不是實理」，猶云理當如此。然則今此「理」字亦當如是看。

○「**罪己責窮**[一〇]」止「**心胷爲悔**」朱子曰：「悔」字難説。既不可常存在胷中爲悔，又不可不悔。若只説不悔，則今番做錯且休，明番做錯又休，不成説話。問：如何是着中底道理？曰：不得不悔，但不可留滯。既做錯此事，他時更遇此事，或與此事相類，便須懲戒，不可再做錯了。

○**所欲不必沉溺**。註「**一念外馳，所向既差**」按：語意似緩，一念外馳，便是欲。

○**陪奉他** 問：陪奉，猶陪隨奉持之意否？退溪曰：此説亦得。但「奉持」之「持」，當改作「事」爲切。

○**檢點** 退溪曰：猶言考察。**按伏** 按：「按」與「遏」通。伏，降伏也。**罪過** 按：指「矜」字而言。**點頭** 按：是頷可之意。

註「**胡文定公**」言行録：名安國，字康侯，建之崇安人。紹興中進士。高宗時，以張浚薦，除中書舍人兼侍講，先獻時政論二十一篇。尋以疾求去，專講春秋，累官至給事中。謝良佐嘗稱其「質如大冬嚴雪，百草萎死，而松栢獨秀」。謚文定。張南軒曰：公雖不及河南之門，然與游、楊、謝遊，而講於其説，有自得之奥在於春秋。○朱子曰：胡春秋未論義理，且看其文字，亦便見此老胷中間架規模不草草也。

○**見賢思齊，見不賢而内自省**。論語本註：思齊者，冀己亦有是善；内自省者，恐己亦有是惡。

○**湛一，氣之本；攻取，氣之欲**。朱子曰：湛一，是未感物之時，湛然純一，此是氣之本。攻取，如目之欲色，耳之欲聲，便是氣之欲。問：攻取，是攻取那物否？曰：是。○退溪曰：攻，如「攻伐」之「攻」，其所以攻伐之者，欲取其物以入之於己也。**屬厭**　按左傳，纔屬於厭足而止之意。屬，音燭。

○「**惡不仁**」止「**行不著**」　朱子曰：顔子、明道是好仁，孟子、伊川是惡不仁。惡不仁終是兩件，好仁却渾淪了。學者未能好仁，且從惡不仁上做將去，庶幾堅實。又曰：好仁而未至，却不及那惡不仁之切底。蓋惡不仁底，直是壁立千仞，滴水滴凍，做得事成。○著者知之明，察者識之精。慶源輔氏曰：「著則明之而已，察則又加精焉。」言方行之，而不能明其所當然，既習矣，而猶不識其所以然。

註「**斷制之明**」按：語意似有病。

○**心在於此** 退溪曰：「此」字指道也。

○「**仁之難成**」止「**所好**」禮記表記本註：「仁之難成」，私欲間之也。私意行，則所好非所當好，故曰失其所好也。

○**剛行** 按：論語「子路行行」之「行」。本註：「剛强貌，胡浪反。」「**堂堂乎張也**」止「**爲仁矣**」論語本註：堂堂，容貌之盛。言其務外自高，不可輔而爲仁，亦不能有以輔人之仁也。「**善柔**」止「**得效最速**」陳氏曰：善柔，謂善爲柔媚。氣合，謂意氣相合。相下，謂彼此相讓。得效，即忠告善道之益也。「**仲尼嘗曰**」止「**所益之多**」事見論語。本註：禮，童子當隅坐隨行。孔子言：吾見此童子不循此禮，非能求益，但欲速成爾。○慶源輔氏曰：蓋人纔温柔，則便是消磨了那客氣；消磨得客氣，則其德方可進。故明道謂「義理與客氣常相勝」，只看消長分數爲君子、小人之别，消盡者爲大賢。而横渠亦言「學者先須去其客氣，惟温柔則可以進學」。○西山真氏曰：温者，和易之意。築室者，以基爲固；修身者，以敬爲本，故此温温恭謹之人有立德之基也。

○「**驕惰壞了**」止「**一事事**」吴氏曰：「驕惰，矜傲、怠慢之謂。凶狠，暴惡、粗戾之謂。親，謂父母也。物我，猶言彼此也。病根，即驕惰也。」陳氏曰：「安，謂安意。爲之下，謂屈己下之。」吴氏曰：「徇，以身從物之謂。」○問：一事事作逐事看否？退溪曰：「一事事」之語，差異未甚曉得，恐只如來説。

【校勘記】

［一］須於方動之前審之　「前」，朱子語類卷九十四作「時」。

［二］死於安樂相似　「如」，周易大全卷二十二作「是」。

［三］不存焉者寡　「者」字，朱子語類卷六十一無。

［四］故言不止於寡而已　「寡」下，朱子語類卷九十四有「欲」字。

［五］聽所以就性上説　「性」，朱子語類卷四十一作「理」。

［六］則千里之外應之不善　「不善」上，易經繫辭有「出其言」三字。

［七］言箴上四句是説身上最緊切處　「緊切」，朱子語類卷四十一作「緊要」；「説」，朱子語類卷四十一作「就」。

［八］下四句卻説四項病痛　「痛」字，朱子語類卷四十一原無。

［九］要連從欲唯危都是　「要」、「唯」，朱子語類卷四十一分別作「更」、「則」；「都」上，朱子語類卷四十一有「兩句」二字。

［一〇］罪己責窮　「窮」，葉采近思録集解作「躬」。

近思録釋疑卷之六

論家道

「**孟子曰**」止「**所當爲也**」程子曰：孟子云「事親若曾子，可也。吾以爲事君若周公，可也」。蓋子之事父，臣之事君，聞有自知其不足者矣，未嘗聞其以爲有餘也。又曰：子之事父，其孝雖過於曾子，畢竟是以父母之身做出來，豈是分外事？若曾子者，僅可以免責耳。臣之於君，猶子之於父也。假如功業大於周公，亦是以君之人民勢位做出來，而謂人臣所不能爲，可乎？○慶源輔氏曰：至程子方看得，「可也」二字有深意。以此知讀書不可不熟讀玩味。

○**幹母之蠱** 傳：「風遇山而回，物皆撓亂，是爲有事之象，故蠱者事也。既蠱而治之，亦事也」，「九二陽剛，爲六五所應，是以陽剛之才在下，而幹夫在上，陰柔之事也，故取子幹母蠱爲義」。

註「**但爲矯拂**」按：但，猶徒也。

將順　按：韻會：將，奉也。

○**蠱之九三**　按：爻辭：「幹父之蠱，小有悔，無大咎」。

○**正倫理，篤恩義，家人之道**　傳：卦，外巽内离，爲風自火出。自内而出，由家及外之象。治天下之道，蓋治家之道也。

○**以剛爲善**　按：本傳「爲善」下，云「初、三、上是也」。

○「**家人上九**」止「**不服**」傳：上，卦之終，家道之成也，故極言治家之本。○涑水司馬氏曰：上九以陽居上，家之至尊者也。家人望之，以爲儀表，苟其身正，不令而行。

○「**歸妹九二**」止「**道也**」傳：歸妹爲卦，震上兑下，以少女從長男也。男動而女説，又以説而動，皆男説女、女從男之義。歸妹，女之嫁，歸也。九二陽剛而得中，女之賢正者也。上有正應，而反陰柔之質，動於説者也。乃女賢而配不良。男女之際，當以正禮。五雖不正，二自守其幽静貞正，乃所利也。○雙湖胡氏曰：九二以陽爻居陰位，又爲兑體而居下卦之中，故有幽人之象。

○**盡性知命** 問：是聖人事，然必從孝弟做起否？朱子曰：固是。又問：看來孝悌上面更有幾多事，如何只是孝悌便至命？曰：知得這孝悌之理，便是盡性至命，也只如此。若是做時，須是從孝悌上推將去，方始知得性命。

註「**王季之友**」按：詩皇矣：維此王季，因心則友。

○**第五倫** 按：漢書：第五，姓；倫，名；字伯魚，京兆人，爲司空，以公正稱。**不起與十起** 朱子曰：如「十起與不起」，便是私，這便是避嫌。只是他見得這意思，已是大段做工夫，大段會省察也。**南容** 論語註：孔子弟子，居南宫。名縚，又名适，字子容。

○**若取失節者以配身，是己失節**　吴氏曰：娶婦共承宗廟，以傳嗣續。若娶失節者爲配，則與己之失節同矣。○沙溪曰：「周恭叔嘗於宴席有所矚目。伊川曰：『以父母之遺體配賤娼，可乎？禽獸不若也。』以此觀之，則畜賤娼亦在配身之中也。」

○「**病卧於床**」止「**不可不知醫**」　陳氏曰：委，猶付托也。子有疾而委之庸醫，比之不慈；親有疾而委之庸醫，比之不孝。子能知醫，則可以養親，故曰「事親者亦不可不知醫」。○沙溪曰：曲禮「不勝喪，乃比於不慈不孝」註：朱子曰：「下不足以傳後，故比於不慈；上不足以奉先，故比於不孝。云所謂『病卧於床』，非父母與子也，乃自身卧於床也。」二程粹言「病」字上有「身」字，蓋吾之身即父母之遺體。疾病死生所係，而委之於庸醫之手，用藥或差，致誤其身，則比之不慈不孝。事親者，尤不可不知醫術也。小學註非是。

○**周恭叔**　按：淵源録：名行己，永嘉人。自太學早年登科，未三十見伊川。持身嚴苦，塊坐一室，未嘗窺牖。幼議母黨之女，登科後，其女雙瞽，遂娶焉，愛過常人。伊川曰：「頤未三十時，亦做不得此事。然其進鋭者其退速。」胡文定公曰：「恭叔才高識明，初年甚好，後來只緣累太重。若把得定，儘長進在。」

○**足備他虞**　沙溪曰：指「乳母死」及「殺人之子」兩款。　**但有所費**　問：此當屬上句看否？買乳婢而不能兩全，則徒有所費而無買之之實耶？退溪曰：但有不可作徒有義看。蓋此句不屬上句，亦不屬下句。上文既言用二子乳食三子之爲善，遂言但如此買二乳，則實有所費。然若只買一乳，不幸而致誤彼子，豈不爲大害云耳！若如來説，則奈上文所言，非不能兩全，如何？

○**取甥女歸嫁**　問：此與前「孤孀不可再嫁」相反，何也？朱子曰：大綱恁地，但人亦有不能盡者。　**從叔幼姑**　沙溪曰：從叔，太中之從弟；幼姑，太中之妹也，皆以夫人言。若以程子言之，非是。

○「**斯干詩**」止「**已施之而已**」　吴氏曰：斯干，小雅篇名。斯，此也。干，水涯也。式，語辭。好，愛也，和也。輟，止也。○朱子曰：此築室既成，宴飲以落之，因歌其事也，猶謀也。言居是室者，兄弟相好，而無相謀。問：横渠説「不要相學」，指何事而言？曰：不要相學不好處。詩之本意，「猶」字作相圖謀説。横渠説於文義或未必然，然實則善矣。○按：「廝」，小學作「相」。

○**周南、召南** 朱子曰：「周南之詩，言文王后妃閨門之化；召南之詩，言諸侯夫人、大夫妻被文王后妃之化而成德之事。」蓋文王治岐而化，行於江漢之域，自北而南，故其樂章以南名之。

近思録釋疑卷之七

論出處義利

「**賢者在下**」云云 傳：蒙爲卦，艮上坎下。艮爲山爲止，坎爲水爲險。山下有險，遇險而止，莫知所之，蒙之象也。二以剛明之賢處於下，五以童蒙居上。非是二求於五，蓋五之志應於二也。

○「**君子之需時也**」云云 傳：卦之大意，須待之義，乾健之性，必進者也。乃處坎險之下，險爲之阻，故須待而後進。○「初九，需于郊，利用恒，無咎。」象曰：「『需于郊』，不犯難行也；『利用恒，無咎』，未失常也。」

註「**静退以待時**」按：静則豈至於失常？恐下語有病。

○比：「**吉，原筮，元永貞**」傳：爲卦，上坎下坤。物之相切比無間，莫如水之在地上，故爲比也。又象爻皆陰[二]，獨五以陽剛居君位，衆所親附，而上亦親下，故爲比也。筮謂占決卜度，非謂以蓍龜也。所謂元永貞，如五是也，以陽剛居中正，盡比道之善者也。以陽剛當尊位爲君德，元也。居中得正，能永而貞也。

○「**履之初九**」云云傳：爲卦，天上澤下。天而在上，澤而處下，上下之分，尊卑之義，理之當也，禮之本也，常履之道也，故爲履。初處至下，素在下者也，而陽剛之才，可以上進，若安其卑下之素而往，則無咎矣。○雲峯胡氏曰：「初未交於物，有素象。」蔡氏則曰：「素者，無文之謂。蓋履，禮也。履初言素禮，以質爲本也。」

註「**不能安行乎素位**」按：「素履」之「素」，程子以爲雅素、素位之「素」，朱子以爲猶見在也。兩「素」字意微不同，然渾説亦無妨。但以「不能安行素位」釋「安履其素」，似不精切，富貴亦可言「素位」也。

○「**大人於否之時**」云云傳：天處上，地處下，是天地隔絶，不相交通，所以爲否也。○六二象：大人否，亨，不亂羣也。○雲峯胡氏曰：二陰在下，小人之羣也。大人不爲其羣所亂，雖否而亨矣。

○「**人之所隨**」云云傳：爲卦，兑上震下，兑爲説，震爲動，説而動，動而悦，皆隨之義。女，隨人者也，以少女從長男，隨之義也。又震爲雷，兑爲澤，雷震於澤中，澤隨而動，隨之象也。○「六二，係小子，失丈夫。」象曰：「係小子，不兼與也〔二〕。」○雲峯胡氏曰：「六柔有係象小子，初陽在下象丈夫，五陽在上象六二。以初陽在近而係之，則五陽雖正應，必失之矣。」楊氏曰：「以柔隨人者謂之係。」

○「**君子所賁**」云云傳：爲卦，山下有火。山者，草木百物之所聚也，下有火，則照見其上，草木品彙皆被其光彩，有賁飾之象，故爲賁也。初九以剛陽居明體而處下，君子有剛明之德而在下者也。君子在無位之地，無所施於天下，唯自賁飾其所行而已。趾取在下而所以行也。舍車而徒行者，於義不可以乘也。初應四正也，從二非正也。近舍二之易，而從四之難，舍車而徒行也。君子之賁，守其義而已。

註「**所賁在下**」按：程傳曰：「賁飾其所行，趾取在下而所以行也。」然則所賁在行，而葉氏只言其在下，似欠本義。

○「**蠱之上九**」云云 傳：上九居蠱之終，無係應於下，處事之外，無所事之地也。以剛明之才，無應援而處無事之地，是賢人君子不偶於時，而高潔自守，不累於世務者也。○臨川吳氏曰：上九在一卦至高至上之位，故曰「高尚」，下五爻屑屑於一家之事，至此則一國之事，天下之事，猶且視爲卑下，而不屑爲。○朱子曰：當此時節，若能斷然「不事王侯，高尚其事」，不半上落下，或出或入，則其志真可法則矣。知止足，是能做底；量能度分，是不能做底。

○「**遯者，陰之始長**」云云 傳：爲卦，天下有山。天，在上之物，陽性上進。山，高起之物，形雖高起，體乃止。物有上陵之象而止不進，天乃上進而去之，下陵而上去，是相違遯，故爲遯去之義。二陰生於下，陰長將盛，陽消而退，小人漸盛，君子退而避之，故爲遯也。○彖曰：「剛當位而應，與時行也。小利貞，浸而長也。」傳：五以剛陽之德，處中正之位，又下與六二以中正相應，雖陰長之時，尚當隨時消息，苟可以致其力，無不至誠自盡以扶持其道。當陰長之時，不可大貞，而尚小利貞者，蓋陰長必以浸漸，未能遽盛，君子尚可小貞其道，所謂小利貞，扶持使未遂亡也。○朱子曰：伊川説「小利貞」云，尚可以有爲。陰已浸長，如何可以有爲？所説王允、謝安之於漢、晋，恐也不然。允是算殺了董卓，謝安是乘桓温之老病，皆是他衰微時節，不是浸長之時也。

○「**明夷初九**」云云　傳：「明夷，昏暗之卦，暗君在上，明者見傷之時也。日入於地中，明傷而昏暗也，故爲明夷。君子明照，見事之微，故行去避之。此薛方所以爲明，而揚雄所以不獲其去也。君子于行，謂去其禄位而退藏也。三日不食，言困窮之極也。」本義曰：「唯義所在，不食可也。」

註「**胥靡**」按：謂聯繫相從，服役之刑徒也。

○「**晋之初六**」云云　傳：爲卦，明出地上，日出於地，升而益明，故爲晋。晋如，升進也。摧如，抑退也。於始進而言，遂其進，不遂其進，唯得正則吉也。○或問：初六「晋如摧如」，象也；「貞吉」，占辭。朱子曰：「罔孚，裕，無咎」，又是解上兩句，恐「貞吉」説不明，故又曉之。

○雙湖胡氏曰：爻不正，故戒以能正，則吉。坤禮寬裕[三]，故誨以能裕，則無咎也。○雲峯胡氏曰：欲進而退，六象上互艮，有欲進而止之之象。凡始進必資薦引四應，不中正，乃若相摧抑者。○致堂胡氏曰：古之君子不苟就，不俯從，使去就從違之重在我而不在人，在義而不在利，庶乎招不來麾不去，足以取信於其上也。○朱子曰：士大夫之辭受出處，又非獨其身之事而已，其所處之得失乃關風俗之盛衰，故尤不可以不審也。聖賢固不能自爲時，然其仕止久速，皆當其可，則其所以自爲時者，亦非他人之所能奪矣。豈以時之不合而變，吾所守以徇之哉？

註「**以待其自信**」按：此言待上之自信也。

爲之兆者 按：孟子萬章，問：「奚不去也？」曰：「爲之兆也。兆足以行矣，而不行，而後去。」註：兆，猶卜之兆，蓋事之端也。孔子所以不去者，亦欲少試行道之端[四]，以示於人，使知吾道之果可行也。若有其端既可行，而人不能遂行之，然後不得已而必去之。

註「**兆，幾微之見**」止「**不失其時**」按：此恐失孟子、程子之本意。

○「**不正而合**」云云 傳：睽爲卦，上离下兑。離火炎上，兑澤潤下，二體相違，睽之義也。

註「**安而行之**」按：此非謂聖人之安行也，謂安心而行，不求苟合。

○「**君子當困窮之時**」云云 象：澤無水，困；君子以致命遂志。○程子曰：大凡利害禍福，亦須致命。須得致之爲言，直如人以力自致之謂也。致命，猶致知之「致」，言推致而知之也。○朱子曰：水下漏，則澤上枯，故曰「澤無水」。致命，猶言授命，言持以與人而不之有也。又曰：致命，猶送這命與他，不復爲我之有。雖委致其命，而志則自遂，無所回屈。伊川解作「推致其命」，雖說得通，然論語中「致命」字，卻是委致之「致」。「事君能致其身」，與「士見危致命」、「見危授命」皆是此意。「授」，亦「致」字之意，言將這命授與之也。

註「**知其當然而不可免**」 按：下語恐有病。

隕穫 記儒行註：隕者，如有所墜失。穫者，如有所割刈。晏氏曰：「隕如籜之隕而飄零，穫如禾之穫而枯槁。」

○「**井之九三**」云云 爻：「井渫不食，爲我心惻，可用汲，王明並受其福。」傳：「爲卦，坎上巽下。坎，水也，巽之象則木也，巽之義則入也。木，器之象，木入於水下而上乎水，汲井之象也。三以陽剛居得其正，是有濟用之才者也。如井之渫治清潔，而不見食，爲心之惻怛也。」「渫」，本義：「不停污也。」韻會：「除去也，又治井也。」

○「**革之六二**」云云　爻：「巳日乃革之，征吉，無咎。」傳：爲卦，兑上離下，澤中有火也。革，變革也。水火，相息之物，水滅火，火涸水，相變革者也。○雲峯胡氏曰：日，離象。日入澤，有巳日象。又曰：一爻爲一日，初至二，巳日也。

○「**鼎之有實**」云云　鼎九二象傳：二以剛實居中，鼎中有實之象。○本義：鼎，烹飪之器。爲卦下陰爲足，二三四陽爲腹，五陰爲耳，上陽爲鉉，有鼎之象。又以巽木入離火，而致烹飪，鼎之用也，故其卦爲鼎。

○「**士之處高位**」云云　艮六二爻：「艮其腓，不拯其隨，其心不快。」傳：二既不得以中正之道，拯救三之不中，則必勉而隨之。○本義：艮，止也。一陽止於二陰之上，陽自下升，極上而止也。其象爲山，取坤地而隆其上之狀，亦止於極而不進之意也。

○「**君子思不出其位**」云云　象：「兼山，艮。君子以思不出其位。」傳：君子觀艮止之象，而思安所止，不出其位也。

○「**人之止**」**云云** 傳：九以剛實居上，而又成艮之主，在艮之終，止之至堅篤者也。

○「**中孚之初九**」**云云** 爻：「虞吉，有它不燕。」象：「初九虞吉，志未變也。」傳：爲卦，澤上有風，風行澤上，而感于水中，爲中孚之象。感謂感而動也，內外皆實而中虚，爲中孚之象。又二五皆陽，中實亦爲孚義。九當中孚之初，故戒在審其所信。虞，度也。度其可信而後從也。燕，安裕也。有他，志不定也。

○**求之有道，得之有命，是求無益於得也**。按：孟子「得也」下云「求在外者也」。註：有道，言不可妄求。有命，則不可必得。在外者，謂富貴利達，凡外物皆是。

註「**是求無益於得**」止「**求而遂也**」按：此與本註不同。「**命雖定於事物之先**」止「**應酬之時**」按：北溪陳氏曰：「如所謂『死生有命』與『莫非命也』之命，是乃就受氣之短長、厚薄不齊上論」，據此，若謂人物稟生之初，有命已定云，則可也；若謂命定於事物之先，則恐未可。且義乃人性之所固有，豈因事物而有者哉？處物爲義，則義實形於酬酢事物之際也。

○**若不會處置了，放下**　朱子曰：不會處置，無義也；不會放下，無命也。

○「**門人有居太學**」止「**去此心而後可語**」　按：二程全書：謝顯道久住太學，告行於伊川云：「將還蔡州取解，且欲改經禮記。」伊川問其故。對曰：「太學多士所萃，未易得之，不若鄉中可必取也。」伊川曰：「不意子不受命如此！子貢不受命而貨殖，蓋如是也。」顯道復還，次年獲國學解。○又云：游定夫忽自太學歸蔡，過扶溝見伊川。伊川問：「試有期，何以歸耶？」定夫曰：「某讀禮，太學以是應試者多，而鄉舉者實少。」伊川笑之。定夫請問，伊川曰：「是不知學也，豈無義無命乎？」定夫即復歸太學，是歲登第。按：「游定夫」當作「顯道」。○上蔡謝氏曰：透得名利關，方是小歇處。今之士大夫何足道，能言真如鸚鵡也。

○「**人苟有朝聞道**」止「**一箇是而已**」　按：大學或問：惟其燭理之明，乃能不待勉強，而自樂循理爾。夫人之性本無不善，循理而行，宜無難者。惟其知之不至，而但欲以力爲之，是以苦其難而不知其樂耳。昔嘗見有談虎傷人者，衆莫不聞，而其間一人神色獨變，問其所以，乃嘗傷於虎者也。夫虎能傷人，人孰不知？然聞之有懼、有不懼者，知之有真、有不真也。學者之知道必如此，人之知虎，然後爲至耳。若曰「知不善之不可爲，而猶或爲之」，則亦未嘗真知而已矣。

穿窬 論語註：「穿，穿壁。窬，踰墻。」孟子註：「『壁』作『穴』，『窬』作『踰』，皆爲盜之事。

○「**孟子辨舜、跖之分**」止「**命在其中**」 朱子曰：間是兩者相並在這裏，一條路做這邊去，一條路做那邊去，所以謂之「間」。○問：利與善之間。曰：不是冷水，便是熱湯，無那中間温吞煖處也。○問：事有合理，而有意爲之，如何？曰：事雖義而心則私。如路，好人行之是路，賊行之亦是路。合是如此者是天理，起計較便不是。○「義是吾所處之宜者。見事合恁地處，則隨而應之。義當富貴便富貴，義當貧賤便貧賤，當生則生，當死則死，只看義理合如何。」世間喻於義者，則爲君子；喻於利者，即是小人。近年一種議論，乃欲周旋於二者之間，回互委曲，費盡心機，卒既不得爲君子，其爲小人，亦不索性，可謂誤用其心矣。

註「**張南軒**」云云 朱子曰：此言蓋可謂擴前聖之未發，而同於性善養氣之功者歟？**有心於計較利害** 按：「計較」上不須加「有心」字。

○**如此等人多，亦須漸好**。性理羣書註：「亦可漸次而進於道，豈不善哉！」按：「多」爲句，謂如此等人多，則可以漸進於道。

○「**趙景平**」止「**義安處便爲利**」按：性理羣書：趙景平，程子門人。○朱子曰：罕言者，不是不言，特罕言之耳。罕言利者，蓋凡做事只循這道理做去，利自在其中矣。如「利涉大川」、「利用行師」，聖人豈不言利？但所以罕言者，正恐人求之則害義矣。學者做切己工夫，要得不差，先須辨義利所在。如思一事，非特財利、利欲，只每事求自家安利處便是[五]，推此便不可入堯舜之道。切須勤勤提省，察之於纖微毫忽之間，不得放過。如此，便不會錯用工夫。○或言心安處便是義。亦有人安其所不當安，豈可以安爲義也！問：「當然而然，便安否？」曰：「是也。只萬物各得其分，便是利。即易所謂『利者義之和』。截然不可犯，似不和；分别後，萬物各得其所，便是和。不和生於不義，義則和而無不利矣。」○西山真氏曰：大學所謂「利」，專指財利而言。伊川先生云：「利不獨財利之利，凡有一毫自便之心，即是利。」此論尤有輔於心術之微。

○「**問：邢七**」止「**便至如此**」謝某曾問：「涪州之行，知其由來，乃族子與故人耳。」族子謂程公孫，故人謂邢恕。先生答云：「族子至愚，不足責，故人情厚，不敢疑。孟子既知天，焉用尤臧氏？」因問：「邢七雖爲惡，然必不到更傾先生也。」先生曰：「然。邢七亦有書到某云：『屢於權宰處言之。』不知身爲言官，卻説此話。未知傾與不傾，只合救與不救，便在其間。」

○**吾嘗買婢，欲試之** 按：性理羣書註：試之女工。

○**曆子** 沙溪曰：如今考前任解由給禄之文。**范純甫** 沙溪曰：他書「甫」作「夫」，祖禹字。**陳乞恩例** 按：此泛論追贈之事，「爲妻求封」亦在其中。下文「陳乞封父祖」，主言追贈父祖也。**動不動** 退溪曰：只是動輒之義。「不動」二字，不須實看。○龜山楊氏曰：仕道與禄仕不同。常夷甫家貧，既召入朝，神宗欲優厚之，令兼數局，如登聞鼓、染院之類，庶幾俸給可贍其家，夷甫一切受之不辭。及正叔以白衣擢爲勸講之官，朝廷亦使之兼他職，則固辭。蓋前日所以不仕者，爲道也，則今日之仕，須其官足以行道，乃可受，不然，是苟禄也。然後世道學不明，君子辭受取舍，人鮮能知之。故常公之不辭，人不以爲非，而程公之辭，人亦不以爲是。

○**責天理**　沙溪曰：人不讀書不習科業，只僥幸以望天也。

○「**問：家貧親老**」止「**得失之累**」　朱子嘗論科舉，云：非是科舉累人，自是人累科舉。若高見遠識之士讀聖賢之書，據吾所見而爲文以應之，得失利害置之度外，雖日日應舉，亦不累也。居今之世，使孔子復生，也不免應舉，然豈能累孔子邪？某於科舉，自少便見得輕，初亦非有所見而輕之也。正如人天資有不好啖酒者，見酒自惡，非知酒之爲害如何也。○問：許叔重大貧[六]，作科舉文字。曰：既是家貧，親老未免應舉，亦當做舉業，只是先以得失横置胷中，卻害道。「**孔子曰：不知命**」止「**何以爲君子**」　朱子曰：此與「五十知天命」不同，知天命謂知其理之所自來，如不知命處，卻是説「死生壽夭，貧富貴賤之命」。今人開口亦解説「一飲一啄自有定分」，及遇小小利害，便生趍避、計較之心。古人刀鋸在前，鼎鑊在後，視之如無物者，蓋緣只見得這道理，都不見那刀鋸鼎鑊。○胡氏曰：一定而不可易者，命也。人不知命，常求其所不可得，避其所不可免，斯所以徒喪所守而爲小人也。

○「**或謂科舉**」止「**惟患奪志**」　雙峯饒氏曰：義理與舉業初無相妨，若一日之間，上半日將經傳討論義理，下半日理會舉業，亦何不可？況舉業之文，未有不自義理中出者。若講明得義理通透，則識見高明，行文條暢，舉業當益精。若不通義理，則識見凡下，議論淺近，言語鄙俗，文字中十病九痛，不自知覺，何緣做得好舉業？雖没世窮年從事於此，亦無益也。

○**似述** 按：韵會：似，嗣也。

註「**四聲**平上去入。**八病**」梁沈約曰：詩病有八：一曰平頭，第一、第二字不得與第六、第七字同聲，如「今日良宴會，歡樂難具陳」，今、歡皆平聲也。二曰上尾，謂第五字不可與第十字同聲，如「青青河畔草，鬱鬱園中柳」，皆上聲也。三曰蜂腰，謂第二字不得與第五同聲，如「聞君愛靚粧，切欲自修飾」[七]，君、粧皆平聲，欲、飾皆入聲也。四曰鶴膝，謂第五字不得與第十字同聲，如「客從遠方來，遺我一札書[八]。上言長相思，下言久别離[九]」，來、書皆平聲。五曰大韻，如聲、鳴爲韻，上九字不得用「驚」、「傾」、「平」字。六曰小韻，除本韻一字外，九字中不得兩字同韻，如「遥」、「條」不同句。七曰旁紐，八曰正紐，謂十字内兩字雙聲爲正紐。若不共一字而有雙聲，爲旁紐。如「流」、「六」爲正紐，「流」、「柳」爲旁紐。八種唯上尾、鶴膝最忌，餘病亦通。

○「不資其力」止「忘人之勢」　按：孟子曰：獻子之與五人者友也[一〇]，無獻子之家者也。此五人者，亦有獻子之家，則不與之友矣。○張子曰：獻子忘其勢，五人者忘人之勢。不資其勢而利其有，然後能忘人之勢。○慶源輔氏曰：上之友下，固不可有所挾；下爲上所友，亦不可有所利。

註「齷齪」　沙溪曰：「齪」，恐當作「龊」，韵會：急促局陿貌。

【校勘記】

[一]　又象爻皆陰　「象」，當據程氏易傳卷一改作「衆」。

[二]　不兼與也　「不」，程氏易傳卷二作「弗」。

[三]　坤禮寬裕　「禮」，當據周易傳義大全卷十三、戊申字本改作「體」。

[四]　亦欲少試行道之端　「少」，孟子集注卷十作「小」。

[五]　只每事求自家安利處便是　「事」，朱子語類卷一百一十三作「處」。

[六]　許叔重大貧　「大貧」，朱子語類卷十三作「太貪」。

[七]　如聞君愛靚粧切欲自修飾　「聞君愛靚粧切欲自修飾」，類説卷五十一、茅星來近思録集註卷七作「聞君愛我甘竊欲自修飾」。按：下句「粧」也作「甘」。

［八］遺我一札書　「札書」，茅星來近思録集註卷七作「書札」。

［九］下言久別離　「別離」，茅星來近思録集註作「離別」。

［一〇］獻子之與五人者友也　「五」上，孟子卷十有「此」字。

近思録釋疑卷之八

論治體

「**治天下有本**」止「『**茂對時，育萬物**』，**深哉**」西山真氏曰：心不誠，則私意邪念紛紛交作，欲身之修，得乎？親不和，則閨門乖戾，情意隔絶，欲家之正，得乎？夫治家之難，所以甚於治國者。門内尚恩，易於揜義，世之人固有勉於治外者矣。至其處家，則或狃於妻妾之私，或牽於骨肉之愛，鮮克以正自檢者，而人君尤甚焉。漢高帝能誅秦蹙項，而不能割戚姬、如意之寵；唐太宗能取孤隋攘羣盜，而閨門慚德顧不免焉。蓋疏則公道易行，親則私情易溺，此其所以難也。不先其難，未有能其易者。夫女子陰柔之性，鮮不妬忌而險詖者，故二女同居，則猜間易生。堯欲試舜，必降以二女者。能處二女，則能處天下矣。舜之身正，而刑家如此，故堯禪以天下而不疑也。身之所以正者，由其心之誠。誠者無他，不善之萌動于中，則亟反之而已。誠者天理之真，妄者人爲之僞。妄去則誠存矣，誠存則身正，身正則家治，推之天下，猶運之掌也。○林氏栗曰：离火兑澤，同賦形於天地中，女季女同，鞠育於閨門，其始未嘗不同也。火性炎上，澤性潤下，中女儷坎，季女配艮，其終未嘗不睽也。

○「**比之九五**」云云　傳：五居君位，處中得正，此道之善者也[一]。○或問：伊川解「顯比，王用三驅失前禽」，所謂來者撫之[二]，去者不追，與「失前禽」而殺不去者，所譬頗不相類，如何？朱子曰：田獵之禮，置旃以爲門，刈草以爲長圍。田獵者自門驅而入，禽獸向我而出者皆免，惟被驅而入者皆獲。故以前禽譬去者不追，獲者譬來則取之，大意如此，無緣得一一相似。伊川解此句不須疑。**暴其小仁**　沙溪曰：暴，猶顯示也。

○「**古之時**」云云　履象傳：天在上，澤居下，上下之正理也。人之所履當如是，故取其象而爲履。君子觀履之象，以辨別上下之分，以定其民志。

註「**制爵位**」按：「制」字未穩，改以「授」字，如何？

○「**泰之九二**」云云　傳：泰爲卦，坤陰在上，乾陽居下，天地陰陽之氣相交而和，則萬物生成，故爲通泰。○雲峯胡氏曰：陰爻雜，有荒穢象。包之者，二柔，虚也。用馮河，又見九之爲剛。

〇**觀**：「**盥而不薦**」云云　傳：觀二陽在上，四陰在下，陽剛居尊，爲群下所觀，仰觀之義也。

〇凡觀視於物則平聲，爲觀於下則去聲。

註「**縏縟**」　縟，韻會：采色也，又細也。

〇「**凡天下至於一國**」云云　噬嗑卦傳：卦上下二剛爻，而中柔外剛，中虛，人頤口之象也。中虛之中又一剛爻，爲頤中有物之象。口中有物，則隔其上下，不得嗑必嚙之，則得嗑，故爲噬嗑。

〇「**大畜之六五**」云云　本義：大，陽也。以艮畜乾，又畜之大者也。〇傳：六五居君位，止畜天下之邪惡。〇進齋徐氏曰：豕牙，二也；豶之者，五也。二陽已壯，則難制五。得其要領，而能制也。制於已壯之後，猶欲去豕牙之害而豶之，此用柔畜剛之道也。〇雲峯胡氏曰：「牛與豕皆陰物，而以象陽者，何也？牛之剛在角，豕之剛在牙。四、五下畜二剛，蓋取牿牛防其角，豶豕防其牙之象也。」進齋徐氏曰：「牡豕曰豭。攻其特而去之曰豶，所以去其勢也。」

○**解**：「**利西南**」**云云**　傳：爲卦震上坎下。震，動也。坎，險也。動於險外，出乎險也，故爲患難解散之象。○本義：若無所往，則宜來復其所而安静；若尚有所往，則宜早往早復，不可久煩擾也。○雲峯胡氏曰：「蹇、解西南，皆取後天對待。」按：後天圖見啓蒙。蹇下體艮，東北隅，與西南對。解二體坎震，震東坎北，亦與西南對。

○「**有物必有則**」**云云**　艮彖曰：艮其止，止其所也。

○「**兑説而能貞**」**云云**　傳：兑之義，説也。一陰居二陽之上，陰説於陽，而爲陽所説也。卦有剛中之德，能貞者也。

○**天下之事，不進則退**。既濟，本義：既濟，事之既成也。爲卦水火相交〔三〕，各得其用，六爻之位，各得其正，故爲既濟。○建安丘氏曰：彖曰「終亂」，而傳曰「終止則亂」，止則亂矣，不止亂，安從生玩。二「止」字則知夫子之於贊易也，其旨深矣。

○**爲民立君**。註「**城中丘**」按：中丘，魯邑。胡氏傳曰：凡書「城」者，完舊也；書「築」者，創始也。城中丘使民不以時，非人君之心也。**丹桓宮楹** 按：桓公廟也，楹柱也。○胡氏傳曰：自常情觀之，丹楹刻桷，宜若小失，而春秋詳書于策，御孫以爲大惡，何也？桓公見殺于齊，則不能復而盛飾其宮，誇示仇人之女，乃有亂心。廢人倫，悖天道，而不知正者也。**築王姬之館** 按：王將嫁女于齊，既命魯爲主。故公在諒闇，慮齊侯當親迎，不忍便以禮接於廟，又不敢逆王命，故築舍於外。齊强魯弱，又委罪於彭生，魯不能讎齊，然喪未闋，故異其禮，得禮之變。**泮宮** 按：毛氏曰：「天子辟雍，諸侯泮宮。」鄭氏曰：「辟廱者，築土雝水之外圓如璧，四方來觀者均也。泮之言半也，泮水者，蓋東西門以南通水，北無也。」辟雍、泮宮，圖見詩傳。○問：「管子中説辟廱，不是學，只是『君和』也。」朱子曰：「既不是學，『君和』又是箇甚物事？且如辟廱之義，古不可考，或以爲學名，或以爲樂名，無由卞證。但本説作學[四]，亦説得好了。亦有人説辟雍是天子之書院，太學又別。」王制註：「辟，明也。雍，和也。類之言班，所以班政教也。」○胡氏曰：「辟雍未有明言其義，夫辟，君也；雍，和也。言人君有和德，則天地之和應之。」出綱目漢平帝記。

註「**孟仲子**」沙溪曰：此孟仲子，恐非孟註所謂「孟子之從弟者也」，其時恐無註語。**媒**

宫　沙溪曰：禮記月令：「玄鳥至之，日以太牢祀于高禖。」註：「高禖，先媒之神也。」史記：「簡狄祭于高媒，吞卵生契。」後世因謂皇后宫爲媒宫。

○**先王之世**　註「**控制**」按：韻會：控，制也。

○「**爲政須要有紀綱**」止「**皆不可闕**」朱子曰：凡爲政，隨其大小，各有有司。須先教他理會[五]，自家方可要其成。且如錢穀之事，其出入盈縮之數，須是教他自逐一具來，自家方可考其虚實之成。

註「**文章，文法章程**」朱子曰：文章者，便是文飾那謹權審量、讀法平價之類耳。○沙溪曰：葉註雖與朱子説不同，亦自不妨。**黨正、族師、閭胥、比長**　按：周禮：五家爲比，二十五家爲閭，百家爲族，五百家爲黨，二千五百家爲州，萬二千五百家爲鄉。○師，長也。黨正、族師，即今之里正；閭胥、比長，即今之保長。「**讀法**」止「**戒之**」按：周禮：州長，各掌其州之教治政令之法。正月之吉，各屬其州之民而讀法，以考其德行、道藝而勸之，以糾其過惡而戒之。若以歲時祭祀歲時及祭祀。州社，則屬其民而讀法，亦如之。「**賈師**」止

「**奠其價**」按：周禮：「賈師各掌其次之貨賄之治，辨其物而均平之，展其成而奠其價，然後令市。賈師主物價之貴賤，使不得輕重於其間。」註：次，賈師所莅，二十肆之次也。肆之百貨，有馬牛、珍異、布帛、粟米之類，言貨賄以見其餘也。治者，理其買賣之事也，辨其物之美惡，省其物之成否，定其價之貴賤，然後以令市賈。「**權**」止「**斗斛**」論語註：「權，秤錘也。量，斗斛也。」小註：漢律曆志：權者，銖、兩、斤、鈞、石也，所以秤物平施，知輕重也。本起黃鍾之重。一龠容千二百黍，重十二銖。兩之爲兩，二十四銖爲兩，十六兩爲斤，三十斤爲鈞，四鈞爲石，五權謹矣。量者，龠、合、升、斗、斛也，所以量多少也。本起於黃鍾之龠，用度數審其容，以子穀秬黍中者千有二百實其龠，十龠爲合，十合爲升，十升爲斗，十斗爲斛。○龠，韻會：本樂管，詳見「籥」字，一曰量名。合龠爲合，容千二百黍，起於黃鍾之龠，躍動微氣以生物也。

人各親其親，不獨親其親。新安陳氏曰：「『各親其親』及『不獨親其親』二句，本出記禮運，程子引以爲喻。若曰『人各舉其所知之賢才，然後不獨舉其所知之賢才』」。

註「**使人各親其親**」按：「使」字似剩。

「**仲弓曰**」止「**公私之間爾**」朱子曰：人各舉其所知，則天下之士無不舉矣，不患無以知天下之賢才也。興邦喪邦，蓋極言之。然必自知而後舉之，則遺才多矣，未必不由此而喪邦也。程子之意，固非謂仲弓有固權市恩之意，而至於喪邦，但一蔽於小，則其害有時而至，此亦不爲難矣。故極言之，以警學者用心之私也。

○「**唐有天下**」止「**父子夫婦**」朱子曰：唐太宗以晋陽宫人侍高祖，是致其父於必死之地，便無君臣父子夫婦之義。

註「**永王璘**」唐史：初，上皇命諸子分揔節制。諫議大夫高適諫，以爲不可，上皇不聽。以璘領四道節度都使，鎮江陵。璘召募勇士數萬人，以爲天下大亂，惟南方完富，宜據金陵，保有江表，如東晋故事。上以高適爲淮南節度使，圖璘。江南採訪使皇甫詵遣兵擒殺之[六]。**披猖**韻會：縱裂貌。

本朝大綱正沙溪曰：宋得國不義，何以曰大綱正？

註「**世業**」沙溪曰：謂十分爲率，以二分爲世業，八分爲口分也。蓋每丁有父母妻子者，給田百畝。内除二十畝永爲己業，如無父母妻子者，其口分八十畝歸官。**府兵**按：唐史：唐置十二軍，分統關内諸府，皆取天星爲名。每軍將、副各一人，督以耕戰之務，由是士馬精强，所向無敵。**租庸調**　按：唐史：歲輸粟二斛謂之租，隨鄉所出。綾絹絁布各二丈，輸綾絹絁者，綿三兩；輸布者，麻三觔，謂之調。用人之力，歲二十日，閏加二日。不役者，日爲絹三尺，謂之庸。有田則有租，有身則有庸，有户則有調。租，粟也。調，賦也。韻會曰：「庸，用也，勞也。用勞民力故謂之庸也。」**省府**　按：唐初定官制，以太尉、司空爲三公，次尚書、門下、中書、秘書、殿中、内侍爲六省，次御史臺，次太常至太府爲九寺，次將作監，次國子學，次天策上將府，次左右衛至左右領衛爲十四衛。東宫置三師、三少、詹事及兩坊、三寺、十率府。**制數**　沙溪曰：法制，度數也。

○**法立而能守**。註「**敗法亂紀之要**」按：「要」字未穩。

○**答范巽之書**。註「**政術，非吾所事**」止「**强施之天下**」按：將以其所不爲而强施之於天下者，是捨是道而以他術强施之意。註所謂「政術非吾所事」者，似非本意，姑以是云者，亦未瑩。

大都　沙溪曰：猶言大槩也。

【校勘記】

［一］此道之善者也　「此」，程氏易傳卷一作「盡比」。

［二］所謂來者撫之　「撫」，朱子語類卷七十作「拚」。

［三］爲卦水火相交　「爲卦水火相交」，周易本義作「六爻之位」。

［四］但本説作學　「本」，朱子語類卷一百三十七作「今」。

［五］須先教他理會　「教」，朱子語類卷四十三作「責」。

［六］江南採訪使皇甫誺遣兵擒殺之　「南」，當據資治通鑒卷二一九當改作「西」。

近思録釋疑卷之九

論治法

九疇 按：洪範註：治天下之大法，其類有九，初一曰五行，次二曰敬用五事，次三曰農用八政，次四曰協用五紀，次五曰建用皇極，次六曰乂用三德，次七曰明用稽疑，次八曰念用庶徵，次九曰嚮用五福，威用六極。○孔氏曰：天與禹神龜負文而出，列於背，有數至九，禹遂因而第之，以成九類。**八風** 按：國語：正西曰兑，爲金，爲閶闔風，咸收藏也。秋分。西北曰乾，爲石，爲不周，風不交也。陰氣未合，化也。立冬。正北曰坎，爲革，爲廣莫，風大莫也，開陽氣也。冬至。東北曰艮，爲瓠，爲條，風生也。立春。正東曰震，爲竹，爲明庶，風迎衆也。春分。東南曰巽，爲木，爲清明，風芒也。立夏。正南曰离，爲絲，爲景，風大也，陽氣長養也。夏至。西南曰坤，爲瓦，爲涼，風寒也，陰氣行也。立秋。

註「**齊肅之意**」朱子欲於「意」下添「故希簡而寂寥」六字。

優游平中[二]朱子曰：「中」字於動用上説，然只云於動用上説，卻覺未盡，不若云於動用上該本體説。**化中** 按：謂化於中。

○**明道先生言於朝** 按：先生熙寧元年爲監察御史裏行，上疏請修學校，此就全文中節取。**風俗** 按：君上所化謂之「風」，民下所習謂之「俗」。**賢才** 按：賢，有德者。才，有能者。**延聘** 按：謂延之以禮。**敦遣** 按：謂送之以禮。**京師** 按：京，大也。師，衆也。「**其教自小學**」止「**皆中於是**」吴氏曰：灑掃應對，至於周旋禮樂，皆小學之教。擇善修身，至於化成天下，皆大學之教。「中於是」謂合於小學、大學之教者，以言教引曰誘，以手扶持曰掖。○按：「其要」，謂教之之要也。○又按：「其學行皆中於是」，言萃京師，講正學，其學行中於是者也。「**擇士入學**」止「**能者於朝**」陳氏曰：「縣，縣學。州，州學。」王制曰：「論定然後官之。」○朱子曰：明道論學制最爲有本，讀之未嘗不慨然發歎也。

註「**司馬論士**」按：周禮：「夏官司馬，有進賢興功，以作邦國。」記王制：「司馬，辨論官材，論進士之賢者以告于王，而定其論。論定然後官之。」

○**經界** 孟子註：謂治地分田，經畫其溝塗封植之界也。○雙峯饒氏曰：溝塗封植之界，經緯錯綜，直者爲經，横者爲緯。只舉經字，有緯在其中。溝，溝洫之類。塗，道塗。封，土堠。植，種木爲界。

註「**幸民雖多**」沙溪曰：幸，如所謂「朝無幸位」之「幸」，所不當得而得者。幸民，乃無事閑遊之民。幸民多，故衣食不足。「雖」字未詳。

鄉黨 按：周禮地官：五家爲比，五比爲閭，四閭爲族，五族爲黨，五黨爲州，五州爲鄉。

註「**鄉里**」，「**比閭族黨州鄉酇遂**」按：周禮「五家爲隣，五隣爲里，四里爲酇，五酇爲鄙，五鄙爲縣，五縣爲遂」註：「郊内有比、閭、族、黨、州、鄉，郊外爲隣、里、酇、鄙、縣、遂，内外異名者，遠近之等也。」陳氏澔曰：「古者，二十五家爲閭，同在一巷，巷首有門。」韻會：比，取其相聯，比而居也，百家爲酇，聚也。

貢士。註「**庠序**」止「**人才多廢**」孟子註：庠以養老爲義，序以習射爲義，皆鄉學也。○禮記鄉飲酒註：呂氏曰：「鄉飲酒者，鄉人以時會聚，飲酒之禮也。因飲酒而射，則謂之『鄉射』。」鄭氏謂：「三年大比，興賢者、能者，鄉老及鄉大夫率其吏，與其衆，以禮賓之，則是禮也。三年乃一行，諸侯之鄉大夫，貢士於其君，蓋如此。」○韻會：小司徒「三年則大比」，謂使天下更簡閲民數及財物。鄭司農云：「五家爲比，故以比爲名。」○禮記王制曰：「命鄉論秀士，升之司徒，曰『選士』。司徒論選士之秀者，而升之學，曰『俊士』。」

兵役。註「**府史胥徒**」止「**未免大患**」按：周禮天官：大宰職下，「府六人，史十有二人，胥十有二人，徒百有二十人」。韻會：府，治藏。史，掌書也。胥，伺也。春官：「胥有才智之稱。」徒，隸也。○地官小司徒「五人爲伍，五伍爲兩，四兩爲卒，五卒爲旅，五旅爲師，五師爲軍，以起軍旅，以作田役，以比追胥，以令貢賦」註：「古者寓兵於農，居則爲比閭族黨州鄉之民，出則爲伍兩卒旅師軍之兵。」

山澤。註「**山虞澤衡**」按：虞，度也，望也，備也。掌山澤之官。周禮：「掌山澤謂之闌[二]，掌川林謂之衡。」衡，平也。**五官** 沙溪曰：「曲禮所謂天子之五官，曰司徒、司馬、司空、司士、司寇是也。」愚按：恐是地官所謂「山林、川澤、丘陵、墳衍、原隰」，此是五官。若是曲禮所謂五官，則恐非掌山澤者也。**六府** 沙溪曰：「曲禮所謂天子之六府，曰司土、司木、司水、司草、司器、司貨是也。」愚按：書註：「水、火、金、木、土、穀六者，財用之所自出，故曰府。」**將養** 韻會：將，養也。

「**生民之理**」止「**可改**」沙溪曰：栗谷謂「生民之理有窮，則以聖王之法可改其弊」。

○**看詳三學條制**　退溪曰：「三學，謂國子監、太學、四門。」性理羣書註：「太學、宗學、生學。」

○陳氏曰：伊川嘗充崇政殿説書，同孫覺等看詳國子監條制。　**月使之争**　陳氏曰：謂月有試以較其高下，是使之争也[三]。

註「**首延禮之**」按：本文「延」字專指道德之士，而註並指吏師而言之，恐非。

解額　按：鄉貢進士曰「解」。陳氏曰：「解，貢也。額，數也。」**三舍升補**　退溪曰：三舍，謂外舍、内舍、上舍。升補，謂初入外舍，自外舍升内舍，自内舍升上舍。　**案文責跡**　按：本文：「古之時，天子擇宰相而任之政，宰相擇諸司長官而委之治，諸司長官各擇其屬而授以事，治功所以成也。後世朝廷授法，必達乎下，長官守法而不得有爲，前日考察之法是也。始於諸齋，而由正録博士以及長貳諸齋所取，學官就其中而論之，不得有易也。學官所考，長貳就其中而論之，不得有易也。易之則按文責迹，入於罪矣。是事成於下，而下得以制其上，此後世所以不治也。今欲朝廷專任長貳，自委之屬官，以達于下，取捨在長貳，則上下之體順，而各得致其功，先王爲治之道也。」

○**萃**：「**王假有廟**。」象：萃，聚也。○鄭氏剛中曰：自四以下，宗廟之象，康成謂艮爲門闕，巽木宮闕象。○本義：「王假有廟」，言王者可以至乎宗廟之中。○按：本義與傳不同。

豺獺能祭 禮記月令：「孟春之月，魚上冰，獺祭魚。季秋之月，豺乃祭獸戮禽。」註：「祭獸者祭之於天，戮禽者殺之以食也。」韻會：「獺，捕魚獸。」

○**明年中春** 按：詩采薇章註：「中春」下，有「至春暮」三字。**圉** 韻會：垂也。**防秋** 東陽許氏曰：宋遺戍之名。

○**韓信多多益辦**。註「**管轄**」按：字會：「管，主掌也，又鍵也。」轄，韻會：「轄以鍵輪。」

○**管攝天下**。註「**三從兄弟**」從，去聲。喪服「從父昆弟」疏：「世叔父與祖爲一體人而已。父爲一體，緣親以致服，故云從也。」**同堂兄弟** 宋庾蔚之謂：傳以「同居」爲義，蓋從父謂之「同室」，以明親近，非謂相須共居。今人謂從父昆弟爲同堂，取於此也。

○**一年有一年工夫** 問：明譜系、立宗子，當行之以漸否？退溪曰：此非獨收譜系、立宗子一事，謂凡爲天下國家之道當如此。如云期月、三年、五年、七年之類。○沙溪曰：以上文例之低一行書者，蒙上文一意也，恐無他意，只是譜系、宗子法等事也。

○「**花樹**」**韋家宗會法** 沙溪曰：岑参韋員外花樹歌云：「君家兄弟不可當，列卿御史尚書郎。朝回花底恒會客，花撲玉缸春酒香。」韋之名字當考。

○**六禮** 陳氏曰：冠、昏、喪、祭、鄉飲酒、士相見，禮也。**時祭用仲月** 司馬温公曰：國家時祭用孟月，私家不敢用，故用仲月。**冬至祭始祖，立春祭先祖** 朱子曰：古無此，伊川先生以義起。始祖之祭似禘，先祖之祭似祫。某當初也祭，後來覺得似僭，今不敢祭也。

註「**祧**」 祭法遠廟爲祧。祧，超然上去之意也。**於廟中正位** 按：家禮：執事洒掃祠堂，設神位於堂中間，北壁下設屏風於其後，此恐是廟中正位也。**設兩位** 問：立春祭高祖而上，只設二位。若古人祫祭，須是逐位祭？朱子曰：本是一氣，若祠堂中各有牌子，則不可。

禰 按：近也。○**安措** 沙溪曰：「措」、「厝」通，安置也。

註「**窰**」按：音遥，燒瓦坎。

○**浮圖** 沙溪曰：「通作『浮屠』。」釋典云：「僧曰『浮圖』。」魏志云：「浮圖，正號曰『佛沱』，與『浮屠』韻相近，猶言覺者。」

註「**飯僧設道場**」程子曰：天竺之人重僧，見僧必飯之，因使作樂於前場。按：韻會：「築土爲壇，除地爲場。」**波吒** 按：佛書「波波吒吒」，忍寒聲。**剃** 按：剪也。**天堂地獄，剉燒舂磨** 雪匡簷陵曰：蓋嘗考之，佛之國在極西之境，其所居謂之天堂，猶後世「天朝」、「天闕」之稱。其犯法者，皆掘地爲室而處之，謂之「地獄」。如南宋子業因諸王爲地牢，亦此類耳。其法有剉燒舂磨之刑，閻羅則後世之刑官耳，皆其蕃國處生人之制，而學佛者不察，謂施於已死者。世相傳流，本非佛氏之真教也。

○「**今無宗子**」止「**無世臣**」張子曰：「宗子之法不立，則朝廷無世臣。且如公卿一日崛起貧賤之中[四]，以至公相。宗法不立，既死遂族散，其家不傳；宗法若立，則人人各知來處，朝廷大有所益。」或問：「朝廷何所益？」曰：「公卿各保其家，忠義豈有不立？忠義既立，朝廷豈有不固？」**子弟從父兄** 綱目：沛令欲應陳涉，主吏蕭何、曹參曰：「君爲秦吏，今背之，恐子弟不聽。願召諸亡在外者，以劫衆。」乃召劉季。季之衆已數十百人。令悔，閉城，季乃書帛射城上，遺沛父老，爲陳利害。父老乃率子弟殺令，迎季，立以爲沛公。○又綱目：「唐蒙請通夜郎道，爲置吏。上拜蒙爲中郎將，將千人，從筰關入，見夜郎侯，厚賜之。喻以威德，約爲置吏。蒙還報，上以爲犍爲郡，發卒治道[五]，卒多物故，有逃亡者。用軍興法誅之，巴蜀民大驚恐。上使司馬相如責蒙等，因喻告巴蜀民以非上意。」其檄書載司馬相如傳。**派** 按：水之支流。**諸侯奪宗** 沙溪曰：「庶子爲諸侯，則奪其宗子之大宗，如漢蕭何、曹參之類，雖支子爲諸侯，則奪其大宗以立祖廟也。」通典：漢梅福云：「諸侯奪宗，此謂父爲士庶，子封爲諸侯，則庶子奪宗嫡主祭祀也。在諸侯尚有奪義，况天子乎？所言聖庶者，謂如武王庶子有聖德，奪代伯邑考之宗嫡也。」

註「**賜之土而命之胙**」按：周制：「建大社于國中，其壝東青土，南赤土，西白土，北驪土，中央釁以黃土。將建諸侯鑿，取其方面之土，包以黃土。苴以白茅以爲土封。」又按：韻會：「建置社稷曰胙。胙，報也。又胙，祭福肉也。」

興造禮樂 通書：禮，理也；樂，和也。陰陽理而後和。君君臣臣，父父子子，兄兄弟弟，夫夫婦婦，萬物各得其理然後和，故禮先而樂後。○按：此似謂「古人所興造之禮樂及制度文爲」也。沙溪曰：「興作及禮樂之事，更詳之。」**寨** 按：韻會：「砦」、「寨」通用，士邁切，山居以木柵。莊子「柴柵」，字會「音瘵」。

○**律是八分書** 問：八分變以篆，而古法猶存，律書在後，而古意猶近，故許之。曰「是他見得」否？退溪曰：八分非謂八分書法，蓋謂政教有十分道理，而刑律所言占其八分耳。○朱子曰：「律是八分書」，是欠些教化處。

○**方策** 按：中庸註：「方，版也。策，簡也。」黄氏曰：木曰「版」，竹曰「簡」。版大簡小，大事書於木版，小事書於竹簡。

○**肉辟** 綱目漢文帝紀「除肉刑」註：鄭氏云：「皋陶改臏爲剕，吕刑有剕，周改爲刖。」文帝本紀「詔曰：今法有肉刑三」註：「李奇曰：『高帝約法三章，無肉刑。文帝則有肉刑。』孟康曰：

『黥、劓二，刖左右趾合一[六]，凡三也。』崔浩漢律序云：『文帝除肉刑，而宫不易。』張斐曰：『以淫亂人族類，故不易之也。』」

○**世之病難行**　問：「横渠謂：『世之病難行者，以亟奪富人之田爲辭。然處之有術，期以數年，不刑一人而可復。』不審井議之行於今，果如何？」朱子曰：「講學時，且恁講。若欲行之，須有機會。經大亂之後，天下無人，田盡歸官，方可給與民。如唐口分世業，是從魏、晋積亂之極，至元魏及北齊、後周，乘此機方做得。荀悦漢紀一段正説此意，甚好。若平世，則誠爲難行。東坡破此論，只行限田之法，都是胡説！作事初如雷霆霹靂，五年後猶放緩了。况限田之法雖舉於今，明年便淡似今年，後年又淡似明年，一年淡一年，便寢矣。若欲行之，須是行井田；若不能行，則且如今之俗。必欲舉限田之法，此之謂戲論！且役法猶行不得。壽皇初要令官户亦作保正。其時蔣侍郎作保正，遂令人書『保正蔣芾』。因此不便，竟罷。且如今有一大寄居作保正，縣道如何敢去追他家人？况於田，如何限得？○横渠若制井田，畢竟繁。使伊川爲之，必簡易通暢。

○**月吉**月，朔也。詩小雅小明「二月初吉」小註：孔氏曰：「君子舉事尚早，故以朔爲吉。」**命士**按：周禮：「以九儀之命，正邦國之位。一命受職，再命受服，三命受位，四命受器，五命賜則，六命賜官，七命賜國，八命作牧，九命作伯。」註曰：命，王命也。九等之命，各異其儀，所以正其位之尊卑也。王之下士與公侯伯之士、子男之大夫，皆一命，而授以所任之職。王之中士與公侯伯之大夫、子男之卿，皆再命，而授以所命之服。三命者，王之上士與公侯伯之卿也，始有列位而使之臨民。四命者，王之下大夫及公卿之孤也，始有祭器而不待於假。五命者，王之大夫也，出封加一等，始賜以治都鄙之八則。六命者，王之卿也，封爲子男，始許以建官，以治家邑。七命者，王之卿，出封加一命者也，始爲諸侯，建國立軍。八命者，諸侯有功德，則加爲州牧。九命者，上公有功德，則加命爲方伯，得專征伐也。

○**周道**。註「**周道如砥**」小雅大東。慶源輔氏曰：周道，只道路之道。然以上四句「正直履視」之義觀之，則又似指周之王道而言。○按：此取道路之平，以比王道也。

【校勘記】

［一］優游平中　「游」，葉采近思録集解卷九作「柔」。

〔二〕掌山澤謂之闌　「闌」，周禮注疏卷二作「虞」。
〔三〕是使之争也　「争」下，小學集注卷六有「競」字。
〔四〕且如公卿一日崛起貧賤之中　「起」下，性理大全卷六十七有「於」字。
〔五〕發卒治道　「道」下，資治通鑑綱目卷四有「數萬人」三字。
〔六〕刖左右趾合一　「刖」字，資治通鑑綱目卷三無。

近思録釋疑卷之十

論政事

丘民 孟子註：丘民，田野之民。

註「**四井爲甸，四甸爲丘**」按：書註：「甸，田。」韻會：「甸之爲言治也。」周禮地官曰：「九夫爲井，四井爲邑，四邑爲丘，四丘爲甸。」漢刑法志：「四井爲邑，四邑爲丘，四丘爲甸。」甸，六十四井也，然則此所謂「四井爲甸，四甸爲丘」者，未知何據而言也。

○**天水違行** 傳：爲卦，乾上坎下。以二象言之，天陽上行，水性就下，其行相違，所以成訟也。以二體言之，上剛下險，剛險相接，能無訟乎？又人内險阻而外剛强，所以訟也。○平菴項氏曰：乾陽生於坎水，坎水生於天一。乾坎本同氣而生者也，一動之後，相背而行，遂有天淵之隔。由是觀之，天下之事，不可以細微而不謹也，不可以親暱而不敬也。禍難之端，夫豈在大？

曹、劉共飯，地分於匕箸之間；蘇、史滅宗，忿起於笑談之頃。謀始之誨，豈不深切著明乎？

註「**交結，朋遊親戚**」按：「親戚」恐不可謂之交結。

○**師之九二**。註「**如衛青**」止「**使自裁之**」按：綱目：衛青率六將軍擊凶奴[二]，右將軍蘇建盡亡其軍，脱身亡自歸。青曰：「青幸得以肺腑待罪行間，不患無威，職雖當斬將，然以臣之尊寵而不敢自擅誅於境外。於以見爲人臣不敢專權，不亦可乎？」遂囚建，詣行在，詔贖爲庶人。**將在軍，君令有所不受**孫子。○按：侯嬴以此説公子無忌。

○**世儒**按：此指王荆公所論，見禮記明堂篇註。

○**大有之九三曰：「公用亨于天子」**傳：三居下體之上，在下而居人上。諸侯，人君之象也。○爲卦，火在天上。火之處高，其明及遠，萬物之衆，無不照見，爲大有之象。又一柔居尊，衆陽並應，居尊執柔，物之所歸也。上下應之，爲大有之義。大有，盛大豐有也。○「亨」，傳：如字。本義：「亨」，春秋傳作「享」，謂朝獻也。○朱子曰：古文無「享」字。「亨」、「享」、「烹」

並通用，如「公用亨于天子」，解作「亨」字，便不是。

○**隨之初九，出門而交，則「有功」**。傳：九居隨時而震體，且動之主，有所隨者也。出門謂非私暱，交不以私，故其隨當而有功。

○「**隨九五**」止「**正中也**」傳：處正中之位，由正中之道，孚誠所隨者正中也，所謂嘉也，其吉可知。所孚之嘉，謂六二也。

○「**坎之六四**」止「**納約自牖**」傳：六四陰柔而下無助，非能濟天下之險者。以其在高位，故言爲臣處險之道。大臣當險難之時，唯至誠見信於君，其交固而不可間，又能開明君心，則可保無咎矣。夫欲上之篤信，唯當盡其質實而已。多儀而尚飾，莫如燕享之禮，故以燕享喻之。納約，謂進結於君之道。牖，開通之義。室之暗也，故設牖所以通明。自牖，言自通明之處，以況君心所明處。○本義：晁氏云「先儒讀『樽酒簋』爲一句，『貳用缶』爲一句」，今從之。貳，益之也。○張氏曰：震有樽象，連上體。坎有酒象，全體有簋象，坎爲缶。○雙湖胡氏曰：自二至五，似離虛明，有窗牖之象。

○「**恒之初六**」止「**浚恒之凶**」傳：男在女上，男動于外，女順于内，人理之常，故爲恒。又剛上柔下，雷風相與，巽而動，剛柔相應，皆恒之義。○浚，深之也。浚恒，謂求恒之深也。○雲峯胡氏曰：震體性上而不下。初爲巽主，其性務入，二四相應，固理之常，時方初也，而深以常理入之，雖貞亦凶矣。

○「**遯之九三**」止「**亦不如是也**」傳：陽志説陰，三與二切比，係乎二者也。遯貴速而遠，有所係累，則安能速且遠也？害於遯矣，故爲有疾也。遯而不速，是以危也。臣妾，小人女子，懷恩而不知義，親愛之則忠其上。係戀之私恩，懷小人女子之道也，故以畜養臣妾，則得其心爲吉也。

註「**御下之道**」按：朱子曰：「君子、小人便不可相對，更不可與相接。若臣妾，是終日在自家腳手頭，若無以係之，則望望然去矣。」傳所謂「小人」，即指臣妾而言。葉註得程傳之意也。

○「**睽之象**」止「**同而異**」建安丘氏曰：離火兑澤，二陰同體，而炎上潤下，所性異，趍睽之象也。故君子體之，以同而異。同以理言，異以事言也。**見惡人**誠齋楊氏曰：子見南子，陳寔吊張讓是也。

○**睽之九二**。註「**内竭其誠**」止「**啓其君者也**」按：感動扶持，推明杜塞，皆盡在我而啓其君者也。葉説似太分析。

遇主于巷按：巷者，委曲之途也。遇者，會逢之謂也。當委曲相求，期於會遇，與之合也。所謂委曲者，以善道宛轉，將就使合而已，非枉己屈道也。

○**損之九二曰**：「**不損**[二]，**益之**。」傳：損，二以剛中，當損剛之時，居柔而説體，上應六五陰柔之君，以柔説應上，則失其剛中之德。

註「**九二剛中**」止「**益之之戒**」按：傳所謂「世之愚者」，泛言之也，非指九二而言，註説恐非傳意。

○「**益之初九**」止「**元吉，無咎**」傳：初九，震動之主，剛陽之盛也。居益之時，其才足以益物，雖居下[三]，而上有六四之大臣應於己。得在上者應從之，則宜以其道輔於上，作大益天下之事，利用爲大作也。必須所爲大善而吉，則無過咎。○馮氏曰：「元者，震初九之象。」朱子曰：「吉凶是事，咎是道理。蓋有事雖吉[四]，而理則過差者，是之謂吉而有咎。」

○**漸之九三曰**：「**利禦寇**」爲卦，上巽下艮，山上有木，木之高而因山，其高有因也。其高有因，乃其進有序也，所以爲漸也。○非理而至者，寇也。守正以閑邪，所謂「禦寇」也。○雲峯胡氏曰：九三倘能以其剛而遏六四之柔，則又自有禦寇之象也。

○「**旅之初六**」止「**所取災**」傳：瑣瑣，猥細之狀。當旅困之時，才質如是，上雖有援，無能爲也。四陽性而離體，亦非就下者也。

○「**在旅而過剛**」云云　旅九三爻辭曰：「旅焚其次，喪其童僕，貞厲。」傳：處旅之道，以柔順謙下爲先。三剛而不中，又居下體之上，與艮之上，有自高之象。自高則不順於上，故上不與而焚其次。上離爲焚象，過剛則暴下，故下離而喪其童僕[五]。

○**引兑** 傳：兩澤相麗，交相浸潤，互有滋益之象。故君子觀其象，而以朋友講習，互相益也。先儒謂天下之可悦，莫若朋友講習。○臨川吴氏曰：引長己終之説，於説之道爲未光。

○「**中孚之象**」止「**議獄緩死**」 朱子曰：風感水受，中孚之象。議獄緩死，中孚之意。又曰：風去感他，他便相順，有相孚之象。「澤上有風，中孚」，須是澤中之水，海即澤之大者，方能相從乎風[六]。若溪湍之水，則其性急流就下，風又不奈他何。又曰：聖人取象有不端確處。如此之類，今也只恁地解，但是不甚親切。○進齋徐氏曰：中孚全體，似離互體。有震、艮而又兑以議之，巽以緩之。聖人即象垂教，其忠厚惻怛之意，見於謹刑如此。

○**事有時而當過** 小過傳：爲卦，山上有雷，雷震於高，其聲過常，故爲小過。又陰居尊位，陽失位而不中，小者過其常也。註「**行過乎恭**」止「**用過乎儉**」 本卦大象。**足恭** 論語。朱子曰：「足，過也。謂本當如此，我卻以爲未足而添足之，故謂之『足』。音，將樹反。」**鄙恡** 按：

韻會：忞，通作「吝」。

○「**防小人之道**」**云云**　小過，陰過陽失位之時，三獨居正，然在下無所能爲，而爲陰所忌惡，故有當過者，在過防於小人。

○**夔夔然**。註「**既不忿戾而改常**」按：以此釋「夔夔」，不精切。**赤舄几几**　鄭氏曰：几，人所憑以爲安。几几，安也。

○**德量如此**　横渠曰：「吾弟德性之美，吾有所不如。」伊川云：「天祺有自然德氣，望之有貴人之象，只是氣局小，大規規以事爲重也。」

○**振民育德**　見上。按：蠱「振民育德」，承「就事上學」而言。**有所知後，方能如此**。按：有所知，已是窮理也，方能如此，振民育德也。程子之意蓋以就事上學爲重，謂「爲學不必讀書」而已，即朱子所謂「爲學不必讀書」之意。**何必讀書，然後爲學？**　論語。○朱子曰：子路非謂不學而可以爲政，但謂「爲學不必讀書」耳。上古未有文字之時，學者固無書可讀，而中人以上固有不待讀書而自得者。但自聖賢有作，則道之載於經者詳矣，雖孔子之聖不能離，是以爲學也。

○「**安定之門人**」云云　陳氏曰：如劉彝、錢藻、孫覺、范純仁、錢公輔是也。稽古，經義齋之事；愛民，治事齋之事。

○**克勤小物**　書註：小物，猶言細行，言能勤於細行也。

○**居今之時**。註「**不制度，不考文**」按：中庸註：度，品制。文，書名。小註：「不制度」之「制」字，活字「作」也。○朱子曰：書名是字底名字，如大字喚做大字，上字喚做上字，易得差，所以每歲使大行人之屬巡行天下，考過這字是正與不正。○中庸或問：文者，書之點畫形象也。

○「**今之監司**」**云云**　沙溪曰：朱子在南康與王運使劄中，所謂「初欲從實供申」，又「未敢遽以實對」，「敢以此私于下執事者」，可謂盡其道矣，後人之所當法者也。

○**感慨殺身**。註「**曾子、子思、三仁**」張南軒曰：曾子，師也，父兄也。寇至而去之，寇退而反，無預其難，在師之義當然也。子思，臣也，微也。委質以服君之事，有難而逃之，可乎？與君同守而不去，則爲臣之義當然也。○問：微子之去，欲存宗祀；比干之死，欲紂改行，可見其至誠惻怛處，不知箕子至誠惻怛何以見？朱子曰：箕子、比干都是一樣心。箕子偶然不衝着紂之怒，不殺他[七]。然見比干恁地死，若更死諫，無益於國，徒使君有殺諫臣之名。他處此最難，微子去卻易，比干一向諫死，又卻索性。箕子在半上落下，最是難處。被他監繫在那裏，不免佯狂。

○**鄧艾**　按：艾下蜀，頗自矜伐。鍾會善效人書，於劍閣要艾章表，皆易其言，令悖傲。詔以檻車徵艾，艾本營將士追出，艾迎還。衛瓘遣田續襲艾父子，於綿竹斬之。

○**係磨勘** 按：計仕遷官也，如今仕滿，遷轉之類也。

註「**少師典舉**」按：少師名羽，兩程高祖也，以文明學士。太平興國五年典貢士，鄉試得人爲多。名臣言行録：「明道高祖羽，太宗朝以輔翊功顯，賜第洛陽[八]」，今爲河南人。**明道薦才** 按：熙寧二年，上嘗使先生推擇人才，所薦數十人，以父表弟張載暨弟頤爲首。

○**先生終不言** 問：伊川不答給事中事[九]，如何？朱子曰：自是不容預。如兩人有公事在官，爲守令者來問，自不當答。問者已是失。曰：此莫是避嫌否？曰：本原已不是，與避嫌異。

○「**韓持國服義**」止「**謁見大資**」按：二程全書：「韓公持國與范彝叟、程子爲泛舟之遊，典謁白有士人堅欲見公」云云。典謁，恐是客將也，文字與近思録所載頗異。○沙溪曰：大官會集處，則以下官定接客之官，謂之「客將」也。持國時爲資政殿學士，故言大資。持國名維，億之子，縝、綱、絳之弟，仕仁宗、英宗、神宗，官至門下侍郎。

○**今日供職，只第一件** 問：猶言第一件有不得供職之事否？退溪曰：然。

○**頤不曾簽**按：簽，猶署押之類。**押申**按：「押」，韻會：署也。**須看聖人欲正名處，見得**按：性理羣書「見得」爲句，愚意「見得」當屬下句，蓋見得道名不正時，便至禮樂不興底道理也。○問：「須看聖人欲正名之處，見得名不正時，禮樂不興。」此必至之勢，自住不得，是言臺省倒申外司，事體顛倒否？「道」字作助語否？退溪曰：大槩皆得之。「道」猶言也。**自然住不得**按：二程全書：「住不得」下有「夫禮樂，豈玉帛之交錯，鍾鼓之鏗鏘哉？」今日第一件便如此，人不知一，似好做作，只這些子，某做他官不得，若做他底時，須一一與理會。

○**人無遠慮**。註「**時之遠近**」饒氏曰：蘇氏只説得地之遠近，欠説時之遠近。若云「慮不及千百年之遠，則患在朝夕之近矣」，意方足。

○**劉安禮**按：二程全書附録：河間劉立之述明道言行曰：立之家與先生有累世之舊，先人高爽有奇操，與先生好尤密。先人早世，立之方數歲，先生兄弟取以歸，教養視子姪。**被旨赴中堂**按：名臣言行録：熙寧二年，吕申公薦授太子中允，權御史裏行。神宗素知先生名，召對，從容訪問，每對退必曰「頻求對來，欲常相見」，常被旨赴中書議事。**厲色待**按：厲色以待先生也。

○**輸其情** 陳氏曰：輸，盡也。**御吏** 陳氏曰：御，治也。

○**常在其前** 退溪曰：猶言常於其前。

○**坎「維心亨」** 彖：「習坎：有孚，維心亨；行有尚。」傳：陽實在中，爲中有孚信。維心亨，維其心誠一，故能亨通。至誠可以通金石，蹈水火，何險難之不可亨也？行有尚，謂以誠一而行，則能出險，有可嘉尚，謂有功也。○建安丘氏曰：坎，一陽處二陰之中，陰虛則流，故亨通。○維心亨。按：程傳曰：「維其心誠一，故能亨通。」此以誠一爲重。橫渠曰：「所以心通者，知有義理而已，以不疑爲重。」程、張語意不同。**凝滯之在前**「之」，張子全書作「坎」。

註「**何往而不心亨**」按：語雖好，而釋本文則不襯。

○**惟心弘**。註「**志不立**」止「**立志遠大**」按：若謂「志不立，故有怠惰」則可也，又以「心弘」屬之立志，恐不穩。蓋「心弘則不顧人之非笑」云者，連上文「羞縮」而言也，不可取。「心弘」二字屬於立志也。又按：此段於臨政處事之義，似未的當。**激昂** 韻會：昂，昇也，又舉也。

○**姤** 傳：陰始生而將長之卦。豕，陰躁之物，故以爲況。陰微而在下，可謂羸矣。**李德裕** 按：綱目唐武宗紀：加太尉，賜爵趙國公[一〇]。初，憲宗納李錡妾鄭氏，生光王怡。幼時，宫中皆以爲不慧，大和以後，益自韜匿。及武宗疾篤，旬日不能言。諸宦官密於禁中定策，下詔以「皇子沖幼，立怡爲皇太叔，令權句當軍國政事」。六年三月，帝崩，太叔即位。四月，李德裕罷爲荊南節度使，終貶爲崖州司户，卒。范氏曰：「德裕才優於裴度，而德器不及也。」**閹** 韻會：「豎也，宫中閹閽閉門者。」廣韻：「男無勢，精閉者。」**威** 按：威，古作「畏」。書「天明畏徐邈」，音威，而「畏高明」，鄭氏讀爲威。

【校勘記】

［一］衛青率六將軍擊凶奴　「凶」，當據近思録集解卷十改作「匈」。

［二］不損　「不」，葉采近思録集解作「弗」。

[三] 其才足以益物雖居下　「居」下，周易程氏傳卷三有「至」字。

[四] 蓋有事雖吉　「雖」，朱子語類卷七十二作「則」。

[五] 故下離而喪其童僕　「僕」下，程氏易傳卷四有「之貞信」三字。

[六] 方能相從乎風　「相」，朱子語類卷七十三作「信」。

[七] 不殺他　「不」上，朱子語類卷四十八有「自」字。

[八] 賜第洛陽　「洛陽」，宋名臣言行録外集卷二作「京師」。

[九] 伊川不答給事中事　「答」下，當據朱子語類卷九十六補「温公」二字。

[一〇] 賜爵趙國公　「趙」，舊唐書武宗紀作「衛」。

近思録釋疑卷之十一

論教學

幹固　文言曰：「貞，固足以幹事。」朱子曰：幹如木之幹，事如木之枝葉。又曰：幹，如板築之有楨幹。今人築墻，必立一木於中爲骨[一]，俗謂之「夜叉木」，無此則不可築。横曰楨，直曰幹。

强梁　韻會：梁者，言金剛之氣彊梁，因名之。又：梁，冠上横脊也。「**惟中也**」止「**達道也**」問：子思言中和，而周子曰「中者，和也，中節也，天下之達道也」。乃舉中而合之於和，然則又將何以爲天下之大本耶？朱子曰：子思之所謂「中」，以未發而言；周子之所謂「中」，以時中而言也。

○**大學之法**　按：小學總論：「大」作「小」。

註「**小成若天性**[二]，**習慣如自然**」孔子語。

○「**觀之上九**」云云　傳：「上九以陽剛之德處於上，爲下之所觀，而不當位，是賢人君子不在於位，而道德爲天下所觀仰者也。」本義：「『志未平』，言雖不得位，未可忘戒懼也。」問：觀其生，志未平[三]。朱子曰：其生，謂言行事爲之見於外者。既有所省，便是未得安然無事。

○**聖人之道**。註「**循循**」吴氏曰：有次序貌。

○**經學念書**　按：經學，六經之學。念，猶誦也。葉註恐未當。**奪志**　陳氏曰：奪其求道之志。**書札**　陳氏曰：書，習字。札，簡札。**王**、**虞**、**顔**、**柳**　按：唐史：永興公虞世南爲人外和柔而内忠直，帝每稱其五絶：一曰德行，二曰忠直，三曰博學，四曰文詞，五曰書翰。唐河東節度使柳公權，公綽之弟，在公卿最名，有家法。

○「**胡安定**」云云　小學：其在湖學，置經義齋、治事齋。經義齋者，擇疏通有器局者居之；治事齋者，人各治一事，又兼一事，其在大學亦然。按：小學比此爲詳。**劉彝**　安定高弟。熙寧二年召對，上問曰：「胡瑗門人在朝者爲誰？」對曰：「若錢藻之淵篤，孫覺之純明，范純仁之直温，錢公輔之簡謀[四]，皆陛下所知，其餘政事、文學出於人者，不可勝數。」

註「**九章**」後漢書註曰：「九章算術，周公作，凡有九篇。」洪範皇極内篇註曰：「一曰方田，以御田疇界域；二曰粟米，以御交質變易；三曰衰分，以御貴賤廩税；四曰少廣，以御積冪方圓；五曰商功，以御功程積實；六曰均輸，以御遠近勞費；七曰盈朒，以御隱褋互見；八曰方程，以御錯糅正負；九曰句股，以御高深廣遠。」

○**自灑掃應對上**　問：聖人事是甚麽樣子？朱子曰：如云「下學而上達」，當其下學[五]，便上達天理，是也。

○**先傳後倦**　論語本註：如「誨人不倦」之「倦」。

○**天下有多少才**。註「**五聲成文，八音相比**」按：五聲，宫、商、角、徵、羽。八音，金、石、絲、竹、匏、土、革、木也。樂記：「聲成文謂之音。」註：雜比曰音，單出曰聲。哀樂之情，發見於言語之聲，於時雖言哀樂之事，未有宮商之調，唯是聲耳。至於作詩之時，則次序清濁，節奏高下，使五聲爲曲，以五色成文[六]，即是爲音。**羽籥、干戚** 詩衛風簡兮註：「武用干戚，文用羽籥。」小註：干，盾；戚，斧也。「羽籥」三章所言者是也，皆舞者所執之物。三章曰：「左手執籥，右手秉翟。」註：「籥如笛而六孔，或曰三孔。翟，雉羽也。」沙溪曰：「三三圖析白羽爲之，形如帗。」**綴兆舒疾** 沙溪曰：綴音拙，舞者行位相連綴也。兆，位外之營兆也。見樂記。舒，猶徐也。疾，猶速也。

○**沛然矣** 問：如何有沛然底意思？朱子曰：此正所謂時雨之化，譬如種植之物，人力隨分已加，正當欲發生未發生之際，卻欠了些子雨。忽然得這些子雨來，生意豈可禦也！

○**撙節** 沙溪曰：曲禮本註：「撙，裁抑也，上聲。」

○「**進而不顧其安**」止「**不盡其材**」 學記本註：不顧其安，不恤學者之安否也。不由其誠，不肯實用其力也。不盡其材，不能盡其材之所長也。延平周氏曰：「孔子曰：『求也退，故進之；由也兼人，故退之。』蓋進之必顧其所安而使之進也。使漆雕開仕，曰『吾斯之未能信』，孔子悦。蓋使之必由其誠，而不强其中心之所不欲也。於門人問仁、問孝之類，其答皆不同。蓋教之必盡其材，故所答雖有難易，而未嘗不隨其材之大小也。」**施之妄** 按：謂教者之妄也。學記「其施之也悖」，正謂此也。

註「**此言『進而不顧其安』**」止「**生此節目**」 按：註意「節目」似指「不由誠，不盡材」兩句，然其下又以「三患」言之，則上下逕庭，可疑。**三患相因** 言不顧其安，故不由其誠。不由其誠，故不盡其材也。「**朱子曰**」止「**盡其誠與材**」 按：「誠與材」下有他解，此兩句只作一意解，言人之材足以有爲。但以「不由於誠則不盡其材」二十九字，横渠謂「不由於誠則不盡其材」，故朱子云「然」。

【校勘記】

［一］必立一木於中爲骨　「中」上，當據朱子語類卷六十八補「土」字。

［二］小成若天性　「小」，葉采近思録集解卷九作「少」。

［三］觀其生志夫平　「夫」，當據戊申字本改作「未」。

［四］錢公輔之簡諒　「諒」，宋元學案卷一作「諒」。
［五］當其下學　「學」下，朱子語類卷四十九有「時」字。
［六］以五色成文　「以」，禮記大全卷十八作「似」。

近思録釋疑卷之十二

論警戒

「**自古隆盛**」止「**喪敗者也**」泰九三爻「無平不陂」云云。傳：三居泰之中，在諸陽之上，泰之盛也。泰久而必否，故於泰之盛爲之戒。

○**豫之六二**爻：「介于石，不終日，貞吉。」孟子註：介，分辨之意。繫辭小註：介，如「界至」、「界限」之「界」。新安陳氏曰：「介有剛介、介特、廉介之意，惟其有分辨，所以能如此。」○按：此「其介如石」，似是「堅介」之意。

○**聖人爲戒**臨：二陽方長於下，陽道向盛之時，聖人豫爲之戒。註「**安富之餘**」按：易餘以中似勝。

○**劉質夫** 程子曰：游吾門者衆矣，信之篤，得之多，行之果，守之固，若質夫者幾希。覺軒蔡氏曰：劉質夫氣和而體莊，持論不苟合，跬步不忘學。**迷復** 傳：上六以陰柔居復之終，終迷不復者，迷而不復，其凶可知。

○**睽極**。註「**多自疑猜**」止「**致也**」按：分疑猜、乖離，屬過明、過剛，恐是牽合之病。

○「**解之六三**」云云 傳：六三陰柔，居下之上，處非其位，猶小人宜在下，以負荷而且乘車，非其據也，必致寇奪之至。雖使所爲得正，亦可鄙吝也。○雲峯胡氏曰：六才柔當上負乎四，負小人之事也。三志剛欲下乘乎二，乘君子之器也。寇上象。

○**或擊之** 朱子曰：「或」字，衆無定主之辭，言非但一人擊之也。

○「**艮之九三**」云云 傳：三以剛居剛而不中，爲成艮之主，决止之極也。本義：「限，身上下之際，即腰胯也。艮其限，則不得屈伸而上下判隔，如『列其寅』矣。」○鄭氏剛中曰：限，上下體之際，虞翻謂束帶之處。夤，馬融謂夾脊肉。分列其夤，則百體無以相屬。心處中，背處陰，夤在背與心，密相向列，其夤則憂危之厲，安得不薰灼及其心也！

○**「雖舜之聖」云云**　兑九五：「孚于剥，有厲。」傳：九五得尊位而處中正，盡説道之善矣，而聖人復設有厲之戒。蓋堯舜之盛，未嘗無戒也。以五在説之時，而密比於上六，故爲之戒。

○**方命圮族**　尚書。王氏曰：「圓則行，方則止。」方命，猶今言廢閣詔令也。蓋鯀之爲人，悻戾自用，不從上令也。圮，敗。族，類也。言與衆不和，傷人害物，鯀之不可用者以此也。按：葉註釋「方命」與書註不同。　**其功有叙**　按：書：九功惟叙。註：叙者，各順其理。

○**富貴驕人**。　註「**敗德，學亦不進**」　按：既曰「敗德」，則何止不進。

○**逆詐、億不信**　朱子曰：逆詐，是那人不曾詐我，我先揣摩道[一]，那人必是詐我；億不信，是那人未有不信底意，便道那人必是不信我[二]。○勉齋黄氏曰：未見其事，而疑其必欺，故爲逆詐」，未見其事，而度其必不實，故爲億不信。○按：勉齋説與朱子説不同。

註「**周子曰**」止「**何啻千里**」　按：通書：明不至則疑生，明無疑也。謂能疑爲明，何啻千里！

○「**卻不知道**」止「**先不好了**」　問：以小學、口訣看，「不知自家身心，則已先不好」。一云「雖使得外物好，爲外物圖好，看時卻不知自家身心已先不好了」，二説何如？退溪曰：小學、口訣失之，後説甚善。

○**嗜欲亂着他**　按：他，言天理。**天機**　沙溪曰：天理，自然發用之妙處也。**卻最是**　沙溪曰：莊子他言雖非，而此語精緻，故下「卻」字。

○**機事，機心**　見莊子。**種下種子**。按：上「種」字，去聲，布之也。下「種」字，上聲，穀種也。

○「**疑病者**」止「**皆病也**」朱子曰：心不可有一物。纔繫於物，心便爲其所動。其所以繫於物者有三：或事未來，而自家先有期待底心；或事已應去了，又卻長存在胸中不能忘卻；正應事之時[三]，意有偏重，這都是爲物所繫縛。既爲所繫縛，便是有這箇物事，及別事來到面前[四]，應之便差了，這如何會得其正！聖人之心，瑩然虚明，無纖毫形迹。事物之來，若小若大，四方八面，莫不隨物隨應，此心元不曾有這箇物事。

註「**好疑**」按：「好」字未穩。**喜事**東萊吕氏曰：喜事則方寸不凝定，故擇義不精，衛生不謹。**不當疑而疑、不當攬而攬**按：「事未至而好疑喜事」，則豈待事至而後又有不當疑而疑、不當攬而攬者乎？

○「**小人**」止「**本不是惡**」按：「不合小了」爲句。他，指小人、小丈夫言也。

○**驕吝**朱子曰：驕吝雖有盈歉之殊，然其勢常相因。蓋驕者吝之枝葉，吝者驕之本根。故嘗驗之天下之人，未有驕而不吝，吝而不驕者也。吝謂我有你無，便是要驕人。爲是要驕人，所以吝。○胡氏曰：驕張王，吝收縮。姑以驕吝於財觀之，其所以閉藏，乃欲資以矜夸；其所以矜夸，即閉藏者爲之地也。根本枝葉，相爲貫通。

○**反經** 朱子曰：反，復也。孟子論鄉原亂德之害，而卒以「君子反經」爲説，此所謂上策莫如自治者。況異端邪説，日新月益，其出無窮，蓋有不可勝排者。惟吾學既明，則彼自滅熄耳。此學者所當勉，而不可以外求者也。○新安陳氏曰：經，只是日用常行道理。

【校勘記】

［一］我先揣摩道 「我先」，朱子語類卷十一作「先去」。

［二］便道那人必是不信我 「我」，朱子語類卷十一無。

［三］又卻長存在胸中不能忘卻正應事之時 「胸」，戊申字本、朱子語類卷十六作「胸」；「卻」，朱子語類卷十六作「或」。

［四］及別事來到面前 「及」，朱子語類卷十六作「到」。

近思録釋疑卷之十三

辨異端

佛、老、申、韓、楊、墨、莊 按：佛書：釋迦如來，小名悉達多，字曰天中天，伽毗羅淨飯王之子也。本姓甘蔗氏，其先曰輪王，聽次妃之讒，擯四太子城於雪山而居之，爲强國。輪王後悔，遣使召之，四子辭過不來。輪王三歎：「我子釋迦爲氏如來。」諸菩薩宗師之，稱母摩耶。周昭王二十四年甲寅四月八日，從右脇生，周行七步，目顧四方，作獅子吼，云「天上天下，惟我獨尊」，乾坤震動，日有重輪。年漸長，王抱謁於大自在天廟，廟中諸神像悉皆起禮。王驚歎曰：「我子於天神中最尊！」乃以天中天字之。年十七，聘妃耶輪陀羅，殊無俗意，久而不接。出遊城東，見老人，歎曰：「我雖富貴，豈能免此。」出南門，見癃疾之人，還宮愁惱；出西門，見死屍，彌加憂慼，白王「願出家」。王不悦。復言：「王能與我四願：不老、不病、不死、不別，即不出家。」王曰：「世誰得之？」時相師奏：「太子若不出家，七日之後，當得輪王位，七寶自至。」相師之意，蓋言當得輪王位，承其緒業也。王聞相師之言，敕羣臣備城門，諭如來，「生一子，即聽出家」。如來以手指妃輪陀羅之腹，便覺有娠，而生子羅侯。是時，如來年十九，出自北門，剃其鬚髮，詣阿羅、迦蘭二仙人所，詰所斷生老病死之法。○周昭王二十四年，有光明自天竺照於中國，太史蘇少游奏：「一千年後，合有教法流傳此土。」昭王遣臣於洛陽城南郊壇之下，碑記瘗之。穆王即位三十年間，世尊説法之時，數有光明來照，穆王恐其來侵，敕吕侯點檢兵馬於塗山，以備西域。共王三年壬申，天地震動，白虹十五道貫日。太史扈逸奏西域聖人滅度，云：「漢明帝夢見丈六金身，項珮圓光，胷題字[二]，頭如螺髻，額帶毫光，口稱：『吾是釋迦牟尼佛，生在天竺，滅度已經千載，吾有大教合傳此土。』」問於羣臣，舍人傅毅以昭王時蘇少游所奏者對。帝以王遵、秦京、蔡愔等遣西域以求其教，行到月支，逢二僧受金剛、蓮華、維摩經，以白馬馱來，二僧隨之。遵等至洛陽，獻經于帝，令二僧在鴻臚館譯經。白馬死，葬於城西，額曰「白馬寺」，即永平十四年也。自後西僧之入中國者，無不以譯經爲事，至元魏鳩摩什大成焉。○達磨，南天竺國人，得般若多羅傳正法眼莊，曰「當往震朝，設大法樂」，遂泛重溟，達于南海。梁武帝詔至金陵親問，後潛回江北，于嵩山少林寺面壁九年，端坐而逝，是爲初祖。二祖慧可，三祖僧粲，皆隋文帝時人。四祖道信，五祖弘忍，皆唐高宗時人。六祖慧能，唐中宗時人。○朱子曰：後漢明帝時，佛始入中國。當時楚王英最好之，然都不曉其説。直至晋宋間，其教漸盛。然當時文字亦只是將莊老之説來鋪張，如遠師諸論，皆成片盡是老莊意思。直至梁會通間，達磨入來，然後一切被他掃蕩。只是默然端坐，便心静見理[二]。蓋當時儒者之學，既廢絶不講；老佛之説，又如此淺陋；被他窺見這箇罅隙了，故横説竪説，如是張王[三]，没奈他何。人才聰明，便被他誘引將去。○栗谷曰：按佛氏之説，有精有粗。粗者，不過以輪回報應之説廣張罪福，誘脅愚迷，使之奔走供奉而已。其精者，則極論心性，而認理爲心，以心爲萬法之本，認心爲性，以性爲見聞作用，以寂滅爲宗，以天地萬物爲幻妄，以出世爲道，以秉彝人倫爲桎梏。其用功之要，則不立文字，直指人心，見性成佛，頓悟之後，方加漸脩。若上根之人，則或有頓悟頓脩者。達磨於梁武帝時入中國，始傳其道，所謂「禪學」者是也。至唐而大盛，其徒遍天下，揚眉瞬目，捧喝大笑，以相印證。大槩以無意爲得道，不論善惡，若以意思而得，則皆以爲妄見。必也任情直行，不用意思，然後乃以爲真見。其未及乎此者，則必以一二句無意味話頭，若「狗子無佛性」、「庭前柏樹子」之類。作無限妙理看，遂生大疑。全心窮究，積功不已，静定之極，略見心性影子於髣髴想像之際，則遂疑之以豁然大悟，倡狂自恣，謂之了事。宋初，其徒猶熾，自程、朱廓清之後，其勢始衰，于今所謂禪學者，殆至於絶矣。又有陸象山，與朱子並世而生，揮斥致知之功，以爲支繁失真，專用功於本心，此於涵養不爲無助。但學者知行必須並進，若不知道理，不辨是非，則所謂存心者，亦將何據？若只静坐而萬理自明，則孔子何必曰「博學於文」，子思何必曰「道問學」乎？此不幾於禪學詖淫邪遁之説乎？象山既没，其學不絶，至今與朱子正學並立而相抗。一種厭勤勞、樂簡便之徒，相與作爲幽深恍惚之説以附之。嗚乎！其亦斯道之不幸也歟！禪學雖足以惑人，其言非儒，其行滅倫，世間稍知有秉彝者，固已疑阻，又經程、朱之闢，宜乎其跡若掃矣。陸學則不然，言必稱孔孟，行必本孝悌，而其用心精微處，乃是禪學也。闢之之難，豈不十倍於佛氏乎？佛氏之害，如外寇之侵突；陸氏之害，如奸臣之誤國，此不可不知，故並著焉。○朱子曰：老子之術，謙沖儉嗇，全不肯役精神。自家占得十分穩便，方肯做；才有一毫不便，不肯做。大抵以虚静無爲、沖退自守爲事。故其爲説，常以懦弱謙下爲表，以空虚不毁萬物爲實。其爲治，雖曰「我無爲而民自化」，然不化者亦不之問也。若曰「旁日月[四]，扶宇宙，揮斥八極，神氣不變」者，乃莊生之荒唐；其曰「光明寂照，無所不通，不動道場，偏周沙界」者，又瞿曇之幻語，老子則初曷嘗有是？今世論老子者，必欲合二家之似而一之，非老子之意矣。○老子不犯手，張子房其學也。如爲韓報秦，攛掇高祖入關，及項羽殺韓王成，又使高祖平羽，兩次報仇皆不自做。後來定太子，亦自處閑地，只教四老出來定之。○釋老其氣象規模，大槩相似，然而老氏之學尚自理會自家一箇渾身，釋氏則自家一箇渾身都不管了。○老莊於義理，絶滅猶未盡。佛則人倫已壞，至禪則又從頭將許多義理掃滅無餘。以此言之，禪最爲害之深者。然要其實，則一耳，害未有不由淺而深者。○問：史記云：「申子卑卑，施於名實。韓子引繩墨，切事情，明是非，其極慘覈少恩，皆原於道德之意。」曰：張文潛之説得之。宋齊丘化書序中所論也[五]。○馬史韓非傳註曰：申子之書，言人主當執術無刑，因循以督責臣下，其責深刻，故號曰「術」；商鞅所爲書，號曰「法」，皆曰「刑名」，故號曰「刑名法術之書」。○朱子曰：楊朱之學出於老子，蓋是楊朱曾就老子學來，故莊列之書皆説楊朱。孟子闢楊、墨[六]，便是闢莊老了。○楊墨只是硬恁地做，爲我兼愛，做得來也淺，不能惑人。佛氏最有精微動人處，初見他説，出自有理。從他説愈深、愈害。熊氏曰：「佛入中國，其初不過論緣業以誘愚民而已。後來卻説心説性，雖聰明之士亦爲之惑。」○今釋子亦有兩般：禪學，楊朱也；苦行布施，墨翟也。○莊周是箇大秀才，多是説孔子與諸人語，只是不肯學孔子，所謂「智者過之」者也。如説「易以道陰陽，春秋以道名分」等語，後來人如何下得！他直是似快刀利斧劈截將去，字字有着落。○問：孟子與莊子同時否？曰：莊子後得幾年，然亦不争多。或云莊子都不説着孟子一句。曰：孟子平生足跡只齊、魯、滕、宋、大梁之間，不曾過大梁之南。莊子自是楚人，想見聲問不相接[七]。○莊子止是楊朱之學，但楊氏説得大，故孟子力排之。○莊子曾做秀才，書都讀來，比邵子見較高、氣較豪。他是事事識得，又卻蹴踏了，以爲不足爲。邵子卻有規矩。

疑於仁，疑於義。沙溪曰：「仁義」二字當换，詳見孟子好辨章，葉註大誤。

〇「**師也過，商也不及**」問：伊川謂師商過、不及，其弊爲楊墨。朱子曰：不似楊墨。墨氏之學，萌孽已久，晏子時已有之兼[八]。師商之過、不及，與兼愛、爲我不關事。〇沙溪曰：子夏之學，傳田子方，流爲莊周，則然矣。子張之學流爲墨氏，則未詳。

〇**四大**。註「**地、水、火、風**」朱子曰：彼所謂地水，如云魄氣；火風，如云魂氣。粗而言之，地便是體，水便是魄，火風便是魂，他便也是見得這魂魄。

無適，無莫。註「**外相**」按：相，猶形色，謂外物也。**法性** 按：猶言真性。

「**彼釋氏之學**」止「**未之有也**」朱氏曰：釋氏所謂「敬以直內」，只是空豁豁地，更無一物，卻不會「義以方外」。聖人所謂「敬以直內」，則湛然虛明，萬理具足，方能義以方外。〇問：遺書「釋氏於『敬以直內』則有之，『義以方外』則未也」。先生笑曰：「前日董蜚卿正論此，以爲釋氏大本與吾儒同，只是其末異。某與言『正是大本不同』。因檢近思録，有云：佛有一箇覺之理，可以『敬以直內』[九]，然無『義以方外』。其『直內』者，要之其本亦不是。這是當時記得全處，前者記得不完也。」又曰：「只無『義以方外』，則連『敬以直內』也不是了。」

○**滯固**。註「**或拘**」按：以「拘」字釋「滯固」，似不襯。

○**怖死生**　朱子曰：老氏欲保全其身底意思多，釋氏又全不以其身爲事，自謂別有一物不生不滅。歐公嘗言，老氏貪生，釋氏畏死，其説亦好。

註「**輪回**」問：輪回之説，是佛家自創否？朱子曰：自漢書載鬼處，已有此話模樣了。王問：或傳范淳夫是鄧禹後身。曰：鄧禹亦一好人，死許多時，如何魄識乃至今爲他人？以父質不敬其父母，曰：「自有物無始以來，自家是换了幾箇父母了。」其不孝莫大於是！以父母所生之身爲寄寓，譬以舊屋破倒，即自跳入新屋。故黄蘗一僧有偈與其母云「先曾寄宿此婆家」，止以父母之身爲寄宿處，其無情義絶滅天理可知。

元不相連屬　按：謂釋氏務上達，無下學，上下本不連屬。**間斷**　按：謂上下不相連也。「**盡其心，知其性**」止「**一段則無矣**」　朱子曰：明道説「盡心知性」語亦不完。二先生語中如此處，必是記者之失。伊川云「盡心，然後知性」，此不然，「盡」字大，「知」字零星。性者，吾心之實理。若不知得，卻盡箇甚。惟就知上積累將去[一〇]，自然盡心。人能盡其心者，只爲知其性。此句文義與「得其民者，得其心也」相似，「者」字不可不仔細看。又曰：人之所以盡其心者，以其知其性故也。蓋盡心與存心不同，存心即操存求放之事，是學者初用力處；盡心則窮理之事，廓然貫通之謂。所謂「知性」即窮理之事也，須是窮理，方能知性。知性之盡，則能盡其心矣。○問：聖門說「知性」，佛氏亦言「知性」，有以異乎？先生笑曰：也問得好。據公所見如何？試說看。曰：佛氏之說者，此一性，在心所發爲意，在目爲見，在耳爲聞，在口爲議論，在手能持，在足運奔。所謂「知性」者，知此而已。曰：若如此見得，只是無星之秤，無寸之尺。若在聖門，則在心所發爲意，須是誠始得；在目雖見，須是明始得；在耳雖聞，須是聰始得；在口談論及在手足之類，須是動之以禮始得。「天生蒸民［一二］，有物有則」。佛氏之說，只有物無則。況孟子所說「知性」者，乃是「物格」之謂。○又曰：遺書所云「釋氏有盡心知性，無存心養性」，亦恐記者有誤。要之，釋氏只是恍惚之間見得些心性影子，卻不曾仔細見得真實心性，所以都不見裏面許多道理。政使有存養之功，亦只是存養得他所見底影子。固不可謂之無所見，亦不可謂之不能養，但所見所養，非心性之真耳。○又曰：近看石林過庭録，載上蔡說伊川參某僧，後有得，遂反之，偷其說來做己使，是爲洛學。某嘗疑如石林之說固不足信，卻不知上蔡也恁地說。但當初佛學只是說無存養底工夫，至唐六祖始教人存養工夫。當初學者亦只是說不曾就身上做工夫，至伊川方教人就身上做工夫，所以謂伊川偷佛說爲己使。○按：以此觀之，「則不可謂存養」一段則無矣，但彼所謂「存養」與吾儒異耳。**下跟** 按：猶下質。

○**騷** 按：韻會：「馬行疾也。」詩「載驟騷騷」。 **放鄭聲** 或問：鄭衛之音，皆爲淫奔[一二]。夫子獨欲放鄭，何也？朱子曰：衛詩三十九，淫奔之詩纔四之一。鄭詩四十一[一三]，淫奔之詩已不啻七之五。衛猶男悦女之詞，鄭皆女惑男之語。衛猶多譏刺懲創之意[一四]，鄭幾蕩然，無復羞愧悔悟之萌。鄭聲之淫甚於衛矣[一五]。夫子獨以鄭聲爲戒，而不及衛，舉重而言也。 **一邊佞** 按：以己與彼對言之，則彼乃一邊佞。

○「**生生之謂易**」 繫辭。本義：「陰生陽，陽生陰，其變無窮。」程氏鉅夫曰：「生生之謂易，剥初盡而復已生，生生不息，靡有間絶。」 **生則一時生** 按：恐人物一時生。

快活。 註「**自然與物各得其所**」 按：不爲私己之見，豈可遽至於「與物各得其所」乎？葉説似過。 **根塵**。 註「**觸法** 當考。 **心本生道**」 按：生非道理也，乃生之之道出，與心生道也同意。

負販之蟲 按：韻會：蝜蝂[一六]，蟲名。柳文有蝜蝂傳，或云「如蝟」。當考。 **石頭** 沙溪曰：漢語「拳石」爲石頭。

註「**出離生死**」 按：言出離於死生之中也。

○**導氣**。註「**窒欲**」按：聖賢上不當下「窒」字。

○**神僊** 韻會：僊，遷也，遷入山也。

○**一齊** 按：猶一切也。

○**範圍** 繫辭。朱子曰：範，如鑄金之有模範。圍，匡郭也。聖人爲之範圍，不使過於中道，所謂裁成者也。又曰：範是鑄金作範，圍是圍裏。**因緣天地** 沙溪曰：六根之微，悉本乎天地，而生是因緣也。

註「**實相**」沙溪曰：猶實形也。

流遁 按：孟子「遁辭」註：遁，逃避也。

○**言有無，諸子之陋**。按：朱子曰：「元者無物[一七]，卻有此理。有此理則有矣。老氏乃云『物生於有，有生於無』，和理也無，便錯了。」

註「土苴」韻會：和糞草也，一曰糟魄，又查滓也。莊子「土苴以治天下」，一曰不真物也。

○**有識之死** 沙溪曰：有識，謂人也。**妄見** 按：「見」字恐是形相之意。**遊魂爲變** 繫辭曰：「精氣爲物，遊魂爲變。」本義：「陰精陽氣，聚而成物，神之伸也；魂遊魄降，散而爲變，鬼之歸也。」○沙溪曰：繫辭之説雖如此，然此則似謂人之死也，或魂氣聚而不散，托物爲變怪也。與繫辭小異。**天德** 沙溪曰：誠正修。○按：恐是天理。**淪胥** 詩註：淪，陷。胥，相也。相與陷於死亡。**臧獲** 方言：荆、淮海、岱之間駡奴曰「臧」，駡婢曰「獲」，又燕之北郊，民而夫婢謂之「臧」[一八]，女而婦奴謂之「獲」。**間氣** 沙溪曰：間世之氣也。**稽其弊** 按：韻會：「稽，留止也。」恐是止之之意也。○按：横渠論釋學文字多未曉，當質之。

【校勘記】

[一] 㫖題字　「題」字下空一字格，恐是「卍」字。

[二] 按：「只是默然端坐便心静見理」此十一字，朱子語類卷一百二十六作「不立文字直指人心」。

[三] 如是張王　「王」，朱子語類卷一百二十六作「皇」。

［四］若曰旁日月　「日月」，朱子語類卷一百二十五作「月日」。
［五］宋齊丘化書序中所論也　「化」，當據朱子語類卷一百三十七作「作」。
［六］孟子闢楊墨　「墨」，朱子語類卷一百二十五作「朱」。
［七］想見聲問不相接　「問」，當據朱子語類卷一百二十五作「聞」。
［八］晏子時已有之兼　「兼」，朱子語類卷三十九作「矣」。
［九］可以敬以直内　「可以」之「以」，朱子語類卷一百二十六作「言」。
［一〇］惟就知上積累將去　「知」下，當據朱子語類卷六十補「性」字。
［一一］天生蒸民　「蒸」，朱子語類卷一百二十六作「烝」。
［一二］皆爲淫奔　「奔」，詩經集傳卷之三作「聲」。
［一三］鄭詩四十一　「四十一」，詩經集傳卷之三作「二十與一」。
［一四］衛猶多譏刺懲創之意　「譏刺」，詩經集傳卷之三作「刺譏」。
［一五］鄭聲之淫甚於衛矣　「鄭」字上，詩經集傳卷之三有「是則」二字。
［一六］韻會蝢蝦　「蝦」，當據古今韻會舉要卷十三改作「蝂」。
［一七］元者無物　「元」，當據朱子語類卷九十八作「無」。
［一八］民而夫婢謂之臧　「夫」，方言作「聓」。

近思録釋疑卷之十四

觀聖賢

禹之德似湯武。朱子曰：禹入聖域而不優。

註「**不識不知**」大雅皇矣註：不作聰明，以循天理。

〇「**仲尼元氣**」止「**儘雄辨**」問：顔子春生，孟子并秋殺[一]。朱子曰：方露出春生之意，如「無伐善，無施勞」是也。使此更不露，便是孔子。孟子便如秋殺，都發出來，露其才。如所謂英氣，是發用處都見也。〇問：「孟子露其才，蓋亦時然而已[二]」，或曰，非常如此，蓋時出之耳。或曰，戰國之習俗如此。或曰，世衰道微，孟子不得已焉耳。三者孰是？曰：習俗之説較穩。大槩自堯舜以來至於本朝，一代各自是一樣，如三代人物，自是一般氣象；左傳所載春秋人物，又是一般氣象；戰國人物，又是一般氣象。〇問：孔子當孟子時如何？曰：孔子自有作用，然亦須稍加峻厲。問：孔子若見用，顔子還亦出否？曰：孔子若用，顔子亦須出來做他欠一等人[三]。如孔子做宰相，顔子便做參政。○龜山謂「孔子如知州，孟子如通判權州」，也是如此。通判權州，畢竟是別人事，須着些力去做，始得。○程子曰：孔孟之分，只是要別箇聖人、賢人。如孟子若爲孔子事業，則儘做得，只是難似聖人。比如翦綵以爲花，花則無不似處，只是無他造化功。○問：顔子合下完具，只是小，要漸漸恢廓；孟子合下大，只是未粹，要索學以充之。朱子曰：然。孟子覺有動蕩底意思。○問：先生云「顔子優於湯、武」，如何見得？曰：公且自做工夫，這般處説不得。據自看，覺得顔子渾渾無痕迹。○「巖巖」，詩註「積石貌」。「豈弟」，詩註「豈樂弟易也」。「雄辨」，沙溪曰：「『辨』當作『辯』。」

註「**坱北**」按：韻會：「不測也，又無涯際貌。」賈誼賦「坱北無垠」。**與聖人合德**　按：恐無差等。**駿極**　詩崧高註：駿，大也。

○**曾子、子思、孟子**　朱子曰：孔門只一箇顔子合下天資純粹。到曾子便過於剛，與孟子相似。世衰道微，人慾横流，不是剛勁有腳跟底人，定立不住。問：使曾子爲邦，比顔子如何？曰：想得不似顔子熟。然曾子亦大故有力。曾子、子思、孟子大略皆相似。曾子説話，盛水不漏。○曾子太深，壁立萬仞！○聖人之德，自是無不備，其次則自是易得不備。如顔子煞周全了，只比之聖人，更有些未完。如仲弓則偏於淳篤，而少顔子剛明之意。其他弟子，未見得。只如曾子則偏於剛毅，這終是有立脚處。所以其他諸子皆無傳，唯曾子獨得其傳。到子思也恁地剛毅，孟子也恁地剛毅。這剛毅等人，方始立得定。子思别無可考，只孟子所稱，如「標使者出諸大門」云云，如「事之云乎」云云之類，這是甚麼樣剛毅！○如子貢後來見識煞高，然終不及曾子。如一唯之傳，此是大體。畢竟他落脚下手立得定，壁立萬仞！觀其言，如「彼以其富，我以吾仁」，「可以托六尺之孤」，「士不可以不弘毅」之類，後來有子思、孟子，其傳永遠〔四〕。孟子氣象尤可見。○曾子本是魯拙，後來既有所得，故守得夫子規矩定。其教人有法，所以有傳。若子貢甚敏，見得易，然又雜；往往教人亦不似曾子守定規矩，故其後無傳。○孟子極尊敬子路。○孟子比之孔門原憲，謹守必不似他。然他不足以及人，不足以任道，孟子便擔當得事。○孟子不甚細膩，如大匠把得繩墨定，千門萬户自在。問：「孟子恁地，而公孫、萬章之徒皆無所得。」曰：「他只是逐孟子上上下下〔五〕，不曾自去理會。孔子於門人恁地提撕警覺，尚有多少病痛！」○孟子是箇有規矩康節。

○**傳經爲難**　朱子曰：孔子後若無箇孟子，也未有分曉。孟子後數千載，乃是得程先生兄弟發明此理[六]。今看來漢唐以下諸儒説道理見在史策者，便直是説夢！

○**荀卿揚雄**　朱子曰：韓退之謂荀、揚大醇而小疵。伊川曰「韓子責人甚恕」。自今觀之，他不是責人恕，乃是看人不破。○荀卿全是申韓，揚雄全是黄老。某嘗説，揚雄最無用，真是一腐儒。這人更無説，自身命也奈何不下，如何理會得别事？他見識全低，語言極獃，甚好笑！○雄之學似出於老子。如太玄曰：「潛心于淵，美厥靈根。」測曰：「潛心于淵，神不昧也。」乃老氏説話。○程子曰：問太玄之作如何？曰是亦贅矣。必欲撰玄，不如明易。

○**董仲舒**　朱子曰：仲舒本領純正。如説「正心以正朝廷」與「命者天之令也」以下諸語，皆善。班固所謂「純儒」，極是。至於天下國家事業，恐施展未必得。○漢儒惟董仲舒純粹，其學甚正，非諸人比。只是困善無精彩[七]。○仲舒才不及陸宣公而學問過之。

○**林希**　按：宋哲宗朝人，章惇之黨，後托於曾布。「**禄隱**」止「**做得是**」　退溪曰：是，即「是非」之「是」，謂後人見雄著書，便須要以雄爲是，如何得爲是耶？做，非謂揚雄做是也，謂後人以雄爲是耳。

○**孔明** 朱子曰：顔子只據見在事業，未必及湯。使其成就，則湯又不得比顔子。前輩説禹與顔子雖是同道，禹比顔子又麤些。顔子比孟子，則孟子當麤；若看諸葛亮，只看他大處正當[八]，細看不得。○孟子以後人物，只有子房與孔明。○孔明天資甚美，氣象宏大，但所學不盡純正。○孔明本不知學，全是駁雜了。然卻有儒者氣象，後世誠無他比。○孔明出於申、韓，如授後主以六韜等書與用法嚴處，可見。○問：孔明興禮樂如何？曰：也不見得孔明都是禮樂中人，也只是粗底禮樂。

取劉璋 按：綱目獻帝記：劉璋遣法正迎備，正至荊州，説備取益州。龐統曰：「荊州荒殘，人物殫盡，難以得志。今益州户口百萬，土沃財富，誠得以爲資，大業可成。」備曰：「以小利而失信義於天下，奈何？」統曰：「若事定之後，封以大國，何負於信！今日不取，終爲人利耳！」備以爲然，自將步卒數萬而西。劉璋隨在所供奉，贈遺以巨萬計[九]。劉備入(城)〔成〕都，遷璋公安，自領益州牧，以諸葛亮爲軍師將軍。○朱子曰：取劉璋一事卻不是，或以爲先主之謀，未必是孔明之意。

「**劉表子琮**」止「**可也**」 按：綱目：或勸備攻琮，荊州可得。備曰：「劉荊州臨亡托我以孤遺，背信自濟，死何面目以見荊州乎！」將其衆去，過襄陽，呼琮，琮懼，不能起。琮左右及荆州人多歸備。備過辭表墓，涕泣而去。○朱子曰：劉表之後，君弱勢孤，必爲他人所取，較之取劉璋，不若得荆州之爲愈也。

○**文中子** 問：文中子好處與不好處。朱子曰：見得道理透後，從高視下，一目瞭然。今要去揣摩，不得。○文中子其間有見處也，即是老氏。又其間有許多事專似孔子[一〇]。孔子有荷蕢等人，它也有許多人，便是裝點出來。○文中子續經，猶小兒豎瓦屋然。世儒既無高明廣大之見，因遂尊崇其書。○至於假卜筮象論語，而强引唐初文武名臣以爲弟子，是乃福郊、福畤之所爲，而非仲淹之雅意。然推原本始，乃其平日好高自大之心有以啓之，則亦不得爲無罪矣。

○**韓愈** 義剛曰：韓公雖有心學問，但於利禄之念甚重。朱子曰：他不曾去做工夫，於外面皮殼子上都見得安排位次。立朝議論風采，亦有可觀，卻不是從裏面流出。平日只以做文吟詩，飲酒博戲爲事。及貶潮州，無人共吟詩，無人共飲酒，又無人共博戲，見一箇僧説道理，壁立萬仞[一一]，便爲之動。○問：「仁與義爲定名，道與德爲虚位」，虚位之義如何？曰：亦説得通。蓋仁義禮智是實，此「道德」字是通上下説，卻虚。如有仁之道，義之道，仁之德，義之德，比道德只隨仁義上説[一二]，是虚位。○或曰：仲淹之學固不得爲孟子之倫矣，其視荀、揚、韓氏，亦有可得而優劣者耶？曰：荀卿之學雜於申商，子雲之學本於黄老，而其著書之意，蓋亦姑託空文以自見耳，非如仲淹之學頗近於正，而粗有可用之實也。至於退之原道諸篇，則於道之大原，若有非荀、揚、仲淹之所及者。然考其平生意向之所在，終不免文士浮華放浪之習，時俗富貴利達之求。而其覽觀古今之變，將以措諸事業者，恐亦未若仲淹之致懇惻而有條理也。是以予於仲淹獨深惜之，而有所不暇於三子。又曰：荀揚二人，自不可與三出韓同日語[一三]。」

○**周、程、張**　朱子曰：「今人多疑濂溪出於希夷，又云爲禪學，其諸子皆學佛。可學云：濂溪書具存，如太極圖，希夷如何有此説？或是本學老、佛而自變了，亦未可知。」曰：「嘗讀張忠定語録。公問李畋云：『汝還知公事有陰陽否？』此説專與濂溪同[一四]。忠定見希夷，蓋亦有些來歷。但當時諸公知濂溪者，未嘗言其有道。」又曰：「周子從理處看，邵子從數處看。從理上處則用處大[一五]，數自是細碎。」○「先生上接洙泗千載之統，下啓河洛百世之傳者，脉絡分明，而規模宏遠矣。歷選諸儒傳授之次，以論其興復開創、汛掃平一之功，未有高焉者也。」○先生以使者薦爲南安軍司理。時年少，不爲守所知。洛人程公珦攝通守事，視其氣貌非常人，與語，知其爲學知道也，因與爲友，且使二子往受學焉。○濂溪在當時，人見其政事精絶，則以爲宦業過人；見其有山林之志，則以爲襟袖洒落，有仙風道氣；無有知其學者，唯程太中獨知之。這老子所見如此，宜其生兩程子也。○汪端明嘗言：二程之學，非全資於周先生者，蓋通書人多忽畧，不曾考究。今觀通書，皆是發明太極，二程蓋得其傳，但二程之業廣耳。○與汪端明書曰：蒙喻及二程之於濂溪，亦若横渠之於范文正耳。先覺相傳之秘，非後學所能窺測。誦其詩，讀其書，則周、范之造詣固殊，而程、張之契悟亦異。如曰「仲尼、顔子所樂，吟風弄月以歸」，皆是當時口傳心受的當親切處。然則行狀所謂「反求之六經，然後得之」者，特語夫功用之大全耳。至其入處，則自濂溪，不可誣也。受學乃先生自言，此豈自誣者耶？○李通云：「濂溪之學，精慤深密。」問：「明道濂溪俱高，不如伊川精切。」曰：「明道説話超邁，不如伊川説得的確。濂溪也精密。」又曰：「濂溪清和静一，明道敬。」又曰：「明道説底話，恁地動彈流轉。明道語宏大，伊川語親切。」○又曰：「明道之言，發明極致，通透洒落，善開發人。伊川之言，即事明理，質慤精深，尤耐咀嚼。然明道之言，一見便好，久看愈好，所以賢愚皆獲其益。伊川之言，乍見未好，久看方好，故非久於玩索者，不能識其味。」「此其自任所以有成人材、尊師道之不同。明道渾然天成，不犯人力；伊川功夫造極，可奪天巧。」○明道可比顔子。孟子才高，恐伊川未到孟子處。然伊川收束檢制處，孟子卻不能到。○此道更前後聖賢，其説始備。自堯舜以下，若不生箇孔子，後人去何處討分曉？孔子後若無箇孟子，也未有分曉。孟子後數千載，乃始得程先生兄弟發明此理。今看來漢唐以下諸儒説道理見在史策者，便直是説夢！只有箇韓文公依稀説得略似耳。○「天不生仲尼，萬古如長夜！」唐子西嘗於一郵亭梁間見此語。季通云：「天先生伏羲堯舜文王，後不生孔子，亦不得；後又不生孟子，亦不得；二千年後又不生二程，亦不得。」○「横渠嚴密，孟子宏闊。」又曰：「明道之學，從容涵泳之味洽；横渠之學，苦心力索之功深。横渠之於程子，猶伯夷伊尹之於孔子。」○朱子四先生畫像贊曰：「道喪千載，聖遠言湮。不有先覺，孰開我人？書不盡言，圖不盡意。風月無邊，庭草交翠。」右濂溪。「揚休山立，玉色金聲。元氣之會，渾然天成。瑞日祥雲，和風甘雨。龍德正中，厥施斯普。」右明道。「規圓矩方，繩直準平。允矣君子，展也大成。布帛之文，菽粟之味。知德者希，孰知其貴。」右伊川。「早悦孫吴，晚逃佛老。勇撤皋比，一變至道。潛心力行[一六]，妙契疾書。訂頑之書[一七]，示我廣居。」右横渠。

其爲政。註「**潘延之**」按：朱子曰：「清逸潘公誌先生之墓」，則此人也。**孔經父**按：通書註：孔文仲有祭文，序先生洪州時事。文仲似是經父字也。

徹視無間。註「**無少隱慝**」按：「無間」者，無有間隔也。註所謂「隱慝」，大誤。

○**言有物而行有常**。家人象傳：物謂事實。○中溪張氏曰：物，猶「不誠無物」之「物」。

通於禮樂。註「**樂記云云**」劉氏曰：禮者，天地之序；樂者，天地之和。高下散殊者，質之具，天地自然之序也，而聖人法之，則禮制行矣。周流同化者，氣之行，天地自然之和也，而聖人法之，則樂興焉。

窮深極微，而不可以入堯舜之道也。註「**大中至正**」止「**與過之**」按：似非本文正意，上文「自謂」之意止於「窮深極微」之下。

辨而不間。註「**不絶之**」按：謂雖辨其是非，而物我無間也。註説恐非。

教人而人易從。註「**教人各因其資**」按：註説恐非。誠在言前，故人自化而易從也，且非但指學者。

○**窗前草不除去**。**驢鳴** 問：「與自家意思一般」，此是取其生生自得之意耶？抑於生物中欲觀天理流行處耶？朱子曰：此不要解。到那田地，自理會得，須看自家意思與那草底意思如何是一般。又曰：他也只是偶然見與自家意思相契。問：横渠驢鳴，是天機自動意思？曰：固是。但也是偶然見他如此。如謂草與自家意一般，木葉便不與自家意思一般乎？如驢鳴與自家呼喚一般，馬鳴便不與自家一般乎？問：程子「觀天地生物氣象」，也是如此？曰：他也只是偶然見如此，便説出來示人。而今不成只管去守看生物氣象！問：「觀雞雛可以觀仁」，此則須有意，謂是生意初發見處？曰：只是爲他皮殻尚薄，可觀。大鷄非不可以觀仁，但爲他皮殻麤了。○問：窓前草不除，觀驢鳴亦謂生意充滿，聲大且遠，有會於心否？與庭草一般，有何意思？退溪曰：非謂與庭草一般，亦只謂「與自家意思一般」，彼物自然函生、自然能鳴以通意，便是與自家一般處。

○「**聞生皇子**」止「**食便不美**」朱子曰[一八]：正淳嘗云「與人同休戚」，陸子壽曰：「此主張題目耳。」先生問必大：「曾致思否？」對曰：「皆是均氣同體，惟在我者至公無私，故能無間斷而與之同休戚也。」曰：固是如此，然亦只説得一截。如此説時，真是主張題目，實不曾識得。今土木何嘗有私！然與他物不相管。人則元有此心，故至公無私，便都管攝之無間斷也。○按：羣書註：聞皇子之生而喜，是喜宗子之有傳也；見民之飢而輟食，是憂兄弟顛連而無告者也。

註「**蹶然**」按：朱子曰：「蹶」，動也，亦作「蹷」。荀子：「蹷蹷然惡之動，居衛反。」

興國寺。註「**呂原明**[一九]」名希哲，正獻公公著之子。

〇**一團** 退溪曰：猶一般，但一段分爲各段而言，一團以合爲一團而言。〇按：明道謂學者曰：「賢看顥如此，顥煞用工夫。」

〇**侯師聖** 河東人，二先生舅氏，華陰先生無可之孫。伊川謂：「侯子議論，只好隔壁聽。」**朱公掞** 河南偃師人，登進士第，官至集賢院學士，卒年五十八。初受學於安定，後從二程於洛。伊川祭文曰：「篤學力行，至於没齒，志不渝於金石，行可質於神明。」**雪深一尺** 朱子曰：其嚴厲如此。晚年接學者乃更平易，蓋其學已到至處，但於聖人氣象差小從容爾[二〇]。明道則已從容，惜其早死，不及用也。使及用於元祐間，則不至有今日事矣。

註「**明道接人和粹，伊川師道尊嚴**」按：伊川年譜：明道先生嘗謂先生曰：「異日能使人尊嚴師道者，吾弟也。若引接後學，隨人材而成就之，則予不得讓焉。」

躬行力究。註「**力行也**」按：力究當屬知，屬力行未當。

○**雖小官，有所不屑**　性理羣書註：亦不屑於就以自卑，唯義之適。○沙溪曰：如抱關擊柝之小官，猶可爲之，吾義所安，則不屑就也。不屑，猶不潔也。

○**康定，嘉祐**　仁宗年號。**崇文移疾**　按：横渠爲崇文院校書，會弟天祺得罪，乃告歸，居於横渠故居，遂移疾不起。公去朝，築室南山下，弊衣蔬食，專精治學，未始須臾息，未始頃刻不用力，亦未始須臾忘也。**知禮成性**　見第二卷。「**精義入神，豫而已矣**」按：此與第二卷「精義入神，事豫吾内」其意相似。豫，即葉註「素立」之意。

○「**二程**」止「**聖人**」按：張子曰：學者不可謂少年自緩，便是四十、五十。二程從十四歲時便脱然欲學聖人，今盡及四十未能及顔閔之徒。伊川可如顔子，然恐未如顔子之無我。

【校勘記】

［一］孟子并秋殺　「殺」下，朱子語類卷九十六有「盡見」二字。

［二］蓋亦時然而已　「亦」、「然」，朱子語類卷九十六分别作「以」、「焉」。

［三］顔子亦須出來做他欠一等人　「欠」，當據朱子語類卷九十三作「次」。

［四］其傳永遠　「遠」字，朱子語類卷九十三無。

［五］他只是逐孟子上上下下　「他」，朱子語類卷九十三作「也」。

［六］乃是得程先生兄弟發明此理　「是」，朱子語類卷九十三作「始」。

［七］只是困善無精彩　「善」，朱子語類卷一百三十七作「苦」。

［八］只看他大處正當　「處」，朱子語類卷九十三作「體」。

［九］贈遺以巨萬計　「遺」，資治通鑒綱目卷十四作「勅」；「萬」，資治通鑒綱目卷十四作「億」。

［一〇］又其間有許多事專似孔子　「專」，朱子語類卷一百三十七作「全」。

［一一］按：「壁立千仞」四字，朱子語類卷一百三十七原無。

［一二］比道德只隨仁義上説　「比」，朱子語類卷一百三十七作「此」。

［一三］自不可與三出韓同日語　「出」字，朱子語類卷一百三十七無。衍字。

［一四］此説專與濂溪同　「專」，朱子語類卷九十三作「全」。

［一五］從理上處則用處大　前一「處」字，朱子語類卷九十三作「看」。

［一六］潛心力行　「潛心力行」，性理大全卷三十九作「精思力踐」。

［一七］訂頑之書　「書」，性理大全卷三十九作「訓」。

〔一八〕朱子曰　「朱子」，朱子語類卷九十六作「朱必大」。

〔一九〕註呂原明　「原」，葉采近思録集解卷十四作「源」。

〔二〇〕但於聖人氣象差小從容爾　「小」，二程遺書附録作「少」。

［朝鮮］宋秉璿　金聖禮　編
彭春玉　李　想　校點

近思續録

校點説明

宋秉璿（一八三六—一九〇五），字華玉，號淵齋、東方一士，忠清道恩津人，爲朝鮮王朝大儒宋時烈的九世孫，李朝憲宗至光武時期的文臣。著有淵齋集。

在朝鮮王朝「道學彬彬，浸淫乎大宋之世」的文化背景下，他勤奮研讀近思録，對宋明理學家周敦頤、程顥、程頤、張載、朱熹等甚爲推崇，在他看來趙光祖（號静庵）、李滉（號退溪）似周敦頤，李珥（號栗谷）似二程，金長生（號沙溪）似張載，宋時烈（號尤庵）若朱熹。但是相較於李朝早期尊奉程朱理學的儒者，宋氏則更青睞本土碩儒，認爲本國趙、二李、金、宋「五先生之學，即周、程、張、朱之道」。據宋秉璿近思續録序可知，他早年讀趙光祖、李滉、李珥、金長生、宋時烈五位儒學大師的著述，感到内容廣大宏博，「未易見其涯際」，「有望洋之歎」，於是遵從朱熹編近思録的用意，欲編輯本國名儒的語録，助本邦士子快速掌握李朝朱子學精髓。最終他仿照清汪佑五子近思録體例，將自己多年積累的千餘條理學家語録彙集爲一書，「凡於求端用力、處己治人之要，洎夫辨異端、觀聖賢之事，罔不備載，則可以爲進學之階也」（宋秉璿近思續録序）。後來他又與金聖禮一起加以删定，得七百八十八條，編就近思續録十四卷。這就是李朝高宗十一年（一八七四）宋秉璿三十九歲時的初編本。此後歷經二十年不斷校勘續補，此書纔基本定型，即後世常見的宋秉璿近思續録十四卷校改本。

宋秉璿近思續録一書强調本國理學傳承的獨立性與道學緒脈的正統性，是李朝儒學完成本土化建構的標誌性成果。故而編撰者宋秉璿不無自信地説：「闡明四子之旨則此書，安知不爲四子、近思之羽翼也歟！」（宋秉璿近思續録序）此書雖名爲近思續録，卻與南宋蔡模近思續録繼四子之後續録朱子語録不同，它是仿照近思録體例，輯録朝鮮李朝五位大儒文集、言行録而成，因而此書是具有仿編性質的、内容爲朝鮮本土儒學家語録的仿編本。

近思續録十四卷有一個不斷修訂的過程，故其版本較爲複雜，有抄寫本、木板本多種。本次校點整理選取近思續録宋秉璿與金聖禮的修訂本（簡稱「李朝木板本」）爲底本。韓國國立中央圖書館藏有該木板本，每半葉十行十八字，上下雙欄，有界行。白口，對魚尾。版心上魚尾上方刻印書名「近思續録」，兩魚尾之間刻印卷次卷名簡稱、頁碼。書首有近思續録目録、近思續録引用書目以及崇禎二百四十七年（沿用明朝崇禎年號，即清光緒元年，公元一八七五年）宋秉璿序。

整理校點對於該本中的異體字、俗體字等徑改爲通行的繁體字，如「汙」「汚」改作「污」，「竆」改作「窮」，「宐」改作「宜」，「躳」改作「躬」，「疎」改作「疏」，「茍」改作「苟」，「九」改作

「尣」，「烖」改作「哉」，「亾」改作「亡」等，不再一一出校。同時參校李朝五子著述，如增補退溪全書、栗谷全書等。

如今校點已就，敬請方家教正。

校點者南通市海門區政協辦彭春玉、上海大學李想

近思續録引用書目

靜菴先生文集　先生姓趙氏，名光祖，字孝直，漢陽人。文科大司憲。謚文正。

退溪先生文集　先生姓李氏，名滉，字景浩，眞寶人。文科右贊成。謚文純。

退溪先生言行録

栗谷先生全書　先生姓李氏，名珥，字叔獻，德水人。文科右贊成。謚文成。

沙溪先生遺稿　先生姓金氏，名長生，字希元，光山人。逸刑曹參判。謚文元。

經書辨疑

宋子大全　先生名時烈，字英甫，恩津人，號尤菴。逸左議政。謚文正。

筵説講義通編

朱子大全劄疑

近思續録序[一]

維我東方，自殷師以後變夷爲夏，而逮至本朝，道學彬彬，浸淫乎大宋之世，蓋静、退作於前，抽關啟鍵若濂溪周子，栗谷之通透灑落如伯程子，沙溪之禮學又似乎張子，而尤庵晚出，發揮運用，殆同於紫陽夫子，猗歟盛哉！秉璿自早歲受讀五先生書，而廣大宏博，竊有望洋之歎，故積年隨抄得千餘條。是歲夏與外弟金聖禮更加删定，倣五子近思之例，條分類别，編爲一書。凡於求端用力、處己治人之要，洎夫辨異端、觀聖賢之事，罔不備載，則可以爲進學之階級也。學者不以人僭踰而廢之，循是而進，亦庶乎得其門而入矣。蓋不先力乎此，直欲求諸五先生全集，則地負海涵，未易見其涯際，必須由其要而致其博，然後可以盡得宗廟百官之盛矣。竊嘗聞朱子之言，曰「近思録，四子之階梯」也，五先生之學，即周、程、張、朱之道。而闡明四子之旨則此書，安知不爲四子、近思之羽翼也歟！略敘纂集之意，奉以稟質於博雅君子云爾。崇禎二百四十七甲戌秋七月己未，恩津宋秉璿謹識。

【校勘記】

［一］近思續録序　此五字底本無，校點者擬題。

近思續録卷之一

道體 凡四十九條

靜菴先生曰：人受天地之中以生，只有仁義禮智之德，天理豈有惡哉？文集。下同。人之於天地，稟剛柔以形，受健順以性，氣則四時而心乃四德也。故氣之大，浩然無所不包；心之靈，妙然無所不通。

退溪先生曰：道一而已。聖賢所指而言者或異。一貫之道，舉全體大用而言也。率性之道，指人物所循而言之也[一]。文集。下同。

自其真實無妄而言，則天下莫實於理。自其無聲無臭而言，則天下莫虛於理。只「無極而太極」一句可見。

天地非無動，動而不見其跡耳。然而四時自行，萬物自生，是不動而變也。聖人之不動而變亦猶是。

沖漠無朕者，在乾坤，則爲無極太極之體，而萬象已具；在人心，則爲至虚至静之體，而萬用畢備。其在事物也，則卻爲發見流行之用，而隨時隨處無不在。

人心備體用，該寂感，贯动静。故其未感於物也，寂然不動，萬理咸具，而心之全體無不存；事物之來，感而遂通，品節不差，而心之大用無不行。人之所以參三而立極者，不出此兩端而已。

人始生，未感物時，固真而静。其省事之人，當其未感物也，亦真而静矣。故未與物接之前、未發之中，即降生之初，本然之性也。此事無前、無後、無小、無大，貫通只一理。

湛一氣之本，未可謂之惡[二]。然氣何能純善？惟是氣未用事時，理爲主，故純善耳。

河西金先生嘗言：心，本一身之主宰，非人以爲一身之主宰，然後主宰之也。先生聞之曰：河西所見超詣不可及。夫兼體用、該動静，爲一身主宰，而如環無端、反復不已者，心之爲也。

死槁土塵，亦莫不有其氣。有其氣，便有其理。惟其氣名有偏，理之在是物者，亦不能不隨而偏。若指其一物而言之，其偏處固偏矣；若總指其無物不在而言之，尤可以見其全體之渾淪矣。何者？理之爲體，不囿於氣，不局於物，故不以在物者之小偏，而虧其渾淪者之大全也。

氣有生死，理無生死。

仁者，雖與天地萬物爲一體，然必先要從自己爲原本、爲主宰。仍須見得物我一理，相關親切意味，與夫滿腔子惻隱之心，貫徹流行，無有壅閼，無不周徧處，方是仁之實體。

金而精問：至日，一陽初動，乃天地生物之始也。草木根荄皆動生意否？曰：風霜摧剥之餘，雖枝條枯瘁、生意未形，而其萌長之理已動矣。言行録。下同。

金士純問：一陽來復，一草之微，皆含生意。人爲萬物之靈，獨無藹然乎？曰：人爲形氣之拘，雖與天地之化似不相干，而感應消長之理，實與天地相爲流通。故先王於姤、復之日，有閉關掩身之戒，所以絶柔道、防未然也。然則人於此日獨無藹然之端乎？非特此也，凡介然之頃，善端之萌，皆陽復之日也。

栗谷先生曰：理者，氣之主宰也；氣者，理之所乘也。非理則氣無所根柢，非氣則理無所依著。既非二物，又非一物。非一物，故一而二；非二物，故二而一也。理氣雖相離不得，而妙合之中，理自理，氣自氣，不相挾雜，故非一物也。雖曰「理自理，氣自氣」，而渾淪無間，無先後，無離合，故非二物也。是故，動静無端，陰陽無始。理無始，故氣亦無始也。夫理一而已矣，而既乘於氣，則其分萬殊，故在天地而爲天地之理，在萬物而爲萬物之理，在吾人而爲吾人之理。天地人物，雖各有其理，而天地之理，即萬物之理；萬物之理，即吾人之理也，此所謂「統體一太極」也。雖曰「一理」，而人之性非物之性，犬之性非牛之性，此所謂「各一其性」者也。推本則理氣爲天地之父母，而天地又爲人物之父母矣。全書。下同。

天地，得氣之至正至通者，故有定性而無變焉。萬物，得氣之偏且塞者，故亦有定性而無變焉。惟人也，得氣之正且通者，而清濁粹駁，有萬不同，非若天地之純一矣。但心之爲物，虚靈洞徹，萬理具備，濁者可變而之清，駁者可變而之粹。於人之中，有聖人者，獨得至通至正至清至粹之氣，而與天地合德，故聖人亦有定性而無變也。

吾心之用，即天地之化，天地之化無二本，故吾心之發無二原矣。

理之本然，則純善而已。乘氣之際，參差不齊。清淨至貴之物，及汚穢至賤之處，理無所不在。而在清淨則理亦清淨，在汚穢則理亦汚穢。若以汚穢者爲非理之本然則可，遂以爲汚穢之物無理，則不可也。

理之源，一而已矣，氣之源，亦一而已矣。

理無形而氣有形，故理通而氣局；理無爲而氣有爲，故氣發而理乘。

氣之一本者，理之通故也。理之萬殊者，氣之局故也。

性理也，心氣也。先賢於心性，有合而言之者，孟子曰：「仁，人心是也。」有分而言之者，朱子曰：「性者，心之理是也。」

問：天人之性一也。而其發也，人有人心道心之分，天則無人心，何也？曰：天無血肉之氣，故只有道心而已；人則有血肉之形，故有人心之發也。合心性而總名曰明德，指其情之發處曰四端。靈者，心之知處。雖未感物，靈固自若，不可曰心之感也。

理一分殊歌曰：陰根乎動，陽本乎静。動静一體，孰分二儀。形資黄矩，氣始玄規。乾坤異用，孰貫乎一。一故神妙，兩故化物。無涵妙有，有著真無。道非器外，理與物俱。敦化無窮，川流不息。孰尸其機，嗚呼太極！

人之喜怒哀樂，猶天之春夏秋冬也。春夏秋冬，乃氣之流行也，所以行是氣者，乃理也。喜怒哀樂，亦氣之發動也，所以乘是氣機者，乃理也。

未發也，理在於心，而其名爲性。已發也，理在於情，而其名爲道。

天以實理而有化育之功，人以實心而致感通之效。所謂實理、實心者，不過曰誠而已矣。

問：以寒暑之失時，災祥之不正觀之[三]，天地亦似無定性？曰：寒暑失時，災祥不正，是乃氣數。人爲所致，豈天地之本性哉？

問：理有體用，當何分別[四]？曰：理之散在事物。其所當然者，所謂費也、用也。其所以然者，至隱存焉，是其體也。

人雖至惡者，未發之時，固無不善，纔發便有善惡。其惡者，由於氣稟物欲之拘蔽，而非其性之本體也。

天理之賦於人者，謂之性，合性與氣而爲主宰於一身者，謂之心，心應事物而發於外者，謂之情。性是心之體，情是心之用，心是未發已發之總名，故曰「心統性情」。性之目有五，曰仁義禮智信。情之目有七，曰喜怒哀懼愛惡欲。情之發也，有爲道義而發者，如欲孝其親，欲忠其君，見孺子入井而惻隱，見非義而羞惡，過宗廟而恭敬之類是也，此則謂之道。心有爲口體而發者，如飢欲食，寒欲衣，勞欲休，精盛思室之類是也，此則謂之人心。理氣渾融，元不相離，心動爲情也，發之者氣也，所以發者理也。非氣則不能發，非理則無所發，安有理發、氣發之殊乎？但道心雖不離乎氣，而發也爲道義[五]，故屬之性命。人心雖亦本乎理，而其發也，爲口體，故屬之形氣。方寸之中，初無二心，只於發處，有此二端。故發道心者，氣也，而非性命，則道心不生。原人心者，理也，而非形氣，則人心不生。此所以或原或生，公私之異者也。道心，純是天理，故有善而無惡。人心，也有天理，也有人欲，故有善有惡。如當食而食，當衣而衣，聖賢所不免，此則天理也。因食色之念而流而爲惡者，此則人欲也。道心，只可守之而已。人心，易流於人欲，故雖善亦危。治心者於一念之發，知其爲道心，則擴而充之，知其爲人心，則精而察之。必以道心節制，而人心常聽命於道心，則人心亦爲道心矣。何理之不存，何欲之不遏乎？七情即人心道心善惡之總名也，四端即道心及人心之善者也。四端不言信者，蓋五性之信如五行之土，無定位，無專氣，而寄旺於四時。性具於心而發爲情，性既本善，則情亦宜無不善，而情或有不善者，何也？理本純善，而氣有清濁。氣者，盛理之器也，當其未發，氣未用事，故中體純善，及其發也，善惡始分。善者，清氣之發也，惡者，濁氣之發也，其本則只天理而已。

沙溪先生曰：心如器，性如器中之水，情如水之瀉出者。貯此水而有時瀉出者，器也；函此性而發此情者，心也。此心、性、情之别也。遺稿。下同。

天地以實理生成萬物，如草木自然便有枝葉，如人自然便有手足，不待安排，故曰誠者自成也。

尤菴先生曰：所謂道者，不離乎人倫日用之中，而三綱五常最其大者也。大全。下同。

問：一陰一陽之謂道？曰：嘗聞周子之言曰：「太極動而生陽，静而生陰。」太極者，本然之妙也；動静者，所乘之機也。妙者，理也；機者，氣也。非氣則理無所依著，而非理則氣無所根柢。故一動一静者，氣也；而動之静之者，理也。一陰一陽者，氣也；而使陰使陽者，理也。今以陰陽與道爲判然二物，則固陷於二歧之惑，而直以陰陽爲道，則又昧於道器之分矣。若於「一陰」之上便著「所以」字看，則夫子之旨如指掌矣。蓋嘗論之，無形無爲，而爲有形有爲之主者，理也；有形有爲，而爲無形無爲之器者，氣也。本自渾合，無有端始，既非二物，又非一物。然而天地之道，不兩則不能以立。故陽生於動，而非陽自生也，所以生之者，道也；陰生於静，而非陰自生也，所以生之者，道也。動静不同時，陰陽不同位，而兩在不測，神變無窮，故曰神無方而易無體。若在動而不能在静，生陽而不能生陰，則此理也必有間斷之時，其氣像何如也？故以流行之妙言之，則春夏而秋冬，秋冬而復春夏，而春夏不能自春夏，秋冬不能自秋冬，則所以既春夏而復秋冬者，非此道乎！以待對之體言之，則天形於上，地形於下，而天不能自天，地不能自地，則其所以既天而又地者，非此道乎！蓋「理通氣局」四字，實所以發明乎此也。所謂氣局者何也？陽之體非陰之體，陰之體非陽之體，則所謂局也。所謂理通者何也？陽之理即陰之理，陰之理即陽之理，則所謂通也。局故兩立，通故兩在，非局則通無所發見，非通則局何以原始乎？必著一陰一陽之謂道，然後器亦道、道亦器，而精微之藴，活潑潑矣。然則夫子所言之意又何疑乎？曰：子之言則然矣，然聖人之言，無不明白精醇，而今必著「所以」字然後看得，則聖人之言，顧有不詳者耶？曰：「所以」二字，朱夫子蓋嘗言之，而是亦謄語也，何也？一陰而不能一陽者，非道也；一陽而不能一陰者，又非道也。而今既曰一陰一陽，則是貫陰陽而言也。且道貫陰陽者是氣耶道耶，不可謂非道，則一陰一陽半辭之間，道體之妙已躍如矣。雖不下「之謂道」三字，而可見其爲道矣，尚何待於他説乎！曰：然則周子所謂動静互爲其根，邵子所謂陽母陰、陰父陽者非耶？曰：有是説也。夫陽不能自無而生，陰不能自無而生，則是循環脗合之妙，固不得不如是也。然動静之所以相根者誰歟？陰陽之所以相生者又誰歟？譬如吾之身生於父，而父之身又生於祖，則謂吾之身曰父之所生，而非祖之所自來，則豈知道者也？雖然自陰陽而言之，則曰一陰一陽之謂道，自其道而言之，則曰沖漠無朕，動静陰陽之理已悉具於其中，體用一源，顯微無間。蓋自體而言，則即顯而微不能外；自微而言，則即體而用在其中，不可謂見一陰一陽，而後知有此道也。曰：然則道在陰陽之先，而陰陽未生之前，此道也懸空獨立乎？曰：非也。程子曰「動静無端，陰陽無始」，既無端始，則是陽前是陰，陰前又是陽。而前天地既滅，則是道也在於先天地之陰；後天地將闢，則是道也在於後天地之陽。而無一時無陰陽，則雖欲懸空獨立，其可得乎？然而先天地既滅，而此道在陰，後天地將闢，而此道在陽者，此其當然者也。而其必有所以然，則亦不過曰「道」而已。此外不可更下一字，故聖人亦不奈何，而又名之曰太極。蓋極本窮源之論也。故大傳又曰：「易有太極，是生兩儀，兩儀生四象，四象生八卦。」因八卦又重之以盡天地之變，此道之生陰陽，而陰陽生萬物之象也。雖然以天地而言之，則道爲道，而陰陽爲陰陽；以人而言之，則心爲道，而事物爲陰陽也。故邵子之詩曰：「天向一中分造化，人於心上起經綸。」夫人之動静語默，莫非心之所爲，則其可不知所以養其心，而使之常爲一身之主乎？方其静也，事物未至，思慮未萌，而一性渾然，而道義全具，則此沖漠無朕，萬象森然，已具之象也。及其動也，事物既至，思慮萌焉，則七情迭用，各有攸主，此則一陰一陽之謂道之義也。自心而言，則事物具於心；自事物而言，則此心在事物。然則君子之學，豈有以加於養心乎！

未有聞見而但有能聞見者，是坤不能無陽之象也；已有聞見而未有喜怒者，是陽著窮泉而寒威閉野之象也；既有聞見而喜怒已形者，乾道變化各正性命之象也。

流行者，氣運也。對待者，象數也。所謂理者，氣運、象數之所以然也。氣運還爲對待，象數亦爲流行。一氣流行於四時，而春夏與秋冬爲對待，是流行中有對待。天地以形體相對待，而天地之氣實相流通，是對待中有流行也。推之萬事萬物，莫不皆然矣。

天地雖大，既有形象。有形象者，終歸於消化。又有終始，有始者，必有終，此與萬物何異，但有大小遲速之分而已。若夫道則無形象、無終始，不可名狀，只一箇無窮底物事。而天地者，其中一塊小物，成壞生滅如一瞬息，過去無窮，將來亦無窮。

四時本於五行，而五行又行於四時中。

問：水性寒，火性熱，木性煖，金性堅，土性實，此五者之性是本然之性抑氣質之性？曰：水、火、木、金、土之理，即仁、義、禮、智、信之性。今將五性分配五行看，則可知非爲氣質之性。

人得氣之正且通者而爲人，故其形體背陰向陽，端直平正。而其爲心也，最居一體之中，中空通虛，以其中空通虛，故便具此衆理矣。

凡物莫不具五行。肝、肺、脾、腎雖亦有五行，而是閉塞底物，只是硬頑而已，惟心是虛靈底物，故能具五者之理。

道體無窮而心涵此道，故心體亦無窮。故曰道爲太極，心爲太極。

德有藴蓄底意思，道有施行底意思。

凡物莫不有動静。

以理對心而言，則理爲理而心爲氣；以心對形而言，則心爲理而形爲氣。蓋心雖是氣，而該貯此理，故或謂理，或謂氣。朱書劄疑。

【校勘記】

〔一〕指人物所循而言之也　「指」，增補退溪全書無。

〔二〕未可謂之惡　「未」上，退溪先生文集内集注釋卷八有「當此時」三字。

〔三〕災祥之不正觀之　「祥」，栗谷全書卷三十一作「傷」。按：本條語録下同。

〔四〕當何分別　「別」，栗谷全書卷二十窮理章作「辨」。

〔五〕而發也爲道義　「而」下，栗谷全書卷十四人心道心圖説有「其」字。

近思續録卷之二

爲學 凡百十一條

静菴先生曰：學者以聖賢爲期，未必即至聖賢之域，然立志如此，而用功於格致誠正，則漸至於聖賢之域，若徒騖高遠而不下實功，則日趨浮虚之地而已。文集。下同。

一則直方，而守義理之正；精則粹白，而辨邪正之分。用之於身而道明，施之於事而政善，惟左惟右，罔有不一之功。

學問非止澄明一心而已，當見諸施爲。若徒論難而不措諸事業，則近於釋氏；若以措諸事業爲先而不務自修，亦不可，須敬義交相養也。

用心苟剛，爲善不難矣。

學業不可有一毫之雜，則其處事皆合於經。

顔子，三月不違仁者，非三月之外便不仁也。暫有差失，如燈火因風而少暗也。夫處事接物之時，固可見仁，而不聞不睹，寂然不動之時，亦有仁矣。常人之心，不紛擾則昏昧。

志大之人，雖未必做經綸之業，當大節能不失其所守，故聖人云「必也狂狷乎」。譬之登山，期至山頂者，雖不至頂，可至山腰；若期至山腰，則不離山底而必止矣。

退溪先生曰：道之浩浩，學者難得其門而入。程、朱之興，以居敬窮理兩言立大訓。學者由是而入聖人之道，廓然如履坦途、趨大都，庶免夫落草由逕之患。文集。下同。

物雖萬殊，理則一也。惟其理之一，故性無内外之分。君子之心，所以能廓然而大公者，以能全其性而無内外也；所以能物來而順應者，以一循其理而無彼此也。苟徒知物之爲外，而不知理無彼此，是分理與事爲二致，固不可；若只認物爲非外，而不以理爲凖，則是中無主而物卒奪之，亦不可。惟君子知性之無内外，而應物一於理，故雖一接外物，而物不能爲吾害，澄然無事而性定矣。

道體流行於日用應酬之間，而無有頃刻停息，故必有事而勿忘。不容毫髮安排，故須勿正與助長。然後心與理一，而道體之在我，無虧欠，無壅遏矣。

方其始也，所知或有黯晦，所行或有矛盾。愼勿因此而生厭沮之心，當知聖賢必不我欺，但我功力未至，勉勉循循而不廢於中道。如此積習之久，純熟之餘，自至於精義入神，而目牛無全，睟面盎背，而左右逢原，此之謂躬行心得而道明於己也。

人雖有與堯舜同歸之性，其志道爲學，必須奮發剛勇，硬著脊梁，如血戰然，乃可以得之。不然，悠泛終無可得之地。

果敢之力，亦非可强作。但知言養氣，而見理必從，聞義必徙，則漸可馴致。

爲學只在用功密切，讀書精熟，玩味之深，積久之餘，自當漸見門户正當，端緒分明。不然，無憤悱之實，而徑欲取益於人，恐徒勞而未有補也。

學者先須收斂身心，以冷淡家計作辛苦工夫。求諸己，求諸人，此君子小人用心之所由分也。

知尊德性，則必不忍褻天明、慢人紀，而爲下流之事。知收放心，則必勉於持敬存誠，防微慎獨，而窒其慾，守其身矣。

士之所病無立志耳。苟志之誠篤，何患於學之不至，而道之難聞耶？

凡看書窮理，出言制行，以至日用百爲，最先除去麤浮氣像，一以莊敬涵養爲本。沈潛研索爲學，見得此箇道理，真不可須臾離處。將此身心親切體認，得以優遊涵泳於其間。庶積漸悠久之餘，忽然有融釋脱灑處，便是真消息也。方有可據，以爲造道積德之地，然此前頭更有無限行程階級，爲終身工夫，非謂止如此，無究竟法也。

日用間一言一動得宜，則無害浩氣。纔一有慊，則與天地不相似，便是有害於浩氣之養。雖造孟子不動心底地位，其必自此些子地始下工夫。

道之流行於日用之間，無所適而不在，故無一席無理之地，何地而可輟工夫；無頃刻之或停，故無一息無理之時，何時而不用工夫。

聖賢之書未易讀，義理精微未易窮，相傳宗旨未可輕改，立論曉人未可輕發，爲學莫把作高奇玄妙，且當想依本分名理上做切近低平明白底工夫，研窮體驗，積之之久，自然日見其高深遠大而不可窮處，乃爲得之。

正路易差，雜術易惑。

道理全在日用處、平鋪地，其輕重、長短、大小之則，莫不各有恰好處，此精微之極致而大學之「至善」是也，決不在乖常異衆、嶢崎厠僻處。今人不知求道於平常中、恰好處，輒先插脚於乖異中、嶢崎處，竟致無望於循序入道，而反歸於索隱行怪，甚可歎也。

自古有賢智之過，不屑於學問者在所不論。其或從事於學者，率多有自喜欲速之弊。自喜則不聽人言，欲速則不究衆理，如是而望其近聖人之門牆，豈不如卻步而求前乎？

斷置百雜，杜門理業，大覃思而極操約，如忠信篤敬、參前倚衡等。聖賢至訓，皆不以空言視之，必期於吾身親見而實驗之。

知行二者，如兩輪兩翼，互爲先後，相爲輕重。故聖賢之言，有先知而後行者，有先行而後知者。先知者，非盡知而後始行也；先行者，非盡行而後始知也。自始知至，知至至之，始行至，知終終之，貫徹相資而互進也。

非知難，而行難。非行難，而能真積力久爲尤難。古人苟志於學，不以窮苦而廢，窮而遂廢，初非志學者。

人之爲學，必有所發端興起處，乃可因是而進也。

中庸「博學」以下，至「雖柔必强」，真是子思喫緊爲人處，在晚學，尤爲當病之藥。

古人真見義理之無窮，故其虛心造道之意亦無窮。

人之爲學，趨向正當，立志堅確爲貴。

爲學若真實著力，研窮著腳，推行積漸積久。其間必有所深喜，亦必有所深疑，可指出以與同志往復論難。苟爲不然，嚮道之意雖切，願學之志雖懇，實未曾下手用工。讀書泛泛，度日悠悠，義理未精，踐履有違，往往環顧胷中，與不學之人初無相遠，徒以是慨然發歎，非但無益於此，反以取笑於流俗，非細故也。

人有實積而華發，德充而譽溢者，名之所歸，謗亦隨之。苟欲避名，終無爲善之路。今人之於人，顯斥其爲善，公排其向學，曰惡近名也，戒召患也。至於爲善而自怠，向學而中廢，其自諉亦然，舉俗口趨於頹壞。惟當不以自外至者，入於靈臺，而益俛焉孳孳，以庶幾終無愧於名可也。

凡看道理，務索於高深隱賾，而不肯就平實坦明處，俯首下心做得親切工夫。遽自謂見識已高，更無求進之意，又緣無親切工夫。故久而無意味之可悦，則只自罷休而已。

陳簡齋詩云：「莫嫌啖蔗佳境遠，橄欖甜苦亦相并。」此本言涉世之味，而爲學亦猶是也。初間須耐煩忍苦，咀嚼玩味，不以不可口而厭棄之。至於積功之多，漸覺苦中生甜，歲月既深，則蔗境之佳當自漸入。

不能致詳，徒恃其一言半句而欲有得焉，則是使人妄意懸想，大言誑嚇，而卒陷於欺天罔聖之罪矣。

答栗谷先生書曰：窮理居敬，雖相首尾，而實是兩段工夫。切勿以分段爲憂，惟必以互進爲法。勿爲等待，即今便可下工；勿爲遲疑，隨處便當著力。虛心觀理，勿先執定於己見。積漸純熟，未可責效於時月。弗得弗措，直以爲終身事業。理至於融會，敬至於專一，皆深造之餘，自得之耳。豈若一超頓悟、立地成佛者之略見影象於恍惚冥昧之際，而便謂一大事已了也耶？

爲學只在勤苦篤實無間斷，則志日强而業日廣矣。切勿依靠他人，亦勿等待後日可也。

常人之學所以每至於無成者，只緣一覺其難遂輟而不爲。若能不疑不輟，毋以欲速而過於迫切，毋以多悔而至於撓奪。講究踐履，久久漸熟，則自當見意味浹洽、眼目明快。

象數者，至理所寓，精微深妙。亦非身外事，然卻被日夜留心於此，亦覺德性上工夫，不能專一，不無害事，而況他事乎！故心能主宰，則物各付物，物不能爲心害；心不能主宰，則雖作詩寫字，遊山玩水。程朱之門皆以爲戒者，爲此故也。

科舉之習，聖賢之學，内外本末，輕重緩急之序，判然如霄壤。學者誠能審擇而勇決，以其孜孜向道之誠，易其汲汲馳外之心，本之性分，而求之方册，則凡古聖賢一言一行，皆可師法。若記誦是力，剽竊爲工，茶然終日，役心於「利」之一字，則其終身所役者，亦不過此一字而已。夫人之責重於士者如何，而士所以自處者如此，寧不爲吾徒之羞病，而俗人之口實也！

看史抄書，昔之躬行君子非不爲此事，但不於本原心地上，細加涵養省察、直内方外之工，而惟以匆匆意緒，日向故紙堆中尋逐已陳底粗跡，搜攞抄掇，以是爲能事而止，則是無蓄德尊性之功，而反益麤心浮氣之長矣。

自非顔子之如愚，未有默然無言而能爲學者。過自慎默，雖朋友間未嘗一言及於論學，此僅足以取容於末世，非所以博學詳説而期於入堯舜之道也。

敬是入道之門，必以誠，然後不至於間斷。言行録。下同。

君子之學，爲己而已。如深山茂林之中，有一蘭草，終日薰香而不自知。其爲香正合於君子爲己之義。

栗谷先生曰：後世之道學，不明不行者，不患讀書之不博，而患察理之不精；不患知見之不廣，而患踐履之不篤。察之不精者，由乎不領其要；踐之不篤者，由乎不致其誠。領其要，然後能知其味；知其味，然後能致其誠。全書。下同。

聖人之德與天爲一，神妙不測，雖似不可企及，誠能積累工夫，則未有不至者也。

先學朱子，然後可學孔子。

心爲身主，身爲心器，主正則器當正，但不可任其自正，不爲檢攝[一]。故大學之序，修身在正心之後，其用功之方，不過容貌視聽、言語威儀，一循天則而已。形色，天也[二]。一身之中，孰無天則者乎？格、致，所以明此則也；誠、正、修，所以蹈此則也。二者備，後可臻踐形之域。人或有修飾容儀而内無操存之功者，固穿窬之比，不足議爲。若其天資寡欲[三]，而坦率自樂，以爲但當内正其心，不必拘拘於外貌者，亦不可入道，終爲俗中好人而已。況外貌不莊，中心亦懈，未可保其不流於放蕩也哉！

天有實理，故氣化流行而不息；人有實心，故工夫緝熙而無間。人無實心，則悖於天理矣。

學固當博，不可徑約，但趨向未定[四]，立志未固，而先事乎博，則心慮不專，取捨不精，或有支離失真之患。必先尋要路的開門庭，然後博學無方，觸類而長矣。

學者終身讀書，不能有成，只是志不立耳。志之不立，其病有三：一曰不信，二曰不智，三曰不勇。所謂不信者，以聖賢之言爲誘人而設，只玩其文，不以身踐，故所讀者聖賢之書，而所蹈者世俗之行也。所謂不智者，自分資質之不美，安於退託，不進一步，故所讀者聖賢之書，而所守者氣禀之拘也。所謂不勇者，人或稍知聖賢之不我欺，氣質之可變化，而只是恬常滯故，不能奮勵振發，故所讀者聖賢之書，而所安者舊日之習也。人有此三病，故君子不世出，六籍爲空言。苟能深信聖賢之言，矯治不美之質，實下百千之功，終無退轉之時，則大路在前，直指聖域，何患不至乎？

量之不弘出於氣質之病，恢德量無他工夫，只是矯氣質之一事。

人性本善，無古今智愚之殊，聖人何故獨爲聖人，我則何故獨爲衆人耶？良由志不立，知不明，行不篤。志之立，知之明，行之篤，皆在我，豈可他求哉？

人之容貌不可變醜爲妍，膂力不可變弱爲强，身體不可變短爲長，此前已定之分，不可改也。惟有心志，則可以變愚爲智，變不肖爲賢，此則心之虚靈，不拘於禀受故也。莫美於智，莫貴於賢，何苦而不爲賢智，以虧損天所賦之本性乎？人存此志，堅固不退，則庶幾乎道矣。

人雖有志於學，而不能勇往直前，以有所成就者，舊習有以沮敗之也。必須大奮勇猛之志，如將一刀快斷根株，浄洗心地，無毫髮餘脈，而時時每加猛省之功，使此心無一點舊染之污，然後可以論進學之工夫矣。

必以忠信爲主，而勇下工夫，然後能有所成就。黄勉齋所謂「真實心地，刻苦工夫」，兩言盡之矣。

收斂身心，莫切於九容；進學益智，莫切於九思。

每日頻自點檢，心不存乎，學不進乎，行不力行乎，有則改之，無則加勉。俛焉孶孶，斃而後已。

常以「行一不義、殺一不辜得天下不爲」底意思，存諸胷中。

余幸生朱子之後，學問庶幾不差。

學問之術，大要有三：曰窮理也，居敬也，力行也，如斯而已。窮理非一端。内而窮在身之理，視德言動各有其則；外而窮在物之理，草木鳥獸各有攸宜。居家則篤倫正義之理[五]，在所當察；接人則賢愚邪正之别，在所當辨；處事則是非得失之幾，在所當審。必讀書以明之，稽古以驗之。此是窮理之要也。居敬通乎動静。静時不起雜念，湛然虚寂，而惺惺不昧；動時專一[六]，不二不三，而無少過差。持身必整齊嚴肅，秉心必戒謹恐懼。此是居敬之要也。力行在於克己，以治氣質之病。柔者矯之，以至於剛，懦者矯之，以至於立，厲者濟之以和，急者濟之以寬[七]。多欲則澄之，必至於清淨；多私則正之，必至於大公。乾乾自勵，日夕不懈。此是力行之要也。三者俱修並進，則理明而觸處無礙，内直而義形於外，己克而復其性初。誠意正心之功，蘊于身而睟面盎背，刑于家而兄弟足法，達于國而化行俗美矣。

洙泗之所謂「博文約禮」，即洛、閩之所謂「居敬窮理」也。只此四字，撮之而盈一掬[八]，放之則彌滿六合。學者舍此四字，更無下手處。

博文約禮，二者於聖門之學，如車兩輪、鳥兩翼。學者先須立志，直以「爲天地立心，爲生民立極，爲往聖繼絶學，爲萬世開太平」爲標的。退託自畫之念，姑息自恕之習，不可毫髮萌於胷次。至於毁譽榮辱、利害禍福，一切不動其心，奮發策勵，必要作聖人而後已。

學問非謂兀然端坐，終日讀書也，只是日用間處事，一一合理之謂也。

道之不明不行厥惟久矣。儒名者千而求道者一，求道者千而知道者一，知道者千而行道者一，行道者千而守道者一。所謂儒名者，服孔子之服，誦孔子之言，趨名逐利，苟求富貴，以經傳爲干禄之具，以仁義爲外分之事，孰肯志於仁而無惡者哉？此所以儒名者千而求道者一也。所謂求道者，拔乎流俗，心欲求道，而正學不明，異端塞路，高明之資尚被所誣，況乎中人以下者耶？此所以求道者千而知道者一也。所謂知道者，發軔正路，不惑邪歧，窮理格物，知止有定，而人心惟危，道心惟微，天理之公，卒無以勝其人欲之私，此所以知道者千而行道者一也。所謂行道者，視聽言動，莫不由禮，敬以直内，義以方外，而全體不息，君子所難，任重道遠，竟莫之致。此所以行道者千而守道者一也。苟能守之矣，則欲罷不能，終至於化矣。

先須大其志，以聖人爲準則。一毫不及，吾事未了。

德進則才亦生。

學問之功，只在存心不苟，應事以正而已。此心誠實，在義理上，則終日應俗而能不失其正；此心不誠，若存若亡，則雖終日正坐讀書亦無所益。

丈夫不學則已，學則當以古之聖賢成德者爲休歇處[九]，豈可畫地而退，虧簣而止乎？然苟無師授，則難以自達，雖聖人猶且從師而問焉，況衆人乎？

爲學在於涵養本原，變化氣質。

温繹舊得而日有新知，毋滯前見，毋墮因循，精之以問辨，守之以涵養，擴之以踐履，以臻高明廣大之域，則其學可成矣。

信道未篤而先事於文，和順未積而先發英華，則其不幾於重外而輕内、玩物而喪志乎！

今人既以道學爲高遠難行，而且以古今異宜爲不易之定論。夫自開闢以來至于今日，不知其幾千歲，而天地混淪磅礴之形猶舊也，山川流峙之形猶舊也，草木鳥獸之形猶舊也，以至於斯人之宫室、衣服、飲食、器用，皆因聖人之制作，以養其生，不能廢闕。而獨於天敍天秩，因人心本天理，亘萬古而不可變者，則乃安於斁敗，以爲終不可復古者，抑何見歟？嗚呼！其亦不思而已矣。

志之不立，由怠而無誠。誠則不怠，怠則不誠。

人之所見有三層：最下一層，聞人言而從之者也。中一層，望見者也。上一層，履其地而親見者也。譬如有一高山，山頂之景勝妙不可言，一人則未嘗識其山之所在，徒聞人言而信之，故人言山頂有水則亦以爲有水，人言山頂有石則亦以爲有石，既不能自見，惟人言是從。一人則因他人之指導，識其山之所在，舉頭望見，則山上勝妙之景涣然滿眼。既自望見，有必欲親履其境，求上山頂者，又有自以爲樂[一〇]，以是爲足，不求上山者。於望見之中，亦有自東而見其東面者，自西而見其西面者，有不拘於東西而見其全體者，雖有偏全之異，皆是自見也。一人則既望見勝妙之景[一二]，樂之不已，褰衣闊步，勉勉上山，既窮其山頂，則勝妙之景皆爲我物，又非望見之比矣。大槩有是三層。而有先識其山之所在，雖不能望見，而上山不已，一朝到于山頂，則足目俱到，便爲己物者。曾子之類。又有不識其山之所在，而偶行山路，雖得上山，而元不識山，又不望見山頂，故終不能到山頂者。司馬温公之類。以此取諭，則今之學者大槩從人言者也。若孔門弟子及程、朱門下之根基不全不深者，皆望見一面者也。曾點則望見全體而以是爲樂，不求上山，故終於狂者而已，所見之物安得爲己物乎？若顏、曾、思、孟、周、程、張、朱，則不止於望見而親履其境者也。顏子、明道用功甚易，譬如人之所處，去山頂本不遠，故舉目移足，不勞而至。若聖人則本在山頂者也，雖本在山頂，而無窮勝妙之景，不可不待周覽，故雖以孔子之生知安行，若禮樂、名物、制度、器數，則必問於人而後知之也。若伯夷、柳下惠之徒，雖極其山頂，而各處一面，不能以全體爲己物者也。若異端，則所謂山頂者，非此山也，更有他山，山頂有可驚可愕之物，荆榛塞途，而惑者乃從之，不亦悲哉！

沙溪先生曰：學問之道無他，討論聖賢之言，求其義理之精，必須體之於身，驗之於心，無事之時，此心渾然，惺惺不昧，澹若止水，及其念慮之發，察其公私理欲之分，克私猶恐不猛，擴

充猶恐不廣，則日用云爲之間，自得天理之正。千古聖賢相傳旨訣，不過如此。〈遺稿。下同。〉

君子明萬物之理，通幽明之故，開物成務乃其事業也。

張子曰：「以己心爲嚴師。凡日用動静，必須從令於天君。察其公私是非而行之，則雖不中不遠矣。」司馬温公曰：「吾生平所爲，未嘗有不可對人言者。一念之微，一事之細，皆存誠敬，無愧於屋漏，則心身安舒洞徹矣。」吾自少以此二説，常常服膺而不能踐行。

尤菴先生曰：朱子之學以窮理、存養、踐履、擴充爲主，而以敬爲通貫始終之功。至於臨簀而授門人真訣，則曰「天地之所以生萬物，聖人之所以應萬事，直而已」。明日又請，則曰「道理只如此，但須刻苦堅固」。蓋孔子曰「人之生也直，罔之生也幸而免」，孟子所以養浩然之氣者，亦惟此一字而已，是孔、孟、朱三聖同一揆也。然不能讀書明理，則以不直爲直者，亦有之矣。〈大全。下同。〉

理未嘗不該於事，事未始不本於理，要當體之於身、驗之於行，必至於道，全德備而後已。

孟子之所以爲真正大英雄，不過知言、養氣二者而已。知言是窮理之效，養氣非集義則不可，此豈外於日用間哉？

聖人之事，學者之功，無踰於勤勵不息。

讀書而窮格，持敬以涵養，使其踐履日益篤，擴充日益遠，則所謂道者，忽不覺其在我矣。

天下道理，有第一義，有第二義。其就第二義者，不可與下層者同科，然其失於第一義則均。

朱先生送子從學，戒以「勤謹」二字，及其將没，託諸生以「堅固刻苦」四字。此始終六字，豈非後學没身佩服者乎？

人知禀父母之精氣而生，而不知此精氣皆從天地而來。苟知從天地而來，則當知所謂天地爲一大父母者，非虚語也。人皆知不順父母之命爲不孝，而不知不順天地之理者爲大不孝，惑之甚也。

擇之精而不使人心得以雜乎道心者，講學之事也；守之一而不使天理得以流於人欲者，主敬之事也。辨人欲而克之者，講學之要也；明天理而復之者，主敬之功也。

學貴知要，事在誠實。

若不用力於變化氣質之工，而徒守性善之説，冀其入於聖賢之門，則是殆不稼而求穡。

學者於古人成法，猶匠者之有模，陶者之有範。

學者於禮節威儀，專不致力，其害於爲仁之工者甚大。

孔門諸子聰明才辨不爲不多，而卒得其宗乃質魯之曾子而已。然則學之爲道，豈文華之可與哉？

與人講論，亦有兩段。讀書之際有所疑晦，從人辨質以祛疑惑者，此爲己之學也。至於持不逮之見，喜立新説，以自争競者，此爲人之心也。毫釐之間便有公私，此不可不察也。

樹立事業，要名後世，誠是學者之大病。

夫人爲學無所勉慕準則，則如射者之無的，行者之無止也。

聞一善，行其善；明一理，推其理。不使學問從肚裏過，然後乃爲有益矣。

初學雖未遽知天命性道之奥，而須知此等名目，然後可以漸向這裏去。

所謂學者不出於心，而體用相資，動静相涵，何嘗有判然而不相入者。然其内外細大之分，亦不無略有界限者，此則似不當相混也。朱先生所謂「同中見其異，異中見其同」者，真可精察。

人之生也，具萬物之理，會八風之氣，其爲體也初無限量，而只以局於形質之偏，蔽於物欲之私。故米鹽而小，隙穴而狹，左遮右攔，明此暗彼，其終也使其七尺之軀，亦無以自安焉，又焉有廣大坦蕩、廓然平曠之田地哉？必須從事於古人之訓，變化其氣質，克去其物欲，則天地之量即吾之量，而四通八達，都無内外、向背、遠近、邊際之限矣。

聖賢之教莫大於求仁，若其用力之方，則所謂克復敬恕等説詳矣，豈可捨此而他求哉？

上自帝王，下至士夫，所以爲學者，不過大學之道而已。

學問之道有四者：格致、存養、省察、力行是也，而存養則貫終始。聖人豈可遽學？只循循做將去自可到，非如釋氏可以一朝頓悟。

無進爲之實，而徒取虚名者，固不足言。而欲諱學之名，而沮其趣向之志者，非徒無勇，其爲私之害也，反有甚焉。

朱先生嘗以切要一言教門人，只取孟子「道性善」、「求放心」二章爲用力之地。

非謹則無以主其敬，非勤則無以革其惰。已用力而益用力焉，則真見其實，有無限好事。

嘗見困憊昏睡不能讀書者，責曰「何其昏劣」。吾昨日登陟，而夜分看書。古有「户樞不蠹，流水不腐」之語，勤勞則病無自而入，氣力亦壯實不息而有用故也。

濂溪及朱子每説「幾」字，程子每説「敬」字，横渠每説「豫」字，四先生之學殊塗同歸，三字之義相爲表裏也。講義通編。

【校勘記】

〔一〕不爲檢攝　「爲」下，栗谷全書卷二十一檢身章有「之」字。

〔二〕形色天也　「天」下，栗谷全書卷二十一檢身章有「性」字。

〔三〕若其天資寡欲　「欲」下，栗谷全書卷二十一檢身章有「不被物誘」四字。

〔四〕但趨向未定　「但」下，栗谷全書卷十九聖學輯要一進劄有「學者」。

〔五〕居家則篤倫正義之理　「篤倫正義」，栗谷全書卷五作「孝親刑妻篤恩正倫」。

〔六〕動時專一　「時」下，栗谷全書卷五有「臨事」二字。

〔七〕急者濟之以寬　「者」字原無，據栗谷全書卷五補。

〔八〕撮之而盈一掬　「之而」，栗谷全書卷十三擊蒙編跋作「則不」。

〔九〕學則當以古之聖賢成德者爲休歇處　「則」上，栗谷全書拾遺卷三有「之」字。

〔一〇〕又有自以爲樂　「有」下，栗谷全書卷十答成浩原有「既見其景」四字。

〔一一〕一人則既望見勝妙之景　「一」上，栗谷全書卷十答成浩原有「又有」二字。

近思續録卷之三

致知讀書 凡八十三條

退溪先生曰：自吾性情形色、日用彝倫之近，以至於天地萬物古今事變之多，莫不有至實之理、至當之則存焉，即所謂天然自有之中也。故學之不可以不博，問之不可以不審，思之不可以不慎，辨之不可以不明。而四者之中，「慎思」爲尤重。思者，何也？求諸心而有驗有得之謂也。能驗於心而明辨其理欲善惡之幾、義利是非之判，無不研精，無少差謬，則所謂「危微」之故，「精一」之法，可以真知其如此而無疑矣。文集。下同。

窮理而驗於踐履，始爲真知。

窮格不可向幽深隱僻處求，大而君臣父子，細而日用事物，皆就坦然明白平實處，求其是處、當然處，究得精微之蘊，又推類旁通，則其所以然之妙，只於此中得之，非别有得妙之工夫。

義理之學，精微之致，必須大著心胷，高著眼目，切勿先以一説爲主。虚心平氣，徐觀其義趣，就同中而知其有異，就異中而見其有同。分而爲二，而不害其未嘗離；合而爲一，而實歸於不相雜。乃爲周悉而無偏也。

吴子强問：化而知裁。先生曰：常人之學雖益而不自知，是不知所裁者也。惟聖人自十五至七十，漸進而至極，所謂化也。而能就其中知其立，知其不惑，知其知天命，知其耳順，知其不踰矩，所謂知裁也。

一日出示八陣圖説，曰：此亦格致一端，讀書之暇，可以留意究觀也。言行録。

栗谷先生曰：學者不先格物而欲之聖人之道，譬如夜半披荆棘、涉山川而欲行路也，安往而不道窮哉？全書。下同。

窮格之際，或有一思而復得者，或有精思而方悟者，或有苦思而未徹者。今遇事理會，及看聖賢之語，若心慮澄然，略綽一見，便會於心，無少可疑，則此一思便得者也。若更生疑慮，則反悔真見。如或思而未得，則專心致志，抵死血戰，至忘寢食，方有所悟。又或苦思之久，終未融釋心慮，窒塞紛亂，則須一切掃去，使胷中空無一物，然後卻舉起精思，猶未透得，則且置此事，別窮他事。窮來窮去，漸致心明，則前日之未透者，忽有自悟之時矣。

理之在物在身者，皆所當窮。近思而類推，無所不盡，則一物之細，一事之微，莫不洞明其理。

道理不必聰明絶人者乃得見之，雖氣禀不能高明通徹，若積誠用功，寧有不見之理？聰明者見之易，故反不能力踐而充其所見。誠積者用功之深，故既見之後易於力踐矣。

道理須是潛思自得，若專靠人言，何時有定見？

道理難看，最忌執著一邊。

學者見道之大意，則不自以爲知；見道之一偏，則自以爲知。譬如人見中原者，不以小國之見爲大，只見小國者，則必自以爲大也。

顔子窮理，素明天理人欲，如見黑白，故直從事於克己復禮，無毫髮未瑩之疑。今人從前無窮理功夫，直欲克己，則不知何者爲己，何者爲禮，或有反以己私爲天理者矣。此所以格物致知爲大學之始功也。

問：物理元在極處，豈必待人格物後乃到極處乎？曰：此問固然，譬如暗室中，册在架上，衣在桁上，箱在壁下。緣黑暗不能見物，不可謂之册、衣、箱在某處也。及人取燈以照見，則方見册、衣、箱各在其處分明，然後乃可謂之册在架、衣在桁、箱在壁下矣。理本在極處，非待格物始到極處也。理非自解到極處，吾之知有明暗，故理有至未至也。

尤菴先生曰：物之理雖本具吾心，然非生知之聖而無格之之功，則物何自而詣其極乎？物詣其極，然後吾之心亦隨之，而豁然貫通矣。大全。下同。

物譬如路，格譬如人行此路。夫路自人家門庭至於東海者，如物之理自有始終本末也。自人行此路而言，則曰格物。自路到東海無復可行處而言，則曰物格。夫路自是元來本有底物，豈於今日始乃運動而至海哉？

辨之於絲棼之間者，實窮理之端。

知得底是心之靈，知而不忘底是心之力。

心有所疑惑，則固當問而辨之，思而察之，以求其無所疑然後已焉者。此實善學者之事，切不可以蓄疑自欺，終至於闇黮而無所知也。

人之長短，事之是非，道之升降，洞然無疑，然後處事立言無不當理。凡所云爲不期於公，而自無不公。

古人格致必在小學涵養本源之後，故爲學有所湊泊。

人之所見切不可差，所見差，則所行雖善，終與惡同歸矣。司馬公帝魏而寇蜀，故朱子謂温公當三國時則便去仕魏，其爲羞辱甚矣。愚以爲東坡盛稱荀彧爲聖人之徒，若生於當時，則當與彧并爲操謀臣矣。是故窮理是大學第一大事，而栗谷論人每以識見爲先矣。

静菴先生曰：讀書非深味體認，則無由識其旨歸。文集。下同。若體認古書以爲某事可學，而某事不可學，則雖一講一張，所得亦多，不然則雖一講十張，亦只爲虚文矣。

退溪先生曰：讀書之法，凡聖賢言義理處，顯則從其顯而求之，不敢輕索之於微；微則從其微而究之，不敢輕推之於顯；淺則因其淺，不敢鑿而深；深則就其深，不敢止於淺；分開説處作分開者看，而不害有混淪；混淪説處作混淪看，而不害有分開。不以私意左牽右掣，如此久久，自然漸覷其井井不容紊處，漸見得聖賢之言横説竪説，各有攸當，不相妨礙處。文集。下同。

答金惇敘書曰：常習舊學則於方讀書有妨者，此爲欲速之心所使，故以此爲患也。欲速，故不惟不暇温故，方讀之書亦不暇精熟。意緒悤悤，常若有所迫逐。本欲廣讀諸書，而鹵莽遺忘，厥終與初不讀一書者無異。觀今日學者，每坐此病，畢竟成就得甚麽事業。

「書須成誦」，張子之格言，亦非謂天下諸書盡欲其成誦也。聖賢之書切於吾學者誦之，而其誦也，又非若今之應講舉者唇腐齒落之爲耳。

凡讀書勤苦爛熟爲上，質疑雖詳明，文不上口洽心，則終不爲己有，何益之有？

專無劇讀爛熟之功，功分於細註，盡看之煩想必久，茫然如不讀也。

通天下萬物只此一理。故義理語言，若儱侗合説，則無不可同，牽引指説，則無不近似，終無奈當初聖賢立言本意，不如此不足以發明經訓[二]，適足以晦真理、亂實見，此學者之通患。古人所以終身講學，惟日不足者，豈不以義理微密易差難明，如此故耶？

人之資質，各有病痛。其易達文義者，以爲本無難曉，似不復留意於深求積功，以爲實得之學。其不及此者，繳繞於文義而不能超脱，似未易到得心融神會以趨於真踐履處。其或曾經看讀而知其説者，又自信已篤，往往有誤看處，主張太過，不復聽人説話，此非小病。

課程須嚴立，志意須寬著。所謂嚴立，非務多也，謂量力立課而謹守之也。所謂寬著，非悠泛也，謂虛心玩繹而無急促也。

凡看文義與講究道理，必先虛心退步，勿以私見爲主。不論古人今人，惟從其是處，乃得其真實恰好處也。

尹彦明在程門半年方得大學、西銘看，朱門教人看書，極是遲鈍。日課不過一二章，每云學者之於書，不患不進前，患不能退步。所以然者，此學專在於沈潛反覆，精思熟玩，久而後漸得其門路。其貪多務得，匆匆趨逐，自不干學問事故也。

大學，修身之本，入德之門，故曰學者事；中庸，明道之書，傳心之法，故曰教者事也。然非修身入德之學，無以施明道傳心之教；非明道傳心之教，無以究修身入德之學，此庸、學之相爲表裏也。

以四書、五經爲本原，小學、家禮爲門户。

讀易是一項工夫。

讀易以本義爲先。

易乃理數淵源之書，誠不可不讀。但不如語、孟、庸、學之切於學者日用工夫，故先正或以爲非學之急，其實莫急於窮理盡性之學也。

朱書平實紆餘，其用如布帛，其聲如廟瑟，其味如大羹。

答李宏仲書曰：孔子以不爲二南爲墻面，韓公以不學詩、書爲腹空。自古安有不學詩、書底理學耶？晦翁盛年讀盡天下書，窮盡萬理，門人皆效法之，覺於躬行，功或稍疏，故力言尊德性，以救一時之弊，非謂不讀書，專治心，如象山之説也。

凡讀史，須看治亂之所由，然後有益矣。

延平「默坐澄心，體認天理」之説，最關學者讀書窮理之法。言行録。下同。

讀書止是熟，既學而又加温熟之功，然後方能存之於心而有浹洽之味矣。

讀書不必深求異意，只就本文上求見在之義而已矣。

小學所以成始，大學所以成終也。以作室比之，小學如修正基址而備其材木也，大學如大厦千萬間，結構於基址也。修正基址而不構其室，則是無終也；欲構大厦千萬間而不修基址，則亦不能構矣。此外他書皆爲修妝所入矣。

先生自言，吾得心經而後始知心學之淵源、心法之精微，故吾平生信如神明，敬如嚴父。

先生嘗得朱子全書於都下，閉户静觀，歷夏不輟。或以暑熱致傷爲戒，先生曰：「講此書便覺胷膈生涼，自不知其暑，何病之有？人能讀此，可知爲學之方。既知其方，則必感發興起，從此做工，積習既久，然後回看四書，則聖賢之言，將節節有味，於身上有受用處。」

栗谷先生曰：入道莫先於窮理，窮理莫先乎讀書。以聖賢用心之迹及善惡之可效、可戒者，皆在於書故也。全書。下同。

凡讀書者，必端拱危坐，敬對方册，專心致志，精思涵泳，深解意趣，而每句必求踐履之方。若口讀而心不體，身不行，則書自書，我自我，何益之有？先讀小學，於事親敬兄、忠君弟長、隆師親友之道，一一詳玩而力行之。次讀大學及或問，於窮理正心、修己治人之道，一一真知而實踐之。次讀論語，於求仁爲己、涵養本原之功，一一精思而深體之。次讀孟子，於明辨義利、遏人欲存天理之説，一一明察而擴充之。次讀中庸，於性情之德、推致之功、位育之妙，一一玩索而有得焉。次讀詩經，於性情之邪正、善惡之褒戒，一一潛繹感發而懲創之。次讀禮經，於天理之節文、儀則之度數，一一講究而有立焉。次讀書經，於二帝、三王治天下之大經大法，一一領要而溯本焉。次讀易經，於吉凶存亡、進退消長之幾，一一觀玩而窮研焉。次讀春秋，於聖人賞善罰惡，抑揚操縱之微辭奥義，一一精研而契悟焉。五書五經，循環熟讀，理會不已，使義理日明。而宋之先正所著之書，如近思録、家禮、心經、二程全書、朱子大全、語類及他性理之説，宜間間精讀，使義理常常浸灌吾心，無時間斷。而餘力亦讀史書，通古今，達事變，以長識見。若異端雜類不正之書，則不可頃刻披閱也。

讀書雖貴成誦，然若著意於記誦，則不久生厭，且無意味，莫如玩索潛究之爲愈也。

自有經傳以來，士子孰不讀書，然真儒罕作，其故何哉？讀書只爲入耳出口之資，不能爲有用之具故也。深懲此弊，務精性理，實之以躬行，不使經傳爲空言。

讀書要作實用。

沙溪先生曰：修身齊家莫切於家禮、小學，治心進學莫要於心經、近思録。心經約而近思大也。遺稿。下同。

嘗語尤菴先生曰：嘗受近思録於龜峯，龜峯極其英邁，看書無礙，謂人如己，故一番讀過而專不解説。余初茫然如未學也，退而静坐，看來看去十分辛苦。讀而思，思而讀，晝夜不已，然後漸漸通曉，千思百慮終未透，然後請問焉。讀書勤勞，未見如我者也。今爾看得容易者，知未必精。知未精，則守之不固，此不可不知。

綱目是朱子大事業，實秦漢以後之春秋也。

尤菴先生曰：讀書自非誠心典學者，易至於怠惰間斷，此則常人之通患也。其或好之，而又不免貪多務得，忙迫涉獵，無深沈醲鬱之意，則頃刻之間，心闌氣衰，卒歸於廢弛。故必從容沈潛，優遊厭飫，存此心於齊莊静一之中，而察此理於紛糾繁挐之間。使之心與理一，漸涵透徹，則自然中心悦豫，欲罷不能矣。大全。下同。

讀書有二益，理明與心存。

讀書之際，浮念之傍生者，不勝其紛然，此無術可以醫治。覺得紛然，便即輟讀掩卷，或瞑目静坐，或改换他书中所嘗喜悦於心者，諷詠一番，則頗見退聽。

須討一静室，斷卻閒出入，除卻閒言語，息卻閒思慮，端坐存心，晝讀夜思，庶幾心路漸開，天理漸明，切不可悠悠放過，自欺欺人而已。

聖人亦有讀易絶韋之文。自古聖賢未有不讀書者，然若氣病而不能，則只有看來看去使心目爲一。而理與心爲一，則不期於見功，而自有其功。曾聞栗谷先生不曾出聲誦讀，而惟以沈潛諷詠爲事。

須見聖人不我欺，然後始是真讀書人。

讀書者，必有平日所誦者，然後可用。不讀三四百遍，文理不達也。

凡讀書，初不知有疑。讀漸多，漸漸有疑。讀之既熟，則疑漸釋，以至於無疑，然後始是真讀書。

朱子曰：「徐徐乎，無欲速也。汲汲乎，無欲惰也。」此實讀書窮理之節度也。

朱子每令學徒讀書精熟，以范雎「得寸王寸，得尺王尺」之語比之。蓋秦人初不能有爲於天下，及雎教以遠交近攻之策，而遂取天下。讀書亦當務精，而勿貪廣雜。自小而大，自近而遠，積以歲月，莫之間斷，則自底學博而義精，正如遠交近攻而取天下也。

專讀一書，氣倦意闌，則略看他書以新意思不妨。

凡看文字如欲太詳，則反爲成病。

嘗聞讀書之法，自有味而至無味，自無味而至有味，始是真讀書。

寒暄尊小學，静菴尊近思録，退陶尊心經，栗谷尊四書，沙溪尊小學、家禮。蓋爲學必先有入頭處，然後漸有意味。

人有不習四書而務博經書者。先生戒之曰：「朱子以爲經書義理不如四書之明白，而一生用功多在四書。後學亦可熟讀四書，而後方可學經書也。」

讀易欲知原初所以作，則必須先讀啓蒙，不然則茫然不知其本末先後矣。程傳雖義理極其精密，而時有與本經不相干者，本義則一本於經而立言，故與傳相異者多矣。

文元公以爲不知啓蒙而講周易，如不持尺度而欲知長短。

易有象數，據而推之，則庶幾知其義。中庸既無象數之可以摸捉者，只言其無窮之義理。朱子所謂「中庸多言上達處」是也。

聖人之事莫大於春秋，而春秋之義莫大於尊王。

春秋既曰「文成數萬，其指數千」，則聖人之微辭奥義，雖不可得以知，而只將聖人筆削之義，毋强通其所難通，而只於天理、王法、民彝、物則之不可易者，講而明之，則雖使聖人家奴復出於地中可也。

程傳、胡傳，只以程傳、胡傳讀之，而不以易、春秋看，則其精密義理、謹嚴法律，自爲一書，而於讀者大有益矣。

二程書時有聱牙難讀處，且其門人所記遺書時，有違失先生本旨者，故朱子擇其精要者入於近思録。不若先讀近思，知義理意趣，然後可及全書也。

朱書通透灑落，明白逶曲，絶無艱深險阻之態。故義益深而文益暢，理愈密而辭愈達，使人讀之娓娓，猶恐其易終，諷詠之間，不覺其犂然而意會，躍然而神興矣。

朱先生書牘無非「博文約禮」之事，而大規模、嚴心法皆在其中。

以朱門旨訣尋箇路逕，以小學補於後而循環乎四子，日浸月漬，忽不自覺其心與理會。

人言欲爲文章則讀四書不可，必讀莊、馬及外家書可也。曰：豈其然乎？雖不取義理而只爲文章，捨四書不可。

【校勘記】

［一］不如此不足以發明經訓　「訓」下，增補退溪全書有「妙」。

近思續録卷之四

存養 凡六十九條

静菴先生曰：所謂操存者，非必每存善念也。但矜持虚静，敬以直内，雖非應事接物之時，而常惺惺之謂也。文集。下同。

整齊嚴肅，則自然主一無適，而應物精當，言動中禮，常人之不能若此者，不能齊肅故也。夫整齊嚴肅，正衣冠、尊瞻視者，乃不昏惰之工夫。

心須廣大寬平而不可有物，持心之方莫先於敬。而欲以敬直内，則未免有揠苗助長之弊。

戒心箴曰：天地絪緼，大化惟醇。氣通而形，理承其真。斂括方寸，萬象彌綸。渾然昭晰，神用不忒。充微著顯，式揭人極。擴準四海，功躋位育。偉哉靈妙，於穆天通。巍巍堯業，亦此之衷。然體活虛，物感無從。情熾紛拏，潛移厥志。闔然沈昏，蕩乎奔駛。眇綿晷刻，衆慝恣萃。彝倫既斁，天壤易位。生意遂遏，羣品不遂。自絶速禍，癸辛之喪。君子是懼，動静有養。敬以内持，義以外防。惺惺介然，視聽有常。祇栗室幽，上帝臨赫。凜然自守，神明肅肅。涵濡勿替，循循允修。涓涓其澄，浩浩其流。發揮萬變，卓然皦日。義形於事，仁溥於物。沖融和粹，盎然兩間。嗚呼操舍，善惡攸關。古聖授受，只傳心法。難明者理，易流者欲。惟精惟一，庶存其德。克非如敵，發端若茁。察守惟密，中執屬屬。存心太極，永保無斁。

退溪先生曰：心爲萬事之本，性是萬善之原，故先儒論學，必以收放心、養德性爲最初下手處。乃所以成就本原之地，以爲凝道廣業之基。而下功之要亦曰「主一無適」也，曰「戒慎恐懼」也。二者不可闕一，而制於外以養其中，尤爲緊切。故三省、三貴、四勿之類，皆就應接處言之，是亦涵養本原之意也。文集。下同。

心苟失養，性不能獨存。

未有不養心而能真知性者。

答金惇叙書曰：爲學惟當敬以爲主，動静不失，則思慮未萌也，心體虚明，本領深純；思慮已發也，義理昭著，物欲退聽。紛擾之患漸減，分數積而至於有成，此爲要法。所云「一事方思，雖有他事，不暇思之」，此亦心無二用，主一工夫[二]。然一向如此，恐又有礙理處。且如今人亦有視聽偕至、手足並用時節，苟一於所聽，而所視全不照管，一於手容，而足容任其胡亂，則奚但於事一得一失而已，其不照管、任胡亂處，可見其心頑然不靈，便是心失其官處。以此酬酢萬變，豈能中節哉？所謂九思各專其一，是就一事上説心無二用之理。若遇衆事交至之時，或左或右，一彼一此，豈可雜然而思？旋思旋應，只是心之主宰，卓然在此，爲衆事之綱，則當下所應之事，幾微畢見，四體默諭，曲折無漏矣。蓋人心虚靈，萬理本具，未感之前，知覺不昧，苟養之有素，固不待件件著思，而有旁照泛應之妙。不獨聖人爲然，中人以下不可謂盡不然也。若徒曰「一事方思，不暇他事」，則恐未免反爲此事所累，而成支離畔援之病也。

收斂妙用，屏止閒思。

欲存無形影之心，必自其有形影可據處加工。

不就容貌、辭氣、動作、衣冠上做持敬工夫，亦無捉摸心神處矣。

心中不可有一事，此爲持敬之法，聖門之學、心法之要正在於此。苟能從事於此，真積力久，一朝有得焉，則心之於事物，未來而不迎，方來而畢照，既應而不留本體，湛然如明鏡止水。雖日接萬事，心中未嘗有一物，安有爲心害哉？

存心法平平存在，略略收拾處，能接續用工，至於純熟，則自然心地虚明，不累於事物，非有意放下而自放下矣。

静存齋箴曰：皇降吾衷，本真而静。云胡末渝，斲喪其性。外物膠擾，日以心競。情熾欲蕩，百慮千歧。顛冥不止，老洫堪悲。不求其本，曷能存之？其本伊何，主静爲則。觀天之道，元自貞發；察地之用[二]，闢是翕力。反躬艮背，驗其一理。外無妄接，肅如軍壘；内無妄念，湛如止水。靡有將迎，恒存戒懼。一體淵微，萬理森具。迨其應用，遊刃庶務。由定而明，曲當時措。各止其止，動亦静爾。非若老佛，静耽動鄙。墮落一偏，滅常淪法。嗟維此義，聖賢遺躅。孔云定静，孟論夜氣。周、程益闡，楊、羅深味。至於延平，以詔考亭。考亭始入，由此門庭。遂大用敬，集厥大成。在我後學，寧不遵式？静以立本，敬貫本末。交致其功，久乃有得。

静處專一非難，鬧處專一爲難。

古人爲學，雖曰勤苦。一則制於外，所以養其中；一則發禁躁妄，内斯静專。今不務此，而先要制縛此心，故易生病。

怠惰則欲熾情流而不宴不息，惟能敬則心清氣定，可以安養調息。故人能知宴息亦以敬而非以怠惰，則可與論敬之理矣。君子晝居於外則終日乾乾，自强不息；夜處於内則惕厲不欺，寢亦不尸，無時而不敬也。

謹獨爲日用親切工夫，蓋酬酢處既常戒謹，而於獨處尤當加謹耳。

平居無事是涵養本原地頭。外儼若思，中心主一，惺惺然時也。一念之萌，但遏其邪而存其理爾，一切排遣不得。蓋無事時固當静以存養，然如有所當思而思，能主一無走作，是乃動中之静，恐無害於持心也。聖人之主静，所以一天下之動，非謂其泯然無用也；學者之求静，所以立萬用之本，非欲漠然不應也。故主静而能御動者，聖賢之所以爲中和也；耽静而絶事物者，佛老之所以爲偏僻也。

静而涵天理之本然，動而決人欲於幾微。至於純熟，則静虚動直，日用之間，雖百起百滅，心固自若，而間雜思慮，不能爲吾患。彼莊列之徒，徒知厭事求静，而欲以坐忘爲道之極致，殊不知心貫動静、該事物，作意忘之，愈見紛拏，至其痛絶而力滅之，則流遁邪放，馳騖於汗漫廣莫之域，豈非坐忘，便是坐馳也歟！

求放心，淺言之則固爲第一下手著脚處，就其深而極言之，瞬息之頃，一念少差，亦是放。顔子猶不能無違於三月之後，只不能無違斯涉於放。惟顔子纔差失便能知之，纔知之便不復萌，亦爲求放心之類。

明道寫字時甚敬，固非要字好，亦非要字不好，但敬於寫字而已。此必有事焉，而「勿正心、勿忘、勿助長」之見於事者，乃聖賢心法如此，不獨寫字爲然也。

口腹節適，所以養氣；義理準則，所以養德。

所謂放心，非止謂逐物營營、奔馳之心，一刻一念、些少走失，皆放也。所謂求，非謂一日一餉，乍然尋求，捉住便爲終身爲學之基本。蓋日日念念，在在處處，才覺有透漏，便即收攝整頓得惺惺，是之謂求。

人之持心最難，嘗自驗之。一步之間，心在一步亦難。言行録。下同。

古人盤盂几杖皆有銘，但心無儆省之實，則箴書滿壁，亦何益哉？爲學如張横渠，晝有爲、夜有得、言有教、動有法、瞬有存、息有養，則此心常存而不放矣，何待於揭座右也！

静坐，然後身心收斂，道理方有湊泊處。

先生自少至老，不喜羣居，獨處一室，涵養本原。

李宏仲問：「動時此心尤難收拾。」曰：「莫如主静而立其本。」曰：「心中或有如翻車樣者，何也？」曰：「心氣未定貼，故然耳。心本虚静，若能定貼，安有如是紛擾底氣象？」

静中莊敬之際，雖或免放倒，若宴飲酬酢之時，或不免弛放走作，此平日所以凜然戒懼者也。問：「持敬工夫。」曰：「如滉者，朝暮之頃，或有神清氣定底時節，儼然肅然，心體不待把捉而自存，四肢不待羈束而自恭。謹意以爲古人氣像，好時必是如此，但不能持久耳。」

初學莫若就整齊嚴肅上做工夫，不容尋覓安排，只是立脚於規矩準繩之上。戒謹於幽暗隱微之際，不使此心少有放逸，則久而後自然惺惺，自然不容一物，無少忘助之病矣。

血肉之軀，自少全無檢束，一朝遽欲静坐收斂，則豈無拘束之病？須是堅耐辛苦，無快活時節，更歷歲久，然後方無拘束之病。若厭拘束而待其自然，則是乃聖賢百體從令，恭而安之事，非初學所可能也。拘束之病，實由持敬之工未至，安肆日偷故也。心若惺惺無所怠放，則百體自然收檢而從令矣。

嘗往琴聞遠家，山蹊頗險，去時按轡警馭，心常不弛。及還微醉，頓忘來路之險，縱然安行，如履坦途。心之操舍，甚可懼也。

栗谷先生曰：收放心，爲學問之基址。故先正教人静坐，且以九容持身。全書。下同。

未發時，此心寂然，固無一毫思慮。但寂然之中，知覺不昧，有如沖漠無朕，萬象森然已具也。此處極難理會，但敬守此心，涵養積久，則自當得力。所謂「敬以涵養」者，只是寂寂不起念慮，惺惺無少昏昧而已。

問：未發時亦有見聞乎？曰：若見物聞聲，念慮隨發，則固屬已發矣。若物之過乎目者，見之而已，不起見之之心；過乎耳者，聞之而已，不起聞之之心。雖有聞見，不作思惟，則不害爲未發也。

敬是用功之要，誠是收功之地。

心之本體，湛然虚明，如鑑空衡平，感物而動。七情應焉者，心之用也[三]。惟其氣拘欲蔽，本體不能立，故其用或失其正，其病在於昏與亂而已。昏之病有二：一曰知昏，謂不能窮理，昧乎是非也。二曰氣昏，謂怠惰放倒，每有睡思也。亂之病有二：一曰惡念，謂誘於外物，計較私欲也。二曰浮念，謂掉舉散亂，相續不斷也。常人困於二病，未感物時，既失未發之中矣，其感物也，豈得已發之和乎？君子窮理以明善，篤志以帥氣，涵養以存性[四]，省察以去僞，以治其昏亂。然後未感之時，至虚至静，「鑑空」「衡平」之體，雖鬼神有不得窺其際者。及其感也，無不中節，「鑑空」「衡平」之用，流行不滯，正大光明，與天地同其舒慘矣。

仁義之心，人所同受，而資禀有開蔽；真元之氣，人所同有，而血氣有虚實。善養仁義之心，則蔽可開而全其天矣；善養真元之氣，則虚可實而保其命矣。其養之之術，只是無所撓損而已。天地氣化，生生不窮，無一息之停。人之氣與天地相通，故良心真氣，亦與之俱長。惟其戕害多端，所長不勝其所消，轉輾梏亡，故心爲禽獸，而氣至夭扎，可不懼哉？害良心者，耳目口鼻四肢之欲。而害真氣者，亦不出是欲焉。然則養心養氣實是一事，良心日長而無所戕害，終至於盡去其蔽，則浩然之氣盛大流行，將與天地同其體矣。死生脩夭雖有定數，在我之道有以盡之矣，豈不自慊乎？

「思無邪，毋不敬。」只此二句，一生受用不盡。

欲見天理之妙，當自慎獨始。

此心不定則理難見，故以主静爲本。

執事專一，此亦定心工夫。

必須内正其心，不爲物誘，然後天君泰然而百邪退伏。

保養正氣，所以矯治客氣。

氣役於心，則心有主宰，而聖賢可期；心役於氣，則七情無統[五]，而愚狂難免。

明天理人欲之分，適飲食節宣之宜。喜怒當理，動静遵道，養氣養德合而爲一。

心定者言寡。定心自寡言始。

「戒慎恐懼」四字，勿令有壓重意思。

身得其寧然後心得其養，心得其養然後性得其全。是故聖賢之學，既持其志，又養其氣，使血氣充完，真元不耗，以助養心之功，其勢不得不然也。孔子大聖而慎乎疾，程子大賢而戒忘生，此豈區區爲延年益壽之計哉？將以養心而全其性也。

沙溪先生曰：爲學之本，先主於敬，不愧屋漏工夫最緊要。遺稿。下同。

必須先立本體，然後隨其發動處省察加工，方有摸捉。

心體虛明，如明鏡止水，喜怒憂懼之來，如浮雲之過空，不可使少有之也。經書辨疑。

尤菴先生曰：學問之要，莫切於「敬」之一字。而敬字之義，莫要於畏。苟能朝夕顧諟，惕然悚然，常如上帝之實臨其上，鬼神之實在其傍，則私意無所容，而天理自然明矣。雖以畏存心而苟不以誠持之，則所謂畏者，若存若亡，終無所巴鼻矣。大全。下同。

爲學操持，此心甚難。此心既存，則看理省己，皆無窒礙，而自有條理矣。

人能不以食色役其心而使之常存於腔子裏，則常卓然如太一之中天，以照萬國也。

主一齋箴曰：千古聖賢，以敬相傳。一貫之要，孰此爲先。第無形影，孰明其義？維昔河南，有程夫子，論以主一，以詔來裔。其一維何，不參不貳，静而存心，動而應事。造次顛沛，一主於此。人欲日消，罔非天理。逮至晦翁，發揮愈至，前後心法，秋月寒水。

方寸之間，一有偏係，是雖與邪思惡念有間，而所以害天理者大矣。此不待發之於外，而庶事百爲已受其病矣。

操則存者，非如手執堅物，用力之謂也。只是謹慎畏敬，則心自存而不放也。

人有忘助之病者，是私意也。既無私意，則純是天理，而實體呈露，妙用顯行，自有鳶飛魚躍之象。

人有是身，便有此心。方其未感，寂然不動。及其感而通，一循乎理，則雖寂感萬變，不害爲本然之體矣。惟梏於行氣之私，則逐物於外，奔走放逸，頃刻之間，忽然在四方萬里之表，則所謂身者，枵然一空殼而已。雖曰有人之形，實何異於土塊木偶哉？

戒懼，固尊德性之事，然若無慎獨之工，則何以極乎道體之大。

操存涵養，必與讀書窮理，齊頭做去，内外交養，可無一偏之弊矣。

涵養，如讀書時沈潛義理、心無他適者是也；無事時，此心澄然瑩然、無有紛擾者亦是也。故曰兼動静。

所謂敬者，固當行於無事存養之時，尤不可不行於有事省察之際也。必須動静如一，然後始可言持敬之功矣。

天下之樂，孰有大於心無羞愧哉？苟自屋漏之隱以至事爲之著，一循乎天理之公而不雜乎人欲之私，則廣大寬平，體常舒泰，而其爲樂非鐘鼓管絃之可比。

孟子所謂「操舍」，欲其察於舍之之病而操而存之，使此心體動静周流，無所偏倚之事。朱書劄疑。

治心之法，莫善於寡欲。如使耳目之官，不蔽於外物，則一心常寧矣。講義通編。

【校勘記】

［一］主一工夫　「工夫」下，退溪先生文集内集注釋卷一答金惇敍有「当然」二字。

［二］察地之用　「之」，退溪先生文集内集注釋卷十一静存齋箴作「火」。

［三］心之用也　「心」上，栗谷全書卷二十一正心章有「此是」二字。

［四］涵養以存性　「性」，栗谷全書卷二十一正心章作「誠」。

［五］則七情無統　「統」下，栗谷全書卷二十一養氣章有「紀」字。

近思續録卷之五

力行 凡五十五條

静菴先生曰：七情之中，惟怒易發。當於應物之時，秉心公明，勿係於私怒可也。文集。下同。

雖顔子亦不能無過，但知非之後，痛自刻責。若有過失，不自反求，而更爲文飾，則何事得其當乎！

堯、舜、桀、紂俱有七情，而善惡懸殊者，以其情之發有中有不中也。雖善人爲氣所激，則喜怒或過中焉。人孰不欲爲善哉，但能克去己私，可學聖人。古人曰「希顔亦顔，要在用心剛」。

男女人道之大，而人常失於慾，終至於喪心。顔子四勿是下手處。

學者先務，莫切於義利之辨。私欲之萌，皆出於利。從念頭拔去根本，然後可安於學矣。

先生嘗從金文敬公寒暄堂。於熙川時，年僅十七。文敬得一美味，將奉送母夫人。守者不謹，爲鴟鵶所攫，文敬聲氣頗厲。先生進曰：「先生奉養之誠則至矣，而君子辭氣不可須臾放過也。」文敬不覺膝前執手曰：「我非汝師，而汝實我師也。」

退溪先生曰：誠意必審於幾微，而無一毫之不實；正心必察於動静，而無一事之不正。修身則勿陷於一辟，齊家則毋狃於一偏。戒懼而謹獨，强志而不息，數者力行之目也。而心意爲最關心，爲天君。而意其發也，先誠其所發，則一誠足以消萬僞，以正其天君，則百體從令而所踐無非實矣。文集。下同。

心過，爲一念之差，如大學之四有五辟，論語之意必固我，孟子之納交要譽之類，皆是心過，當一一檢治也。

「不遷怒，不貳過」，其地位甚高。初學卒難著脚，不如非禮勿視、聽、言、動上著力。

真剛真勇，不在於逞氣强説，而在於改過不吝，聞義即服也。

見人之善惡而尋己之善惡，正是君子遷善改過、點檢矯揉處。

一時之悔過自新非難，而能終始不變，卓然立脚於頽波之中者爲難。

飲食男女，至理所寓，而大欲存焉。君子之勝人欲而復天理由此，小人之滅天理而窮人欲亦由此。故治心修身，以是爲切要也。

每遇欲境，便當揮「勿」字旗以退三軍而已，更安有他法哉？

須以忍辛耐苦、鼻吸三斗醋爲心，則動心忍性，豈不有增益？程子所謂「若要熟也，從這裏過」者，真有味。

隨時隨處，念念提撕，件件兢業。萬累衆欲，灑滌於靈臺；五常百行，磨礱乎至善。食息酬酢而涵泳乎義理，懲窒遷改而懋勉乎誠一。廣大高明，不離乎禮法；參贊經綸，皆原於屋漏。如是積真之多，自然義精仁熟，欲罷不能，而忽不自知其入於聖賢中和之域矣。

私者，一心之蟊賊，而萬惡之根本也。欲去心賊、拔惡根，以復乎天理之純，不深藉學問之功不可，而其爲功亦難。蓋一時一事之私，勉强不行非難，平日萬事之私，克去浄盡爲難。雖或既已克盡，不知不覺之間忽復萌動如初，此所以爲難。是以古之聖賢，兢兢業業，如臨深淵，如履薄冰，日乾夕惕，惟恐頃刻怠忽而有墮坑落塹之患，其心未嘗自謂，吾學已至，不患有陷於私邪也。

人惟不學，故不知其不足，不知其不足，故聞過而怒也。

聖人心如明鏡止水，雖怒而不爲血氣所動，雖避寇難而亦信寇不能違天，雖不忘德而終無滯物之累，雖履虎尾而無恇㥘失措之心。當深思熟講，求知吾心。所以不及聖人心病處如何，聖人所以異於衆人心，其體段功用意思如何，而就自己分上，密切用功乃爲得之。

人情於己不占一善，而責人必欲全備。

答奇明彥書曰：讀示諭，知深創。兩斧爲害，欲消除防檢，以免於坑塹之辱，此意甚善。顧滉乃是十許年前坑塹中人，至於老病摧頹，始得抽身出來，猶且時時有暮歸喜獵之病，常自懔惕，以再見墮落爲戒，何暇爲公謀耶？然請以戰諭，滉之於制欲，如敗軍之將，憒回溪之垂翅，堅壁清野，枕戈嘗膽，厲兵誓士，而敵自不至。其或遇敵，或多設方略，不與交鋒，而坐銷西羌之變。或不得已，至於用兵，則當鑒誡，怒牛一舉，而掃盪燕寇，斫樹發弩，頃刻而蹙死，窮龐可也。如公則自負萬人敵之氣，多多益辦之略。居四散四戰之地，日與勁敵相遇，將反驕，卒反惰，師律不嚴，或與之盪狎。雖辛而克之，得一夕安寢，起視四境，而秦兵又至矣，更迭無已，兵安得不疲？氣安得不餒？至此則其爲謀必出於下策，以爲當持和戰並用之説。或拔士王畿以赴戍申之役，或運米枋頭以濟苻丕之飢，則吾恐超乘之勇蓋未可恃，而隸楚之兵已入於郢都矣。故爲公計，莫若濟河焚舟，破釜甑，燒廬舍，持三日糧，示士卒無還心，乃可以成功也。言行録。下同。

先生謙虚好問，舍己從人。人有一善，若出諸己；己有小失，雖匹夫言之，改之無吝色。

少時與人遊獵，醉而墜馬，醒來痛自克責，警省之心未嘗暫忘。

栗谷先生曰：克己工夫，最切於日用。所謂「己」者，吾心所好，不合天理之謂也，必須檢察吾心好色乎？好利乎？好名譽乎？好仕宦乎？好安逸乎？好宴樂乎？好珍玩乎？凡百所好，若不合理，則一切痛斷，不留苗脈。然後吾心所好，始在於義理，而無己可克矣。全書。下同。

非禮勿視、聽、言、動四者[二]，修身之要也。禮與非禮，初學難辨，必須窮理以明之，但於已知處力行之，則思過半矣。

如人色欲重則先節其色，利欲重則先絶其利。此是勇猛克己之要法。

克己，爲切己工夫，而變化氣質之要法。

己之難克者，惟忿與欲。

量之小者，其病有三：一曰偏曲，二曰自矜，三曰好勝。偏曲者，滯而不周，不能公心以觀理；自矜者，足於少得，不能遜志以進德；好勝者，安於飾非，不能虚己以從善。三者都是一箇私而已。學者當務克其私，以恢其量，以企及乎君子、聖人焉。學進則量進。

知懶爲病，則治以勤篤。知欲爲病，則治以循理。知檢束不嚴爲病，則治以矜莊。知念慮散亂爲病，則治以主一。病雖在己，藥不外求。

財利、榮利，雖得掃除其念，若處事時，有一毫擇便宜之念，則此亦利心，尤可省察。

凡遇事至，若可爲之事，則盡誠爲之，不可有厭倦之心；不可爲之事，則一切截斷，不可使是非交戰於胷中。

須慎樞機，人之過失，多在言語。

言語必慎重，非文字禮法則不言。以夫子不語怪力亂神爲法。

凡言除可戒可法外，當一切不談。

沙溪先生曰：幽隱獨處之中，莊肅容貌，少不懈慢。提掇此心，皎如日出，一念之萌，克私擴善，刻苦工夫，勿容間斷。遺稿。下同。

「毋自欺」三字，是吾平生所自勉者。

嘗曰：少時於防制色欲煞用工夫，雖久留關西，終不萌於心。

尤菴先生曰：聖人之所以爲聖人者，不過用力於日用之間而無所間斷。故成湯之所以反之而至於聖者，惟不邇聲色，不殖貨利，以義制事，以禮制心，從諫弗咈，改過弗吝，與人不求備，檢身若不及而已。武王之反之而爲聖人也，惕然於敬勝怠、義勝欲之丹書，退而於觴豆、刀劍，莫不有銘而警省焉。是皆用功於親切近小，而以至於真積力久，則合之盡其大，而聖人之規模體段忽然在我矣。大抵撮而言之，不過去人欲之私，循天理之公也。大全。下同。

復善猶恐不盡其量，除惡猶恐不去其根，改過猶恐不猛，遷義猶恐不疾，析理猶恐不精，涵養猶恐不深，幽獨之中猶恐有隱匿，紛華之際猶恐有奇邪。毋以一長自多己德，毋以一短並棄人善。

人之愠怒，多生於事不如意，而意之所萌，例因其有私，而發此一「私」字，實百病之所根也。苟不痛察而勇斷，則因此而起意，因意而起必，必之不得，則怒因生焉。一事才已，他事又來。循環無端，漸至熾盛，豈不可懼哉？

暴怒非但害其德性，亦損其氣血，非所以養壽命之道也。

所謂聖學其要，無大於「克己」二字。

統説學問綱領，約其情使合於中，是緊切精要法。食、色、喜、怒，最是日用省約照管處。

自聖人以下，不無氣質之病。然其病處，他人之知，不若自知之審。既自知之，則其治病之藥，亦在乎其人用力之如何耳。

矯輕莫如厚重，警惰莫如堅固。

當爲即爲，則有千萬人吾往之勇；當止即止，則有「殺一不辜得天下不爲」之志矣。

人須於好惡之發，察其天理人欲，則思過半矣。

血氣未定，則益思在色之戒。私意未去，則益思至公之道。燕安之心或生，則益思鴆毒之懼。侈麗之心或萌，則益思鬼闞之憂常存。百不能、百不及之意，而猶恐不克。

事有大小遠近，其理則無二也。況亦有近小者尤難，而遠大者還易焉！故朱先生嘗論天下事曰：「不世之大功易立，至微之本心難保；中原之戎虜易逐，一己之私意難除。」誠能用力於克己復禮，一息尚存，不容少懈，則其遠者、大者，亦將見其無所難矣。

遇事時處之已得其當，而復有邪思妄念之起。救此之術無他，朱子所謂「貴窮理而大居敬」者是也。

顔子平生犯而不校，是豈内懷忿怒，而外爲遜讓者耶？顔子真學聖人，故其誠心自然如此。孝廟嘗教曰：「凡事有不可於心者，姑置之。以待不平之心去，然後更見，則頗有覺悟處。」此乃克己工夫。

懲忿窒慾，最是修己之大端。

心術隱微之處，必當謹其天理人欲之辨。然理未窮，或以人欲爲天理，己未克，從人欲去者常多。

【校勘記】

［一］非禮勿視聽言動四者　「聽言動」，栗谷全書卷二十七持身章作「非禮勿聽非禮勿言非禮勿動」。

近思續録卷之六

齊家 凡五十條

靜菴先生曰：士大夫家儉約自持，則子孫長久而不敗。遊宴自恣，則易至於傾家破産。〈文集。下同。〉

先生爲風憲長，同年有不協於家室者，欲出其妻，據七去之義。禀於先生，先生正色答曰：夫婦人倫之始，萬福之原，所關至重。婦人之性，陰暗無知，雖有所失，爲君子者當率以正，使之感化，共成家道，此是厚德。如或未盡於表率之道，而遽欲去之，不近於薄乎！

退溪先生曰：「孝爲百行之原」，一行有虧，則不得爲純孝。〈文集。下同。〉

古人爲學，必本於孝悌忠信，以次而及於天下萬事，盡性至命之極。蓋其大體無所不包，而其最先最急，尤在於家庭唯諸之際，故曰本立而道生。

顔子在陋巷，甘旨或闕，豈無慨然之憂？然别無枉己求禄以爲孝之理，故只付之無可奈何。惟日孶孶於博約之事，而其樂自生焉，與甘旨之憂並行，不相礙也。

諺曰「驕子罵母」。夫不預防檢則，必至於驕。驕而不止，或至於罵。是子雖不子，亦父母之過也。

欲子孫之佳，人之至願，而顧多循情愛而忽訓敕，是猶不耕苗而望禾熟。

君子造端乎夫婦。世人都忘禮敬，遽相狎昵，遂致悔慢淩蔑無所不至者，皆生於不相賓敬之故，是以欲正其家，當謹其始。

閨門之間，日用周旋，飲食言笑，豈可與裸股肱、不裹頭奴人相對無障蔽耶？

答琴聞遠書曰：居家父子兄弟間，逐日行禮，見到此處意思，甚好！昔徐仲車具袍笏行定省之禮，今世吏判安先生，每日見伯氏必行拜唯謹。古今篤行質美之君子固多行之。

問：兄弟有過可相言否？曰：但當致吾誠意使之感悟，然後始得無害於義。若誠意不孚而徒以言語正責，則不至於相疏者幾希，故曰「兄弟怡怡」，良以此也。言行録。下同。

察訪公先生五兄名澄。若至宅，出門奉迎必序坐一席，怡愉恭謹之容，睟盎於外，望之令人生孝悌之心。

未嘗詬詈婢僕，如有失誤必教之，曰此事當如是，未嘗變其辭氣。

先生於巫覡祈禱之事，一切嚴禁，不接門庭。

栗谷先生曰：人莫不知親之當孝，而孝者甚鮮，由不深知父母之恩故也。詩云：「父兮生我，母兮鞠我。欲報之德，昊天罔極。」人子之受生，性命血肉，皆親所遺，喘息呼吸，氣脈相通，此身非我私物，乃父母之遺氣。故曰：「哀哀父母，生我劬勞。」父母之恩，爲如何哉？豈敢自有其身，以不盡孝於父母乎？人恒存此心[一]，則自有向親之誠矣。全書。下同。

事父母，一事一行，毋敢自專，必稟命而後行。若事之可爲者，父母不許，則必委曲陳達，頷可而後行。若終不許，則亦不可直遂其情。

日用之間，一毫之頃，不忘父母，然後乃名爲孝。彼持身不謹，出言無章，嬉戲度日者，皆是忘父母者也。

今人多被養於父母，不能以己力養其父母。若此奄過日月，則終無忠養之時也。必須躬幹家事，自備甘旨，然後子職乃修。若父母不聽[二]，則亦當周旋補助，盡力得甘旨之具可也[三]。若心心念念，在於養親，則珍味必可得矣。

人家父子多是愛踰於敬，必須痛洗舊習，極其尊敬也。

日月如流，事親不可久也。故爲子者須盡誠竭力，如恐不及可也。古人詩曰：「古人一日養，不以三公換。」所謂愛日者如此。

喪祭二禮，最是人子致誠處也。已没之親，不可追養。若非喪盡其禮，祭盡其誠，則終天之痛，無事可寓，無時可洩也，於人子之情，當如何哉？曾子曰：「慎終追遠，民德歸厚矣。」爲人子者所當深念也。

兄弟同受父母之遺體，與我如一身，視之當無彼我之間，衣食有無，皆當共之。今人兄弟不相愛者，皆緣不愛父母故也。若有愛父母之心，則豈可不愛父母之子乎？兄弟若有不善之行，則當積誠忠諫，漸諭以理，期於感悟，不可遽加厲色拂言，以失其和也。

夫婦之間，衽席之上，多縱情欲，失其威儀，故夫婦不相昵狎而能相敬者甚少。如是而欲修身正家，不亦難乎？必須夫和而制以義，妻順而承以正。夫婦之間，不失禮敬，然後家事可治。

兄弟之子，猶我子也，其愛之、教之當均一，不可有輕重厚薄也。

婢僕代我之勞，當先恩而後威，乃得其心。必須軫念飢寒，資給衣食，使得其所。而有過惡，則先須勤勤教誨，使之改革。教之不改，然後乃施楚撻。

愛至於全其仁，敬至於全其義，然後可謂無忝所生矣。

刑妻之道無他，只是修己而已。修己既至，而心志一乎內，容貌莊乎外，言語動作一循乎禮，則妻亦觀感變化矣。若不先修己，惟責其妻之正，切切於禮貌之間而已，而隱微之際未免縱情而失儀，則已失正家之本矣，烏能儀表於一家乎？

一家之人不和，只是誠意未盡。

一家之人，務相雍睦，其心和平，則吉善之事必集。若相偏側乖戾，則凶沴之氣生矣，豈不懼哉？

妻妾之間，妾則極其恭順，妻則慈愛無間，各以誠心無違家長之心，則寧有不善之事哉！

先生仲兄[播]。素迂疏[四]，每事招先生而使之，先生位至貳相，而服役無怠。門生曰：「以先生三達之尊，無乃過恭乎？以子弟代之，不亦可乎？」先生曰：「父兄命我，我豈敢儼然使他子弟代勞乎？」大抵父兄之前，位之高下非所論。日月如流，兄没之後[五]，雖欲執禮，其可得乎？

趙大男歎僕夫難得善者[六]。土亭[李公之菡]。曰[七]：「士之善者尚不易得，況僕隸乎？人家得善奴者，萬一之幸也。必求善奴，則勞心無益。當求善使之道，不當求善奴也。使奴爲善主之奴可也，豈必欲爲善奴之主乎？」先生曰：「此言甚好，有責己恕人之意。」

先生處家克復古禮，飲食有時，男女分坐，頒食必均，位必以齒，井井如也。

沙溪先生曰：事親若以爲吾孝已盡，便不是聖人之孝。遺稿。下同。

兄弟姊妹，其初則父之一身也。父之兄弟，其初則祖之一身也。良知良能，仁愛至情，若不因此而推之，何能以施及於兆民也。

冠昏喪祭，蓋有家日用之體，而通于吉凶之需，固不可廢一而不講也。然而禮之用，易行於平閒吉常之時，而多失於急遽凶變之際，苟非素所講習，則難以合宜而應節。

嘗隨黄岡公先生父名繼輝。赴京師，往返萬里。每進食，輒從傍默數舉匙多少以爲憂喜，少無怠焉。

尤菴先生曰：正家之道，莫先乎孝親。而孝親之義，莫大於德爲聖人。大全。下同。

孝子悦親之道，不一其端，而惟諭父母於道者，是第一義。

親戚所爲有不安於意者，則何可不相規？然必須誠有餘而言不足，則易入，而無乖戾之患。

父不抱子，而父子不同席，禮之大經也。父者，子之天也，其尊無對，不敢比并。

百年之期有同隙駟之疾，故孝有不及，而怨痛無窮矣。處匹夫之勢而有不能自盡焉，則後雖有列鼎重裀之時，反不如崎嶇負米之日矣。

人道之至德，莫過於孝行。孝行之大者，又莫如居喪之節。

凡祭當主於精潔，而不主於豐盛。

凡禮若以先世不行而遂不行之，則將無可行之時矣。知非禮，而以先世所行爲難停廢，則是非禮之禮無時可改也。世人喜説喪祭從先祖，此殊未安。

古訓云「教婦初來」，此言至矣。然未有己未修而能教人者，始須以褻狎爲至戒，則思過半矣。

問：我國士夫固無取孀婦爲妻者，而作妾則多矣。妾非配身也，無害於義乎？先生曰：雖非配身，家蓄失節之女，與之相親，豈安於心乎？

先君諱甲祚，字元裕，早失怙恃，事生之禮，不可得見，而其追遠之誠，至老彌篤。每當薦享，極其嚴敬，雖盛冬必澡浴而行事。仲兄邦祚。没于關西，先君疲馬單僕，觸熱奔喪，往返數千里，號哭從柩如一日。行路無以别於諸子，自喪至葬，凡七月之久，而終不御酒肉，不入内。喪畢之後，語及必泫然流涕。伯兄欽祚。性多忤，事之盡誠，務順其意，終得其歡心。嘗見從子家，男女授受，奴僕入内，姑與女壻狎坐，歎曰：「吾家先法亡矣。」平居簡重肅穆，或竟日夜嗒然無一語，家衆畏伏。教導諸子，必以節義學問爲主。丁卯在完山以書戒曰：「勿以世亂怠於爲學，必守朝聞夕死之訓，篤信不失，終有成就，汝父死無憾矣。」娶善山郭氏夫人，天性絶異，能通古今。先君不事生業，至空無時，則只煮菜根以度朝夕，夫人怡怡然若自得者。嘗教諸子曰：「吾以無欲故貧甚，然亦以此無愧悔事。」諸子讀書于傍，則輒喜聞，曰：「凡聲之可悦者，無踰於此。」因以己意論其是非得失，多有暗合於理者。

先生居家，與夫人相對如賓。閨庭之間，内外斬斬如治朝。而每朔望，與夫人坐正寢，受子孫男女拜。命長孫婦讀小學、柳開仲塗江州陳氏章，使諸婦人環聽之。凡家衆有過，嚴加戒誨，而必以篤恩義、正倫理爲先。

居家遵用華制，童子雙紒而不辮髮，又令婦人作髻爲首飾，蓋純用華夏，盡變夷風。

【校勘記】

〔一〕人恒存此心　「人」下，栗谷全書卷二十七事親章有「能」字。

〔二〕若父母不聽　「不聽」，栗谷全書卷二十七事親章第五作「堅不聽從」。

〔三〕盡力得甘旨之具可也　「可」上，栗谷全書卷二十七事親章有「以適親口」四字。

〔四〕先生仲兄璠素迂疏　「璠」，栗谷全書卷三十八諸家記述雜録無。

〔五〕兄没之後　「没」，栗谷全書卷三十八諸家記述雜録作「殁」。

〔六〕趙大男歎僕夫難得善者　「趙大男」，栗谷全書卷三十二語録下作「叔獻言趙兄大男」。

〔七〕土亭李公之菡曰　「李公之菡」，栗谷全書卷三十二語録下無此四字。

近思續録卷之七

出處 凡五十八條

静菴先生曰：士生於世，業爲學問，冀得展其懷抱，有補於生民。孟子歷聘齊、梁，豈有他意？但欲行其道而已。文集。下同。

學問之功未至堅確，而驟登仕路，事物無窮而心志不定，故當事舛錯。

古人雖有學問之功，以一毫未盡，不欲出仕。

賢者惟知義理而已，其用不用，在君不在己。

義利公私之辨，不可不明也。苟能知此而不惑，則是非好惡皆得其正，而至於處事接物無不當矣。

退溪先生曰：古之君子，雖貴於得時行道，然未有不得於己，而能行於時者。文集。下同。

既出世而許國，則何可專守退志？志以道義爲準則，則又何可有就而無去？

富貴易得，名節難保。末俗易高，險塗難盡。難易之间，明著眼，審著脚，庶不負平生所學也。

無功而食於上，謂之不恭；不事而居其官，謂之尸位。尸位不恭，人臣之大罪。可進而進，義也；不可進而不進，亦義也。義之所在，即爲事君之道。

雖爲貧而仕，舉主非其人則不可出。

甘旨之闕，雖人子之心所甚憂者，亦不以是而别生意思，别求方法，以要必得之也。今人每以榮養藉口而受無禮義之禄食，若充類而言，與乞墦間而充甘旨自以爲孝無異。故君子雖急於奉養，不以是變所守也。

古之士，其窮愈甚，其志益厲，其節益奇。若因一困拂而遽喪其所守，則不可謂之士矣。

朝廷以士君子之道處之，己以市井之心進，非但己所不敢，亦非朝廷之所欲也。

格君之非，大人之事。使有大人之才德，如不量時而動，則無益於國，而有失於己。世或有言不見用、徒蒙顯擢者，誠可恥也。

利雖在於義之和，然畢竟與義相對。爲消長勝負者，非利之故然，人心使之然也。故君子之心，雖本欲正義，臨事或不能一於義，而少有意向於利，則是乃有所爲而爲之，其心已與義背馳。而所謂利者，非復自然義和之利矣。

君子之言行，豈視時世而有所變易？然其行於世也，凡顯晦語默，不可不隨時消息也。

世臣雖與他人不同，然諫不用、言不聽，則亦安得不去？但其去之，決不得如他人之輕且易。

古之君子明於進退之分者，一事不放過。少失官守，則必奉身而亟去。彼其愛君之情，必有所大不忍者。然不以此而廢其去者，豈不以致身之地，義有所不行，則必退其身，然後可以徇其義？當此之時，雖有大不忍之情，不得不屈於義所掩也。

三代以後，士大夫進退之義，莫善於宋朝諸君子。

與曹楗中書曰：銓曹薦用遺逸之士，特命超敘六品，此實吾東罕有之盛舉也。滉以爲不仕無義[二]，君臣大倫何可廢也？而士或難於進用者，徒以科舉溷人雜進之路，則又其每下者，此潔身之士所以不屑就也。今也舉於山林，非科目之溷，超授六品，非雜進之污。而吾子竟不至，何耶？謂之人不知也，則拔尤於幽隱，以爲時不可也，則主聖而渴賢。此滉所以不能豁然於吾子之所爲也。

禹景善問：使朱子當己卯而被召，則出歟？曰：必出矣。然己卯人末梢傷於太過，靜菴欲矯其失，而諸年少輩不從，使朱子當此，必不一日在朝廷也。言行録。

栗谷先生曰：古之學者，未嘗求仕，學成則爲上者舉而用之。蓋仕者爲人，非爲己也。全書。下同。

居家貧窶，則必爲貧窶所困，失其所守者多矣。學者正當於此處用功。

位高者主於行道，道不可行，則可以退矣。若家貧未免禄仕，則須辭内就外，辭尊居卑，以免飢寒而已。雖曰禄仕，亦當廉勤奉公，盡其職務，不可曠官而餔啜也。

居鄉之士，非公事禮見及不得已之故，則不可出入官府。邑宰雖至親，亦不可數數往見[二]。若非義干請，則當一切勿爲也。

凡辭受取與之際，必精思義與非義，義則取之，不義則不取，不可毫髮放過。若朋友有通財之義，所遺皆當受。其他則只受其有名之饋，而若是大段惡人，則雖有名不可受之也。

士生斯世，莫不以經濟爲心，宜乎心跡皆同，而或進而兼善，或退而自守，何耶？兼善，固其志也。自守，豈本心歟？時有遇不遇耳。進者其品有三：道德在躬，推己及人，欲使吾君爲堯舜之君，吾民爲堯舜之民，事君行已，一以正道者，大臣也；惓惓憂國，不顧其身，苟可以尊主庇民，不擇夷險，盡誠行之，雖於正道少有出入，終始以安社稷爲心者，忠臣也；居其位思守其職，受其任思效其能，器雖不足於經國，才可有爲於一官者，幹臣也。大臣得君，則可復三代之治；忠臣當國，則可無危亡之禍；若幹臣，則可用於有司，而不可使當大任也。退者其品有三：懷不世之寶，藴濟世之具，囂囂樂道，韞櫝而待價者，天民也；自度學不足而求進其學，自知才不優而求達其材，藏修待時，不輕自售者，學者也；高潔清介，不屑天下之事，卓然長往，與世相忘者，隱者也。天民遇時，則天下之民皆被其澤；學者雖遇明時，苟於斯道有所未信，則不敢輕進；若隱者則偏於遯世，非時中之道也。

歷聘之義，本由一統也。孔子之事，無可疑者，孟子時稍變，周室尤不能爲主於天下。然猶有一統意味，故可歷聘也。雖然，使孟子得遇齊、梁，諫行言聽，委質爲臣[三]，而王薨後，嗣不能用，則恐無他適之義，只可終於此國而已，非若孔子之可去也。孟子於梁不爲卿，於齊不受禄，故可以歷聘。若周亡而列國争雄，則爲士者，歷聘而觀其可則可也，朝臣齊而暮臣梁，則決不可也。使孔、孟生乎其時，決不往滅周之秦，而其於他國，雖應其聘，而不遽爲臣矣。不事二君[四]，天地綱常，豈以聖人而忽此哉？

狄梁公事[五]，但謂之屈身。屈身與失節有間，而未盡其正也。綱目前書周以狄某爲某官者，抑其事周而屈身也；後書其卒而不係于周者，揚其爲唐而輸忠也。如此抑揚，真得其中矣。大抵惟義可以盡忠，忠不必盡義。子文之相楚，忠則忠矣，所以僭王猾夏者，非義也。狄公之屈身，忠則忠矣，所以挾周爲唐者，非義之正也。

樂毅出處，素非儒者，則何敢望第一義乎？無罪見疑，脱身出境，終身不敢謀燕，則是得通例者，豈可目以失節叛臣乎？若是儒者，則既與前王分義已定，無所逃於天地之間，後王雖見疑，代將之後，奔就君喪，死生惟命可也。且如真西山之事理宗，謂之事不當事之君則可也，豈可謂之失節乎？

科舉雖曰近世之通道，其迹近於衒玉，由此而禄仕則可矣，由此而欲行其道則恐不能。大丈夫處斯世也，囂囂畎畝之間，萬鍾千駟，有所不屑也[六]，必待人君致敬盡禮，然後乃可幡然一起，兼善天下，功覆斯民。安有售才騁藝，決得失於一夫之目，而乃希聖賢之出處也哉？古之不見諸侯者，決不爲此也。

君子之志，在乎濟世；君子之智，神於見幾。濟世之仁及乎物，則致文明之化；見幾之智保其身，則有如石之介。其出也，則撑柱宇宙，昭洗日月；其處也，則浮雲富貴，泥塗軒冕。豈若桔槔之隨人，匏瓜之不食哉？

俗降風頽，志士鮮作，議者乃以捨生爲偏行，保身爲全德。殊不知捨生不害中道，保身未必明哲也。

先生欲積誠以回天心〔七〕，黽勉從仕。牛溪曰：「儒者以格君爲務，若上心不回，則當速引退。不能得上心，而先務事功，則是枉尺直尋，非儒者事。」先生曰：「此言固然，但上心豈可遽回？當遲遲積誠以冀感悟。若以淺薄之誠，責效於旬月，而不如意則輒欲引退，亦非人臣之義也。」

先生將退，東岡南公彦經謂曰：「如此紛紜之時，公豈可退？」先生曰：「不見信於上下，奈何？」南公曰：「豈無一分之益？」先生曰：「爲一分之益而誤我平生，何如哉？」南公良久曰：「然。」

嘗曰：求退陳疏，猶恐不得請。得請之後，還抱耿耿。彼荷蕢者，獨何心哉？

沙溪先生曰：士之出處，人之大節。卓茂不仕於莽，固可尚也。至如金元亂華，危亡迫在朝夕，然亦異於莽、操之朝廷，士之抱負才德者，若得位行道，則廓清中原，恢復舊物，乃是志願。豈可隱身藏匿以避禍求生？如朱子、文山所遭，非危邦不入、亂邦不居之時也。遺稿。下同。

義所不當爲之事，雖有君命，不可屈意從之，亦不可避近名之嫌，只觀義之當否而已。

尤菴先生曰：士之出處，斷無他道。自量吾之力量，與時世之可不可。不可則處，可則出，既出則行其道而已。程朱法門已備，何可舍此而他求？故伊川自爲崇政殿説書，便自擔當天下事，知無不言。以我朝言之，弘文正字以上，皆有行道之責也。大全。下同。

人臣事君，一主於義。義所未安，不以微細而放過。

君子出處之道，量時度力。相勢揣分，以爲去就之大綱。而其間亦有隨事斟酌，沉淪下位，而不失其正者，非可以一例斷定也。惟其素所抱負，可以挽回世道、轉移國勢者，則不敢以天降之任埋没草莽，而出當世任，此則程朱以上人是也。

士君子抱負重大，而扶持此物者，無間於出與處也。出而扶持者，以扶持而扶持者也；處而扶持者，以不扶持而扶持者也。何必以處者爲不得扶持，而出者爲獨扶持哉？士君子出無所爲，而處無所守者，焉能爲出處哉？

不能自修而急於時務者，固不可。若一於自守而長往不返者，亦非大中之道。

士君子須辨得見義不見利底心，然後言行灑落。

士夫大致，進與退而已。進而職思其憂，則上憂君德，下憂民事，内訌外侮，無非所以爲吾憂者。及其退也，則身無事務之牽心，有昭曠之趣，山林可以適其體，詩書足以進其道。回思疇昔之勤勞瘁弊，則有同脱鳥逸鹿之視籠檻矣。

孟子於崇己有歸志，至不受齊禄，而其與王言者，無大無小，無不罄竭。至於朱子，雖自外移外，而過闕之時，亦於職事外，無言不盡。聖賢救世之心，不以進退遠近而有間也。

宋高宗自稱構一本「構」上有「臣」字。之日，朱夫子猶出身事主，如有其具而事若可爲，則大人心公者，似無不可仕之時矣。

難進易退，是士夫之大節。大抵道理之外無他事，得其道理，則敗猶不敗；一失道理，則雖幸不敗，而其不敗者乃所以大敗。

仕危邦者，無可去之義。惟竭力盡心，一以庇民尊主爲心。

無可行之道而虚膺時用，世無所挽住者而苦不能藏，此由於昧敬事後食之戒。

出之後能不爲富貴所移，自始至終，自裏至表，斷斷唯此意思，則見可而進，知難而退，當綽綽也。

利之所在，固衆趨之途。見利不動，是士君子。

年至致仕，其在禮經，實是大節而非小節也。叔季以來，榮利溺人，遲回不去，則側目於强仕之人，被唾於高蹈之士。此非但辱止其身，乃所以卑朝廷而羞當世也。是故年齡既至，則下不得不退，上不得不許者也。

崔子敬問：顔、閔且恥爲季氏之家臣，今日之仕者，爲北虜之陪臣。若有顔、閔者，則必隱居而終身矣，其豈肯取第榮身乎？曰：今日之士，若能登仕而輔吾君以復雪，則可謂大人之事業也。若無意於此，而只爲榮身之計，則大不是。

視君之厚薄而爲之報者，實非君子之義。

義理，天下之公也。守經行權，雖并行不悖，然其輕重取舍之間，有不可以毫釐差者，故曰權非聖人不能用也。

出處之道，只看義理者，上也。不免爲形勢禍福所撓，則難免風吹草動之譏矣。

自求安逸，而無救世之心。汥是人欲，而非天理也。

【校勘記】

［一］滉以爲不仕無義　「滉」下，退溪先生文集内集注釋卷八有「私竊」二字。

［二］亦不可數數往見　「見」下，栗谷全書卷二十七接人章有「況非親舊乎」五字。

［三］委質爲臣　「臣」下，栗谷全書卷十答成浩原有「大義已定」四字。

［四］不事二君　「君」下，栗谷全書卷十答成浩原有「之義」二字。

［五］狄梁公事　「事」下，栗谷全書卷九答成浩原有「珥何嘗謂失節耶」七字。

［六］萬鍾千駟有所不屑也　「萬鍾千駟」，栗谷全書卷九答成浩原渾爲「禄之萬鍾」；「也」下，栗谷全書卷九答成浩原渾有「繫馬千駟有所不顧也」九字。

［七］先生欲積誠以回天心　「心」，栗谷全書卷三十三作「意」。

近思續録卷之八

治道 凡五十六條

静菴先生曰：天與人本乎一，而天未嘗無其理於人。君與民本乎一，而君未嘗無其道於民。故古之聖人以天地之大、兆民之衆爲一己，而觀其理而處其道。觀之以理，故負天地之情，達神明之德。處之以道，故凝精粗之體，領彝倫之節。是以是是非非、善善惡惡，無所得逃於吾之心，而天下之事皆得其理，天下之物皆得其平。此萬化之所以立，治道之所以成也。文集。下同。

君臣者，爲民而設也，上下須知此意，晝夜以民爲心，則治道可成。

帝王所以篤化美俗、帥衆而爲善者，不過循其公論，而不奪其情也。故攸儆厥心，無謂民小，敏勇果斷，務循物情。

王政當惟純一而正民志。

言於朝曰：立志須以古昔帝王爲期，處事當斟酌得宜。

人君當辨君子小人，知其爲君子，則任之不疑；知其爲小人，則待之以嚴，可也。欲知小人，則當於妖媚處見之，辨小人至難，辨君子似易，先用其易知者，信任焉，則雖有小人，自不能放恣矣。

自古人君多好霸功，鮮行王道。尚霸者，雖易致國富兵强之效，豈復有仁義之道乎？行王道，雖未見朝夕之效，悠久而大成。故孟子歷聘齊、梁，丁寧告戒者，只是勸行王道而已。

大而禮樂刑政，小而制度文爲，莫不各有當然之理，是乃古今帝王所共由爲治，而充塞天地，貫徹古今，實未嘗外乎吾心之内。循之則國治，失之則國亂，不可須臾之離也。

不以政事文具之末爲紀綱法度，而以一心之妙爲紀綱法度之本，使此心之體光明正大，周流通達，與天地同其體而大其用，則日用政事之際，皆爲道之用，而紀綱法度不足立而立矣。

朝廷之上，事事公平，以善相推，則是謂禮讓也。

朝廷氣勢不可以刑罰扶之，朝廷既正，則下人自然心服矣。刑法雖不可廢，只可以輔治，不可以出治。

流俗固不可一朝而猝變也，但悠悠泛泛以俟其漸變，則習俗趨向，安安踵舊，不能復古矣。當以俗尚商量可改者即改之，使耳目、觀感優遊而善導之，則斯民亦直道而行者也，安有終不改之理乎？

君者如天，而臣者四時也。天自行而無四時之運，則萬物不遂；君自任而無大臣之輔，則萬化不興。

退溪先生曰：學問成德，爲治之大本也；精一執中，爲學之大法也。以大法而立大本，則天下之政治皆自此而出。文集。下同。

唐虞三代之盛，道術大明，而無他歧之惑，故人心得正，而治化易洽。衰周以後，道術不明，而邪慝並興，故人心不正，治之而不治，化之而難化也。然其明之之事，亦有本末、先後、緩急之施，其本末又有虚實之異[一]。本乎人君躬行心得之餘，而行乎民生日用、彝倫之教者，本也；追蹤乎法制，襲美乎文物，革今師古，依倣比較者，末也。本在所先而急，末在所後而緩也。然得其道而君德成，則本末皆實，而爲唐虞之治；失其道而君德非，則本末皆虚，而有叔季之禍。固不可恃虚名而蘄聖治之成，亦不可昧要法而求心得之妙。

治世之患，每生於逸欲。慎終之戒，尤重於守成。謹德隅於屋漏，謫心正於殿門，踐其位，行其禮，懔懔慄慄，常若上帝之對越，祖宗之如臨，則逸欲何自而生？而保守之難，有不足憂矣。

人君勢位亢高，苟不知進極必退，存必有亡之理，至於亢滿，則志氣驕溢。慢賢自聖，獨智馭世，不肯與臣下同心同德、共成治理，膏澤不下於民，比如陽氣亢極而不下交，則陰氣無緣自上而交，陽豈能興雲致雨而澤被萬物乎？

王道之大，本於農桑。四維之張，由於衣食。黎民不飢不寒，而後可以迪彝教、崇禮義，而治道成矣。

大學末章，不言禮樂刑政。夫禮樂刑政，爲治之具也。大學一書，以修身爲本，乃端本清源，以爲出治之地而已。故治國本於孝弟慈，以及仁讓忠恕之屬。平天下亦本於三者，眷眷於審好惡、外財用、謹用人、辨義利之類。中以先慎於德統之，而貫之以絜矩之道。蓋不如是，則本源之地爲私爲僻，利欲蔽固，德不崇而矩不方，仁賢伏而媢嫉昌，雖有禮樂刑政，誰與而行諸？

栗谷先生曰：時務不一，各有攸宜，大要則創業、守成、更張三者而已[二]。創業之道，非以堯舜湯武之德、值時世改革之際、應乎天而順乎人則不可也。若守成者，聖君賢相，創制立法，治具畢張，則後王遵守而已。更張者，盛極中微，法久弊生，狃安因陋，百度廢弛，將無以爲國，則明君哲輔，慨然興作，扶舉綱維，洗滌舊習，矯革宿弊，善繼先王之遺志，煥新一代之規模。〈全書。下同。〉

人君，父事天，母事地，以斯民爲兄弟，以萬物爲儕輩，以充仁心，然後可盡其職。

人君修德，是爲政之根本，先知君德在乎父母斯民，然後建中建極，以爲表凖，則其效若衆星拱之矣。嗚呼！父母之於子，慈愛者衆，而人君之於民，行仁者寡，其不念天地付畀之責甚矣。

建中建極，爲政之根本也；富庶而教，爲政之規模也；九經之事，爲政之節目也。

愛民所以自愛也，安民所以自安也。

人君苟能法天之不息，則政教自修，無爲而化矣。天之春也，藹然生意，涵育羣生。苟能法天之春，行不忍人之政，則仁覆天下矣。天之夏也，長養萬物，粲然極備。苟能法天之夏，推文明之化，則禮樂彬彬矣。天以秋冬，震其威武，裁成庶類。苟能法天之秋，用其義刑義殺，則刑期無刑，民協于中矣。法天之冬，節其動作，遵養時晦，則民生成遂，而王道終矣。

人君之急務，莫先於明理。明理之後，又以善斷爲貴也。

上疏曰：身心所蘊，發爲政事，政事一差，便見君心之不正。必也施爲舉措，粹然一出於天理，無一毫人欲之雜，一號之下，一令之出，莫不悦服人心，使四境聳動，以至巖穴之士彈冠振纓，願立乎朝，然後衰世可升大猷，薄俗可回淳風。

聖王處心行事，如青天白日，萬物咸覩。至於蚩蚩下民，亦莫不洞知上意，故殺之而不怨，利之而不庸。

人君將大有爲者，必立心遠大，不拘於俗儒之論[三]，以三代爲期，而必務躬行[四]，以一身爲一世表準可也。然若不施諸政事，則亦從善也。且人君必知一世之弊，然後可興一代之治，如醫者必知病根之所在，然後可用對證之藥矣。

爲治須要識時。

時有否泰，事有機會。時否而有治之機，時泰而有亂之機，在人主審察而善乘之耳。

祖宗良法廢而不舉者，修舉之。近規之貽患於生民者，革除之。新策之可以利國活民者，講行之。

嚴内治而戒外侮者，有國者之所當并用而不可偏廢者也。嚴内治則文之所以爲經也，戒外侮則武之所以爲緯也。

有爲之主，必有所敬信之臣，相親如父子，相得如魚水，相調如宫商，相合如契符，然後言無不用，道無不行，事無不成。

三代之後，更無行王道者，道學不明不行之故也。

繼世之君，善於守成者有二焉：繼治世則遵其法而治焉，繼亂世則革其弊而治焉。其事雖異，其道則同也。

人君不患不嚴而患不公。公則明，明則嚴在其中。

人君處崇高之位，自以爲滿足，則善言何由入乎？必也兼聽博聞，擇善虚受，然後羣臣皆爲我師，而德業以之崇廣矣。

若行古道，豈無復古之理乎？蓋唐虞之時，無爲而化，後世所不能及也。若三代之治，則苟行其道，必可復也，只是不爲耳。

沙溪先生曰：爲天下國家者，必有其本，人主之一心是也。遺稿。下同。

紀綱，國家之命脈也，國家之治亂係於紀綱之修否。紀綱之修否，在於人君維持之如何。

尤菴先生曰：爲天下國家者，不過曰「明大倫、立大法」而已，所謂大倫者，君臣父子夫婦也；所謂大法者，所以行乎三者之間者也。大全。下同。

古昔帝王無一事不出於學，故其治道之隆，如彼其至也。後世則只以才能氣意爲治，而學問爲無用之糟粕，故治出於二，而終不見大猷之盛。

明禮義而教之，使民日遷善而不知者，聖人之治也。嚴刑峻法而驅之，而猶不卒者，後世之政也。

魯公之就封，周公戒之以近民。夫周公作爲周禮，其於辨上下、定民志之道，經緯纖悉，而其戒乃如此，夫臨民者，不徒變之，又有以教之。蓋必須近之，然後可以知其疾苦，勸其樹畜，又可以教其敬讓，諭以孝義，而治道畢矣。

聖人以修己爲安百姓之要，言治平之事，而必以「心有所」、「心不在」爲戒，又以定静爲能安之本，然後遂及「處事止善」之説，可謂長民者無他道矣。

人君之道，自修其身之外，惟論相爲至大而且急。

帝王之學，莫切於克己。帝王之政，莫先於保民。

春秋以至綱目，一主於大一統。蓋大統不明，則人道乖亂。人道乖亂，則國隨以亡。

節義明，則家國以之扶持。節義晦，則世道隨而喪亡也。

聖人之修道立教者，三綱五常而已。節義者，所以扶植此物也。

信者，人君之大寶，聖人以兵食可去而信不可去，故自古國家將亡，信義先亡也。

義理者，出於天而不可易。民人者，字乎天而在所愛。二者傷，則天心不豫。

孟子處戰國之世，得堯舜周公之道，而其告於時君者，不過明義利之辨而已。此不可求之於政事號令之間，必須求之於心術隱微之際。使天理常存，人欲退聽，則日用云爲之間，政令施措之際，無不中節，不賞而民勸，不怒而民威於鈇鉞矣。

君臣，天地也，其勢不患不尊，而惟患嚴，畏之太甚，以致阻隔也。故易曰：「天尊地卑，乾坤定矣。卑高以陳，上下位矣。」此言君臣之分，如天地之不可踰越，至論其變化之妙，則以天上而地下者爲否，地上而天下者爲泰。蓋以天地不交，則萬物不生，君臣不交，則事功不成也。

言于孝廟曰：勉學以正心，修身以齊家，遠便佞以近忠直，抑私恩以恢公道，静選任以明體統，振紀綱以礪風俗，節財用以固邦本，擇師傅以輔儲貳，正貢案以紓民力，崇儉德以革奢侈，修武備以禦外侮。封事作「修政事以攘夷狄」。此皆殿下所當自勉，而不可一有缺焉者也。

【校勘記】

［一］其本末又有虚實之異 「異」下，退溪先生文集内集注釋卷二有「歸焉」二字。

［二］大要則創業守成更張三者而已 「大」上，栗谷全書卷二十五有「撮其」二字。

［三］不拘於俗儒之論 「儒之」，栗谷全書卷三十四年譜下無。

［四］而必務躬行 「務躬行」，栗谷全書卷三十四年譜下作「務實學躬行心得」。

近思續録卷之九

治法 凡四十三條

静菴先生曰：國家取士，既無鄉擧里選之風，專依科第，而世道漸下，士習日渝，教化不興，治道日卑，誠非細故。倣漢家明經、孝廉之科，内自卿相，外至方伯，各薦其人，作爲一科，庶有益於國家矣。文集。下同。

欲厚民生，則須使貢賦、軍額二事得宜，而後至治化可出也。

言路通塞，最關於國家。故人君務廣言路，上自公卿百執事，下至閭巷市井之民，俾皆得言。然無言責，則不得自盡，故爰設諫官以主之，其所言雖或過當，而皆虛懷優容者，恐言路之或塞也。

退溪先生曰：學校風化之原，首善之地，而士子禮義之宗，元氣之寓也。文集。下同。

古者，鄉大夫之職，導之以德行道藝，而糾之以不率之刑。爲士者亦必修於家、著於鄉，而後得以賓興於國。孝悌、忠信，人道之大本，而家與鄉黨，實其所行之地也。

昔在三代之隆，教法極備。家有塾，黨有庠，州有序，國有學，蓋無適而非學也。後世教壞學崩，國學鄉校僅有文具，而家塾黨庠之制寥寥焉，至使篤志願學之士，抱墳策而無所歸，此書院之所由起也。院與塾序制雖不同，義則同歸。其有關於風化也甚大，故知道之士、願治之主，莫不於是而眷眷焉。

先生立約條於所居之鄉，略曰：父母不順者，兄弟相鬩者，家道悖亂者，事涉官府有關鄉風者，妄作威勢擾官行私者，鄉長淩辱者，守身孀婦誘脅污奸者，已上極罰。親戚不睦者，正妻疏薄者，鄰里不和者，儕輩相毆罵者，不顧廉恥污壞士風者，恃强淩弱侵奪起争者，無賴結黨多行狂悖者，公私聚會是非官政者，造言構虚陷人罪累者，患難力及坐視不救者，受官差任憑公作弊者，婚姻喪祭無故過時者，不有執綱不從鄉令者，已上中罰。其言曰：「先王之教法雖廢，而彝倫固自若，惡可不酌古今之道而爲之勸懲也。」

栗谷先生曰：天生斯民，立之司牧。司牧實兼君、師，牧以養之，君以治之，師以教之，然後斯民得以安其生，革其惡，興其善焉。人君先務躬行，得賢共治，朝廷命令，悦服人心，使顛連無告之民，咸懷興起之念。然後祛其弊瘼以解其苦，制其田里以遂其生，設學而教之以指其路，制禮而束之以檢其節，爲鄉射鄉飲酒之儀以導其和，旌善以勸，而使決所趨，癉惡以懲，而使決所背，則將使學校致教育之盛，鄉黨興敬讓之風，時升大猷，刑錯不用，禮樂濟濟矣。全書。下同。

三代教世子之法，禮記備載[一]。蓋人有所敬畏，然後能動心忍性，進學修德焉。後世之教固甚疏略，而六七歲後，便已習爲人上，而無所敬畏，進講之官極其尊奉，師道廢絶，接見有時，規諫罕聞。惟宦官宫妾日與親昵，導以宴安，慣以奢侈。如是而望世子之學成德立，爲萬世臣民之所仰賴，豈不難哉？必擇道德之士爲之傅，使世子致敬，以嚴師道，觀感取法。僚屬皆選端方志道之士，晝夜與處，左右夾輔，而有過則記，有怠則警，使世子心常謹愼，不暇自逸，然後學可日就，德可日躋矣。

薄税斂、輕徭役、慎刑罰，三者安民之大要也。

天子之富，藏於四海。諸侯之富，藏於百姓。有倉廩府庫，爲公共之物，不可有私財也。人君誠欲有爲，則必先以内帑及内需司付之户曹，爲國家公費，不以爲私財，使臣民曉然仰覩君上無一毫征利之心，然後可以洗滌污習，扶舉四維，陶成至治矣。

古者，兵農不分，平日厚民之生，浹以恩澤，時試武技，簡以蒐狩。無事則爲比閭族黨，受教於司徒，篤尊君愛親之行；有事則爲伍兩軍師，聽命於司馬，奮親上死長之志。故王者之兵，有征無戰，莫之敢敵。後世養民之政不舉，點兵之法徒嚴，驅市人而赴敵，竭國用而給餉，此唐、宋兵政之弊也。我國先王，選民爲卒，寄兵於農，贏糧就軍，番休迭息。國無餽糧之費，士無獨勞之歎，其法甚美。而只緣民生漸困，植根不固，鎮將侵剥，流散相繼，臨戍塡闕，替以族鄰，逋亡日衆，流毒日廣，其勢必至於民無孑遺，然後乃已，究厥弊源，則實是民無恒産，將不得人之致。此所以容民畜衆，爲軍政之本，丈人帥師，爲軍政之綱也。

祭先以誠敬爲主，不以煩數爲禮。故周制宗廟止於月祭[二]。傅説以黷祭弗欽戒高宗。後世設原廟已乖禮意，而享祀之煩，至於日祭，有司疲倦，誠敬俱乏，可謂禮煩而亂矣。

今俗多不識禮，其行祭之儀，家家不同，甚可笑也。若不一裁之以禮，則終不免紊亂無序，歸於夷虜之風矣。

須知人善任，然後可以成政。誠能明明揚仄陋，盡收一時賢才，而不論新舊，不問門閥，只擇其人器相稱者。以有德量識道理者，居之廟堂；通經術善啓沃者，置之經幄；藻鑑公明者，任以銓衡；生財有道者，任以度支；講禮不差者，授以宗伯；知兵遠猷者，授以司馬；忠信明決者，使治刑獄；幹事無弊者，使主工役；正身糾物者，責以風憲之重；直已盡言者，委以諫諍之職；奉公愛民者，付以承流宣化之任。大小内外之官，皆擇其人，任之專而持之久，期以成績，不限日月。使公卿百僚恪勤守職，一心爲國。必使州縣賦斂寬平，徭役輕均，吏無苛政，民有恒產，則教化可施，禮樂可興矣。

設教之術，莫先於學校。當使八道監司移文列邑，每三年一度，選其鄉人之能通經史、可爲人師者[三]，報于監司，監司移于吏曹，吏曹按其簿，博採精擇，差授訓導。不限其箇滿，惟以成教爲期。使持身自重，勉勵學者，然後每年監司親臨，考其成績。若使儒生能知道學之可尚，整其威儀，飭其行檢，其讀書務以窮理爲要，則績之上也；讀書不倦，操行無疵，雖不免科舉之習，而不至奪志，則其次也[四]；曉解文義，能善製述，則又其次也。績之上者，馳啓論賞，授以六品之職，以聳動士林；其次亦加資級，以示褒賞；若其依舊碌碌、無績可考者，即課以殿；又若依舊貪鄙、誅求校生者，按律治罪。泮宫，首善之地。當使八路五部，選士之志學問、不爲非義之人，録移于吏禮、曹吏。禮曹按簿商議，取上舍生二百人，居于太學，又取幼學二百人，分處四學，名之曰選士。別擇儒臣之學成行尊者，爲太學及四學之官，使誨諸生，惟以講明正學爲務，其學必本於人倫、明乎物理，擇善修身以成德爲期，曉達治道以經濟爲志。若有學行皆中於是者，即陞于朝，使居臺侍之列。雖不及此，而行無玷污，年過四十者，亦授以百執事之職。如有信道不篤、行己無檢者，刊除其籍，擇人隨補。其廩養之具，極其豐潔，以盡朝廷待賢之道。若外方幼學與選之人，隨其多少，居於鄉校或書院，使受教于訓導。若別有學行卓異者，録其名，移于吏、禮曹，俾居于太學，與生員無異。夫如是，則爲士者皆知德義之可尊，不徒文藝之爲尚，凡民興起而四方風動矣。

近來書院之建，可養志學之士，爲益不淺。而但不設師長，故儒生相聚，放意自肆，無所矜式，不見藏修之效。欲於書院[五]，依中朝之制，設洞主、山長之員，薄有俸禄，如童蒙教授之例。擇有學行、可爲師表者及休官退隱之人，使居其職，責以導率，則其教育之效，必有可觀。而他日國家之得人，未必不由於此也[六]。

今之取人，只有科舉一路而已。縱有經綸之才、廟堂之器，苟不由是路，則終不與於清班，彼嚚嚚樂道之流，孰肯俛首屈志，繫其得失憂樂於一夫之目哉？此所以真儒不出，俗儒日滋者也。昔周室之盛也，以鄉三物、教萬民而賓興之。一曰六德，二曰六行，三曰六藝，不聞以文藻取人也。誠使今之學行俱備、得與於斯文者，俾居權衡之任，其取人也，先德行而後文藝；其講學也，尊爲己而黜爲人；其考文也，取義理而捨浮華，則必使人人勵志，日趨正學，屏去浮僞，敦尚道德[七]，何患乎文弊之未革乎！

王政莫先於愛民，而能盡愛民之責者，莫切於守令。至於今之監司，即古之方伯，豈可以外任而輕視乎？文官之初授六品者，例試吏治，在臺侍之列者，輪次補外。觀其政成，驗其賢否，還除内職，循吏則超資擢用，使一時登庸多出於州郡。且擇六官之才德兼備者，委以方伯之任。勿以周年爲限，以俾宣化成績。夫如是，則吏稱其職，民安其業，庶有治平之望矣。

先生居海州，與州人議行鄉約，以正弊習。又設社倉，以救士民艱食者。海俗初甚偷薄，自是以後，文風丕變，禮俗成習，雖村里愚氓亦知感化。

先生爲都憲，既就職，歎曰：「都憲，國之重任，立紀綱，正風俗，其在斯乎！」乃爲化俗議五十餘條，榜示通衢，使人人誦習，不待發禁，而自不犯[八]。大要，在父慈子孝、兄友弟恭、親上死長之義。其或犯者，一犯而教之，再犯而申之，三犯而治之，人情莫不悦服。至於市人咸曰：「自我公之臨也，各司無横斂之事，行路時亦必致恭，齊首展拜。」

禁錮庶孽過百年，人皆習熟見聞，而先生以爲王者立賢無方，不可廢棄人才，欲通仕路，啓行之。

括緇門遊手之徒，悉歸之畎畝，罷非禮無福之禱，以正其祀典。

沙溪先生曰：帝王之家，只以承統爲重。雖叔繼姪，兄繼弟，亦有父子之道。遺稿。下同。

昔箕子傳洪範於武王，設八條於吾東。所謂八條者，必與洪範相爲表裏。而其見於漢書者，只是殺人身償、傷人穀償、盜没奴婢三條，而五條則無傳。苟能尊尚九疇，讲而明之，則可以補八條之缺，而興八條之教矣。

禁奢靡於内，絶浮費於外，務爲節用之道，使國家常有餘儲，而宗室百官之俸，一依法典頒賜，則恩禮俱洽，而有得於體羣臣之道矣。

夫兵，死地。雖惠養之得其道，猶恐致力之不盡，況困苦侵漁之，而敢望其親上事長之效乎？宜令朝廷别思優惠之方，足以養其身及其妻子。身雖奔命於其役，而上之惠可以代其耕，使人人皆願爲兵，然後庶得其死力矣。

尤菴先生曰：古者鄉遂用貢法，使朝士受田者收其税而食之。都鄙用助法，輸其公田之税於國。是當時有田禄於鄉遂者，有受田而無應役之事。朱書劄疑。

爲國之道，以保民爲主。而足食之道，在修明田政。足兵之策，在檢覈民數。大全。下同。

箕子畫爲井田基址，尚存于平壤。地雖崎嶇，而計其畝數分授八家，使之同力合作，則井田之法無不可行之地也。

保伍之法，此雖商鞅所行，而患難相救，乃所以厚民俗也。蓋本於周公之制，不行保伍之法，則無以整頓民衆户籍。保伍之法，不可不行也。

今日之稱儒而無役者，實是國家無政之故也。有田則有租，有身則有庸，事理之當然。儒士徵布，豈非當然之事乎？

以民養兵，則國貧而民病。以兵養兵，然後兵民兩便矣。

訓局軍兵，若依御營軍上番之規，分爲南北之軍，則國家除養兵之弊，而京師根本之地，亦無疏虞之患矣。

法雖甚良，而行之無漸，則必致損敗。如朱子社倉之法，實倣王安石之青苗。而安石行之以亟疾之意，而朱子則行之以忠利之心，故其成敗之驗懸殊。

言於朝曰：内需司不過爲人主濟私之帑，以示民不公，如欲克去己私，先罷此司，然後駙馬、宗室第宅踰制者，亦一依法典毁撤。凡所作爲了無一毫私意，則凡厥羣工，亦孰不各自淬勵丕應徯志哉！

先從學校真知五倫之實，然後民知王化之可樂，而不樂化外之俗。

父子，天性也，不可以人力斷續。而惟人君代天理，物有存亡繼絶之仁，故必須命於君然後乃爲父子。

同姓託以異貫而婚娶者，誠夷虜之風。

國家典禮無大於宗廟，其義與禮如有詭經無稽者，則誠不可放過也。廟屋之制，昭穆之法，當一依古禮，而變今日以西爲上之例，以正千載之謬，成一王之法，然後乃爲無憾。

我朝於選擇妃嬪之時，悉聚士夫處女於内庭，納其姿色之尤者，此與諸侯不漁色之道大相戾，而適所以基艷妻盛色之禍矣。選擇之意既乖於初，則禮法之謹難貴於後矣，宫闈之不正實始於此矣。當預講世族女德，一用議昏之禮，而革去親揀之謬，以正家法。

凡術，先儒無不排斥，而獨地家説，程、朱不斥，乃曰：「彼安此安。」蓋祖先子孫一箇氣脈，故其理然也。

進劄論政曰：極擇守令。曰：别選清白。曰：守令政績之尤異者，特賜陞遷。曰：頒布水車之制，以備旱乾。曰：汰省胥吏以除耗國之蠹。曰：糾劾朝臣之交好市井吏胥者。曰：嚴禁奢侈之弊。曰：議處守禦使變通之策。曰：變丘債之規，以絶利源。曰：懲治婚姻家奢侈責辦之弊。曰：綿布升尺，一依大典。曰：禁斷崇飲沈湎之風。曰：痛禁屠牛之弊。合十有三條也。

【校勘記】

［一］禮記備載　「記」下，栗谷全書卷二十三教子章有「及保傅篇」四字。

［二］故周制宗廟止於月祭　「祭」下，栗谷全書卷二十三孝敬章有「一月一祭」四字。

［三］選其鄉人之能通經史可爲人師者　「史」下，栗谷全書卷十五東湖問答有「稍知向方」四字。

［四］則其次也　「則」上，栗谷全書卷十五東湖問答有「於榮進」三字。

［五］欲於書院　「欲於書院」，栗谷全書卷六應旨論事疏作「臣愚欲乞於大處書院」。

［六］未必不由於此也　「由」，栗谷全書卷六應旨論事疏作「資」。

［七］敦尚道德　「德」下，栗谷全書卷十五東湖問答有「莫不以聖賢之文爲文也」十字。

［八］而自不犯　「犯」下，栗谷全書卷三十四年譜下有「綱」字。

近思續録卷之十

臨政處事 凡五十八條

静菴先生曰：守令賢，則民受一分之惠。然不改規模而徒責其事爲之末，則治不效矣。〔文集。下同。〕

善觀事者，不觀於顯然之跡，而觀於不跡之跡。待小人不惡而嚴者，正己之謂也。然苟知其爲小人，則不可不深惡而痛絶之。

學至於高明，則權亦可用。權而得中，則於天下之事何有。

不顧其身，惟國是謀，當事敢爲，不計禍患。

大臣聞人之善，若己有之，休休然有樂善之誠，則百執事各恭其職矣。上以感動人主，下以感化百姓，責在大臣。

難得者時，易失者機。

先生每將入侍，必宿齊戒、積诚敬。其進侍也，一心肅慮，如對神明，知無不言，言無不讜。

先生一日進講，而退語學者曰：「今日經筵有一新進之官，推奬人物甚非其宜。大凡進講之際，雖小官討論經義，極陳王道，輔養君德，則無所過矣。至於薦進人才，大臣之職，非人人所得言。」其患一時新進之士，每有喜事之漸者如此。

退溪先生曰：臨事而太顧人情，必不得其正。文集。下同。

告人之道必積厚於己，然後其言有力而能動人。

竭心力以盡職，驗所學以益勉。

事至無可奈何處，皆非人力所能，如何？惟思自盡其所處之道。

不可不豫者，事也，而有期待之心則不可。不可不應者，物也，而存留不忘則不可。

臨事眩是非，事過多追悔。

答黄仲舉書曰：來諭以應接撓溷爲恨，此固仕州縣者之通患，然不可有厭事之心[一]，但日間點檢，使本原之地卓然有主，則民社之事孰非吾學乎！

人患不能敬耳，才能敬，則但看所做之事是何事，或大或小，難易彼此，心無所不管，事無所不可爲者。

國穀雖不可不徵，毋以必取盈而加忍人之政，乃爲善也。

先生吏治，一以簡静不擾爲尚，其收賦於民也，雖甚輕約，而若民所當爲者，亦無所增減，不爲違道干譽之事。言行録。

栗谷先生曰：君子於彝倫之行，與俗大同，而其中有異焉：愛親則同，而諭父母於道，不以從令爲孝者，異於俗；敬君則同，而引君當道，不合則去者，異於俗；宜妻則同，而相敬如賓，不溺於情欲，則異於俗；順兄則同，而怡怡相勉，磨以學行，則異於俗；交遊則同，而久而敬之，相觀而善，則異於俗。彼不愛其親，不敬其君，夫婦反目，兄弟傷和，朋友相賊者，此亂常敗俗之人也。全書。下同。

爲邑有三策：興利除害，足民設教者，上也；量蠲舊弊，清浄無爲者，其次也。由前之説者，失於煩擾，則民怨作；由後之説者，失於疏脱，則吏情懈。有爲而不煩，無爲而不疏，然後可以宰千室之邑矣。

贈柳應瑞治郡説曰：今之爲邑，一出於正，則觸事拘礙。蓋蠲無名之役，則官儲一空；絶貨請之路，則貢獻必阻；止族鄰之侵，則軍伍多闕。兹三者，俗吏之所恬視，而學者之所蹙頞也。昔者明道先生爲邑，不枉道，不廢法，不駭俗，而爲之沛然。柳君有學於此，則何難之有？余見今世之士，欲不枉道，則長往而不出。欲不廢法，則深文而厲民。欲不駭俗，則模稜而屈己。用於時而不失其身者，無幾。故愚於君，深有望焉。

革舊更新，但計其是非利害，要在有便於民而已。若必待貪官污吏與夫幸民，一切樂從，然後乃欲有爲，則宿弊終無可改之日矣。

天下事得成爲幸，出於己，出於人，何異哉！

道之不可並者，是與非也；事之不可俱者，利與害也。徒以利害爲急而不顧是非之所在，則乖於制事之義；徒以是非爲義而不究利害之所在，則乖於應變之權。然權無定規，得中爲貴；義無常制，合宜爲貴。得中而合宜，則是與利在其中矣。

國必務本，事貴知要。務本者，重内而輕外之謂。知要者，執兩端而用中之謂也。

銓曹當爲官擇人，不可爲人擇官。

觀人先取其大節，然後可議其細故也。

秉筆直書，史官之職也。不罪良史，朝廷之責也。

横逆之來，自反而深省，以感化爲期。

先生主本兵，專掌軍務，夙夜憂勞，罄竭心力，晝則終日在公，夜則明燭達朝，一時措置策應皆出於先生。號令明肅，施爲有序[二]，不擾而事集。

沙溪先生問先生：擔當國事如到極難處，則將如何？曰：繼之以死而已。

凡事有第一義，有俗例，有非義。天下義理，固隨時不同。然其不同者，必有所以然。不可泛觀時變，徒循流俗而已。

人有毁謗我者，必反而自省。若我實有可毁之行，自責内訟，不憚改過。若我過甚微而增衍附益，則彼言雖過，而我實有受謗之苗脈，亦當剗鋤前愆，不留毫末。若我本無過而捏造虚言，則此不過妄人而已，何足計較虚實哉？有則改之，無則加勉，莫非有益於我也。

沙溪先生曰：按獄之體，不可無差等之殊。五刑之典，五流之法，輕重大小，昭在刑書。必須持衡審慎，常懷得中之心。無或乘快濫觴，俾有横罹之患。其罪之重者，固當不待時而處決，其餘可以死可以無死者，則徐待衆論歸一而後處之。夫盡物取之在禽獸亦且不爲，况於人命乎！遺稿。下同。

先生監定山縣，蘇殘補弊，一以忠恕爲政。時倭奴入寇，戎事旁午，民伍凋弊，策應撫綏，各得便宜。士夫家避亂而至者，亦盡心周恤。以故吏民安之，而羈旅者忘其流徙焉。

先生議論忠厚和平，絶不爲刻核之言。而至於是非邪正，則極其嚴截。

寄時宰書曰：絶偏係，開公道，毋論彼此，而惟賢是用。較量短長，而惟器是適。

尤菴先生曰：平易近民，固爲政之本。然聖人曰「不莊以涖之，動之不以禮，則未善也」。必須先之以平近，使各得輸其情，而亦持己莊敬，使民不慢。然後可漸，可以教民以禮，而爲政之道始備矣。大全。下同。

忠厚惻怛，固爲政之本，而縱吏胥、憚豪權，必反害於忠厚惻怛之政。古人有言曰「養稂莠者害嘉穀」。然則爲政之道，又須内外兼盡，剛柔相濟，然後可以真無愧於俸錢矣。

居官之道，以愛民爲本。而清慎自持，則是爲要道。又須求忠信無飾者爲掾屬，誠心任之，是聖人所謂「先有司」者也。

寧拙毋巧，士夫之政體。

罔違道以干百姓之譽，罔咈百姓以從己之欲。是雖聖人君天下之道，然一縣之治，亦當如是。

爲官之道，守法爲第一事，身自犯法，何以禁人？

凡事務爲誠信，要使實惠及人。

公餘灑掃庭除，導迎明爽，以清其心，而養其性情，則雖繫吏役，而實未嘗有異於山林之致矣。

朱子於小學書，取呂氏清心省事，爲爲政之要。如使塵垢污穢叢沓於心，則其所猷爲者，無非貪饕剥割之事。誠使方寸清明無外誘之累，則舉天下之物，不能動其鑑空水止之體，而見於云爲者，無不得其所當矣。

凡事依古則寡悔，師心則易差。

凡事雖善，必無所爲而爲，然後乃爲天理之正。

論人之道，其心正，其事是，則雖有小未善，當扶護奬掖，不以掩其大善也。處事不是，則雖幸有一時之伸，必見屈於後世。處事是，則雖不幸有一時之屈，後世必有見伸之日。

古人事君之道，不一其端，有以身者，有以人者，有以言者。

必須正大剛毅，不爲習俗所汩，然後能不失吾身，而正人格物，庶可言矣。

孝廟時，捕將李浣使其部將搜捕賊徒於都尉家。上震怒，命罷大將，拿該將于禁府。先生進曰：「此可賀事也。以部將之賤，能索盜於都尉家，國之有紀綱可知矣。教子弟之道雖在士庶，猶不可不嚴，況帝王乎？侯夫人一婦人也，其教兩程曰：『患其不能屈，不患其不能伸。』今都尉亦豈保其必無是事也？」上喜曰：「予因都尉之事，得聞至言，幸矣！」

大臣律己清嚴，然後董正百僚，其不如法者，一切沙汰，則朝廷安得不清明！

先生恒言「不忍小憤必致大禍」，故家間奴僕外，未嘗有箠人之事。雖婢夫有罪，送于官治之。

士君子當死生之際，亦須相與談笑而處也，豈可戚戚爲兒女子態耶？

經者，人皆可守，權，非義精仁熟而得時措之宜者，未可輕議也。

仁義窮而不行處，權以濟之。朱書劄疑。

【校勘記】

［一］然不可有厭事之心　「然」下，退溪先生文集内集注釋卷八有「如公長途」四字。

［二］施爲有序　「序」下，栗谷全集卷二十四聖學輯要有「人情信報」四字。

近思續録卷之十一

教道 凡二十二條

静菴先生曰：教養不可過於急迫，當從容訓誨，使之浸漬成就可也。文集。

退溪先生曰：教人必以忠信、篤實、謙虚、恭遜。言行録。下同。

下學上達，固是常序，然學者習久無得，則易至中廢，不如指示本源也。

訓誨後學，必以立志爲先，主敬窮理而用工地頭。

聖人教人以信爲言語之則，信與誠一理也。故行誠當自不妄語始，況欲不妄語，必須言行相顧而後能。文集。下同。

師生之間，當以禮義相先，師嚴生敬，各盡其道。其嚴非相厲也，其敬非受屈也，而皆主於禮。

人家子弟當以謹慎畏法爲務。

聖門教人之法，多在孝悌忠信之類，而就言動周旋應接處用力，不專在於静處也。

白鹿洞規，其爲教也，本於明倫，而以博學、審問、慎思、明辨爲窮理之要，自修身以至於處事接物爲篤行之目矣。

天下英才，其誠心願學者何限！人之資禀有萬不同，其始學也，鋭者淩躐，鈍者滯泥，慕古者似矯，志大者似狂，習未熟者如僞，躓復奮者如欺，有始銀而終忽者，有旋廢而頻復者，有病在表者，有病在裹者，若此者不勝枚舉，然亦在所相從而共勉也。

答黄仲舉書曰：古之聖賢教人爲學，豈不欲立談之頃，盡舉以傳付耶？然而不能者，非靳道之傳而晝人於卑近也，勢有所不可也。三千之徒日遊聖門，而所講者惟孝悌忠信、詩書執禮，其論仁也，亦止於爲仁之事而已。及其久也，隨材成就，各有所得，而一貫之妙，惟曾子、子貢可以與聞。故至是而後乃告之，非得已也。

先生之門，摳衣請學之士日以益衆，更進迭問，無不隨人淺深，從容啟迪。諄悉告諭，亹亹忘倦，一以開明心術、變化氣質爲先。

栗谷先生曰：生子，自稍有知識時，當導之以善。若幼而不教，至於既長，則習非放心，教之甚難。一家之内，禮法興行，簡編筆墨之外，無他雜技，則子弟亦無外馳畔學之患矣。全書。下同。

教子必以善行，使之修身勤事，不敢嬉遊。

教人本於自修。

先生恐初學不知向方，又無堅固之志[二]，而泛泛請益，則無補也，爲著擊蒙要訣，使知立心、飭躬、奉親、接物之方。又作學規以申之，約束以警之。

沙溪先生接引後進，雖幼賤者，必開心見誠，反復誘掖，諄諄不倦。大要必立志爲先，躬行爲實，隨其材品，多方開導。見其爲己務實，則心悦而色喜。若已有之，或涉於浮泛，則丁寧戒之，其於詩文華藻之末，則未嘗及於言議也。遺稿。

尤菴先生曰：自古聖賢不能行道濟世，則蓋必立言著書。世爲一經，是蓋天之所命不得以辭者也。大全。下同。

禮樂刑政，聖人設教之具也。戒慎恐懼，君子由教之事也。

書契以來，載籍博矣，修齊治平之道，聖人言之已無闕遺。然而後之君子猶有家训、童蒙训、壼範等書，以教其子孫。蓋觀法近則取則易也。

君臣父子，天性人倫之大者，然欲盡二者之道，必待承師而就學。故中庸以尊賢、知人，經緯始終於五倫之間者，其理不可易也。

尹爾和問：學未至信或有請學者，則何以處之？先生曰：記曰「博學不教」，孟子曰「人之患在好爲人師」，至於張子則曰「人教小童，亦可取益」，須就二説而裁處之。大抵不可强其所不知，以爲自瞞瞞人之歸可也。

【校勘記】

［一］又無堅固之志　「又」，栗谷全書卷三十四年譜作「且」。

近思續録卷之十二

警戒 凡五十八條

静菴先生曰：「人心一有所之，則離道矣。」此言甚爲精微，文章未是惡事，而偏著足以喪心，況酒色蠱心敗德之大者乎？雖曰存心於學問，而一有所嗜好，則所向不能專一。大抵心無二用，向善則背惡矣。夫文與書可謂一事，而習文者，不暇於習書，理固然也。若意誠心正之功到十分盡處，可保無虞矣。不然，則嗜好之害，不可不慮也。文集。下同。

古人云：宴安乃鴆毒，若習於安逸，則善心不生矣。

膚受之愬，浸潤之譖，非通明智慧卓越者，初雖不信，終未免駸駸然入於其中，尤當謹慎也。

非上智，未必事皆合理。常常儆畏，乃君子之道。

一心邪正，因事而著焉。

退溪先生曰：自古高尚之士，例多好奇自用。好奇則不遵常軌，自用則不聽人言。文集。下同。

剛雖君子之德，少過，則入於暴悍强忿。

古人因困窮而學益進，今人因困窮而志遂媮。

天理人欲之間，才有毫釐之分，而其驗於人如影響。此古人所以兢業戒惕，未嘗頃刻而可忽也。

有初無終之可恥，甚於撻市。

人不能篤信好學，才見風吹草動，便驚惶失措，回面污行以蘄免於指目。吾輩正當自反而厲壁立之操耳。

一有利己剋人之心，便是舜、跖所由分處，於此亟須緊著精采。以義利二字剖判，才免爲小人。

激昂軒輊，固勝於委靡頹塌，然苟恃此自負而謂人莫己若也，則必至於矜豪縱肆，不循軌度，傲物輕世。其行於世也，有無限病痛悔吝。

喜事不静之習，立異干名之病，固後生之切戒。

論學而多誤害，至於誤人誤世。

凡事有大小輕重，各有所當。若以小事爲大事，輕悔爲重悔，則殊有迫切激惱之病，將見日用應酬，七顛八倒，無一毫安平和豫、從容灑落底氣象。

士患志不篤，所以自樹立者不堅確耳。憂人之非毁而自沮，則恐不足以爲士也。

人心本自靈明，苟讀聖賢書，豈無一知半解窺得其影象之髣髴處？於是此心遽已自足，以爲吾已知之而人皆不知，乃以其身抗而置之天下第一流上，不復知有求益來善之事，甚則雖古昔儒先，亦率欲陵跨躪轢，必出於其上而後爲快。此即明道先生所謂輕自大而卒無得者也。

信及者，或至太執而駭俗；不信者，循俗而自棄，皆可懼也。

答金而精書曰：公之病，不患不慕善，而患慕之過；不患不嗜學，而患嗜之急；不患不好禮，而患好之僻。慕善太過，故誤以愚人爲真善；嗜學太急，故徑以未學爲已學；好禮太僻，故必以矯俗爲得禮，此實公之大患也。

與鄭子中書曰：適得南冥書云「近見學者，手不知灑掃之節而口談天理，計欲盜名而欺人，反爲人所中傷而害及他人」。其言未免有一偏之弊[一]。然自吾輩言之，但立志不篤，遵道中廢，往往談理之際，遊聲已不禁四馳，而在我躬行之實一無可靠處，則欲免盜欺之責，何可得耶？請加策勵，日事研窮體驗之功，庶幾言行相顧，不得罪於聖門，而免受呵於高世之士。與趙士敬書曰：憂貧之累，決科之業，誠難擺脱，然緣此而欲輟學問之工，此則大誤矣。猶曰非敢爲自暴自棄，獨不見伊川之言，懈意一生，便是暴棄耶。

不知而不爲者，非其人之罪也。知而不爲者，其知也非真知也。爲而不自力者，同歸於自棄者也。力而執私見者，無異於賊道者也。避名而讓與他人，自伏退産之類也。慮患而甘處下流，詭託荒酗之比也。

不能舍己從人，學者之大病。天下之義理無窮，豈可是己而非人？言行録。下同。

凡自處太高，或妄爲推重他人，皆無實得也。若有些少實得，豈至如是？

紛華波蕩之中，最易移人。余嘗用力於此，庶不爲所動而嘗爲議，政府舍人聲妓滿前，便覺有一端喜悦之心，其机則生死路头也，可不懼哉！

栗谷先生曰：偏私之念，一毫未除，則難入於堯舜之道。全書。下同。

不强於爲善者，只是心地爲他物所移耳。

士而無恥，曷足爲士哉？

心迹不同，已非儒者。

好名之恥甚於穿窬。

君子小人之進退，治亂所係，而機關常發於所忽。易於所忽，非知幾者也。

先生與牛溪先生同宿溪廬，時當仲秋，蛩聲唧唧，到曉益盛，有自樂而不知其勤苦者。牛溪歎曰：「微物尚能盡其職分至於此哉！」先生亦歎曰：「知覺多者深於利害，擇利而就安，怠惰而日渝。」

所以人不能盡性，而天機自動，不假修爲，盡其天職，乃出於微物也。

吾少時著木屐行泥濘處，初來持心甚謹，猶恐泥污一蹶，陷泥之後，踏泥自安。爲惡之人亦如是也，可不謹於是乎！

人之氣稟厚薄，猶井之儲水有淺深也。水在於井，有終日汲而不減者，有一二挹而已竭者。人亦如是，有縱其嗜慾不知自止，而猶享康寧者；有少乖保養輒生疾病，而艱難調攝者。人見縱慾之康寧、調攝之艱保，遂以酒色爲無害，謹慎爲無益，此非知命者也。

無自守之節，而以模稜爲忠厚，不可也。無根本之德，而以矯激爲氣節，不可也。世俗淆薄，實德日喪，非詭隨阿人則必矯亢尚氣，中行之士，誠難得見矣。

名爲學問[二]，而挾才挾賢，輕人侮物者，其害不可勝言。

量狹者不能容物，從狹隘上生萬般病痛。

利欲之害甚於異端。

夫鄉原閹然媚世，自以爲是，使流俗安於姑息卑污之境[三]，沮抑行道之士，杜絶爲學之路，其爲害殆甚於異端之惑世矣。後世之士，若指爲鄉原，則孰不慙且怒哉？然夷考其所爲，則瞻前顧後，謹身持禄，一聞復古之説，一見志道之士，則輒嗤以迂闊難成，惟以因循牽補爲務，此皆學鄉原者也。

名爲做舉業而實不著功，名爲做理學而實不下手。若責以科業，則曰「我志於理學」，不能屑屑於此；責以理學[四]，則曰「我爲科業所累」，不能用功於實地。如是兩占便宜，悠悠度日，卒至於科業、理學兩無所成，老大之後，雖悔何追？

聞過自辨[五]，嘵嘵然不置，必欲置身於無過之地，則其過愈深，取謗益重矣。

尤菴先生曰：一時利害甚小，萬世論議可畏。大全。下同。

若於天理人欲之分一毫放過，則千里之謬便在目前，此最可戒。

吾之所謂公者，苟不合正理，則雖無私心，而亦不得爲公也。

戒子孫書曰：朱子於陰陽義利、白黑剖判之勇且嚴，如一劍兩段，不敢少有依違因仍之意，此正大學「誠意」章事也。大抵依違兩間者，終必入於陰與利與黑，蓋皆人情之所便也，汝等戒之。

君子行禮，寧執而爲固，不可流而病俗。

自古君子常敗於疏，小人常成於密。

忿恨滯于意慮，利害交於計較，實士君子之所恥。

吾儒議論，寧拙無巧，寧淺無深。

凡人處身於禮法之中，則雖有過誤，人之視之如白中之黑，而不甚非之。苟不以禮法自處，則雖有善事，人之視之，有同黑中之白，而並與其善棄之。

徒有温良，而明不足以致察於幾微之際，健不足以致判於利義之界，則適足爲因循於習熟，優柔於愛好，終至於陷溺而不能反也。

好勝雖與懶冗有異，其爲病則無異。

是非相較之際，若欲直己自信，則適足以曳薪救火也。

君子論議，有當峻者，有當緩者。當緩而峻，則失於激；當峻而緩，則嫌於餂。

答朴大叔書曰：戒得之諭，可謂切至矣。所謂得者，不必財利而已，凡要得令名，要得苟活，論辨而要得己勝，此與彼雖有清濁之異，而其爲害，理則同。

士大夫一經變故，便失趨向。陳、荀固一世之宗，而黨錮以後，論議低回，遂成風習，故其子孫乃爲唐衡之壻、曹操之臣。

節義之漸衰，由道學之不明。揚雄之太玄、法言，非無理致，而亦非聖人之學，故貪生投閣，爲萬世罪人。

【校勘記】

〔一〕其言未免有一偏之弊　「有」下，退溪先生文集内集注釋卷八有「墮落」二字。

〔二〕名爲學問　「問」下，栗谷全書卷十五有「之士」二字。

〔三〕使流俗安於姑息卑污之境　「俗」下，栗谷全書卷二十四聖學輯要有「雷同」二字。

〔四〕責以理學　「責」上，當據栗谷全書卷二十七擊蒙要訣補「若」字。

〔五〕聞過自辨　「聞」上，栗谷全書卷二十七擊蒙要訣有「若」字。

近思續録卷之十三

辨異端 凡二十五條

退溪先生曰：君子講道立言，豈直爲一時計？若排異學，亦豈問今世其人之有無而爲之前卻乎？且不爲聖人之徒，則便爲楊墨之徒，無中立兩和之理。假使吾有涉於彼，則雖舉世無一人學禪者，我已陷人於禽獸夷狄之域矣。豈惟陷人，我已自陷於邪詖之徒矣！文集。下同。

明道云：釋氏於吾儒，句句同，事事同，然而不同。今雖固知其有同，然我輩當尋箇不同處，堅定腳跟不要轉步，何可輕言「不害相近」耶？

禪學如膏油，近人則輒污。陽明又以雄辯濟之，尤易惑人。

陳白沙、王陽明之學，皆出於象山，而以本心爲宗，蓋皆禪學也。然白沙猶未純爲禪[一]。至如陽明學術頗忒，其心强狠[二]，張皇震耀，使人眩惑而喪其所守。賊仁義，亂天下，未必非此人也。所以至此者，初亦只爲厭事物之爲心害而欲去之，顧不欲滅倫絶物，如釋氏所爲，於是創爲「心即理也」之説，謂天下之理，只在於吾内而不在於事物。然則所謂事物者，雖如五倫之重，有亦可，無亦可，剗而去之亦可，是庸有異於釋氏之教乎？

吳草廬澄元人。云：「提耳而誨之，可使不識一字之凡夫立造神妙。」此説亦禪家頓悟之機，聖門無此法。

主於踐理者，養氣在其中。偏於養氣者，必至於賊性衛生之道。苟欲充其極，則匪懈匪躬之職，皆當頓廢而後可，庶幾斁理害正如此。

聖遠言湮，異端亂真。古之聰明才傑之士，始終迷溺，亦有始正而終邪，有中立而兩是，有陽排而陰右。其人雖有淺深，而其誣天罔聖、充塞仁義之罪，一也。

先生於異端，如淫聲美色，猶恐絶之不嚴。嘗曰：「我欲看佛經以覈其邪遁，而恐如涉水者初欲試其淺深，而竟有汲溺之虞。」學者但當讀聖賢書，知得盡信得。及如異端文字，全然不知，亦不妨也。言行録。

栗谷先生曰：佛氏之説，有精有粗。粗者，不過以輪回、報應之説，廣張罪福，誘脅愚迷，使之奔走供奉而已。其精者，則極論心性，而認理爲心，以心爲萬法之本；認心爲性，以性爲見聞作用；以寂滅爲宗，以天地萬物爲幻妄；以出世爲道，以秉彝人倫爲桎梏。其用功之要，則不立文字，直指人心，見性成佛，頓悟之後，方加漸修，若上根之人，則或有頓悟頓修者。達摩於梁武帝時入中國，始傳其道，所謂禪學者是也。至唐而大盛，其徒遍天下，揚眉瞬目，棒喝大笑，以相印證。大槩以無意爲得道，不論善惡。若以意思而得，則皆以爲妄見必也。任情直行，不用意思，然後乃以爲真見。其未及乎此者，則必以一二句無意味話頭，若狗子無佛性、庭前柏樹子之類。作無限妙理看，遂生大疑，專心窮究，積功不已，靜定之極，略見心性影子於髣髴想像之際，則遂擬以大悟[三]，猖狂自恣，謂之了事。宋初，其徒猶熾。自程、朱廓清之後，其勢始衰。今所謂禪學者，殆至於絶矣。全書。下同。

陸象山揮斥致知之功，以爲支繁失真，專用功於本心。此於涵養不爲無助，但學者知行必須並進，若不知道理，不辨是非，則所謂存心者，亦將何據？若只靜坐而萬理自明，則孔子何必曰「博學於文」，子思何必曰「道問學」乎？象山既没，其學不絶，與朱子正學相抗。厭勤勞、樂簡便之徒，相與作爲幽深怳惚之説以附之。禪學雖足以惑人，其言非儒，其行滅倫，稍知有秉彝者[四]，固已疑阻，又經程、朱之闢，宜乎其跡若掃矣。陸學則不然，言必稱孔孟，行必本孝悌，而其用心精微處，乃是禪學也。闢之之難，豈不十倍於佛氏乎？佛氏之害，如外寇侵突，陸氏之害，如奸臣誤國。

魏伯陽之參同契，學易而流於邪説者也。

白日昇空、雞鳴天上、犬吠雲中者，必無其理。夫邪説之行，必有詭異之迹，然後乃可以動人。故方術之士，必以虚無之説，爲後人之嚆矢。若非窮理之至，難乎免於誑惑矣。

異端之言，豈必佛老禪陸爲然？世之非先王之道，循一己之欲者，莫非異端也。若以俗習爲是，孜孜求利，而非笑陸學，則何異於尊尚四凶而譏刺楊、墨乎？

先生入金剛山，至深處[五]，静坐凝思，至忘寢食者久之。一日忽思，以爲佛氏戒其徒勿作增減想者，何意也？因究其所以戒之之意。蓋其學無他奇妙，只欲截斷此心走作之路，凝聚精神，以造静極虚明之域。故假設話頭，使之依靠下工[六]，而恐人先知此意，則著功必不專[七]，故又設此禁而誑之也。遂疑其學之詐[八]，復取聖賢書而温繹之，知其説之真不我欺也。始乃大悟，束裝而歸。

尤菴先生曰：楊、墨學仁義而差者，故淺而易知。佛家則指心性而言，故後世學者多被浸淫，其害深矣。講義通編。

釋氏專以自私爲心，只就靈明發用處把玩作弄，以爲有得。朱書劄疑。下同。

佛氏以儒者所謂心者爲性，是不能離乎形而下者，而終不知有形而上之理也。

儒者體用一原，佛氏體用相離。

問一僧曰：「爾道天地人物皆爲妄，然則是全體都是妄也？雖日月薄蝕，戕父與君，亦無害否？」對曰：「妄中亦有善惡矣。」先生笑曰：「此爾家窘處，既曰妄又安有善乎？」大全。下同。

東坡少時攻釋氏，及其晚年失意，遂與釋氏爲一。其心既邪，則其離其合特顧眄間事，大抵不出於義而出乎利者，例如是也。

朱子嘗論莊子害正之説，其中最以「爲惡無近刑」一句爲悖理之甚。竊嘗思之，此説最中後世好利取便者之心，其害甚於洪水猛獸之禍。

陸氏之徒不以讀書窮理爲本，而直截以分别義利、去取善惡爲務。故明知其義與善之所在，則當死而即死，當生而即生，無復依違婞婀之習。是以能使一時歆艷，後世嚮慕，然以其不以讀書窮理爲本，故所謂義與善者，或非真義善，而還入於利與惡，此學者之所當明辨也。

象山、陽明之説，與程、朱猶冰炭薰蕕，相爲勝負消長。彼勝而長，此負而消，則其爲害甚於洪猛。故孟子論異端之害曰「率獸食人，人將相食」，韓公亦曰「三綱淪而九法斁」。

問：不從朱子之論者，皆不免爲異端乎？先生曰：然。曰：近來尹鑴何如？先生曰：吾以爲異端也。

攻斥朱子無所忌憚，是果斯文之亂賊，而異端之甚者。彼楊、墨則本是學仁義而差者，故其害不速，惟尹鑴則孔子所謂侮聖賢之言者，其禍將不止於「率獸食人，人將相食」。吾竊自附於闢邪説不遺餘力，而觝斥矣。

【校勘記】

［一］然白沙猶未純爲禪　「禪」下，增補退溪全書卷二有「而有近於吾學」六字。
［二］其心强狠　「强狠」下，增補退溪全書卷二有「自用其辯」四字。
［三］則遂擬以大悟　「大」上，栗谷全書卷二十聖學輯要有「豁然」二字。
［四］稍知有秉彝者　「稍」上，栗谷全書卷二十聖學輯要有「世間」二字。
［五］至深處　「至」上，栗谷全書卷三十三附録一有「嘗」字。
［六］使之依靠下工　「工」，栗谷全書卷三十三附録作「功」。
［七］則著功必不專　「專」下，栗谷全書卷三十三附録有「精卒無所得」五字。
［八］遂疑其學之詐　「詐」，栗谷全書卷三十三附録作「邪」。

近思續録卷之十四

論聖賢 凡五十一條

栗谷先生曰：堯舜之道，行於一時，一時之君師也。孔子之道，明於萬世，萬世之君師也。堯舜之化有限，而孔子之化無盡也。全書。下同。

顔子與聖人所争者，只在思與不思、勉與不勉，其得之，其中之一也。

孟子之學，遏人欲、存天理者也[一]。得行其道於天下，則天下必被其化矣。

荀、揚皆偏駁，毛萇無顯功，王通見小而欲速，皆少可觀，惟董仲舒有正誼明道之論，諸葛亮有儒者氣像[二]，韓愈排斥佛老，視諸子爲優。但仲舒流於災異之説，亮近於申、韓之習，愈疏於踐履之學，此不能接孟氏之統也[三]。

河南程氏續千載不傳之緒，回百川既倒之瀾，性理之學粲然復明於世。

程子之學，無適無莫，而心不偏繫。

康節邵氏，内聖外王之學，而先賢未嘗以道統正脈許之[四]。程門弟子羽翼斯道者亦多，而能荷傳道之任者不可見。

濂、洛以來，集羣賢之大成[五]，博約兩至，路脈分明，莫如朱子。

真德秀以儒名世，而其出處有可議。

箕子誕菈朝鮮，不鄙夷其民，養之厚而教之勤。變魋結之俗，成齊魯之邦，到于今禮樂之習，濟濟不替。其功良勤，而其嘉惠後學，亦至矣。

我國理學圃隱[六]，始發其端而規矩不精。

薛聰、安裕無與於斯道[七]。金文敬、寒暄堂。鄭文獻一蠹。言論風旨[八]，微而不顯，李文元晦齋。出處頗有可議者。惟趙文正靜菴。倡明道學，啓牖後人，李文純退溪。沉潛義理，模範一時。

靜菴奮于衰世，馨德夙播，譬如青天白日，有目者莫不識其清明。

退溪之學，因文入道，義理精密，一遵朱子之訓，諸説之異同，亦得曲暢旁通，而莫不折衷於朱子，爲世儒宗，趙文正之後無與爲比。

道學自趙靜菴始，至退陶，儒者摸樣已成。

論其資禀則靜菴絶勝，語其造詣則退溪爲優。

李文元多讀古書，善於著述。雖不可當道學之名，而其賢則世不可多得。

河西光風霽月，清水芙蓉，出處之正，無與倫比。

牛溪操履敦確。

牛溪哭栗谷曰：於道洞見大原，真山河間氣[九]，三代上人物。

尤菴先生嘗誦其先訓曰：「朱子後孔子，栗谷後朱子，欲學孔子，當自栗谷始」。大全。下同。

又撰紫雲書院廟庭碑曰：不由師承，默契道妙，似濂溪；一變至道，潛思實踐，似横渠；發明極致，通透灑落，似明道；博約齊頭，集而大成，又似乎晦翁夫子。

李文成得朱子全體大用之傳。

栗谷卓然有繼開之功。

沙溪以栗谷爲敏快豁達，亞於生知，若在孔門，必與顔、曾同科云。

尤菴先生曰：博約兩至，巧力俱到，無一不合。於堯、舜、禹以來大成之道，則未有若朱子之專者也。

朱子幾於一疵不存，萬理明盡，非聖人乎！

黄勉齋通解、續書大有關於聖道，其功不下於九峯之尚書集傳。

許衡以近世儒者失身胡元，此甚可羞。

薛文清篤志力行，可爲學者模範。而出身於永樂，則不可謂修其身也。且以許衡之出處比之孔子，則其見識反不及於丘文莊矣。

圃隱始傳洛、建諸書於中國以爲教，而其尊周背虜、用夏變夷，使我箕封得爲禮義之邦者，功誰與競？

静菴之生於我東，實如濂溪之於宋朝。

静菴和風瑞日，誠明灑落。

退溪以沉潛縝密之學啟發關鍵，然後程朱之學大明於世。

花潭雜於數學。

河西豪傑之才，而見道分明。

牛溪謹嚴篤實，質慤精深。

沙溪以篤實踐履之學，真誠積久，卒究聖賢之成法，模範乎來裔。

沙溪之學專，出於「確」之一字。

沙溪禮書之功，實開闢東土之羣蒙。

重峯其學，以明庶物、察人倫爲本。

重峯規模甚大，綱領甚正。

愼獨齋慈祥、縝密，不見罅隙。

同春精明温粹，瑩澈無瑕。

同春温厚和平之中，自有正直剛大之氣。

同春嘗於病中書「高山仰止」四字，揭之壁上，曰：「尤菴可以當此。」又書揭「一條清冰」四字，曰：「此先輩欽尚河西、栗谷語，而今世未見如此人。」尤菴曰：「惟兄可以當之。」

權遂菴尚夏。撰尤菴先生墓表云：「先生自兒時自任以聖賢之學，及師沙溪先生盡得其所傳於栗谷者，又專讀朱子書以成家計。其用工也，致知、存養、實踐、擴充，而敬則通貫始終。故知行並進，表裏如一。至其道成德尊，則精密純熟，渾然粹然，其動静言爲正大光明，如青天白日，人得以見之。」又曰：「栗谷作於前，先生繼於後，以啟我海外道學之傳，豈天之正氣東行，自不得不然耶？朱子之道至栗谷而復明，栗谷之業至先生而益廣。栗谷如天開日明，先生如地負海涵也。」

金農巖昌協。贊尤菴先生云：以英雄豪傑之資，有戰兢臨履之工。斂浩氣於環堵之窄，可以塞宇宙；任至重於一身之小，可以抗華、嵩。進而置之巖廊，爲帝王師，而不見其泰；退而處乎丘壑，與麋鹿友，而不見其窮。

鄭丈巖澔。又贊云：脗然獨與道契，卓然獨與道立。遠之則有望，近之則不厭。

金三淵昌翕。云：尤翁置身於利害禍福之外，束世於禮義廉恥之中。

權遂菴云：晦翁，孔子後一人；尤菴，晦翁後一人。

【校勘記】

[一] 遏人欲存天理者也　「理」下，栗谷全書拾遺卷六雜著有「而亞聖」三字。

[二] 諸葛亮有儒者氣像　「像」，當據栗谷全書卷二十六聖學輯要改作「象」。

[三] 此不能接孟氏之統也　「此」下，栗谷全書卷二十六聖學輯要有「所以」二字。

[四] 而先賢未嘗以道統正脈許之　「許之」下，栗谷全書卷二十六聖學輯要有「故不敢載於此」六字。

[五] 集羣賢之大成　「大成」下，栗谷全書卷三十四附録有「而折衷之」四字。

[六] 我國理學圃隱　「圃隱」，栗谷全書卷二十八經筵日記作「無傳前朝鄭夢周」。

[七] 薛聰安裕無與於斯道　「聰」下，栗谷全書卷二十九經筵日記有「崔致遠」三字。

[八] 鄭文獻一蠹言論風旨　「獻」，栗谷全書卷二十九經筵日記作「忠」。

[九] 真山河間氣　「真」，栗谷全書卷三十四附録作「誠」。

海東七子近思録

（朝鮮）朴泰輔 編
傅孟凱 校點

校點説明

海東七子近思録由朝鮮朴泰輔編。朴泰輔（一六五四—一六八九），字士元，號定齋，朝鮮李朝潘南人。二十四歲中狀元，歷任禮曹佐郎、吏曹佐郎、坡州牧、弘文館副應教等職。其人以鯁直見稱，無係乎偏黨，不動於毁譽。李朝肅宗十五年四月，因反對廢黜仁顯王后之事，被囚下獄，備受拷掠，後流配珍島。五月，途中傷重而死，卒年三十六歲。贈吏曹判書，謚文烈。著有周書國編、定齋集等。

朴泰輔宗宋儒之學，明齋先生尹拯嘗命其仿近思録體例編纂朝鮮諸賢文字，朴泰輔行狀載：「嘗欲收摭東賢粹語，爲近思續録，又以其餘編東國事文類聚，而並未成書。」據豐城後學序文所云「先師遺訓」與「明翁之遺志」等語，可知海東七子近思録編於尹拯逝世之後，即朝鮮李朝肅宗四十年（一七一四）後。其時距朴泰輔辭世已逾二十五年，故海東七子近思録實由豐城後學完成。

該書仿近思録體例編纂，選録了朝鮮王朝七位理學名儒之言語行事，基本囊括了七子理學的主要觀點，體用兼備，欲打造成「東之一經」。據其師承，書中七子學術可分爲兩派：一是傳自高麗末鄭夢周，經吉再、金叔滋、金宗直，而至金宏弼、鄭汝昌、趙光祖，再傳而至成渾；二是李彦迪自奮而起，影響李滉，而李滉又傳李珥。據其内容，書中七子觀點大致守程朱傳統，既涉及對理氣之辨、人心道心、未發已發、持敬涵養等傳統理學命題的討論，也圍繞朝鮮理學諸如四端七情之辨等内容進行了一系列的闡發。這反映出七子學術非一味祖述先儒，而是有因有革。如李彦迪的理本論影響李滉的主理論，李珥問學於李滉卻開主氣論一派等，顯示出七子理學思想的豐富性。由此可見，與明末王學大興相較，程朱理學在朝鮮則焕發出理論上的活力。總之，該書反映了程朱理學在朝鮮的傳承和發展，勾勒出了七子理學的基本面貌，對認識朝鮮朱子學和近思録在東亞的傳播具有積極意義。

此書現存有朝鮮時代寫本，據韓國國立中央圖書館所披露信息及影像資料可知，此寫本書衣上以行書題名「七子近思録」，共二册，以「乾」「坤」二字别之。高二二七毫米，寬二〇七毫米。卷前有豐城後學所作海東七子近思録序、引用書目和目録。卷一首葉右上方鈐有「朝鮮總督府圖書館藏書之印」朱文方形篆字印章。卷一卷端首行頂格題「海東七子近思録卷之一」，第二行低一格題「求端」，第三行低二字格題「道體」，正文每條以行草書頂格書寫，其後各卷形式類此。此次整理即以此本爲底本，參校以金宏弼景賢録及續録朝鮮李朝肅宗四十五年道東書院重刊本（簡稱「景賢録」），鄭汝昌一蠹先生遺集及續集朝鮮一九二〇年濫溪書院刊本（簡稱

「一蠹集」），趙光祖靜庵先生文集及續集朝鮮一九二九年三芝齋刊本（簡稱「靜庵集」），李彥迪晦齋集朝鮮李朝宣祖七年刊本，李滉退溪先生文集朝鮮李朝宣祖三十三年陶山書院刊本（簡稱「退溪集」），李珥栗谷全書朝鮮李朝純祖十四年海州增訂重刊本（簡稱「栗谷集」），成渾牛溪先生集及續集朝鮮李朝純祖九年昌寧勿溪書院重刊本（簡稱「牛溪集」）等。因此書編纂者對七子文字多有删改，故將其中改動影響較大或文字有訛漏之處以校勘記標注，以供參考。書中部分異體字，如「联」「徃」「荅」等，徑改作通用繁體字，不再出校記。今校點既畢，遂以爲記。愚駑小子，學有未逮，恭俟大方之教。並在此附録海東七子簡介，以備檢閲。

金宏弼（一四五四—一五〇四），字大猷，號寒暄堂、蓑翁。游學於金宗植門下，受甲子（一五〇四）士禍的牽連，受極刑而死。謚文敬。李朝儒學家，「東國十八賢」之一。朝鮮李朝國朝儒先録將金宏弼與鄭汝昌、趙光祖、李彥迪并列爲朝鮮四賢。

鄭汝昌（一四五〇—一五〇四），字伯勖，號一蠹、睡翁。廣尚南道人。游學於金宗植門下，受甲子士禍牽連，被破棺斬屍。朝鮮時代的文人、儒學家。謚文獻。

趙光祖（一四八二—一五一九），字孝直，號靜庵。謚號文正。爲金宏弼門生。出身於官僚家庭，歷任副提學、大司成等官職。十六世紀李朝著名思想家及政治家，朝鮮朱子學派的代表者。在己卯（一五一九）士禍中被李朝中宗賜死，後來在仁宗登位後獲平反。著有靜庵集。

李彦迪(一四九一—一五五三),字復古,號晦齋、紫溪翁,慶尚道慶州人。官至右贊成。謚文元。李朝性理學家,「東國十八賢」之一。

李滉(一五〇一—一五七〇),字景浩,號退溪、陶翁,慶尚道安東人。官至左贊成。朝鮮中期理學家,退溪學派創始人。

李珥(一五三六—一五八四),字叔獻,號栗谷。官至右贊成。爲李滉門人,後二人並稱於世。爲朝鮮朱子學代表人物之一,創立了朝鮮朱子學主氣論學派。

成渾(一五三五—一五九八),字浩源,號牛溪、默庵。官至右贊成。謚文簡。爲趙光祖再傳門人,李朝中期的文臣和性理學者。

校點者傅孟凱於蘇州大學

海東七子近思録序

昔我明齋先生命定齋朴文烈公取七子事行文字，依近思門類彙分抄録，合成一帙，以爲我東之一經。定齋公不幸早世，遂致先生之未就。余甚恨焉！壬午夏，申友羲世過余垩室，語及此事，仍相與之勉曰：「先師遺訓鄭重而未果，豈非吾儕之耻歟？」遂裒合抄節，粹要删正，由博而造約，越三年書始成。嗚呼！以吾謏聞寡識，何敢妄生意見，别立門庭，求多於前人也！只爲承明翁之遺志，循考亭之舊規，依樣編輯而已，非敢曰有補於斯文，聊自爲牖昏警怠之資焉。甲申九月五日，豐城後學謹識。

海東七子近思録引用書目

寒暄景賢堂集 先生姓金氏，名宏弼，字大猷，居玄風。戊午被禍。
一蠹先生文集 先生姓鄭氏，名汝昌，字伯勖，居玄風。官至縣監，戊午被禍。
静庵先生文集 先生姓趙氏，名光祖，字孝直。官至大司憲，己卯被禍。
晦齋先生文集 先生姓李氏，名彦迪，字復古，居慶州，官至右贊成。卒於謫所。
九經衍義
退溪先生文集 先生姓李氏，名滉，字景浩，居禮安。官至左贊成。
栗谷先生文集 先生姓李氏，名珥，字叔獻，居海州。官至右贊成。
經筵日記
擊蒙要訣
聖學輯要
牛溪先生文集 先生姓成氏，名渾，字浩源，居坡州。官至右贊成。

海東七子近思録卷之一

求端

道體

寒暄先生曰："以一生兩之後，物有萬，其不同。然推究其所以卒爛慢，其同宗。秋毫雖小，具有太極也。泰山雖大，天所作也。然則自形以下兮，天地亦爲一物；自形以上兮，物物皆爲無極也。"秋毫泰山賦。

一蠹先生曰："學而不知心，何用學爲？無乎不在，亦無有處。"行狀。

坐於此而心游千里之外，須臾卷在腔中，非出入乎？秋江心論。○秋江曰"心無出入，只操存捨亡"，故先生云。

松與竹，兩美也，而不若此君。風與月，雙美也[一]，而不若天心對影之爲奇。山與水，俱仁智者所樂也，而不若「水哉，水哉」。秋江冷話。[二]

先生嘗讀中庸章句至「氣以成形，理亦賦焉」，曰：「安有後氣之理乎！」贊録。○理氣無先後，無離合，故章句亦無分析先後之意。而先生所言如此，恐與朱子之旨有異。

静庵先生曰：「在天兮春，在人兮仁，皆本太極。異而同兮，識此何人？無極翁兮。」春賦。

四時自春而始，四端自仁而發。無春序不成，無仁端不遂。春賦序。○正德庚午進士會試壯元。

人之於天地，稟剛柔以形，受健順以性，氣則四時，而心乃四德也。故氣之大，浩然無所不包；心之靈，妙然無所不通。戒心箴序。

天地絪緼，大化惟醇。氣通而形，理承其真。斂括方寸，萬象彌綸。渾然昭晰，神用不忒。充微著顯，式揭人極。擴準四海，功躋位育。偉哉靈妙，於穆天通。巍巍堯業，亦此之衷。涓涓其澄，浩浩其流。發揮萬變，卓然皦日。義形於事，仁溥於物。故聖授受，只傳心法。惟精惟一，庶存其德。戒心箴。

人之一心，天理本全。其大無外，其運不息。良由氣局欲蔽，大者或小，運者或間。心一不正，氣一不順，則生於事，害於政，彝倫斁，而萬物不遂矣。栗谷靜庵先生墓誌銘。

晦齋先生曰：「惟心之德，至虚至靈。原其本體，廣大高明。内具衆理，外應萬事[三]。放之六合，歛之方寸。當其不動，渾然太極。廓然大公，鳶飛魚躍。位育極功，實本於此。」養心箴。

我有我身，至重至貴。受之父母，命於天地。參爲三才，匪萬物比。敬身箴。

天之道有四德，而元爲之長。人之性具五常，而仁爲之首。斯所謂「心德之全而萬事之本」也。求仁録序。

「無極而太極」云者，所以形容此道之未始有物，而實爲萬物之根柢者。太極圖説後序。

「喜怒哀樂未發而渾然在中」者，此心本然之體，而謂之「寂」可也。及其感而遂通，則喜怒哀樂皆中節[四]，而本然之妙於是而流行也。答忘機序。

太極者，乃斯道之本體，萬化之要領[五]，而子思所謂「天命之性」者也。

至無之中，至有存焉，故曰「無極而太極」。有理而後有氣，故曰「太極生兩儀」。然則理雖不離於氣，而實亦不雜於氣。

人物有形有質，此理無形無質。有形有質者，不能無生死終始[六]，而其所以生死終始者，實此無形無質者之所爲也。

心之廣大虛明[七]，萬理具備[八]，善養而無害，則與天地同其大，與日月合其明。大可以容萬物於覆載之中，群黎品彙，咸被其澤。明足以照萬物於事變之間[九]，是非邪正，皆不能遁其形。此紀綱之所由立，風化之所由行，而天下國家之所由治也。進修八規劄。

道之大原出於天，而具於心，散於萬事。通天地而一理，盡萬物而一體。未發之前，至精至微而無所偏倚者[一〇]，中之體也。已發之際，品節不差而無所乖戾者，和之用也。致之云者，推之以極其至也。弘文館上疏。

人受天地之中以生，則其心猶天地之有陰陽也，而太極之真，於是乎在也。其未感物也，湛然虛静，若無一物，是則所謂「無聲無臭之妙」也。答忘機書。

蓋事之理則天之理也，形而上者也。學是事而通其理，即夫形而下而得夫形而上者，便是上達境界。與忘機書。

退溪先生曰：「道無形象，天無言語。自河洛圖書之出，聖人因作卦爻，而道始見於天下矣。然而道之浩浩，何處下手？古訓千萬，何所從入？聖學有大段[一一]，心法有至要，揭之以爲圖，指之以爲説，以示人入道之門、積德之基。斯亦後賢之所不得已而作也。」聖學十圖序。

七情之發，雖不可謂不由於五性，然與四端對舉而言，則四端主於理而氣隨之，七情主於氣而理乘之，故端易微而情易暴，其勢然也。「四端理之發，七情氣之發」本晦庵語，而其理曉然矣。其於怒與哀尤患難制者，亦不過稟得此氣偏重而然也。與李仲久書。

中之大本，以人所有而言。天命之性，自天所賦而言。

天下無無理之氣，無無氣之理。四端，理發而氣隨之。七情，氣發而理乘之。理而無氣之隨，則做出來不成；氣而無理之乘，則陷於利欲而爲禽獸，此不易之定理。若混淪言之，則以未發之中爲大本，以七情爲大用，而四端在其中，如好學論中庸是也。孟子「四端」章專以理言，而氣亦未嘗不外乎其間也[一二]。

無情意造作者，此理本然之體也。隨寓發見而無不到者，此理至神之用也。

古人以乘馬出入，譬理氣乘行。蓋人非馬不出[一三]，馬非人失軌途，人與馬必相須。若泛指其行而言，則人馬在其中，四七混淪而言是也；只言人行，則馬行在其中，四端是也；只言馬行，則人行在其中，七情是也。

人心，七情是也。道心，四端是也。

奇高峰四七理氣辨曰：「子思曰：『喜怒哀樂之未發謂之中，發而皆中節謂之和。』孟子曰：『惻隱之心，仁之端也。羞惡之心，義之端也。辭讓之心，禮之端也。是非之心，智之端也。』此性情之説也，而先儒發明盡矣。然竊嘗考之，子思之言所謂『道其全體』者，而孟子之言所謂『剔發出來』者也[一四]。蓋人心未發則謂之性，已發則謂之情，而性則無不善，情則有善惡，此乃固然之理也。但子思、孟子所就而言之不同，故有四端、七情之別耳，非七情之外復有四端也。今若以爲四端發於理而無不善，七情發於氣而有善惡，是理與氣判而爲兩物也。是七情不由於性，四端不乘於氣也。此語意之不能無病，而後學之不能無疑也。若又以『四端之發純理，故無不善；七情之發兼氣，故有善惡』者改之，則雖似稍勝於前説，而愚意亦恐未安。蓋性之乍發，氣不用事，本然之善得以直遂者，正孟子所謂四端者也。此固純是天理所發，然非能出於七情之外也，乃七情中發而中節者之苗脈也。然則以四端七情對舉互言，而謂之純理兼氣，可乎？論人心道心，則或可如此説，若四端七情，則恐不得如此説。蓋七情不可專以人心觀也。夫理，氣之主宰也；氣，理之材料也，二者固有分矣。其在事物也，則固混淪而不可分開，但理弱氣强，理無眹而氣無跡故也。其流行發見之際，不能無過不及之差，此所以七情之發或善或惡，而性之本體或有所不能全也。然其善者乃天命之本然，惡者乃氣質之過不及也。所謂四端、七情，初非有二義也。近來學者不察孟子「就善」「一邊」剔出指示之意，例以四端、七情别而論之，愚竊病焉。朱子曰：『喜怒哀樂情也，其未發則性也。』及論性情之際，則每每以四德四端言也[一五]。蓋恐人之不曉，而以氣言性也。然學者須知理之不外於氣，而氣之無過不及，自然發見者，乃理之本體然也。而用其力焉，則庶乎不差矣。」

性即理，固有善無惡。心合理氣，似未免有惡。然極其初而論之，心亦有善無惡。何者？心之未發，氣未用事，惟理而已，安有惡乎？惟於發處，理蔽於氣，方趨[一六]。此所謂幾分善惡，而先儒力辨其非有兩物相生者也。趙致道誠幾圖、王魯齋危微圖已盡之。洪仁祐書。

誠幾圖

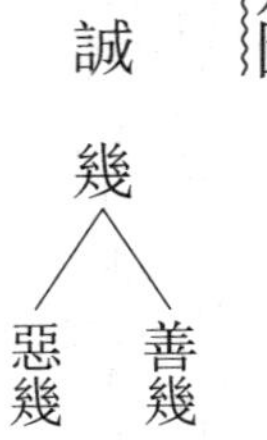

此證胡氏之説。

人心道心圖

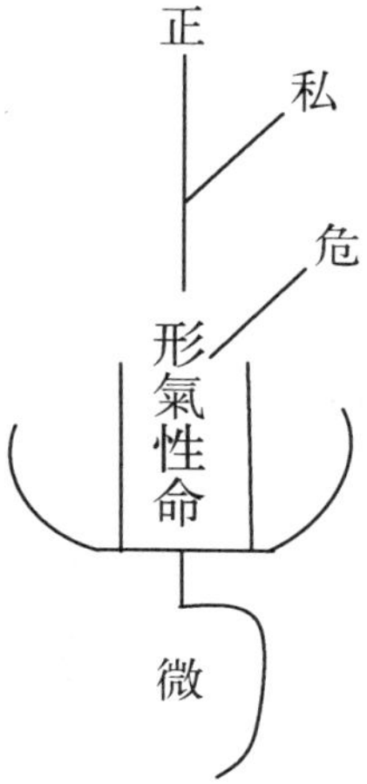

水爲天地所由生，邵子所謂「一陽初動處，萬物未生時。玄酒味方淡，太音聲正希」者，雖指一年冬至而觀之，謂有天地而後有此妙，可矣。自一元之初而觀之，當此際，只水氣肇生於渺忽未形之間，無他物也。孔子所謂「天一生水」者，指此而言。故曰：天地亦由此而生也。

氣稟不齊之故，大學或問論明德處論之詳矣。得陽氣者，爲剛爲明[一七]；得陰氣者，爲昏爲弱，大槩則然。而就其中有各隨其所得之清濁純駁、分數多寡，而有善惡之不齊焉。故濂溪有「剛善剛惡，柔善柔惡，中焉至矣」之論[一八]。

理本其尊無對，命物而不命於物。但氣爲之田地材具，故凡發用應接，率多氣爲用事。氣能順理時，理自顯，非氣之弱，乃順也。氣若反理時，理反隱，非理之弱，乃勢也。答李達書。

道一而已，聖賢所指而言者或異。一貫之道，舉全體大用而言之也。率性之道，指人物所循而言之也。曾子言聖人之忠恕，故直以是言之[一九]。子思言學者之忠恕，故云「違道不遠」。即忠恕而盡其理，則忠恕即道也。即仁義禮智而盡其理，則仁義禮智即道也。答金思儉書。

鬼神者，以爲有亦不可，以爲無亦不可，當付之有無之間。而花潭則以爲真有其物，聚則爲人物，散則在空虛，迭成迭壞，而終古不滅。此與一箇大輪迴之説何擇焉？此非僕敢妄作[二〇]，固先儒之所以議横渠耳。凡人死之鬼，其初不至遽亡，其亡有漸。以眼前事物言之，火既滅，爐中猶有熏熱，久而方盡；夏月，日既落，餘炎猶在，至夜陰盛而方歇，皆一理也。但無久而恒存，亦無將已屈之氣爲方伸之氣。答彦經書。

無極之「極」字，或人謂無窮極之説，朱子已非之。無極之爲義[二一]，非但極至之謂，須兼標準之義：中立而四方之所取正者也。

太極圖説「惟人得其秀而最靈」章小注：「天地之太極，在人便是性；天地之動静陰陽，在人便是心；天地之金木水火土，在人便是仁義禮智信；天地之化生萬物，在人便是萬事。」蓋一陰一陽，流行造化，即是天地之心也。答李楨問目。

德者，已得之名，故爲陰。道者，方行之名，故爲陽。

中正、仁義分體用，有二説：自中與仁静處爲體而言，則正與義動處便是用；自正與義静處爲體而言，則中與仁動處爲用。四者皆有體用，故又互爲體用也。

理有能然、必然、當然、自然焉。能然、必然者，理在事先。當然者，正就事而直言其理。自然者，貫事理直言之也。

人心發於形氣之私。形氣非盡私邪也，但言屬一已所獨云爾。

惻隱之發，而有納交要譽之失者，意爲之也。

理顯而氣順則善，氣揜而理隱則惡。

志是公然主張要做事底，意是私地潛行間發底，蓋志公意私。

火得脂膏，而有許多光焰，故得燭破幽闇。鑑得水銀，而有許多精明〔二二〕，故能照見妍媸。

理氣合而爲心，有如許虛靈不測，故事物纔來，便能知覺。

五行有生成之序，有運行之行，參互錯綜，千變萬化，不可以一槩局定〔二三〕。

費隱，以道言則乃形而上之理也。以其顯而言則謂之費，以其微而定則謂之隱，故有二也。

自本體而言之，理先於氣；自用工而言之，氣先於理也。答金就礪書。

濂溪庭艸不除，自是仁體。晦翁方塘活水，智之體用也。

心静而太極之體具，心動而太極之用行。答禹性傳。

呼吸運用[二四]，氣也，聖人與衆人皆有之，聖人能知衆人不能知，氣之清濁不同故也。耳目形體，質也，聖人與衆人皆有之，聖人能行而衆人不能行，質之粹駁不齊故也。答李德弘書。

凡有貌像形氣而盈於六合之内者，皆氣也[二五]，而其所具之理即道也。道不離器，以其無形影可指，故謂之形而上也。器不離道，以其有形象可言，故謂之形而下也。太極在陰陽中，而不雜乎陰陽，故云上耳。陰陽不外於太極，而依舊是形氣，故云下耳。就造化而看，太極爲形而上，陰陽爲形而下。就彝倫而看，父子君臣爲形而下，其仁與義爲形而上。就事物而看[二六]，事物爲形而下，所具之理爲形而上。[二七]樂山樂水，聖人之言，非謂山爲仁而水爲智也，亦非謂人與山水本一性也，但曰仁者類乎山，智者類乎水也。所謂類者，指其氣像意思而言。答朴仲淹書。

氣魄者，氣稟之氣，魂魄之魄。故氣魄盛大者，福禄事業亦從而盛大。蓋魄是陰之靈，陰性能持載，守得定。且凡藏神魂有聰明、記往事之類，皆在於魄也。答李咸亨。

人之氣質，有清濁粹駁者。陰陽分，而有順沴明暗之難齊。五行具，而有多寡純駁之不一。夫以「天地之大德曰生」言，雖不可謂有邪；以二五之難齊不一處言之，其不能但有正而都無邪。是以人物之生，稟受之際，因其所值年、月、日、時之難齊不一，清濁、粹駁、偏正、通塞亦有千萬之難齊不一。答趙振書。

質以形質言。精是氣之真爽，所資以成此物者。魄是陰之靈也。神是理氣之妙而發用不測者。答李養中。

人心者，人欲之本。人欲者，人心之流。

孔子言仁義而不備舉四德，至孟子而始言之。子思言四情而不備舉七情，至禮記始言之。答任裔。

沖漠無眹者，在乾坤則爲無極太極之體，而萬象已具；在人心則爲至虚至静之體，而萬用畢備。心無體用辨。

太極有動静之妙，而其動也本於静。聖人全動静之德，而其動也主乎静。衆人具動静之理，而常汩於動[二八]。夫太極之在人心，初非有間於聖愚，然而衆人所以常汩於動者，何也？動静者，氣也。所以動静者，理也。聖人純於理，故静而御動；而氣命於理，衆人循乎氣，故動而鑿静，而理奪於氣。静齋記。

心雖主乎一身，其體之虚靈，足以管乎天下之理。理雖散在事物，其用之微妙，不外乎一人之心。附録。

造車行陸、造舟行水之説仔細思量，則餘皆可推也。夫舟當行水，車當行陸，理也；舟而行陸，車而行水，則非其理也。君當仁，臣當敬，父當慈，子當孝，理也；君而不仁，臣而不敬，父而不慈，子而不孝，則非其理也。

火之性，能迎薪而焚之，不能隨水而變爲寒，故得水則滅。水之性，能隨火變其性，故得火則熱，不能迎物而焚之如火也。是故有温泉而無寒火。答權章仲。

天即理也，而其德有四，曰元、亨、利、貞是也。蓋元者，始之理；亨者，通之理；利者，遂之理；貞者，成之理。其所以循環不息者，乃誠也。凡物受二五之氣以爲形者，莫不具四德之理以爲性。其性之目有五，曰仁、義、禮、智、信。故四德五常，上下一理，而其所以爲聖愚人物之殊，氣爲之也。天地之間，有理有氣。纔有理，便有氣朕焉。纔有氣，便有理從焉。理爲氣之帥，氣爲理之卒，以卒天下之功[二九]。所謂理者，四德是也。所謂氣者，五行是也。理外無氣，氣外無理，固不可斯須離也。

天地之間，理一而氣萬不齊。故究其理，則合萬物而同一性也；論其氣，則分萬物而各一氣也。何者？理之爲理，其體本虚，故無對。無對，故在人在物，固無加損而爲一焉。至於氣也，則始有陰陽對立之象而互爲其根，故陰中不能無陽，陽中不能無陰。其變至於十百千萬，而各不能無對焉。然則凡物之受此理氣者，其性則無間，而其氣則不能無偏正之殊矣。是故其得陰陽之正氣者爲人，得其偏氣者爲物[三〇]。然而吾人之中，亦有上智、中人、下愚三等之殊者。人之氣正則正矣，而其氣也有陰有陽，則亦豈無清濁粹駁之可言乎？然而一心之内，渾然一性，純善而無惡，故其所發之四端亦無有不善。而氣之用事，其情之發不能無善惡之殊，其端甚微。故氣質之美，上智之所不敢自恃者也；天理之本，下愚之所當自盡者也。是以禹，大聖人也，而舜必勉之以惟精惟一；顏子，大賢人也，而夫子必道之以博文約禮；大學，學者事也，而曾子必以格致誠正爲知行之訓；中庸，教者事也，而子思必以擇善固執爲知行之道。然則學問之道，不在於氣質之美惡[三一]，惟在知天理之明不明、行天理之盡不盡矣。天命圖說。

天地非不動，動而不見其迹。然而四時自行，萬物自生，是不動而變也。聖人之不動而變亦猶是。答李宏中書。

栗谷先生曰：「天者，理氣而已。理無顯微之間，氣有流通之道。」萬言封事。

「易有太極」之太極，水之本源也。至善與中之所從出。吾心之一太極，水之在井者也。至善之體，即中之體。事物之太極，水之分乎器者也耳。至善之用，即中之用。答朴思庵。[三二]

心一也，而謂之道、謂之人者，性命、形氣之別也。情一也，而或曰四、或曰七者，專言理、兼言氣之不同也。答牛溪書。

夫理者，氣之主宰也。氣者，理之所乘也。非理則氣無所根柢，非氣則理無所依著。發之者，氣。所以發者，理也。非氣則不能發，非理則無所發。

理無形也，氣有形也。理無爲也，氣有爲也。無形無爲，而爲有形有爲之主者，理也。有形有爲，而爲無形無爲之器者，氣也。故曰：理通而氣局，氣發而理乘。

本然之性專言理，而不及乎氣。氣質之性兼言氣，而包理在其中矣。

性，理也。心，氣也。情，是心之動也。先賢於心性，有合而言之者，孟子曰「仁，人心也」[三三]；有分而言之者，朱子曰「性者，心之理是也」。「情」字從性從肉，血氣行理之名也。〔答安天瑞書。〕

未發也，理在於心，而其名爲性。已發也，理在於情，而其名爲道。若夫情之不循理者，只是私慾而違達道者也。

性即理也。理無不善，但理不能獨立，必寓於氣，然後爲性。氣有清濁粹駁之不齊。是故以其本然而言，則性善而情亦善；以其兼氣而言，則性且有善惡，情豈無善惡乎？答安應休書。

天理之賦於人者，謂之性。合性與氣，必爲主宰於一身者，謂之心。心應萬事而發於外者，謂之情。性是心之體，情是心之用，心是已發未發之總名。故曰：「心統性情。」情之發也，有爲道義而發者，謂之道心；有爲口體而發者，謂之人心。然則七情，即人心、道心善惡之總名也；四端，人心、道心之善者也。人心道心説。

氣質如器，性如水。清淨器中儲水者，聖人也。器中有沙泥者，中人也。全然泥土中有水者，下等人也。論心性情。

性中有仁、義、禮、智、信，情中有喜、怒、哀、懼、愛、惡、欲，如斯而已。七情中之不雜人欲，粹然出於天理者，是四端也。

一理渾成，二氣流行。天地之大，事物之變，無非理氣之妙用也。對文。

萬物一五行也，五行一陰陽也，陰陽一太極也。太極亦强名耳，其體則謂之易，其理則謂之道，其用則謂之神。

伏羲獨得乎圖，大禹獨得乎書。雖若煩簡之不同，其實則河圖、洛書相爲經緯，八卦、九疇互爲表裏。前後一揆，古今一體。易數策。

萬物之本[三四]，一陰陽而已。是氣動則爲陽，靜則爲陰。一動一静者，氣也。動之静之者，理也。天道策。

天道之賦於人者謂之性，性之所從而出者謂之天。具衆理於形氣之内，存至隱於至費之中。苟非智足以窮理而深造之者，將何以窺其至妙之閫奥乎？性道軍旅疑。

太極在天曰道，在人曰性。元亨利貞，道之流行者也。仁義禮智，性之所具者也。聖學輯要。

以天言之，則謂之命；以人言之，則謂之性，其實一也。

人之一心，萬理全具。惟是氣稟拘於前，物欲汩於後，明者昏，正者邪，迷而爲衆人也。衆人蚩蚩然，而本具之理則自如。譬如有人自家無限寶藏，埋諸幽暗之地而不自知，爲貧寒丐乞，流轉四方。若遇先覺指之，發其所埋無限寶藏，皆所自有。若徒知此心之具理，而不復力去其揜蔽，則是實不知藏寶也[三五]，謾説我有寶藏云爾。

本然之性，氣質之性，非二性也。就氣質上，單指其理曰本然之性，合理與氣質而命之曰氣質之性。先儒心性情之説詳備矣，而後人遂以情意爲二歧，理氣爲互發。夫心之體是性，心之用是情，性情之外，更無他心。故朱子曰：「心之動爲情。」情是感物初發底，意是緣情計較底，非情則意無所緣。朱子曰：「意緣有情而後用。」故心之寂然不動者謂之性，心之感而遂通者謂之情，心之因所感而紬繹思量者謂之意。心性果有二用，而情意果有二歧乎？五性之外無他性，七情之外無他情。孟子於七情之中剔出其善情，目爲四端，非七情之外别有四端也。情之善惡，夫孰非發於性乎？其惡者本非惡，只是揜於形氣，有過有不及而爲惡。故程子曰：「善惡皆天理。」朱子曰：「因天理而有人欲。」然則四端七情果爲二情，而理氣果可互發乎？凡情之發也，發之者氣也，所以發者理也。非氣則不能發，非理則無所發。理氣混融，元不相離，謂理氣互發者，豈不謬哉！

或又問人心道心。答曰：心一也，豈有二乎？特以所主而發者，有二名耳。故朱子曰：「危者，人欲之萌。微者，天理之奥也。心則一也，以正不正而異其名耳。非以道爲一心，人爲一心也。」觀此言，則心之非二可知矣。

或又以「因天理有人欲」之説疑之。解之曰：天理人欲，初非二本，性之中只有仁義禮智四者而已，人欲何嘗有所根柢於性中哉〔三六〕！惟其氣有清濁，而修治汩亂之不同，故性發爲情也，有過有不及之差也。恭流而爲謟，禮之差也。慧流而爲詐，智之差也。推此可見其餘，而本皆天理而流爲人欲者也。

或問：心一也，曰情、曰志、曰意、曰念、曰思〔三七〕，何其名目紛紜不一耶？答曰：情者，心有所感而動也。志者，心之所之之謂，之善之惡皆志也。意者，心有計較之謂也。故朱子曰：「情如舟車，意如人使那舟車一般。」念、慮、思三者，皆意之别名，而思較重，念、慮較輕。意可以僞爲，情不可以僞爲，故有曰誠意而無曰誠情。

人心道心，通情意而言也。發出底是情，商量底是意。四端，偏指道心。七情，人心道心之總稱者也。

理以在物言，道以流行言，其實一而已矣。

陰陽循環不已之中，游氣出焉。以生生言之，則謂之游氣。以循環言之，則謂之陰陽。〈語録〉。

氣合成質之際，陽氣先感則生男，陰氣先感則生女。

本然之性，氣拘物蔽，而推其本則純善無惡，故曰「復其性」也。至於氣，則或濁或駁，已判於有生之初也，故不曰「復其氣」而曰「矯氣」也[三八]。

本然之性，使之蔽者氣也，使之復者亦氣也。

浩然之氣，非道義成之也，由道義生之也。

未發爲太極之體，已發爲太極之用。

元氣何端始，無形在有形。窮理知本合[三九]，理氣本合也，非有始合之時。欲以理氣二之者，非知道者也。沿派見群情[四〇]。理氣源一，而分爲二五之精。水逐方圓器，空隨大小瓶。理之乘氣流行，參差不齊者亦如此。空瓶之喻出於釋氏，而其譬親切，故用之。二歧君莫惑，默驗性爲情。理氣詠。

道如河海，轉入轉深，亦如山嶽，轉登轉高。附録拾遺。

人死之鬼，不可謂之有，不可謂之無。何哉？有其誠則有其神，而可謂之有矣。無其誠則無其神，而可謂之無。有無之機，豈不在人乎？彼已散之氣，固無聞見思慮，而以吾之誠，思其居處，思其笑語，思其所樂，思其所嗜，宛見祖考常在目前，則已散之氣，於斯亦聚矣。孔子所謂「焄蒿悽愴」者也。死生鬼神策。

夫膾炙熊蹯，天下之珍饌，而夏月藏之不謹，蒼蠅污穢，則人皆唾棄。此豈熊蹯膾炙之罪哉？道德仁義，天下之至寶，而學者不能爲己，求名於世，則反爲奸寵粉飾之資。此豈道德仁義之過哉？今見虚僞之可惡，而欲并與實學而俱廢，則是惡蒼蠅之污穢，而遂以膾炙熊蹯同於土炭也。論朋黨疏。

且以人乘馬喻之，則人即性也，馬即氣質也。馬之性，或馴良或不順者，氣質清濁粹駁之殊也。出門之時，或有馬從人意而出者，或有人信馬足而出者。馬從人意者，屬之人，乃道心也。人信馬足者，屬之馬，乃人心也。門前之路，事物當行之路也。

昨出柳磯，以手激水而思之：水之就下，理也；至於激而在手，氣所爲也。然則氣有作用時，豈有互發時耶？

方圓之器不同，而器中之水一也。大小之瓶不同，而瓶中之空一也。氣之一本者，理之通故也。理之萬殊者，氣之局故也。

伊尹曰：「兹廼不義，習與性成。」既云不義性成，則其爲氣質之性明矣。成性之論，朱子以爲踐形。然則性成之性，氣質之性也；成性之性，本然之性也。與宋龜峰。

五性各有間架。物慾蔽於義之間架，則羞惡之情似不能發，而時時發見者，似浮雲蔽日而光輝闖發於雲間也。

道心微而難見，故曰：譬如遠山，目暗人見之，則微者愈微；明者見之，則微者著。

「七情氣之發，四端理之發」，朱子言之，故退溪之一生所主在此。四端固亦隨氣而發，然不爲氣所揜而直遂者，故謂之理之發。七情固亦理乘之，然或不免爲氣所揜，故有主氣而言者。朱子所謂「四端之不中節」者是也。

人心道心皆發於性，與朱子或原或生之説不同。然朱子之説乃溯其泒流，先生之論乃究其源本，非反於朱子也，各有所指，故不同也。於此見先生於道理源頭，得發前賢所未發也〔四一〕。諸家雜録。

牛溪先生曰：「仁者，天地生物之心，而人得之而爲心，即所謂『道之大原出於天』者。率循之，則只是一條路自源頭直下來耳。」辛巳封事。

【校勘記】

［一］雙美也　「美」，一蠹集卷二作「清」。

［二］按：此條見於一蠹集卷二讚述，南孝溫秋江先生文集（朝鮮一九二一年清道郡新安刊本）卷七冷話中未見。

［三］外應萬事　「事」，晦齋集卷六作「變」。

［四］則喜怒哀樂皆中節　「樂」下，晦齋集卷五有「發」字。

［五］萬化之要領　「要領」，晦齋集卷五作「領要」。

［六］不能無生死終始　「終始」，晦齋集卷五作「始終」。按：下句同。

［七］心之廣大虛明　「之」下，晦齋集卷八有「本體」二字。

［八］萬理具備　「具」，晦齋集卷八作「咸」。

［九］明足以照萬物於事變之間　「物」，晦齋集卷八作「變」。

［一〇］至精至微而無所偏倚者　「至精至微」，晦齋集卷十二作「至靜至正」。

［一一］聖學有大段　「段」，退溪集卷七作「端」。

［一二］而氣亦未嘗不外乎其間也　「外」，退溪集卷三十六作「行」。

［一三］蓋人非馬不出　「出」下，退溪集卷十六有「入」字。

［一四］所謂「剔發出來」者也　「發」，退溪集卷十六作「撥」。
［一五］則每每以四德四端言也　「也」，退溪集卷十六作「之」。
［一六］方趨　「趨」下，退溪集卷十三有「於惡」二字。
［一七］爲剛爲明　「爲剛爲明」，退溪集卷十三作「爲明爲强」。
［一八］中焉至矣　「至」，退溪集卷十三作「止」。
［一九］故直以是言之　「言之」，退溪集卷十三作「爲道」。
［二〇］此非僕敢妄作　「妄作」，退溪集卷十四作「作妄語」。
［二一］無極之爲義　「無」，退溪集卷十四作「然」。
［二二］而有許多精明　「許多」，退溪集卷二十五作「如許」。
［二三］不可以一槩局定　「定」下，退溪集卷二十五有「説」字。
［二四］呼吸運用　「用」，退溪集卷三十五作「動」。
［二五］皆氣也　「氣」，退溪集卷三十五作「器」。
［二六］就事物而看　「事物」，退溪集卷三十五作「日用」。
［二七］按：此條「所具之理爲形而上」以上，出自退溪集卷三十五答李宏仲。
［二八］而常汩於動　「而」下，退溪集卷四十二有「静之理」三字。

[二九] 以卒天下之功　「卒天下」，退溪集續集卷八作「遂天地」。
[三〇] 得其偏氣者爲物　「其」，退溪集續集卷八作「陰陽之」。
[三一] 不在於氣質之美惡　「在」，退溪集續集卷八作「係」。
[三二] 按：此條出自栗谷集卷九答成浩原。
[三三] 孟子曰仁人心也　「心」下，栗谷集卷十二有「是」字。
[三四] 萬物之本　「物」，栗谷集卷十四作「化」。
[三五] 則是實不知藏寶也　「也」，栗谷集卷二十作「之處」。
[三六] 人欲何嘗有所根柢於性中哉　「柢」，栗谷集卷二十作「脈」。
[三七] 曰情曰志曰意曰念曰思　此句「曰」字，栗谷集卷二十均作「或曰」。
[三八] 故不曰復其氣而曰矯氣也　「矯氣」下，栗谷集卷三十一有「質」字。
[三九] 窮理知本合　「理」，栗谷集卷十作「源」。
[四〇] 沿派見群情　「情」，栗谷集卷十作「精」。
[四一] 得發前賢所未發也　「得」，栗谷集卷三十八無此字。

海東七子近思録卷之二

用力

爲學

寒暄堂先生嘗從佔畢齋受業，授以小學曰：「苟志於學，宜從此始，光風霽月亦不外此。」先生服膺不怠，乃作讀小學詩。有小學書中悟「昨非」之句，佔畢批曰：「此言作聖根基，魯齋後豈無其人！」事實。

一蠹先生到金臺山見僧精進，歎曰：「此法精而無雜〔一〕，進而不退，晝夜不息，以爲作佛之工。若做工至此，豈無見道之日乎？」行狀。

涵養本源爲進德之基，窮探性理爲修業之本。

譬如種穀，磽确之田，嘉禾不茂；膏腴之地，稂莠易生。若無栽培鋤治之力，雖有良田，亦何益哉！諸賢讚述。

静庵先生曰：「志大之人，雖未必做經綸之業，當大節能不失其所守。故聖人云：『必也狂狷乎！』譬之於登山，期至山頂者雖不至頂，可至山腰矣。若期至山腰，則不離山底而必止矣。」筵中記事。

晦齋先生曰：「人有厥性，本乎天理。初無不善，孰愚孰智？乃知聖賢，與我同流[二]。求之則得，不求則失。成湯日新，仲尼忘食。井不及泉，九仞奚益？學不希聖，是謂自畫。欲罷不能，顔氏之竭。任重道遠，曾氏之篤。我師古人，死而後已。彼何人哉，爲之則是。」篤志箴。

適國之路，固有千蹊萬徑、東西南北之異，若得其直路而進，有遠近遲速，而終可以入國矣。然或誤入於邪徑他歧而不知退[三]，則往往迷於荊棘荒遠之域，而灑臨歧之淚、起忘羊之歎者有矣[四]。如此者，雖終身窘步，而終無適國之期矣[五]。與忘機堂書。

孔子，生知之聖也，亦曰「我下學而上達」，又曰「吾嘗終夜不寢，以思，無益，不如學也」，況下於孔子者乎！[六]德是道之得於心者，業是心之見於事者。大學之誠意、正心、修身，德也；齊家、治國、平天下，業也。君子志於學，日乾夕惕，無時間斷。故德之進者日益崇，業之修者日益廣。進修八規疏。

人君雖在幼年，學問之功不可少廢，宜精選在朝賢德之士，以補勸講之官。經筵之外，不拘常例，不時召待[七]，或講論經史，或問民間疾苦，則非徒學問日進，自然涵養德性，成就聖學。

原此理之所自來，雖極微妙，萬化萬物[八]，皆在此中流出，實無形象之可言。若論工夫，則只中正仁義，便是理會此事處。書忘機堂太極圖後。

大學一篇之旨，本於堯典「克明峻德」章。至於先之以格致誠正，而後及於修身，亦本於虞書「精一」二字之義。九經衍義。○精者，格致之事。一者，誠正之功。

物有温潤之美質，而不資雕琢之功，則無以成寶器。人有秉彝之良性，而不致學問之力，則無以知道理。

人生而静，天理純完。如水未波，如鏡未塵。宜以格言至論日陳於前，養其本然之善，禁其物慾之萌，則可以全德性之美，而爲聖爲賢矣。

凡有志於學，其可以堯舜爲高遠，而自處於卑微乎[九]？

學而不至於聖人止者，皆自棄也。

或者謂「上智之資生知，安行不待於學」，而愚以爲不然。稽之經傳，其曰「克明峻德」，其曰「惟精惟一」「取人爲善」，其曰「小心翼翼」「克厥宅心」，堯、舜、文王之所以爲學可見矣。孔子亦生知之聖也，而曰「十有五而志于學」，曰「好古，敏而求之」，曰「不如丘之好學」，則夫子之所以爲學亦可見矣。生而可知者，義理之源爾。若夫治己治人之法，固不能無待於學也。妄謂不思不勉亦可以至於聖，而不知前聖之所以爲學，則其失遠矣。書曰：「惟聖罔念作狂，惟狂克念作聖。」資稟之不足恃也如是。世之昏昧污賤不及於道者，固不足論。至於高明刻厲之士，亦鮮有得於道者。如佛老之徒，本知者也，求以達理而反滅人類，非過乎？晨門荷篠之徒，本賢者也，果於潔身而反亂大倫，非過乎？宜先明知愚賢不肖者過不及之弊，必求中庸之理而存之於心，體之於身，信之篤，行之力，不爲邪説所惑，則何憂道之不明不行乎？

爲學之序，爲己而後可以及物，達理而後可以制事。故程子教人，先談論、孟，次及諸經，然後看史，其序不可亂也。

聖門之教，主敬以立其本，窮理以致其知，反躬以踐其實。而敬者又貫通三者之間，所以成始而成終也。答忘機堂。

退溪先生曰：「孟子之言曰：『心之官思〔一〇〕，思則得之，不思則不得也。』箕子之爲武王陳洪範也，又曰：『思曰睿，睿作聖。』夫心具於方寸而至虛至靈，理著於圖書而至顯至實。以至虛至靈之心求至顯至實之理，宜無有不得者，則思而得之，睿而作聖，豈不足有徵於今日乎？孔子曰『學而不思則罔，思而不學則殆』也者，真踐履而習其事之謂也〔一一〕。蓋聖門之學，不求諸心則昏而無得，故必思而通其微；不習其事，則危而不安，故必學而踐其實。思與學，交相發而互相益也。」進聖學十圖劄。

顔子之心不違仁，而爲邦之業在其中。曾子之忠恕、一貫，而傳道之責在其身。畏敬不離乎日用，而中和位育之功可致。德行不外乎彝倫，而天人合一之妙斯得矣。

未發而存養之工深，已發而省察之習熟。真積力久而不已焉，則所謂「精一」「執中」之聖學，存體應用之心法，不待外求而得之矣。心統性情圖説。

道之浩浩，學者難得而入[一二]。程朱之興，以居敬窮理，爲萬世立大訓，使學者由是而入聖人之道，廓然如履坦途而趨大都，庶免夫落艸由徑之患矣。答朴雲書。

有官守者，亦當隨時隨事不廢持守省察之功，而苟得餘暇，親近書册，須尋取所嘗用力處義理趨味，澆灌心胸，玩適游泳。日復一日，久久漸熟，則當有得力時矣。答崔應龍書。

陳簡齋詩曰：「莫嫌啖蔗佳境遠，橄欖甘苦亦相并。」此本言涉世之味，而爲學亦猶是也。

初間，須是耐煩忍苦，咀嚼玩味，不以不可口而厭棄之。至於積功之多，漸覺苦中生甜。歲月既深，則蔗境之嘉，自當漸入。答李文樑書。

聖門教人之法，多在孝悌忠信之類，而就言動、周旋、應接處用力。答朴漸書。

士之所病，無立志耳。苟志之誠篤，何患於學之不進而道不難聞耶[一三]？答鄭惟一書。

讀書課程爲繫縛此心，但教不走作耳。

妨工奪志之歎，居官者之通患[一四]。然朱子曰：「他自膠擾，我何與焉？」然則官事之妨奪與否，亦在其人之學不學耳。答金彦遇書。

心能主宰專一，則有不待思而能隨事中節。答金富仁書。

課程須嚴立，志意須寬著。所謂嚴立，非務多也，謂量力立課而謹守之也。所謂寬著，非悠泛也，謂虛心玩繹而無急促也。答許篈。

先博後約，孔、顔、思、孟皆有此説。但或徒博而不約[一五]，則恐有游騎出太遠而無所歸之嫌耳。

九容九思上做工，乃是收放心之法。答李德弘。

爲學只在勤苦，篤實無間斷，則志日强而業日廣矣。切勿依靠他人，亦勿等待後日可也。若曰「今姑悠悠，必待後日往陶山而後爲學」，則其意已差[一六]，他日雖往陶山，亦不能爲學矣。

降衷之理，與我本一，緣氣拘慾蔽，遂成遮隔重重了。窮理研精，初間消磨了這一重隔子極難。次又消磨了一重，其難不至如前。次又消磨了一重，覺得爲力稍易，理義之心輒隨消磨分數行次而見。譬如鏡本明，爲塵垢重蝕，用藥磨治，初番極用力刮拭，纔去垢一重，繼之之再磨三磨，用力漸易，而明隨垢去分數而漸露。答李咸亨。

爲學只在用工密切，讀書精熟，玩味之深，積久之餘，自當漸見門户。正當端緒分明，不然無憤悱之實，而徑須取益於人，恐徒勞而未有補也。答趙振。

爲己之學，如深山茂林之中有一蘭草，終日薰香而不自知其爲香。附録。

杜詩「盤渦鷺浴底心性，獨樹花發自分明」之句，爲己君子無所爲而然者，暗合於此意思，學者須體驗。正其誼不謀其利，明其道不計其功。若少有一毫爲之之心[一七]，則非學也。

爲學工夫，不患不能前進，而患不能退步。退步云者，非謂退而不爲也，舊日所學常念不忘之謂也。温故之工深至，則知新之工亦不出於此矣。年譜。

士之論義理，如農夫之説桑麻，匠石之議繩墨，亦其常事也。子從而尤農夫曰「是僭擬爲神農也」，尤匠石曰「是妄擬爲公輸子也」。夫神農、公輸誠不易及，然舍是又安從學爲農工耶？天命圖説。

以作室比之，小學如修正基址而備其材木，大學如大厦千萬間結構於基址也。此外他書工夫，皆爲大厦千萬間修妝所入矣。答金富仁。

栗谷先生曰：「自古勤者有立，懶者無成。夫何故？有志與無志，得失自不同也。異端之勇於自修者，君子猶不絶之者，冀變惑志，回其勇於異端之心，以勇於吾道耳。」答牛溪。

極於格致誠正者，聖人也。格致誠正而未造其極者，君子也。未格致誠正而欲格致誠正者，學者也。答牛溪。

爲學在於日用，居官盡職事，此亦學也，何有二歧之患乎？若必舍仕而爲學，則恐其偏也。答沈禮謙。

道不可離。學者日有工夫，心常在道，則積久而爲實效[一八]。

入道基本，在立志遠大，存心篤實。此事非資師友之力，只在自勉。

道非冥冥深遠底物事，只在日用之間。「入則孝，出則弟，居處恭，執事敬，與人忠」，「見得思義」，如斯而已。

終日云爲，皆是道理，雖做科業，亦運水搬柴一般事。

學莫先於立志，未有志不立而能成功者。聖學輯要。

學者終身讀書不能有成，只在志不立耳。

天有實理，故氣化流行而不息。人有實心，故工夫緝熙而無間。

誠意爲修己治人之本。如志無誠則不立，理無誠則不格，氣無誠則不能變化。

惟人雖有清濁粹駁之不同，而方寸虚明，可以變化。試以習樂言之[一九]，人家童男稺女初業琹瑟，運指發聲，令人欲掩耳不聽。及其用功不已，漸至成音，則乃或有清和宛轉，妙不可言。

彼豈性於樂乎？惟其實用其功，積習純熟而已。學問之能變化氣質者，何異於此哉！

君子之學，誠篤而已。任重道遠，不進則退。若非誠篤，何能有成？

聖人之德，與天爲一。雖似不可跂及，誠能積累工夫，則未有不至者也。

「思無邪」，「毋不敬」，此二句平生受用不盡[二〇]，當揭諸壁上。擊蒙要訣。

道之不明不行久矣。儒名者千而求道者一，求道者千而知道者一，知道者千而行道者一，行道者千而守道者一。與李景魯。

嘗讀孟子、中庸至「居天下之廣居，立天下之正位，行天下之大道。富貴不能淫，貧賤不能移，威武不能屈，此之謂大丈夫」及「君子和而不流，强哉矯；中立而不倚，强哉矯」二大文，未嘗不三復嘆息，曰：「大丈夫平生立志，定力當如此。」名臣録。

人之容貌不可變醜爲姸，膂力不可變弱爲强，身體不可變短爲長。惟心智則可以變愚爲智[二二]，變不肖爲賢。此則心之虚靈，不拘於稟受故也。擊蒙要訣。

學者不以世俗雜事亂其志，然後爲學有基址。

古者無學問之名目，君子只行其所當爲者而已。後世道學不明，以行其所當爲者名之以學問。經筵日記。

人言科業爲累，不能學問，此亦推托之言，非出於誠心也。科業雖與理學不同，亦坐而讀書作文，況餘力可讀性理之書哉！東湖問答。

學者日有工夫，心常在道，則積久必有顯效。非但心志内定，至於容貌辭氣，亦異乎平昔矣。學校模範。

學者之不能立志有三：一曰不信，二曰不智，三曰不勇。不信者，以聖賢之言爲誘人而設，只玩其文，不以身踐，是故所讀者聖賢之書，而所蹈者世俗之學也[二二]。不智者，自分資質之不美，安於退托，不進一步，所讀者聖賢之書，而所守者氣稟之拘也。不勇者，或稍知聖賢之不我欺、氣質之可變化，而只是恬常滯故，不能奮勵振作[二三]，昨日所爲，今日難革，今日所爲，明日難改，如是因循，進寸退尺，所讀者聖賢之書，而所安者舊日之習也。聖學輯要。

人之所見有三層。有讀書而曉其名目者。有既讀而又能潛思精察，豁然有悟之者，而此一層亦復些有層級，有悟其一端者，有悟其全體者，全體之中亦有淺深。有既悟而又能真踐力行者。下一層聞人言而從云者也，中一層望見者也，上一層履其地而親見者也。擊蒙編跋。

持身之要曰：入則孝，出則悌。讀書以資窮理，行善以求復性。靜則敬直乎中，動則義方乎外。策之以猛勇，持之以悠久。如斯而已。贈洪錫胤。

後世之道學不明不行者，不患讀書之不博，而患察理之不精；不患知見之不廣，而患踐履之不篤。聖學輯要劄。

修己工夫有知有行，知以明善，行以誠身。

敬者，聖學之終始也。故朱子曰：「持敬是窮理之本末[二四]。」蓋非敬無以知。程子曰：「入道莫如敬，未有致知而不在敬者。」此言敬而爲學之始也。朱子曰「已知者」[二五]，程子曰：「『敬義立而德不孤』，至于聖人，亦止如是。」此言敬而爲學之終也。聖學輯要。

收放心爲學問之基址。

牛溪先生曰：「程朱以後講學明備，義理不患其不足，所患者實心不立、根基不固耳[二六]。真心既立，竭力向前，則聖賢一語，爲終身受用而有餘。苟爲不然，雖高談性命玄妙，於吾身心有何干涉乎？」辛巳封事。

歷見叔獻于栗谷，案上展開詩傳國風。渾問之曰：「今年讀得幾多書乎？」答曰：「讀四書三巡三遍，總計九遍矣。今又始讀詩至王風矣。」渾不覺歎羡。以余長閒，勝於叔獻之修屋、幹家、接賓多事，而終年不讀一書[二七]。如此而望有見於道理，殆卻步而圖前也。雜記。

見士之爲學，必有真實心地，刻苦工夫，師友夾輔，内外交養，然後庶幾有得也。答安士彦。

【校勘記】

［一］此法精而無雜　「此」，一蠹集卷二作「其」。

［二］與我同流　「流」，晦齋集卷六作「類」。

［三］然或誤入於邪徑他歧而不知退　「退」，晦齋集卷五作「返」。

［四］起忘羊之歎者有矣　「忘」，晦齋集卷五作「亡」。

［五］而終無適國之期矣　「終」，晦齋集卷五作「永」。

［六］按：此條中「況下於孔子者乎」以上，原出晦齋集卷五答忘機堂第一書。

［七］不時召待　「待」，晦齋集卷八作「對」。

［八］萬化萬物　「萬化萬物」，晦齋集卷五作「萬事萬化」。

［九］而自處於卑微乎　「微」，李彦迪中庸九經衍義（朝鮮李朝宣祖十六年刊本，下同）卷四作「近」。

［一〇］心之官思　「官」下，退溪集卷七有「則」字。

［一一］真踐履而習其事之謂也　「真踐履而習其事」，退溪集卷七作「習其事而真踐履」。

〔一二〕學者難得而入　「得」下，退溪集卷十二有「其門」二字。

〔一三〕何患於學之不進而道不難聞耶　「進」，退溪集卷二十四作「至」。「不」，退溪集卷二十四作「之」。

〔一四〕居官者之通患　「居官者」，退溪集卷二十七作「此古今仕者」。

〔一五〕但或徒博而不約　「不」下，退溪集卷三十三有「反」字。

〔一六〕則其意已差　「其意」，退溪集卷三十五作「其立心」。

〔一七〕少有一毫爲之之心　「少」，退溪集續集卷六作「小」。

〔一八〕則積久而爲實效　「而爲實效」，栗谷集卷十五作「必有顯效」。

〔一九〕試以習樂言之　「樂」下，栗谷集卷二十一有「一事」二字。

〔二〇〕此二句平生受用不盡　「此」上，栗谷集卷二十七有「只」字。「平」，栗谷集卷二十七作「一」。

〔二一〕惟心智則可以變愚爲智　「智」，栗谷集卷二十七作「志」。

〔二二〕而所蹈者世俗之學也　「學」，栗谷集卷二十作「行」。

〔二三〕不能奮勵振作　「作」，栗谷集卷二十作「發」。

〔二四〕持敬是窮理之本末　「末」，栗谷集卷二十無此字。

［二五］按：晦庵先生朱文公文集（朱子全書本）卷五十五載此句原文：「已知者非敬無以守」。

［二六］根基不固耳　「不」，牛溪集卷二作「未」。

［二七］而終年不讀一書　「一」下，牛溪集續集卷六有「卷」字。

海東七子近思録卷之三

用力

致知

寒暄先生平居，雞鳴而起，手不釋小學。人或問國家事，必曰：「小學童子，何知大義！」年三十後，始讀他書。秋江師友録。

一蠹先生曰：「明五經，窮極其藴，知體用之源同分殊，知善惡之性同氣異，知儒釋之道同跡差。」諸賢讚述。

静庵先生曰：「人雖有美質，必待學問，然後識明，知事君之道。」語類。洪奉世録。

邪之與正，不得兩存。以草木見之，衆艸雜木，雖勤於誅鋤而猶茂盛焉；芝蘭之屬，雖日事培植而反爲萎薾。曷不窮格如此之理乎？惡惡如惡惡臭，可也。副提學時啓。

晦齋先生曰：「正心之要，在於講學明理。沈潛聖賢之訓，窮格義理之源，則方寸之間，天理日明，而人慾日消。」劄子。

大學一篇，綱條粲然。於是爲學者知所務，爲治者知所本。大學補遺序。

大學之文，辭意未完，學者不得見全書，此真千古遺憾。朱子得其結語一句，知其爲釋格物致知之義，而未得其文，遂取程子之意以補之。其所以發明始學窮理之要，亦甚明備。然愚嘗讀至於此，每歎本文之未得見。近歲聞中朝有大儒得其闕文於篇中，更著章句，欲得之而不可得[一]。乃敢以臆見，取經文中二節，以爲「格物致知」章之文。既以反復參玩，辭足義明，無欠於經文而有補於傳義，又與上下文義脈絡貫通，雖晦庵復起，亦或有取於斯矣。又按：「聽訟」一節，今在傳三章之後，文義不屬，有可疑者。乃依程子所定，置於經文之下，詳味其義，與中庸卒章合。此蓋聖人端本化民之要道也，愚陋管窺，何敢執以爲是，而有得於先儒所未得之義[二]？聊記淺言，以求正於後之君子。

夫窮理，非徒知之爲貴。知此理，又須體之於身而踐其實，乃可以進德。若徒知而不能然，則烏貴其窮理？而其所知者終亦不得以有之矣。答忘機堂。

退溪先生曰：「大學『知止』等數節爲『格物致知』章之錯簡，欲掇此而補彼，陽村入學圖説有此説，續見宋史魯齋本傳亦云有此説，又見李玉山先生論此甚力。諸儒之説不可信者有三焉[三]：經文三綱領、八條目俱有工夫功效而有結。若如諸説，則三綱領無功效與結，『止於至善』之下即係以『古之欲明明德』云爾，語意急促，理趨闕略[四]，一也。傳之諸例，有言工夫而及功效者，有只言病處以見用功之地者，未有徒言功效而不及他者。今『知止』一節但爲知止之效，『物有本末』一節通結上文，而未見有釋『格物致知』之義。至如『聽訟』章，亦言修己治人之有本末，尤不關於格致。今强引以爲格物之功[五]，又無致知之義，二也。綱領條目之中，雖無『本末』之云，然此二字一見於綱領之結，猶未足。再見於條目之結者，誠以學者於此不知其有本有末，則其於修己治人之道，皆失其先後之序、輕重之倫，倒行而逆施之，故丁寧致意如此。傳者至此而亦特舉二字而釋之，則所謂先後、終始、厚薄，皆在其中矣。今以綱目中無二字，而謂不當傳以釋之，可謂不思之甚，三也。諸儒徒見此數節有『知止』『知所先後』『知本』等語〔六〕，意謂可移之以爲格致之傳，更不思數節之文，頓無格致之義。未見補傳之義〔七〕，適得破經之罪，其可乎？今有巨室，正寢輪奐無闕，而廊廡有一缺處。大匠見之，作而補修，材良制美，少無可論。其後有所謂良工者〔八〕，强生意智，折壞其所補處，撤取正寢數架材來，圖欲補完其所壞處。不見其完，而寢屋則已成敗屋矣。此所謂『非徒無益，而又害之』者也。」答栗谷書。

窮理多端，不可拘一法。或值盤錯肯綮，非力索可通。或吾性偶闇於此，難强以燭破。且當置此一事，別就他事上窮得。如是窮來窮去，積累深熟，自然心地漸明，義理之實，漸著目前。窮不得底，細意紬繹，與窮得底參驗照勘〔九〕，不知不覺，并前未窮底，一時相發悟解，乃窮理之活法。

朱先生答劉季章書曰：「隨看便有是非之心。」此句最説讀書之病。

讀書而分別是非〔一〇〕，乃窮理之要。

凡看文義與講究道理，必虚心退步，勿以私見爲主。答許曄書。

劈初頭看心經，恐雋永未久而厭忽易生[一一]，須兼看言行録等書，使多見古人得道者之虚心行事之跡，爲可以欣慕愛樂處，使其中心誠願，不能自已。此時回頭看心經、答晦庵書等，當時大别[一二]。答黄俊良書。

朱子全書浩汗，非一二年所能究業，恐力未包羅而志先倦怠。須先看節要[一三]，而後量力，而後及餘矣[一四]。

大學經文「物格」注：「無不到，窮理而到「格」字義。理之極處。」或問論「止至善」注：「無不到，行善而到「止」字義。善之極處。」一言知，一言行，亦不同也。答李楨問目。

篁墩雖卒陷於陸氏，然心經一書，不可以篁墩學術之差而非毁之也。書末引朱子歸重於尊德性諸説，未嘗以陸氏參入於其間，學者何可以道一編之故并疑於此也！

人心本自虛靈[一五]，苟有意讀聖賢書，當其始也，豈無一知半解，窺得其影象之彷彿處？於是此人之心遽爾侈然自足，以爲吾已知之而世人皆不知，乃自以其身抗以置之天下第一流[一六]，不復知有求益來善之事。此明道所謂「輕自大而卒無得」也。答趙月川。

易乃理數淵源之書，誠不可不讀，但不如語、孟、庸、學之切於學者日用工夫，故先正或以爲非學之急務。學不踐履，雖知奚貴？答鄭惟一。

文王於八卦，見其有入用變化之妙，故改易伏羲明於易之方位[一七]；於六十四卦，見其有反對之象，又有相受之義，故改易二易之次第。二者不同，亦理勢然也[一八]。

周禮，前人以爲周公運用天理爛熟之書，然滉未嘗不有疑於其間者，恐其太繁難施也。

伊川「歌則不哭」之説，朱子乃以爲不是，説竊有疑焉。一慶一吊，同朝并舉，一日之間，吉凶相襲，禮瀆情散，恐不如翼日早朝之爲得[一九]。

論人長短，恐使人益長險薄之習。而其本於忠愛而辨別是非，則自古聖賢論當世人物長短自不爲少，何可槩謂之不美，而一切禁斷乎？但觀其心之所在如何耳。答金富仁書。

有大疑者必有大透。答金富倫書。

道理須是日中理會，夜裏卻去静處坐地。然則無燈未必非，反爲有益也。答金就礪書。

大學一部書反覆温繹，令其文義首尾貫通浹洽，一一分明歷落於胸中，然後方始於道理有悟解處。

孔子以不爲二南爲面牆，韓公以不學詩書爲腹空。自古安有不學詩書底理學乎？答李德弘。

以忠信不欺爲主本，須熟讀論語「忠信」章、大學「誠意」章。潛心玩味，涵養體驗，久久自當知之。

大學一書，朱子以爲行程節次，然論其用處，各有緊要。「明德」在顧諟明命[二〇]，「新民」在日新又新，「止至善」在切磋琢磨、緝熙敬止，此三綱緊要處。至於「格致」在因其所知、益窮其極[二一]，「誠意」在毋自欺、慎其獨，「正心修身」在察四有、存三無，「修身齊家」在察五辟、去三偏，「齊家治國」在孝弟慈與仁謙忠恕，「治國平天下」在挈矩，此八條緊要處[二二]。答李咸亨書。

學者用工，莫切於身心，故大學言心。教者論道，莫先於性理，故中庸言性。答任寯書。

大學，修身之本，入德之門，故曰學者事。中庸，明道之書，傳心之法，故曰教者事也。

性理大全，濂、洛以後諸儒論述皆在此書，真性理之淵海也，學者不可不熟。答任兒寯。

大學八條爲學之序，故先知後行而及推行。中庸九經爲治之法，故只舉修身以爲本領，且修身之中已兼格致。答任寯書。

許魯齋嘗曰：「吾於小學敬之如神明，尊之如父母。」愚於心經亦云：「平生尊信此書，不在四子近思録之下。」心經後論。

吾得心經，然後始知心學之淵源，心法之精微。

如欲爲學，莫先於朱子書。答宋言慎。

大學一書，一擧目，一投踵，而精粗本末都在此。苟作之不已，不患不到聖賢地位也。答南彦經。

朱子文字如青天白日，本無纖翳，只義理淵深微奧，學者用意未深，用工未熟，猝難得入。苟能以朱書爲終身事業，使此箇道理時常在心目間，不敢廢墜，則庶幾得見人生一大歡喜事。答朴光前。

欲速故不惟不暇温故，方讀之書亦不暇精熟。意緒忽忽，常若有所逐[一三]。晝中所讀，夜中所繹[二四]。此延平所以告晦庵者也。依此做不撤[二五]，當日有益也。答金富仁。

小學體用俱備，近思録義理精明，學者皆不可不讀。而初學用功之地，莫切於心經，又無踰於朱子書。附録。

讀書不必深求異意，只就本文上見在之義而已。

温故之工深至[二六]，則知新之工亦不出於此矣。答金富仁。

栗谷先生曰：「格物致知，雖曰大學之始教，而未有致知而不在敬者，則不能涵養而能致知者，未之有也。」論朋黨疏。

若於事物上一一窮理，各知其當然之則，則臨時應接如鏡照物，五色同現而鏡之明體不隨色變，東應西答，心體自如。與退溪問目。

内而窮在身之理，視聽言動，各有其則。外而窮在物之理，草木鳥獸，各有攸宜。居家則孝親刑妻、篤恩正倫之理，在所當察。接人則賢愚邪正、醇疵巧拙之别，在所當辨。處事則是非得失、安危治亂之幾，在所當審。讀書以明之[二七]，稽古以驗之。萬言封事。

晦齋著大學補遺，以「聽訟」一節還置經文之末，以經文第二節移致「格致」之章[二八]。又以「能安」之「安」與孟子「居之安」之「安」同義，以「能慮」之「慮」爲思，以仁爲治國平天下之本，而以朱子爲未盡。先生著議辨之，以深明程朱之旨。名臣録。

真西山大學衍義推廣大學之書，博引經傳，並援史籍，爲學之本，爲治之序，燦然有條，誠入道之指南也。聖學輯要序。

洙泗之所謂「博文約禮」，即洛閩之所謂「居敬窮理」也。只此四字，撮則不盈一掬，放則彌滿六合。學者舍此四字，更無下手處。擊蒙編跋。

中庸、大學首章之説實相表裏，而修己治人之道無不該盡。蓋天命之性，明德之所具也。

率性之道，明德之所行。修道之教，新民之法度也。戒懼者，静存而正心之屬也。慎獨者，動察而誠意之屬也。致中和而位育，明德、新民、止於至善而明明德於天下也。聖學輯要。

格物致知之説經文不詳，先賢多所發明，而程子、李氏、朱子之説最爲明切。

窮理要法，澄以静養以培其本，資以問辨以暢其趣，積功之久，豁然貫通。至於物無不格、心無不盡，則我之知見脗合聖賢，嗜慾之誘、功利之説、異端之害，舉不足以累吾靈臺，而大路坦然，行遠無疑。以至誠意正心，處大事，定大業，沛然若決江河。學不至此域[二九]，則安用學爲？

凡讀書者，每句必求踐履之方。若口讀而心不體，身不行，則書自書，我自我，何益之有？擊蒙要訣。

先讀小學，於事親、敬兄、忠君、悌長、隆師、親友之道，一一詳玩而力行之。次讀大學及或問，於窮理、正心、修身、治人之道，一一真知而實踐之。次讀論語，於求仁爲己、涵養本原之工，一一精思而深體之。次讀孟子，於明辨義利、遏人慾存天理之説，一一理會而擴充之[三〇]。次讀中庸，於性情之德、推致之功、位育之妙，一一玩索而有得焉。次讀詩經，於情性之邪正、善惡之褒戒[三一]，一一潛繹感發而懲創之。次讀禮記[三二]，於天理之節文、儀則之度數，一一講究而有立焉。次讀書經，於古之二帝三王治天下之大經大法，一一領要而溯本焉。次讀易經，於吉凶存亡、進退消長之幾，一一觀玩而窮研焉。次讀春秋，於聖人賞善罰惡、抑揚操縱之微辭奥義，一一精研而契悟焉。五書五經循環熟讀，使義理日明。而如近思録、家禮、心經、二程全書、朱子大全、語類及他性理之書，宜間間精讀，使義理漫灌。而餘力亦讀史書，以長識見。若異端雜類不正之書，則不可頃刻披閲。

晦齋大學或問補遺博引古書，殊無正釋經文之義。語録。

收放心，莫如小學一書。若心經等書，切己則有之，不如小學該備。

格物云者，人窮物之理，使之至於盡處也。物格云者，物之理已至於盡處，更無可窮之餘地也。

爲學之道必先達文理，然後吾之所知日長，所見日明，故用工易而其得必矣。

物理本在極處，不必待格物始到[三三]。吾之知有明暗，故理有至、未至也。比如暗室中，册在架，衣在桁，箱在壁下，緣黑暗不能見，及取燈以照見，則方見册、衣、箱各在其處也。語録。

有一高山於此，山頂之景勝妙不可言。一人則未嘗識其山之所在，徒聞人言而信之。故人言山頂有水則以爲有水，有石則以爲有石。既不能自見，而惟人言是從，他人或以爲無水無石，亦不識其虚實也。彼不能自見而從人言者，如鸚鵡之傳人言也。與牛溪。

牛溪先生曰：「入德之門，則小學養其本，大學備其法，或問推其詳。或問之書，首言道之大原出於天而具於身，中言主敬之方、窮理之要，二程意味明白畢備。欲求帝王之學，則必以此書爲入處，其餘諸書[三四]，先儒之言盡之矣。」上王世子劄。

爲學之要須窮理，窮理必在讀書，讀書之法必通達[三五]。

朱子大全奏劄中行宫便殿甲寅劄子論爲學之道者，不可不洗心專一，精讀而深玩也。讀此而有得焉，則所謂入道之門、積德之基，即此而在矣。答李壽俊。

主敬之方、窮理之要具於大學或問，而朱書節要中講明尤詳。苟取而讀之，實用其力，則亦不患不得其門而入矣。答洪錫胤。

凡士之受病處，病之發藥皆具於是書，不待遠尋師友，講究義理，而操持玩索之方，明白痛快於吾胸中矣。其書曰：「知得如此是病，不如此是藥。」又曰：「即此欲去之心，便是能去之藥。」見此數句，亦可知用力之方矣。

以朱子答宋容之書爲讀書之法，則存久漸明，可脱然而有得矣。答朴生。

及此盛年，閒暇致志，專心於讀書，則其所成就必有過人者矣。學非但讀書之謂，然非書，何以尋箇路脉以入耶[三六]？與鄭士朝。

【校勘記】

［一］欲得之而不可得　上「得」字下，晦齋集卷十一有「見」字。

［二］而有得於先儒所未得之義　下「得」字，晦齋集卷十一作「到」。

［三］諸儒之説不可信者有三焉　「信」，退溪集卷十一作「從」。

［四］理趨闕略　「趨」，退溪集卷十一作「趣」。

［五］今强引以爲格物之功　「物」下，退溪集卷十一有「致知」二字。

［六］知所先後　「所」，退溪集卷十一無此字。

［七］未見補傳之義　「義」，退溪集卷十一作「益」。

［八］其後有所謂良工者　「有」下，退溪集卷十一有「世」字。

［九］與窮得底參驗照勘　「與」下，退溪集卷十四有「已」字。「底」下，退溪集卷十四有「道理」二字。

［一〇］讀書而分別是非　「別」，退溪集卷十四作「辨」。

［一一］恐雋永未久而厭忽易生　「久」，退溪集卷十九作「入」。「忽易」，退溪集卷十九作「怠遽」。

［一二］當時大別　「時」，退溪集卷十九作「是」。

［一三］須先看節要　「須」，退溪集卷二十作「告令」。

［一四］而後及餘矣　「後」，退溪集卷二十無此字。

［一五］人心本自虛靈　「虛靈」，退溪集卷二十三作「靈明」。

［一六］以置之天下第一流　「流」下，退溪集卷二十三有「上」字。

［一七］故改易伏羲明於易之方位　「明於易」，退溪集卷二十五作「明體」。

［一八］亦理勢然也　「勢」下，退溪集卷二十五有「之自」二字。

［一九］恐不如翼日早朝之爲得　「翼」，退溪集卷二十七作「翌」。「朝」，退溪集卷二十七作「吊」。

［二〇］明德在顧諟明命　上「明」字上，退溪集卷三十七有「明」字。

［二一］至於格致在因其所知　「格致」，退溪集卷三十七作「格物致知」。

［二二］此八條緊要處　「條」下，退溪集卷三十七有「目」字。

［二三］常若有所逐　「所」下，退溪集卷二十八有「迫」字。

［二四］夜中所繹　「所」，退溪集卷二十八作「思」。

［二五］依此做不撤　「撤」，退溪集卷二十八作「輟」。

［二六］温故之工深至　「工」，退溪集年譜卷二作「功」。按：下句同。

［二七］讀書以明之　「讀」上，栗谷集卷五有「必」字。

［二八］以經文第二節移致格致之章　上「致」字，宋徵殷國朝名臣言行録（朝鮮舊鈔本，下同）外

集卷十二作「置」。

［二九］學不至此域　「至」，栗谷集卷二十作「造」。

［三〇］一一理會而擴充之　「理會」，栗谷集卷二十七作「明察」。

［三一］於情性之邪正　「情性」，栗谷集卷二十七作「性情」。

［三二］次讀禮記　「禮記」，栗谷集卷二十七作「經」。

［三三］不必待格物始到　「不必」，栗谷集卷三十二作「非」。「到」下，栗谷集卷三十二有「極處也」三字。

［三四］其餘諸書　「書」下，牛溪集卷三有「次第」二字。

［三五］讀書之法必通達　「達」下，牛溪集卷五有「文義」二字。按：此條出自牛溪集卷五答崔繼祖。

［三六］何以尋箇路脉以入耶　「入」下，牛溪集卷五有「門庭」二字。

海東七子近思録卷之四

用力

存養

寒暄先生嘗與執友雞初鳴共坐數息，他人纔過一炊皆失，獨先生枚數向明不失。遺事。

一蠹先生入泮宮，與諸友寢齋房，鼾睡而不寐[一]。人無知者，惟生員崔鎮國知之，播告諸友，皆曰「思道也」，或曰「參禪」。行狀。

靜庵先生曰：「孔聖只一天理，學者教守此心[二]，對越上帝，則可不背吾夫子矣。」金湜爲大司成，學徒爭集，每日於大成殿焚香謁聖。○語類。洪奉世録。

整齊嚴肅，則自然主一無適，而應物精當，言動中禮矣。因論敬字進副提學。

持己當使嚴中有泰，泰中有嚴，此所謂「禮樂不可斯須去身」者也。啓辨。

心是活物，若有感而動，則事爲之主，有似不亂。未接物時，常人之心尤爲散亂，若欲着於一處，則是以敬直内，非操存之道也。所謂操存者，非必每存善念也，但矜持虚静，敬以直内，雖非應事接物之時，而常惺惺之謂也。筵中記事。

晦齋先生曰：「吾日三省：吾事天有未盡歟？爲君親有未誠歟？持心有未正歟？」自戒辭。

聖賢雖遠，其言尚存，有可以啓發聰明、涵養德性者。誠能深信而力行之，則其有補於聖功，豈云少哉[三]？劄子。

天道甚明，人心至靈。今夫匹夫匹婦，一室之内，隱奥之中，有爲善之實，則人必知之，而天必應之以福祥；有爲惡之實，則人必知之，而天必應之以殃禍，蓋微之顯誠之不可掩如是。驪姬夜半之泣，飛燕忿恚之辭，明皇、妃子連理比翼之誓，隋太子、陳夫人同心結之事，皆深宮暮夜，至隱至密之地，而無不暴著，萬世譏刺，理之必然也。楊震卻金，司馬光未有不可對人言者，二子不欺之功如此，故爲一時大賢君子，而百世欽仰景慕焉。

禮主於敬，樂主於和。禮以正其躬，樂以和其心，内外交養之道也。九經衍義。

古之君子致勤於動作威儀之際，環佩中宮徵之音，步趨有詩樂之節，行必中於規矩，進退俯仰之間，莫不節之以禮，和之以樂。此所以動容周旋中禮，而非僻之干無自入也[四]。

服以稱其德，容與辭，德之見於外者也。齊襄王望之不似人君，是服其服而無其容也。漢成帝尊嚴若神，有穆穆天子之容，而無善可稱，是有其容而無其辭也。漢武帝雄辭駿發[五]，於制詔[六]，燁然可觀，然内多慾而不能行仁義，是有其辭而無其德也。苟有其德，自然有其容有辭[七]，無愧於服矣。苟無其德，其容其辭僞而已矣。

高宗恭默思道，有夢賚之應。然漢文之於鄧通，高麗明宗之於閔令謨，恭愍之於遍照，皆以夢得之。其爲夢一也，而所得有賢邪之異者，心之所存有邪正之異故也。

受之惡衆矣，而武王之誓師以不敬爲首，何也？蓋敬也者，萬善之本也；不敬也者，衆惡之源也。人之一心，操而存之則爲敬，捨而縱則爲不敬矣。

心，活物也。若無提省之力，則流轉動揺，淵淪天飛，隨聲逐色，無所定止。其可不知求乎？不求則失，此聖狂之所由分也。求之之道在於敬而持守，而致察於念慮毫忽之間，不敢自肆而已。

退溪先生曰：「李延平言：『如有大段排遣不去，只思古人所遭不可堪處，持以自比，則亦少安矣。』」答盧伊齋。

夫兼體用，該動静，爲一身主宰，如環無端，反復不已者，心之謂也。所以日用之間，一動一静，莫不由是而加工焉。然其加工也，必以敬爲一心主宰，方能静而操存，不昧於虚寂不用之處；動而省察，不雜於幾微運行之時。夙興夜寐箴問目。

凡日用之間，少酬酢，節嗜慾，虚閒怡愉以消遣。至如圖書花草之玩，溪山魚鳥之樂，不厭其常接。看書勿至勞心，窮理須就平易明白處看熟，優游涵泳，積之之久，自然融會而有得。尤不可執捉制縛，以取其速驗也。答南彦經書。

無事時，存養惺惺而已；到講習時，方思量義理，固當如此。答栗谷書。

應接撓溷，仕州縣者之通患。但日點檢[八]，使本原卓然有主，則民社之事，孰非吾學乎？答黄俊良書。

未發時爲戒慎恐懼之地，已發則爲體察精察之地。而所謂喚醒與提起照管之功，通貫於未發已發之間，不容間斷者也，即所謂敬也。

不獨惡思慮，雖好思慮，若有心驅遣，或制縛令不得動，則皆能爲病。

只於日用間一言一動得宜，則無害浩然之氣。纔一有慊，則與天地不相似，便是有害於浩氣之養。雖孟子不動心地位，自此些子地始下工夫[九]。答趙月川。

貧者，士之常。如足下真所謂無簞食瓢飲，其處之之道，只以處心用工極細密處先自點檢耳。

道理無間内外，凡致謹於外，乃所以涵養其中也。故孔門未嘗言心學，而心學在其中。答鄭惟一書。

矯揉氣質，在我不在人。然嚴師畏友日與之處，其薰陶切磋之益，亦豈少哉！

存心法，「平平存在，畧畧收拾」處，能接續用工，至於純熟，則自然虚明，不累於事物，非有意放下而自放下矣。

行己如處子，則鑠金漂山，當爲雲消霧散。

心中不可有一事，乃持敬之法。答金富倫書。

延平告晦庵曰：「静處工夫，鬧處使不着。就日用工夫，乃貫動静、一顯微之道，雖不言敬而敬在其中。」敬者，徹頭徹尾，苟能知持敬之方，則理明而心定。以之格物，而物不能逃吾之鑑；以之應事，而事不能爲心之累。

静而涵天理之本然，動而決人慾於幾微。如是真積力久，則静虚動直，日用之間，雖百起百滅，心固自若，而閒雜思慮自不能爲吾患。答金富仁書。

乘馬行路，情境在此。口占詠物，即此身心所接之事。此與讀書時在讀書，著衣時在著衣，不見其有異也。

譬如一家主人翁，常在家中，做主幹，當家事，遇客從外來，自家只在門庭迎待了，去則又不離門庭。以主送客如是，雖日有迎送，何害於家計？不然，東西南北客至紛然，自家輒輕出門庭[一〇]，遠迎近接，奔走不息，去而起送，亦復如是。自家屋舍卻無人主管，被寇賊縱横打破蕪没，終身不回頭來，豈不大可哀哉？

居敬工夫若未得活法，則反有揠苗助長之患。顔子四勿、曾子三貴〔一二〕，從視聽言動容貌辭氣上做工夫。故程子曰：「只整齊嚴肅則心便一，一則無非僻之干。」朱子亦曰：「持敬之要，只是整衣冠，一思慮，整齊嚴肅，不敢欺，不敢慢，則心身肅然，表裏如一矣。」答禹性傳書。

敬之爲説雖多，而莫切於程、朱、謝、尹之説。不容尋覓，不容安排，只是在脚於規矩準繩之上，不使此心少有放逸，則久而後自然惺惺矣。附録。

静坐，然後身心收斂，道理方有湊泊處。若形骸放怠無檢，則身心昏亂，道理無復湊泊處。

參同契煉丹大候儘有妙法，而卻難於吾輩工夫。朱先生借明養氣之説，然道家養丹，吾輩養心，妙法雖同，而其實則異矣。

朱子於延平之門得静中有主宰存養之法，由是而免入釋老。然説静不如説敬。

心爲萬事之本，性是萬善之原。故先儒論學必以收放心、養德性爲最初下手處，乃所以成就本原[一二]，以爲凝道廣業之基。而其下工之要，曰「主一無適」也，曰「戒慎恐懼」也。主一之功，通於動静；戒懼之境，專在未發，二者不可廢一[一三]。而制於外以養其中尤爲緊要，故三省、三貴、四勿之類，皆就應接處言之，是亦涵養本原之意也。苟不如是，而一以心地工夫爲主，則鮮不淪於釋氏之見矣[一四]。答奇高峯。

古人格物致知而誠意正心，其法明如日星。今乃云如赤子無所知，無所能，然後可以施涵養之工[一五]，是欲人盲目而後行路也。答洪胖。

栗谷先生曰：「邑居有堂榭之勝，似無與於爲政，達士急焉，俗吏慢焉。蓋心之本體，洞徹虚靈，而不能不爲物蔽，善養則通，不善養則窒。善養之法，固在操存省察，而居處清曠，亦助養之具也。」平遠堂記。

所謂敬以涵養者，只是寂寂不起念慮，惺惺無少昏昧而已。聖學輯要。

敬是用功之要，誠是收功之地，由敬而至於誠矣。

正心所以治内，檢身所以治外，實是一時事，非今日正心，明日檢身也。第其工夫，有内外之别。

處出如顯，處獨如衆，使此心如青天白日，人得以見之。擊蒙要訣。

群居終日，無所用心，不如静坐山堂以養其心。語録。

天畀吾衷，曷全所受？賦與雖均，覺有先後。明善復初，惟學是階。存心思繹，念兹不差。其坐如尸，其立如齋，勉勉自强，敢怠須臾？習成自然，有善斯孚。浹洽于中，我心則悦。欲罷不能，終歸聖域。學不時習，有畊不耘。爰摭嘉言，警我心君。時習箴。

正月地震，上減膳，副學柳希春請爲脾胃復膳。先生曰：「古人之萬般補養皆虚僞，只有存心是要規。治心，本也。事物，末也。副學所奏，楊禮壽學官。之法也。」昭代紀畧。

心爲身主，身爲心器，不可任其自正，不爲之檢攝也[一六]。聖學輯要。

牛溪先生曰：「静坐，安定心神，時閲少義理以浸灌栽培，乃是第一義。」答宋雲長。

古人理明義熟[一七]，深潛涵養，養心之功已自積累培植之餘。凡遇逆境，自家得力，非別人之所可助也。答趙憲書。

静而主於一，則客念不復作矣；動而主於一，則外誘不能奪矣。所謂「居敬主一」，用力之方，大學或問詳之。當依此用力，不疾不徐，勿忘勿助，毋令壓重，毋令拘迫。退溪所謂「平平存在，畧畧收斂」，正是心法切要之方也。答韓瓘。

此心放逸已久，豈能一朝而易馴，一如吾之欲速之心哉？宜鑑前日之久放，惜今日之分陰，默默加工，平平存在，最於主一上喫緊下手。要使志氣清明，隨事專一，則庶幾有箇入處，漸次清明，而主一之習[一八]，通貫乎動静矣。答洪錫胤。

爾平爾心，不疾不徐。清夜安眠，白晝閒舒。安閒清静，天餉之厚。雲水中間，黄卷爲友。

偶書。

【校勘記】

［一］鼾睡而不寐　「而」下，一蠹集卷二有「獨」字。

［二］學者教守此心　「教」，静庵集附録卷二作「敬」。

［三］豈云少哉　「少」，晦齋集卷十作「小」。

［四］而非僻之干無自入也　「僻」，中庸九經衍義卷七作「辟」。「干」，中庸九經衍義卷七作「心」。

［五］漢武帝雄辭駿發　「辭」，中庸九經衍義卷七作「辯」。

［六］於制詔　「於」上，中庸九經衍義卷七有「見」字。

［七］自然有其容有辭　下「有」字下，中庸九經衍義卷七有「其」字。

［八］但日點檢　「日」下，退溪集卷十九有「間」字。

［九］自此些子地始下工夫　「自」上，退溪集卷二十三有「其初必」三字。

［一〇］自家輒輕出門庭　「輕」，退溪集卷二十八作「離」。

［一一］顔子四勿曾子三貴　「顔子」上，退溪集卷三十一有「觀」字。

〔一二〕乃所以成就本原　「原」下，退溪集卷十六有「之地」二字。

〔一三〕二者不可廢一　「廢」，退溪集卷十六作「闕」。

〔一四〕則鮮不淪於釋氏之見矣　「淪」，退溪集卷十六作「墮」。

〔一五〕然後可以施涵養之工　「工」，退溪集卷三十九作「功」。

〔一六〕不爲之檢攝也　「攝」，栗谷集卷二十一作「攝」。

〔一七〕古人理明義熟　「熟」，牛溪集卷五作「精」。

〔一八〕而主一之習　「主」，牛溪集卷五作「專」。

海東七子近思録卷之五

處己

克己

一蠹宰安陰，置一金盞。先生責之曰：「不意公作此無益事，後必以此誤人。」其後宰邑者果以是坐贓。寒暄事實。

一蠹先生中年與人飲酒過度，不省。大夫人憂甚，不食。遂終身不飲。行狀。

鄉會有殺牛者，以國法抵罪。大夫人驚惶如己事。後廢食牛。

頭流山有畫迦葉，匪懈堂作三絶贊之。濯纓竇而欲取，先生曰：「私於一家，曷若公於名山，爲具眼者之遊賞乎！」

母家蓄積有餘，咸陽四隣之民皆出債焉。母歿之後，謂其弟曰：「斂散之際[二]，怨必及民。」於是取其文記，投諸烈火之中。諸賢讚述。[二]

静庵先生從文敬於熙川之時，年僅十七矣。文敬得一美味，將奉送母夫人。守者不謹，爲鴟鴉所攫[三]，文敬聲氣頗厲。先生進曰：「先生奉養之誠，則誠至矣。而君子辭氣，不可須臾放過也。」文敬不覺膝前執手曰：「我非汝師，而汝實我師也。」宋時烈深谷書院記。

學者先務，莫切於義利之辨，私慾之萌皆出於利。從念頭拔去根本，然後可安於學矣。語類。洪奉世録。

許丞相稠對案兀坐，夜半偷兒入其室，盡輸家貲。丞相未寐[四]，冥然若泥塑人。盜去良久，家人覺之，頗恨焉。相公曰：「賊之有甚於此者，來戰於心，何暇警止外賊乎！」先輩克己之功如此，學者所當法。語類。洪奉世録。

外間有愛馬者，有愛花草者，有愛雞鴨者。若馳心於外物，則必至著泥，而終無以入道，是所謂「玩物喪志」也。啓辨。

知而爲之者爲惡，不知而爲之者爲過。若能悟而能改，則歸於無過。人誰無過，但以能改過爲貴。

「人心一有所之，則離道矣」，此言甚爲精微。文章未是惡事，而偏著足以喪心，況酒色蠱心敗德之大者乎！雖曰存心於學問治道，而一有所嗜好，則所向不能專一矣。大抵心無二用，向善則背惡。夫文與書可謂一事，而習文者不暇於習書，理固然也。副提學時啓。

堯、舜、桀、紂俱有七情，而善惡懸殊者，以其情之發有中有不中也。雖善人，爲氣所激，則喜怒或過中焉。今日在座之人，孰不欲爲善哉，但能克己去私，則可學聖人矣。筵中記事。

雖顔子亦不能無過，但知非之後，痛自刻責，可也。若有過失，不自反求而更爲文飾，則何事得其當乎？上同。

顔子克去己私，理不爲氣所動，故能「不遷怒，不貳過」。

理爲主，氣爲理之所使，則可矣。顔子義理常昭晰，私氣常消沮，故能如此。大抵耳目口鼻聲色臭味之慾，無非以氣而出也，使之合理，則善矣。

男女，人道之大倫，而過則爲害。上自公卿，下至百僚，常失於男女之慾，至於喪其本心者有之[五]。若顔子之四勿，是工夫下手處也。上同。

少時入于人家，有一女子欣然相迎[六]。先生疑之，日暮令奴子載卜而移他家。其女脱笄而給之，先生插于壁間而去。晦齋關西問答。

吾心國事，不暇念家事。宅産無營也，關節不通也，騶直不納也。行狀。○嘗謂夫人曰。

晦齋先生曰：「人非上聖，誰能無過？過而能改，其過斯寡。寡之又寡，可至於無過。無過曰聖，多過曰愚。爲聖爲愚，在我而已。是以君子，必誠其意。心無過念，矧有過事？如或有之，即改不吝。過少善全[七]，其德必進[八]。胡彼衆人，知過者鮮。知且憚改，矧曰遷善？恥過作非，過久成惡。我其監此，不遠而復。一念之萌，一言之發，必思合理，惟恐有差。夜以思過，晝以改之。武公自悔，賓筵始作。蘧瑗欲寡，知非五十。子路喜聞，顔淵不貳。聖賢鑑此，矧余愚鄙？齒之尚少，庸有不知。今其壯矣，曷不自規？」改過箴。

喜怒哀樂之中，惟怒爲逆德，易發而難制。故聖人戒之曰「懲忿」，曰「不遷怒」，無非致謹於此而垂訓萬世者也。送元典翰序。

人主其怒，一有不當於義，不合於時，則刑罰失中，兵革妄興，傷天地之和，召水旱之災。聖人之怒，在物不在己，其發也義，其動也時。

怒在七情之中最爲難制，亦當因物之可怒而怒之，己無與焉。如天之烈風迅雷，而太虚湛然，又何遷移之有哉！至於念慮之微，有毫髮不足於心，便自知之，隨手消除，如青天白日，雲翳俱盡，無復有查滓。聖人之心亦不過如斯而已矣。九經衍義。

人主而不能節其怒，至於遷移，則人有不得其死者矣。

人主侈欲之端始於微細，而終於難遏。故舜造漆器，諫者十餘人；紂造象箸，箕子憂之，蓋防之於微也[九]。舜能受諫而止，此所以爲聖；紂不能受諫而縱慾，此所以亡滅。是非萬世之明鑑乎！

人主位億兆之上[一〇]，享富貴之樂，可謂高且滿矣。高者易危，滿者易溢，不可不謹。若能常懷謙懼之心，自制於禮節，則雖高而不危、滿而不溢矣[一一]。孔子曰：「在上不驕，高而不危。」又曰：「雖有周公之才之美，使驕且吝，其餘不足觀也。」豈非以驕奢爲惡之源也耶？

退溪先生曰：「私者，一心之蟊賊，而萬惡之根本也。必欲去心賊，拔惡根，以復乎天理[一二]，不深藉學問之力不可，而其爲工亦難[一三]。蓋一時一事之私，勉强不行非難，而平日萬事之私，克去浄盡爲難。故大學既説格致誠正之功，則宜若無私矣。然於齊家治國[一四]，猶以偏僻爲戒。治國平天下，亦以一人貪戾，以利爲利爲戒。顔子克己復禮，至於三月不違仁，寧復有一毫之私乎？孔子猶以『放鄭聲，遠佞人』戒之。雖至聖賢地位〔一五〕，猶恐或有偏僻之私，常懍懍爲戒，況未至於聖賢哉！周書曰：『惟聖罔念作狂，惟狂克念作聖。』經筵劄。

怒與哀尤患難制者，亦不過稟得此氣偏重而然。若怒爲外人發者，易於制止；而爲家人發者，難於制止者，於家人責望素重，而又在吾手下，故怒易甚，而亦不屑於制止故爾。與李仲久書。

剛雖君子之德，少過則入於暴悍强忿。

窮而賣田，本非甚害理，計直高下，約濫當從平〔一六〕。一有利己克人之心，便是舜、蹠。答鄭惟一書。

屢空之歎，吾輩常事。朱子云：「窮須是忍，忍到熟時自好。」飲食男女，至理所寓而大欲存焉。故君子之勝人慾而存天理由此〔一七〕，小人之滅天理而窮人欲亦由此，故治心修身以此爲切要。答李德弘書。

中庸「博學之」以下至「人十己千」，即變化氣質之法。故曰：「果能此道，雖愚必明，雖柔必剛[一八]。」

義理之怒不可無，血氣之怒不可有。顔子之怒，義理之怒，故不遷耳。答趙振書。

嘗爲議政府舍人，聲妓滿前，便覺有喜悦之心，其機則生死路頭也。

吾初出身時，每爲人所牽挽，逐日宴飲，暇日輒生無聊之心。反而思之，未嘗不愧耻。

不能舍己從人，學者之大病。天下之義理無窮，豈可是己而非人？

懲忿似正心，遷改似修身，亦可以通言。答趙月川。

栗谷先生曰：「爲善而求名者，亦利心也。君子視之甚於穿窬，況爲不善而爲利者乎[一九]？」學校模範。

既誠於爲學者，必須矯治氣質之偏，以復本然之性。聖學輯要。

量之不弘，出於氣質之病。恢德量無他工夫，只是矯氣質之一事。

克己工夫，最切於日用。所謂己者，吾心所好不合天理之謂也。必須檢察吾心好色乎，好利乎，好名譽乎，好仕宦乎，好安逸乎，好宴樂乎，好珍玩乎。凡百所好，若不合理，一節痛斷[二〇]，然後吾心所好合於天理，無己可克矣。擊蒙要訣。

人性本善，純是天理，只是己私爲蔽，故天理未復。若克去己私，則全其性矣。

私慾之念雖防之，而或復生，或不復生。比之除草，絶其根柢，則無復生矣；以土覆之，則其根復生矣。語録。

色慾之頻發難制者，無別工夫，只是心有存主。讀書則專心窮理，應事則專心踐履，無事則靜中涵養。常使此心無忘，則色念自不得發。附録。

人之血氣，有旺有憊，在於保養之如何。血氣足則精足，精足則不爲外病所侵，是益壽之方也。夫子所謂「戒之在色」、「戒之在鬭」、「戒之在得」，此吾儒導氣之法也。神仙策。

先生嘗謹在色之戒〔二二〕。黄州有名妓近房，作詞以拒之〔二三〕。其和而不流、不顯亦臨如此。名臣録。○妓名柳枝。

牛溪先生曰：「心者，神明之舍也。虚靈洞徹，萬理咸備。一有私意生乎其間，則昏而不明，實而不虚，善言無從而入也。」己卯封事。

大凡處事，於吾心有好惡，於事理有是非。當舍其好惡，而從其是非而處之，所失者少矣。答李景臨。

與栗谷、松江同會李進士希參家，主家設酌。石介者，一時名娼也，與席，將行酒發歌，先生遽起，座上無敢挽止。蓋平生以不聽淫聲爲法云。名臣録。

尋行數墨，解釋文義，非所以爲學也。必深培厚養，使義理之心常勝而志氣常清，則耳目口鼻之慾不能用事於其間矣。宣政殿啓辭。

【校勘記】

［一］斂散之際　「斂」上，一蠹集卷二有「母氏」二字。

［二］按：此條出自一蠹集卷二趙孝仝薦學行疏。

［三］爲鴟鴉所攫　「鴟鴉」，静庵集附録卷四作「烏圓」。

［四］丞相未寐　「未」，静庵集附録卷二作「不」。

［五］至於喪其本心者有之　「至」上，静庵集卷五有「其終」二字。

［六］有一女子欣然相迎　「迎」，静庵集附録卷一作「近」。

［七］過少善全　「少」，晦齋集卷六作「消」。

［八］其德必進　「必」，晦齋集卷六作「日」。

［九］蓋防之於微也　「蓋」下，中庸九經衍義別集卷十一有「欲」字。

［一〇］人主位億兆之上　「人主」，中庸九經衍義別集卷十二作「君」字。

［一一］滿而不溢矣　「溢」上，中庸九經衍義別集卷十二有「雖」字。

［一二］以復乎天理　「理」下，退溪集卷七有「之純」二字。
［一三］而其爲工亦難　「工」，退溪集卷七作「功」。
［一四］然於齊家治國　「齊家治國」，退溪集卷七作「修身齊家」。
［一五］雖至聖賢地位　「賢」，退溪集卷七作「人」。
［一六］約濫當從平　「平」下，退溪集卷二十四有「亦理所不免」。
［一七］故君子之勝人慾而存天理由此　「存」，退溪集卷二十七作「復」。
［一八］雖柔必剛　「剛」，退溪集卷三十五作「强」。
［一九］況爲不善而爲利者乎　下「爲」字，栗谷集卷十五作「征」。
［二〇］一節痛斷　「一」上，栗谷集卷二十七有「則」。「節」，栗谷集卷二十七作「切」。
［二一］先生嘗謹在色之戒　「嘗」，國朝名臣言行録外集卷十五作「常」。
［二二］作詞以拒之　「作詞」，國朝名臣言行録外集卷十五作「明燭」。

海東七子近思録卷之六

處己

齊家

寒暄先生曰：「中朝之名門盛族莫不有家訓，而我東國士大夫鮮有之。是以化導不及於妻孥，教澤不下於臧獲。乃作家範，以訓示子孫，制爲儀節。仿於内則訓迪之方，尤重彝倫。下至奴僕，分别内外之職，皆有名號。量才授任，各責其事，拜跪業作，咸有定規。謹勤者陞職有賞，違慢者降職有罰。其俸料之差，視升降增減。其吉凶之儲，因貧富而優約。仍於朔望，親行讀法之禮，以勉率之。」事實。

母夫人性嚴有禮法。先生每晨省拜於堂下，或有不怡色，則先生必爲惶恐俯伏不敢退，起敬起孝，方得其悦豫乃退。

一蠹先生曰：「與兄弟同居，約曰：『古之人亦有至九世者，汝知之乎？』至於分財之日，自占羸薄。有窮妹，許使自擇。妹夫寧仁君楯，猶以爲不滿，公以己物加與之[一]。」

内政使夫人治之，外事使長子希稷主之[二]，公則不問焉。

母殁，既大祥，哀痛迫切，一如初終。鄉老哀之，咸就勸酒肉，但涕泣耳。曹梅溪往，勉之以「先王中制不敢過」之意，然後不敢辭焉。趙孝同疏[三]。

母在時，常憫其不治生産[四]，别儲綿布粟租於一庫，以爲身后汝昌之資。母殁，家人指以告[五]，二弟亦讓焉。汝昌歎曰：「母在時，余豈有私財乎？無重吾過！」遂分供喪費，無餘焉。

平日言笑或談文，有及蓼莪，汪然出涕，以悲泣不能息[六]。

静庵先生曰：「夫婦，人倫之始，百福之原[七]，所關至重。婦人之性，陰暗無知，雖有所失，爲君子者當率以正，使之感化，共成家道。如或未盡於表率之道而遽欲去之，不近於薄乎？況且一家倫理間事，外人不敢容議。」先生爲風憲長，同年有不協於家室者，欲出其妻，據七去之義。來稟，先生正色答曰。○語類。洪奉世録。

孟子曰：「聖人，人倫之至。」又曰：「堯舜之道，孝悌而已。」蓋聖人之道雖若高遠，而求其所以爲聖者，不過盡人倫之道而已。

晦齋先生曰：「程子曰：『思其居處，思其笑語。』此平日孝子思親之心，非齊也，齊不容有思[八]，思則非齊。齊者，澹然純一，方能與鬼神接。」奉先雜儀。○此與先儒之論不同，可疑。

夫祭之義[九]，有本有文，無本不立，無文不行。存乎心者本也，著於物者文也。存乎心者，有所未盡，則節文雖備，亦虛而已矣。奉先雜儀序。

人之欲孝其親，心雖無窮，分則有限。得爲而不爲，不得爲而爲之，均是不孝。得爲而不爲者，未能盡事親之道。而若不得爲而爲之，是欲尊其親而踰越其分，禮亦不得爲孝。如魯三家僭禮之類，宋英宗尊濮王以天子之禮，遂取譏於後世，烏足爲孝哉！九經衍義。

太宗以生日爲父母劬勞之日，不爲宴樂，至於悲痛流涕。厥後明皇以生日宴百官於華萼樓，每歲八月五日爲千秋節，創立名節，後世沿襲[一〇]，遂成古典[一一]。下至士大夫，亦莫不以生日宴樂，其忘親甚矣。程子之説正與太宗之意合，爲人子者寧不惻然動念乎？

人能和於妻子，宜於兄弟，則父母必安樂之。

家人卦以嚴爲本，非處身之嚴者，亦何以正其一家之倫理乎？

漸卦專以女歸爲義，蓋禮義廉耻之重，天下國家之本，無若女之歸也，故其歸也以正而有漸[一二]。自納采、問名、納言、納徵、請期、親迎六禮備而成婚，乃女歸而得其正也。

先儒言「偏」之一字爲修身齊家之深病，蓋心有不正，而接物之際有所偏著，不能平其好惡，則身不能修，而無以齊其家矣。

易履之象曰：「上天下澤，履。君子以辨上下，定民志。」故妾不可以並后，庶不可以加嫡，臣不可以蔽君[一三]，此天地之常經，古今之大義也。名分一紊，禍亂之階也。

退溪先生曰：「鄧伯道繫樹而去，不可謂兩全仁義。朱子不收入於小學中，有意存也。」答李平叔書。

祭之儀節饌品，從禮文爲當，而古今異宜，循祖先所行，恐無不可。答宋言慎書。

古人所以爲學者，必本於孝悌忠信，以次而及於天下萬事、盡性知命之極。蓋其大體無所不包，而其最先最急者，尤在於家庭唯諾之際。故曰：「本立而道生。」答鄭惟一書。

孝子仁人之所以樂其親，不在於外至之榮耀。後生輩得一小小名字[一四]，便絶爲傾倒，做一件平生大事，可憫所見之不廣也。答趙月川書。

躬親甘旨，乃事親中緊要事。但末俗刓弊[一五]，人家子弟鮮有行之者。一朝猝然行之，或未爲親意所安，則亦當隨宜斟量。要在自盡其心，無忤親意，可也。答鄭惟一書。

鬼神，要有便有，要無便無。今行得一祭，因吾誠敬之至不至，而神之歆不歆係焉。此理昭然[一六]，甚可畏也。答金命書。

禮所謂嚴威儼恪，乃臨下之容，以之事親則非所施也。蓋氣質之過嚴，無愛敬之實以融化之，斯乃孝思之罪人也。答琴蘭秀書。

竊觀世間琴瑟不調之患者不少，有其婦性惡難化者，有嫫醜不慧者，有其夫狂縱無行者，好惡乖常者。其變多端，皆在夫。反躬自厚，黽勉善處，以不失夫婦之道，則大倫不至於斁毁，而身不陷於無所不薄之地。古則猶有可適之路[一七]，故七去可以易處。今則從一而終[一八]，何可以情義不適之故，牉體歸於側目，衽席隔於千里，使家道無造端之處，百福無毓慶之原乎[一九]？滉曾再娶而一值不幸之甚，不敢自薄，黽勉善處者數十年，其間極有心煩慮亂、不堪撓悶者，而豈可循情而慢大倫，以貽偏親之憂乎？答李咸亨書。

約采未成婚而夫死，此女必無禁嫁之理。答鄭寒國問目。

欲子弟之嘉[二〇]，人之至願。而顧多循情愛而忽訓敕，是猶不耘而望禾熟也。寄子寯書。

夫婦，人倫之始，百福之原[二一]，雖至親至密，而亦至正至謹之地。故曰：「君子造端乎夫婦[二二]。」世人都忘禮敬，遽相狎昵，遂致侮慢凌蔑，皆生於不相賓相敬之故也。與孫安道書。

先生居鄉，凡調役征賦必先下户而輸之，吏胥亦不知爲達官家。

五禮儀自卿大夫至士、庶人，祭饌器數自有品數，而亦有難從者，不必盡從其禮。雖稱有無而祭之[二三]，恐亦無妨。且器數不可極煩，煩則瀆，又不可致潔耳。

聞巫女頗出入，此事甚害家法。自我慈氏以來，專不崇信，吾常禁絶，不許出入。非但欲遵古訓，亦不欲壞家法也[二四]。

今聞乳婢棄三四歲兒上京云，此無異殺之也。近思録論此事云：「殺人子以活己子，甚不可。」京家必有乳婢矣。五六朔兼餉相濟[二五]，以待八九月間上送，則此兒似可以粥物活命。直令棄去，仁人所不忍也。

先生早失先子，太夫人寡居，窮甚，應舉決科，實爲便養也。適坐舅罪，不許臨民之官。未幾，太夫人下世。每懷蓼莪、風樹之感，門人語及養親之事，必蹙然稱罪人。生日不設酒食，子孫不得獻壽，悄然終夕。行録。

甘旨之闕，雖人子之心所甚憂者，亦不以是而别生意思，别求方法，以要必得也。今人每以榮養藉口，受無禮儀之禄食，若充類而言之，與乞墦間而充甘旨自以爲孝者，殆無以異。君子雖急於奉養，不以是變所守也。答李剛而。

古人嫡庶之分雖嚴，而骨肉之恩無異。非如今人待之如奴隸，故其制服無所差别。答金止叔。

天無二日，民無二王，家無二尊，喪無二斬[二六]。古之聖人制爲禮法，易明致一，孟戒二本，權衡所定，倫則灼然。而況以旁支入繼之君，其敢以私意有所反易者乎？上疏。○宣祖大王以旁支立繼鉢，有過崇之議，故云。

昵侍左右，便嬖給事者，無非宦侍與婦人也。此輩之性，例多陰邪狡獪，挾姦而懷私，惟以甚間爲主，以無爲有，以是爲非。蓋家法嚴正，兩宮交驩，則此輩無所容其奸而不獲利矣。

聞孝思欲於祥禫後仍不毁廬室，恒處其中，朝夕上食，就墓前行之。不審何所據而然乎[二七]！若使先王制禮，可不顧而直前而行之？曾參孝，已無除喪之日矣。以閔子騫之孝，除喪而鼓瑟，切切而哀曰：「先王制禮，不敢過也。」今君欲行曾、閔所不行之事乎？昔漢趙宣行喪二十年，仇香按知其服中多生子，怒而治其罪。今君之事亦趙宣之類也，世或有仇香，安知不以爲罪乎？與李文奎書。

栗谷先生曰：「哀中從權，只是服藥之例。病中服藥，寧有等待耶？」答鄭松江。

一家之人不和，只是誠意未盡。自警文。

士有百行，孝悌爲本。罪列三千，不孝爲大。事親者，必須居則致敬，養則致樂，病則致憂，喪則致哀，祭則致嚴。至於温凊定省、出告反面，莫不一遵聖賢之訓。如值有過，盡誠微諫，始終全德，無忝所生。學校模範。

擇友之道，相箴以失，相責以善，切磋琢磨，以盡朋友之倫。若浮浪嬉遊、尚哀尚氣者[二八]，皆不可交也。

居家須盡倫理，兄友弟恭視如一體，夫和婦順而無失於禮[二九]，訓子以義方而不以愛惑聽。至於御家衆，主嚴行恕，軫念其饑寒。上下整肅，内外有別。

修己然後可以正家，而正家之道，不出於正倫理、篤恩義。聖學輯要。

人子之孝，有精有粗。温凊定省，孝之粗也。忠養愛敬，孝之精也。此則道其平日奉養而已，若遇疾病，則當致其憂。若遇過惡，則當熟其諫。至於先意承志，諭父母，然後乃謂孝之至也。

人子之孝，處常易，處變難。而盡其道[三〇]，然後尤見其大孝。虞舜處其變也。

卜其宅兆，惟在藏風向陽，土厚水深而已，不係於方位水破之說。今之卜兆者，偏信相地之說[三一]，廣搜未定，久不葬親者，惑之甚矣。

祭先以恭敬爲主[三二]，不以煩數爲禮，故傳說以「黷祭弗欽」戒高宗。後世享祀之煩，誠敬俱乏，可謂禮煩而亂。

刑妻之道，修己而已。切切於禮貌之間，而隱微之際，未免縱情而失儀，則已失正家之本矣，烏能儀表於一家乎？

辨別內外，閑以禮法，則男女得其正。克去偏私，莅以公明，則好惡當乎理。

今人被養於父母，不能以己力養其父母。若此奄過日月，則終無忠養之時。必須躬幹家事，自備甘旨，然後子職乃修。擊蒙要訣。

日用之間，一毫之頃，不忘父母，然後乃名爲孝。彼持身不謹，出言無章，嬉戲度日者，皆是忘父母者也。

日月如流，事親不可久也。故爲子者須盡誠竭力，如恐不及可也。古人詩曰：「古人一日養，不以三公换。」所謂愛日者如此。

人之居喪，間有質美而未學者，徒知執禮之爲孝，而不知傷生之失，不忍從權，以至滅性者或有之。毁瘠傷生，君子謂之不孝。

所謂致齊者，不聽樂，不出入，專心想念所祭之人，「思其居處，思其笑語，思其所樂，思其所嗜」之謂也。夫然後當祭之時，如見其形，如聞其聲，誠至而神享也。

凡祭，主於盡哀敬之誠而已〔三三〕。貧則稱家之有無，疾則量筋力而行之，財力可及者，自當如儀。

若非喪盡其禮，祭盡其誠，則終天之慟〔三四〕，無事可寓，無時可泄。

兄弟若有不善之行，則積誠忠諫。不可遽加虞色[三五]，以失其和也。

夫婦之間，衽席之上，多縱情慾，失其威儀，故不相狎而能相敬者甚少。若徒得相狎而遽欲爲敬，其勢難行。須是與妻相約，必去前習，漸入於禮可也。發言持身，一出於正，則必漸相信而順從矣。

婢僕先恩而後威，乃得其心。若有過惡則須勤勤教誨[三六]，使之改革。教之不改，然後乃施楚撻。須使其心知楚撻出於教誨，非出於憎嫉，然後可以改心革面矣。

生子自稍有知識，當導之以善。一家之内，禮法興行，簡編筆墨之外無他雜技，則子弟亦無外馳畔學之患矣。

凡接人當務和敬，擇友必取好學。

所後之義固重矣，所生之恩亦不可輕也。雖得一意於正統，豈可絶情於私親乎？主上於大院君之廟，親行祀事，於禮無違，於情所不免。而俗儒無觀理之功，乃進無稽之論，誠可歎也。經筵日記。

趙大男歎僕夫難得善者，土亭曰：「士人之善者，尚不可易得，況僕隸乎？當求善使之道，不當求善奴也。使奴爲善主之奴可也，豈必欲爲善奴之主乎？」此言甚好，有責己恕人之意。語録。

古之帝王所與婚者，莫非仁賢之后〔三七〕。其求之之道，不過曰窈窕淑女，而未聞聚闕庭辨優劣。如今日之爲，請自今勿以容姿服飾、推卜吉凶爲等級，先觀父母之賢否，次觀威儀之合度，宣問大臣，允協衆心，然後乃定，則國家之福也。年譜。

古之所謂友者有三：相歡於翰墨之場者，是文友也；相引於章綬之間者，是宦友也；相講於性理之學者，是道友也。友名雖一，所以爲友者不同。附録。

先生仲兄素迂疎，每事招先生而使喚之，先生位至二相而服役無怠。或謂使子弟代勞，先生曰：「倘來之物，非天性也。位之高下，非所論也。日月如流，兄歿之後，雖欲執禮，其可得乎？」剪紙、進茶，靡不躬行，敏若年少。

少讀書至「張公藝九世同居」，慨然曰：「九世之親，雖難同室，至於兄弟，豈可分離[三八]？」至是兄弟與群從，同堂連枕。每酒食之會，命弟彈琴，少長歌樂。神道碑。

父子之恩，天性也。劬勞鞠育，昊天罔極。而若爲他人之後，則便以所後父爲父，而所生父，視以伯叔父母。降服不杖期，則是以劬勞鞠育、昊天罔極之恩，移于所後之父矣。定爲父子，慈孝之心已固，則雖生親[三九]，豈有撓改之理乎？父之於子，子之於父，恩情一也。子既捨生父，而父其所後，則父獨不能捨親子，而以繼後子爲嫡乎？若捨親子爲無理[四〇]，則子捨生父無理尤甚矣。聖人豈肯制禮立法，以垂萬世乎？子可捨父，而父不可捨子，則是天下只有慈父而無孝子矣。此豈天理人情之本然者乎？故禮無罷繼之文，其論爲人後、女適人者，皆降一等，而女被出則有還服之文，子無還服之議。其不許罷繼，灼然明矣。魏晋以下，始有罷繼之議。大明律亦循魏晋之舊也。自今以後，立爲不罷之法，永成金石之典，則綱常倫紀，庶得其正，而天下後世之爲父子者定矣。立後議。

古之識禮之家[四一]，多於葬後返魂。固正禮[四二]，但時人效顰，遂廢廬墓[四三]。返魂之後，各還其家，與妻子同處，禮防大壞，甚可寒心。

明道之女喪中致毁，乃恨曰：「吾死無憾，但以不勝喪爲恨。」答鄭季涵書。

先生居海州，起治造鋤，賣以自資。義所當爲，大人不耻。雜録。

牛溪先生曰：「孔子於七十子，乃以師道處之，而程朱之門，則未嘗以師道自居，每待門人若朋友然。且師生之義，不可以不審，豈可輕易處之乎[四四]？且其處之也輕，故離合亦易。」與安星容書。

姊妹夫不在，不可夜入其室與姊妹語也。名臣録。

廬墓雖近於情，非禮之正也[四五]。孝子以禮自守，情文皆備，則何必以在家喪禮不專爲懼乎？答宋大立書。

【校勘記】

［一］公以己物加與之　「公」，一蠹集卷二作「先生」。

［二］外事使長子希稷主之　「主」，一蠹集卷二作「幹」。

［三］趙孝同疏　「同」，一蠹集卷二作「仝」。

［四］常憫其不治生産　「憫其」，一蠹集卷二作「悶汝昌」。

［五］家人指以告　「告」下，一蠹集卷二有「汝昌」二字。

［六］以悲泣不能息　「泣」，一蠹集卷二作「悒」。

［七］百福之原　「百」，静庵集附録卷二作「萬」。

［八］齊不容有思　「容」，李彦迪奉先雜儀（朝鮮李朝仁祖二十一年成川鄉校刊本）卷上作「吝」。

［九］夫祭之義　「祭」下，晦齋集卷十一有「祀」字。

［一〇］後世沿襲　「襲」，中庸九經衍義卷十四作「循」。

［一一］遂成古典　「古」，中庸九經衍義卷十四作「故」。

［一二］故其歸也以正而有漸　「也」下，中庸九經衍義卷十六有「必」字。

［一三］臣不可以蔽君　「蔽」，中庸九經衍義卷十六作「儗」。

［一四］後生輩得一小小名字　「後」上，退溪集卷二十三有「吾見」二字。

［一五］但末俗刓弊　「弊」，退溪集卷二十四作「敝」。

［一六］此理昭然　「然」，退溪集卷三十三作「顯」。

［一七］猶有可適之路　「可」，退溪集卷三十七作「他」。

［一八］從一而終　「從」上，退溪集卷三十七有「率皆」二字。

［一九］百福無毓慶之原乎　「無」，退溪集卷三十七作「絶」。

［二〇］欲子弟之嘉　「子弟之嘉」，退溪集卷四十作「子孫之佳」。

［二一］百福之原　「百」，退溪集卷四十作「萬」。

［二二］君子造端乎夫婦　「子」下，退溪集卷四十有「之道」二字。

［二三］雖稱有無而祭之　「稱」下，金誠一鶴峯先生文集（朝鮮一八五一年臨川書院重刊本，下同）續集卷五退溪先生言行録有「家」字。

［二四］亦不欲壞家法也　「欲」，退溪集續集卷七作「敢」。

［二五］五六朔兼餉相濟　「朔」下，退溪集續集卷七有「間」字。

［二六］喪無二斬　「無」，退溪集卷六作「不」。

［二七］不審何所據而然乎　「審」下，退溪集卷十五有「此禮」二字。

［二八］尚哀尚氣者　「哀」，栗谷集卷十五作「言」。

［二九］夫和婦順而無失於禮　「婦」，栗谷集卷十五作「妻」。「無」，栗谷集卷十五作「毋」。

［三〇］而盡其道　「而」上，栗谷集卷二十三有「處變」二字。

[三一] 偏信相地之説 「説」，栗谷集卷二十三作「書」。
[三二] 祭先以恭敬爲主 「恭」，栗谷集卷二十三作「誠」。
[三三] 主於盡哀敬之誠而已 「哀」，栗谷集卷二十七作「愛」。
[三四] 則終天之慟 「慟」，栗谷集卷二十七作「痛」。
[三五] 不可遽加虞色 「虞色」，栗谷集卷二十七作「厲色拂言」。
[三六] 若有過惡則須勤勤教誨 「則」下，栗谷集卷二十七有「先」字。
[三七] 莫非仁賢之后 「后」，栗谷集卷三十三作「後」。
[三八] 豈可分離 「離」，栗谷集卷三十六作「異」。
[三九] 則雖生親 「親」下，栗谷集卷八有「子」字。
[四〇] 若捨親子爲無理 「若」下，栗谷集卷八有「父」字。
[四一] 古之識禮之家 「古」，栗谷集卷二十六作「今」。
[四二] 固正禮 「固」上，栗谷集卷二十六有「此」字。
[四三] 遂廢廬墓 「墓」下，栗谷集卷二十六有「之俗」二字。
[四四] 豈可輕易處之乎 「處」，牛溪集續集卷四作「爲」。
[四五] 非禮之正也 「非」上，牛溪集卷五有「然」字。

海東七子近思録卷之七

處己

出處

寒暄先生詩曰：「道在冬裘夏飲冰，霽行潦止豈全能。蘭如從俗終當變，誰信牛耕馬可乘。」師友録。○畢齋爲吏參無所建，故先生云云。

爲部參奉時，鬼服百戲一依上官所指。後生以其苟從合污爲嫌，而先生自知名重，不欲自別於庸人，非大賢固不能也。遺事。

始號爲簑翁，曰：「雖逢大雨，外濕而内不濡。」既而改之，曰：「爲名以露，非處世之道也。」

喜讀昌黎文，至張中丞傳後敘，呼雲曰「南八，男兒死耳！不當爲不義屈[二]」，未嘗不三復流涕。神道碑。

一蠹先生戊午史禍謫鐘城，差庭燎夫。每使臣入公館，輒執燃火之役甚恭，以他人代之，不聽。行狀。

父受其敗，子受其榮，國家之恩雖重，而心實不忍。[三]諸賢讚述。○朝廷以戰亡榮之子，署軍職，公辭之云云。

靜庵先生因成均館薦，特授造紙署司紙。歎曰：「今之時非古之時也，寧由科第以行道，虛譽的然，吾恥也。」神道碑。○蘇齋撰。

有隱君子匿迹於皮匠之中，先生知其賢，就而問學，時或共宿。其人曰：「公之才足以經濟一世，然得君而後可爲也。方今主上雖以名用公，實不知公也。萬一有小人間之，則必不免矣。」勸之仕，不應，終不言其姓名。金堉己卯録。

近有崇品六卿爲陵獻官，其人必有規避事而求之也。人臣愛其身，餘無足觀也。啓辭。○因南袞避請削靖國勳廷議進啓，出己卯黨籍補。

晦齋先生曰：「聖人不世出，賢人不時有，千百歲乃一相遇矣。而又潔其去就，不少留意於天下，則是其自爲高尚則得矣。其於赤子不乳，於其母何？」伊尹論。

臣之事君，猶子之事父，本於天性，而有不能自已[三]。有力不敢不竭，有知不敢不盡，夙夜匪躬，夷險一節，死生以之，乃臣之分也。劄子書。

人臣之義，當專於所事。當彼時專心於大行王者，豈宜深罪？以乙巳諸臣事筵奏。

退溪先生曰：「以大夫之招招虞人，於虞人榮矣，然死執不往者[四]，貴賤分定，不敢越也。貴賤尚然，賢愚獨不然乎？今朝廷每以賢人之招招一愚臣，愚臣恇惑畏慴，辭避遷延，豈非分守之當然哉！」辭職疏。

無功而食於上謂之不恭，不事而居其官謂之尸位。尸位、不恭，人臣之大罪。辭大提學疏。

自古人臣辭受進退名有其義，有安分守志、不欲苟進者[五]，有老病難仕、窃禄爲耻者。頃者，大司憲白仁傑所陳似指曹植、李恒而言也。曹植，高抗之士，本不欲屈首風塵中。李恒，從事學問中人，非偏以不仕爲高。然皆年老多病，豈復有再作扶曳之行、屑屑往來之理乎？臣之六退皆緣老病之故，亦何敢冒受乎？乞致仕疏。

昔人每以抱才不見知爲歎[六]，某以無才不見斥爲悶。答宋麒壽。

關東雖所願遊，方伯之任，豈爲潘孟陽遊山而設乎？

家貧親老爲禄仕，聖賢亦所屑爲也。但國家待之，太有區别，其人自處，亦殊猥雜，終歸於名節掃地，甚可惜也。此在當人自度而處之，豈他人所能勸沮哉？胡康侯曰：「出處不可謀於人。」正謂此也。

孔明，命世之才也。身存漢存，身死漢死[七]，猶延十年之後而乃亡。使萬世之後，明大義如日月，其出豈可誤耶[八]？惟四皓但知溲溺之辱爲可避，不知虐后横戚之請爲可耻，輕出爲客，隨入侍宴。雖有定國本之功，其爲枉尋直尺，亦已甚矣。其後産、禄之計得成[九]，而四人不死，則杜牧所謂「四皓安劉是滅劉」是也，安所逃其鈇鉞哉！

爵秩者，如片雲在太空，隨風過去。初非我有，君以爲我所有耶？答李文樑。

既出有不可不猛省者，守正則多礙，隨衆則失身，此爲第一難事耳。答黄俊良。

隱几工夫大，揮戈事業卑。

聲利海中，易以溺人，惟自守不辱身爲第一義耳。

賢關亦有孟門之險。務爲韜晦，惟不自失而日求益，是爲要法。

君子之言行，豈視時世而有所變易？然其行於世也，凡吾之顯晦語默，不可不隨時消息以善身也。故朱子之剛立不屈，晚年所以應世者，與乾道、淳熙間大不同。然非志變也，時不得不然也。

後進登先進之門，主人雖可信，其在門賓客，皆可信乎？得毁固可畏，得譽更可憂。行於世，則當以退人一步、低人一頭爲第一義。古人之言曰[一〇]：「今日人主前得一獎，明日宰相處得一譽，因而自失者多矣。」

富貴易得，名節難存。末俗易高，險塗難盡。難易之間，正當明著眼，審著脚，庶不負平生所學也。

爲親禄仕，古人所不免。然尚有不以禄養爲孝者，況因而有欲速之心乎？

可行則當行，但於審可否之際，不可太草草耳。

聲聞過情，君子以爲大耻〔一一〕，滉乃因此賭取卿相之位，此何等辱命與喪節事耶〔一二〕！躬乏世用，知無以上報誤恩，只有辭退一段事，庶可以灑濯無耻之累。如使榮禄，何苦而必退？答李德弘書。

今世爲守令子弟者，亦每有善惡兩途，而從善途者千百僅一二〔一三〕，從惡途者滔滔皆是。答琴蘭秀書。

非公事屢至偃室，至於有循私廢公之干請。然則城主廣度雖容，豈不心賤之耶？答趙振書。

爲禄之仕，古人亦或有之。但聲利海中，易以溺人，若非在我者硬著脊梁，牢著脚跟，鮮不墮落於坑塹中矣。答趙振書。

良才壁書之變，鳳城君之獄方起，大臣以下皆離席而請罪。滉以應教，獨不離於席，退而控免本職。九死路頭，能辦截鐵之勇；萬馬奔中，能有駐足之力。雖直臣如安名世亦莫異同，而滉能之。仁弘之論，不亦太刻乎？李白沙劄辨。

位卑則責輕，猶可一出；官尊則任大，豈宜輕進？若不顧出處之義，徒以君寵爲重，則是臣事君、君使臣不以禮義而以爵禄也。附録。

君雖賢，其當國大臣若有妨擾之事，不得行也。

儒生空館始於宋時，捲堂一空，跡似要君。

既從事舉業，又不可悠悠而得也。冬春間[一四]，擇一閒静處棲定，取古文之宜於其業，晝夜誦讀五七百遍以至千遍。積功之深，如老蘇之爲者。如是而後操筆而書之紙，必有渾渾乎覺其來易。以此應舉，乃所優爲，而付得失於天，天不能奪人功也。答柳希范書。

聲利場邊，「菱角入，雞頭出」，古人所譏。答金明一書。

陳復昌栖用之時，常過其間。適有難避之勢，乃見之。其後除丹陽，復昌曰：「何可補外，吾當請留之。」先生聞之瞿然，即日啓程。出城數日，果啓請上以丹陽殘弊寢其啓。先生語人：

「深以見小人爲辱。」

先生爲禮判，人望日重。李珥拜謁曰：「幼主初立，時事多艱，揆之分義，先生不可退去。」曰：「身既多病，才亦無爲也。」終不肯。先生屢辭不至，而上意猶勤，以招賢不至爲題，令儒臣製進。又畫先生所居陶山，令礪城君宋寅作記，爲屏風，張諸卧内。

曹植拜命，先生曰：「南冥起膺召命，可見君子隨時出處之義。其視滉膠著一邊者，何相去之遠耶？」昭代紀畧。

丁景錫以其才望門地，長途逸駕，自是分内事。但學未成而驟得路，自古鮮有不失其故步者，則其可憂有甚於可喜[一五]。答鄭惟一。

尹和靖雖持敬功深，本乏經倫之才。初既自知而辭之，當終遂力辭乃善，而竟不如志，惜哉！與洪退之。

許魯齋仕元之非，丘瓊山輩皆詆之。而若果於忘世，則天下終爲左衽矣，而莫之救。以愚觀之，魯齋爲世而出，似不害義。附録。

栗谷先生曰：「四皓以氣槩相高，只避高祖之慢罵耳。豈若伊尹、太公之避世哉？若以不見高祖爲高，則安期、蒯徹之流亦可謂高士乎？」瑣言。

士之兼善，固其志也。退而自守，夫豈本然歟[一六]？時有遇不遇耳。進而兼善者，其品有三：道德在躬，推己及人，行己一以正道者[一七]，大臣也；惓惓憂國，不顧其身，以安社稷者，忠臣也；居其位，守其職，器雖不足於經國，才可有爲於一官者，幹臣也。退而自修者，其品有三：懷不世之寶，蘊濟時之具，囂囂樂道，藴櫝待價者[一八]，天民也；自度學不足而才不優，藏修待時，不自輕售者，學者也；高潔清介，卓然長往，與世相忘者，隱者也。東湖問答。

居鄉之士，非禮見及不得已之事[一九]，不可出入官府。邑宰雖至親，不可數數往見。若非義干請，則一切勿爲也。擊蒙要訣。

爲士者苟爲父母之望、門户之計，不免做科業，則亦當利其器，俟其時，得失付之天命。不可貪燥熱中，以喪其志也。

若家貧未免禄仕，則當廉勤奉公，不可曠廢其職而徒餔啜也[二〇]。

退溪之懇辭不可[二一]，其易所謂「量能度分，安於不求知」者歟？經筵日記。

士生斯世，進則揚于王庭，以食禄而行道；退則畊于田野，以糊口而守義。不可素食而瘝官，亦不可束手而飢餓矣[二二]。

隱者過於自守，故高尚其志，往而不返。君子出處以正，故用之則行，舍之則藏。荷蕢顔閔心跡疑。

先生爲副學，辭以多病，上曰：「病若如此，隱居最好。古詩曰：『洗耳人間事不聞，青松爲友鹿爲群。』」於是次退爲兵判。遭宋應溉、洪汝諄、許篈、柳永慶之斥，六上辭疏。上曰：「好歸鄉國，高臥白雲，誰得以羈縻哉！」於是遂歸鄉。昭代紀畧。

上之官人，不特以恩澤爲眷遇而已，將以用其材，故量能而授職。下之求仕，不徒以爵禄爲餔啜而已，將以達其道，故量己而受命。辭正言疏。

古者人臣學優而仕，故民不失望。人君見賢而用，故朝無曠官。士之事君，非爲禄利也[二三]，欲推其所得，施之於邦國而已。君之用士，非爲恩倖也，欲資其所有，達之於政治而已。學無所得則無可推，故臣不敢冒進焉；賢無所有則無可資，故君不敢謬舉焉。辭校理疏。

夫爵禄者，所以勵世磨鈍而命德之器也。若使欲得者皆進，不求者皆退，則天工之曠，何足怪哉！陳時弊疏。

牛溪先生曰：「鳳翔千仞者[二四]，非以地之遠近言也。乃贊歎其德之超然物外，非塵俗衆累之所及也。今有人焉，在京洛之中，能明哲韜晦，則豈不以翔于千仞言之乎？」與韓嶠書。

出處進退，惟義所在而已。何必以聞命奔走爲人臣之當然乎？與宋龜峯書。

自古人臣，安有求退得請而後去乎？

士之行己，要須自信重而指揮不可當〔二五〕，然後居官任職，有托孤寄命之節焉。又虚心以從善，以天下之善爲一己之用，然後德業日進，而進退由義焉。與李濟臣書。

兄在西邊，不萌長安一念，乃爲匹休古人處。小范老子在西垂，何嘗有金門紫闥之夢乎？只得向前〔二六〕，志吞西賊而已。

聞兄得官，不覺喜動。陶元亮作乞食詩，小官雖微，豈不賢於乞食？又豈不雅於向金而精祈請數斗米乎〔二七〕？與李義健書。

先王之世，臣有辭避之路，君有許聽之恩，下不得罪於上，上不失舉於下。苟爲不然，而爲下者當辭而不辭，則臣有蠅營狗苟之羞；爲上者當許而不許，則君有牛維馬縶之嫌矣。辭吏參疏。

首丘深情，物情之常。朱子築室考亭，以承先志。伊川終於河南，子孫世居。古人微意，以永保鄉里爲大。歐陽永叔不能歸去，後世稱述，亦有不歉之語。然則處變居常，各有所主，而義理之重，似在於故里也。與白維咸。

【校勘記】

［一］不當爲不義屈　「當」，景賢録卷上作「可」。

［二］按：此條中「國家之恩」以下，見於一蠹集卷二趙孝仝薦學行疏。

［三］而有不能自已　「有」，晦齋集卷十無此字。

［四］然死執不往者　「然」，退溪集卷六無此字。「死」上，退溪集卷六有「虞人」二字。

［五］有安分守志不欲苟進者　「有」上，退溪集卷七有「其間」二字。

［六］昔人每以抱才不見知爲歎　「每」，退溪集卷九作「恒」。

［七］身死漢死　下「死」，退溪集卷十四無此字。

［八］其出豈可誤耶　「可」下，退溪集卷十四有「謂」字。

［九］其後産禄之計得成　「其」，退溪集卷十四無此字。「後」下，退溪集卷十四有「若」字。

［一〇］古人之言曰　「人」下，退溪集卷二十四有「戒後進」三字。

［一一］君子以爲大耻　「君子」，退溪集卷二十六作「古人」。
［一二］此何等辱命與喪節事耶　「命」，退溪集卷二十六作「名」。
［一三］而從善途者千百僅一二　「千」，退溪集卷三十五作「十」。
［一四］冬春間　「冬」上，退溪集續集卷六有「鄙意」二字。
［一五］則其可憂有甚於可喜　「甚」，退溪集卷二十四作「大」。
［一六］夫豈本然歟　「然」，栗谷集卷十五作「心」。
［一七］行己一以正道者　「行」上，栗谷集卷十五有「事君」二字。
［一八］蘊櫝待價者　「蘊」，栗谷集卷十五作「韞」。「價」，栗谷集卷十五作「賈」。
［一九］非禮見及不得已之事　「事」，栗谷集卷二十七作「故」。
［二〇］不可曠廢其職而徒餔啜也　「曠廢其職」，栗谷集卷二十七作「曠官」。「徒」，栗谷集卷二十七無此字。
［二一］退溪之懇辭不可　「可」，栗谷集卷二十八作「已」。
［二二］亦不可束手而飢餓矣　「可」，栗谷集卷三十作「至」。
［二三］非爲禄利也　「禄利」，栗谷集卷三作「利禄」。
［二四］鳳翔千仞者　「鳳」下，牛溪集續集卷四有「凰」字。

［二五］要須自信重而指揮不可當　「當」，牛溪集續集卷三作「動」。
［二六］只得向前　「前」下，牛溪集續集卷三有「擔當」二字。
［二七］又豈不雅於向金而精祈請數斗米乎　「米」，牛溪集續集卷三作「粟」。

海東七子近思録卷之八

治人

治體

靜庵先生曰：「人主慕古，則君子當豹變，小人當革面。」斥曹繼商疏。○禮參曹繼商曰「人主慕古，則小人視其趨向，不揆時勢，繼以古道引君，而實欲陰濟其私」之故，先生云之。

晦齋先生曰：「天下雖大，治之在心。四海雖遠，治之在道。夫心者，主於身而萬化之所由生也[一]。道者，本於心而天下古今之所共由也。」一綱十目疏。

人主之心當如青天白日，少有纖翳。人皆見之，不可掩也。

人君之德，莫大於至誠。誠之道可以動天地、感鬼神，而況於人乎？古之聖王垂拱臨朝，不動聲色而群臣協慕、萬邦作孚者，誠而已矣。求其用力之地，不過曰不欺也，無妄也，悠久不息也。憲府劄子。

中庸九經之道，皆本於人主之心。心有不誠，則九者皆歸於虚文，而無以爲治矣。九經衍義。

爲治之道莫先於得人，而取人之則又在修身。身有不修，則取舍不明，無以爲取人之則矣。

一人之理，千萬人之理也。故知所以治人，則以之治天下國家亦不難矣。

治道以賢才爲本，媢嫉之人，賢才之賊也。人君雖得稷、契、伊、吕之佐，苟不能去此媢嫉之人，則必爲讒説之所間，而終不能任賢才矣。

聖人之治天下必本於仁，而施仁之道必始於親親。未有不親其親而仁及於天下者也。

涓涓不塞，或至滔天。焰焰不滅，或至燎原。折句萌[二]，則百尋之木不能成；忽蟻穴，則千丈之堤不能固。幾微之不可不審也如是。一綱十目疏。

天下雖大，治之在心。四海雖遠，治之在道。苟能明其道而正其心，則身無不修而四海歸之。堯、舜、三王之道，不踰於此矣。九經衍義。

聖人之道，其守至約，其施至博。孔子言修己以安百姓，子思言篤恭而天下平，孟子言修其身而天下平，前後聖賢之論如出一口。堯明德於上而協和萬邦，舜執中於上而風動四方，所守至約而其功效如此。

退溪先生曰：「人君不識仁體，則一膜之外皆爲楚、越。請進講西銘。」附録。

栗谷先生曰：「古之論爲治者，必以格致誠正爲本。今爲老儒陳言，孰不以爲迂且遠哉？雖然，欲捨格致誠正而求治國者，終無是理。何則？不格致則智不燭理，不誠正則心不循理。不燭理則無以辨邪正是否之分，不循理則無以施任賢安民之術。」陳時弊疏。

人君才智出類，駕馭豪傑則治；才雖不足，能任賢者則治，此其所以治者二也。人君自恃聰明，不信群下則亂；偏信於姦諛，壅塞耳目則亂[三]，此其所以亂者二也。東湖問答。

躬行仁義之道，以施不忍人之政，極夫天理之正者，王道也。假借仁義之名，以施權謀之政，濟夫功利之私者，霸道也。

自古有爲之君，莫不先定其志。志乎王道，則堯舜之治化，皆吾分内事也。志乎霸道，則漢唐之少康，亦可以馴致矣。

雲從龍，風從虎。苟有其君，必有其臣。

人君以宗社爲一身，與萬姓爲一心，以宗社之安危爲己之安危，以萬姓之憂樂爲己之憂樂，則宗社安而萬姓悦，感召和氣而祈天永命焉。論尹元衡疏。

天下之事，不進則退。國家之勢，不治則亂。進退治亂，固有其數，而其所以進退治亂，去其所以亂，期於必治而後已。不可安於少成，局於常規，悠悠泛泛，任其成敗而已也。諫院陳時事疏。○一曰正心以立治本。立大志，勉學問，親正人。二曰用賢以清朝廷。辨邪正，振士氣，求俊乂。三曰安民以固邦本。詢弊瘼，寬一族，選外官，平獄訟。

紀綱者，國家之元氣也。紀綱不立，則萬事頹墮。元氣不固，則百骸解弛。

漢文，固天下之賢君也。當漢道全盛之時，可以復古，而志趣不高，終於雜霸。經筵日記。

牛溪先生曰：「天下之義理無窮，一人之聰明有限。以有限之才智，接無窮之事物，則安得事事而得其中哉？是故必取衆人之耳爲我耳，取衆人之目爲我目，然後聰明四達而物理畢照，德無不成而治無不及矣。」己卯封事。

人君是一世之表也源也。表正則影直，源清則流潔。自古及今，未有人君無過而其國不治者。辛巳封事。

夫人血氣不虛，則外邪不得以入。大木腹心不蠹，則振風不得以擊。行朝便宜時務。

治亂無常形，皆分於幾微之際。幾微之分，又係於人主之心術。思政殿啓辭。

中庸九經、大學「治平」章，修身爲本[四]，尊賢次之。治國之道，豈有他乎？宣政殿啓辭。

大學以挈矩爲應事之要，此外則用人理財而已。

【校勘記】

[一] 主於身而萬化之所由生也 「生」，晦齋集卷七作「出」。

[二] 折句萌 「句萌」，原作「句芒」，據晦齋集卷七改。

[三] 壅塞耳目則亂 「塞」，栗谷集卷十五作「蔽」。

[四] 修身爲本 「修」上，牛溪集續集卷二有「必以」二字。

海東七子近思録卷之九

治法

静庵先生曰：「言路通塞，關國家之治亂。金净、朴祥請不復。慎氏正坤位之疏雖若過當，不用而已。當求言而進言，何復罪之乎？臺諫職主言路，而反罪言事之人，以成人主拒諫之路，大失其職也。」上疏。○時李荇論斥兩人，故上。

會寧府城底野人東古乃[一]，潛與深處野人來犯甲山。將遣諳邊重臣，出其不意掩捕。乃啓曰：「此事譎而不正，殊非王者禦戒之道，正類盜賊穿窬之謀。以堂堂大朝，爲一幺麽醜虜，行盜賊之謀，而不知辱國，臣竊耻之。」筵中記事。

我國君臣之分隔絶。貞熹王后臨朝時，群臣莫能仰視，循成此習。廢朝，沈順門以仰視被罪。積威之極，群臣震懾。今之俯伏，亦廢朝之餘習也。侍講官時啓辭。

世宗朝，集賢殿學士朴彭年買田於廣州。其友責之曰：「祿足以代畊，買田何爲？」彭年即賣之。其時士習可知矣。當時俗尚如此，故成至治。方今風俗淪靡，上下必以至誠求治，然後教化可興也。參贊官時啓。

人主於義利公私之分不可不審[二]。成廟朝政尚寬厚，姦贓者或寬之，賄賂之行始此。世宗朝如萬户等官皆廉潔相尚。士習之邪正，治道之污隆，因此可見也。

法之變改，三公六卿之所爲也。若法司，則只爲糾察而已。吏曹行吏曹之法，刑曹行刑曹之法，可也。大司憲時啓。

人君篤志求賢，則賢者雖不能多得，但得一賢，而賢者以類進矣。副提學時啓。

愛君如父，愛士類如子弟，視百姓如奴僕，恒存此心，則治效可見。司馬光曰：「家事付愚子，國事未有所托。」其誠可見。副提學時啓。

政府統率百司，猶人之元氣也。爲三公者，以一國之事皆置于胸懷，密勿圖之，可也。若政府委靡，則猶無元氣也。人君雖欲有爲，其能獨運乎？大司憲時啓。

晦齋先生曰：「制治之法，一綱舉則十目無不張。何謂一綱？人主心術是也。至於十目，則無非心術之緒餘而爲治之切務也。其一曰嚴家政，其二曰養國本，其三曰正朝廷，其四曰慎用舍，其五曰順天道，其六曰正人心，其七曰廣言路，其八曰戒侈慾，其九曰修軍政，其十曰審幾微。凡此十者，皆帝王之道而無非治體之要也。」一綱十目疏。

當今國家之勢，比如潰癰之人，大命既危而復蘇[三]，邪毒雖除而其元氣已薾然矣。固宜安静而保護，不可動作而生變。然必投以靈丹妙劑，爲之湔腸滌胃以祛病根[四]，然后可以清其腹心而養其血脉矣。若或安於少愈[五]，厭卻瞑眩之藥，失其治調，則病之源於腹心者，安保其不復萌於異日乎？

良藥必合甘辛寒熱而一之，故相助相制而能已疾。美味必合酸鹹甘苦而一之，故乃和乃平而能悦口。必欲取其同而去其異，則比如以水和水，將焉用之？

恭儉者，壽福之源；侈慾者，危亡之本。人主清心恭己，務自儉約，嗜慾薄而心慮静，内有清儉之樂[六]，外無戕賊之累，可以養性，可以養德，而自然澤及於物。此壽命之源，福禄之基也。

謹取進德修業之義，衍爲八規，以爲聖學之助：其一曰明道理，其二曰明大本，其三曰體天德，其四曰法往聖，其五曰廣聰明，其六曰施仁政，其七曰順天心，其八曰致中和。右八規皆本聖經賢傳之旨，而爲治之綱領則具於此矣。進修八規疏。

人君南面而聽治，取其嚮明也。臨朝之際，當如大明麗天，萬物畢照，不宜少有幽隱。豈有壅蔽其明而有碍於視瞻[七]，有乖於明四目、達四聰之義乎？不宜垂簾劄。

衛國安民，兵爲最急。無虞之世，尤不可緩。一綱十目疏。

聲色者，迷心之鴆毒；貨利者，害義之蟊賊。一流於侈慾而失其本體，則邪正是非之不能辨，而危亡至矣。

堯以聖德居天位之尊，猶不敢自滿。允恭以持己，克讓以接下，無一毫怠慢之念。故德業之盛，巍巍蕩蕩，萬世齊仰，而悠久彌彰。所謂自卑而人益尊之，自晦而德益顯也。

栗谷先生曰：「匹夫以十間之屋、百畝之田傳於子孫，子孫猶思善守，以無忝所生，況今殿下受祖宗百年社稷、千里封疆者乎！」萬言封事。

爲官擇人猶匠用木，大爲樑棟，小爲椽楣，各得其當。然後鳩材築室，績用不圮。辭戶曹判書疏。

求治之主，必擇濟時之才以爲輔佐。藏器之士，必遇有爲之君以興事業。君不擇臣，則求治而反亂。臣不遇君，則藏器而不售。乞退疏。

先事而言，則多不見信［八］。事至而言，則欲救無及。陳時事疏。

漢高之蕭何，唐宗之魏徵，宋祖之趙普，此豈伊、傅、吕、葛之徒乎？不過取其一時之尤者耳。如使三帝置三人而不用，必待伊、傅、吕、葛，然後始欲爲國，則伊、傅、吕、葛卒不可得，而四百之業、貞觀之治、天下之定無與共創者矣。今之人物，視漢唐猶且眇然，況求三代之士乎？如欲取一時之尤者，代豈乏人乎？

養民爲先，教民爲後。民生憔悴，莫甚於今日。汲汲救弊，先解倒懸，然後可行[九]。德教是粱肉，若脾胃極傷，糜粥不下，則粱肉雖好，其能食乎？

古之爲官擇人，久任以責成。今則爲人擇官，不論材之當否，惟以多歷清要爲榮。故朝遷暮移，一人而盡經多司。如是而不瘝官者，未之有也。

穀在田而雀耗之，米在倉而鼠竊之，君子在朝而小人害之，必然之勢也。今者不深罪小人之害正，而反以君子之不容爲過，則是見雀鼠之耗竊穀米，遂欲荒其田而廢其倉也。論朋黨疏。

【校勘記】

［一］會寧府城底野人東古乃　「東古乃」，静庵集卷五作「速古乃」。

［二］人主於義利公私之分不可不審　「分」，静庵集卷四作「辨」。下「不」字下，静庵集卷四有「明」字。

［三］大命既危而復蘇　「既」，晦齋集卷七作「幾」。

［四］爲之湔腸滌胃以袪病根　「袪」，晦齋集卷七作「去」。

［五］若或安於少愈　「少」，晦齋集卷七作「小」。

［六］内有清儉之樂　「儉」，晦齋集卷七作「純」。

［七］豈有壅蔽其明而有碍於視瞻　「豈有」，晦齋集卷十作「豈可使」。

［八］則多不見信　「多」，栗谷集卷七作「必」。

［九］然後可行　「行」下，栗谷集卷二十九有「鄉約也」三字。

海東七子近思録卷之十

治人

政事

一蠹先生宰安陰，莅事之暇，選邑内聰明子弟，作齊居之[二]，親加教誘，日課講讀。學者聞之，自遠方來，多有成立者。春秋行養老禮，設内外廳。内則以夫人待之，外則公冠帯接之。耆嬰無不醉飽歌舞以嬉。宴罷各有賜與。行狀。

牧民之法雖不過七年，而其疾苦在於賦斂，遂作便宜數十條。行之朞年，而公私無事，農桑安樂。田里大悦，境内相戒莫以欺詐負公。

賞罰者，勸懲一世之良規也。然其所以施者，當從善惡之實而已。苟無爲善之實而虚賞，則僥倖之人進；有可罰之罪而幸免，則欺罔之風滋矣。辭職疏。

静庵先生曰：「左相申用漑之卒也，上欲舉哀而還寢，何也？臣聞許稠之卒也，世宗哭聲徹于外，至今聞者，莫不悚動[二]。前日下教之意甚美，而大臣以爲無别殿可爲云，其不能將順，甚矣。」啓辭。○李廷馨黄兔記事。

世宗於柳寬柳廷顯之卒也，以橋外設幕次行之，禮官考例欠詳矣。東閣雜記。

祖宗朝，姜碩德非由出身而爲大司成。至居主試職，高明如金湜者，於文臣中亦難得之人也。上欲擢用湜於學宫，故云。

爲都憲時，有儒生告人父子相奸，先生招而喻之曰：「此事之辨在汝。自今以後，若飭躬自修，以善人聞，則今雖不辨，人必曰：『前言誣耳。』汝其勉之！」其人叩頭而出，其後果如所誨，人不以前事爲疑。名臣録。

人臣不可自以爲功也。社稷危如一髮，而百姓謳吟以思真主，天命人心，自然如此。元宗、希顔等雖曰有功，若自以爲功，則非人臣之道也。

録功時，成希顔以柳子光爲經事，嘗使之磨勘[三]。子光爲子弟計，先書三大將子弟，而又録其子弟，希顔等不知陷於術中。且廢朝時，柳洵年高位極，一不規諫。金勘、具壽永行如狗彘而亦參録勳，國家正始之道豈可如此乎？兩司請改正靖國功臣啓辭。

世宗朝，一時士大夫衣服皆尚黄色，而許稠常着灰色褡䙨。不尚奢侈，當自士大夫始。侍讀官時啓。

我國田税三十之一，而貢物則過多，以此民生日困。今觀各邑之貢，土産不均，又皆防納。一升之納，徵以一斗。一疋之納，徵以三疋。因循積弊，至於此極。朝廷豈不爲生民計也？參贊官時啓辭。

擇士當於入仕之初，擇之於既用之後，則吁亦晚矣。庶僚雖多，而無可用之才者，不擇於入仕之初故也。

世宗朝，大臣與集賢儒士互相責難。及其末年，造内佛堂，大臣諫之而不聽，集賢學士亦極諫之而不聽。學士皆退歸其家，集賢殿爲之一空。世宗墮淚，召黄喜，謂曰：「集賢諸生，棄我而去，將如之何？」黄喜曰：「臣請往諭。」遂遍往諸學士家，懇請以來。太學儒生，路逢黄喜，面詰之曰：「汝爲相，曾不能格君之非耶？」喜不以爲怒，乃以爲喜。大臣之道，當如是也。參贊官時啓辭。

先王之金科玉條，固當遵守，然或有膠固不便者，則亦不可不變以通。要在識其務、察其機而已。

晦齋先生曰：「邑之有樓觀，若無關於爲政，而其所以暢神氣、清襟懷，以爲施政之本者，必於是而得之。蓋氣煩則慮亂，視壅則志隔[四]，故君子必有遊覽之所，以養其弘遠清虚之德，而政由是出。其所關豈不大哉？」海月樓記。

古人詩曰：「一將功成萬骨枯。」況虜地險阻，功未可必。而邊釁一啓，兵連禍結，安知他日之患有不止於萬骨之枯哉！送元典翰序。

西北二界之民，困於貂鼠之貢，而關西一路又疲於迎送供億。方今撫綏之策，莫急於蠲税減逋[五]，以蘇殘氓矣[六]。一綱十目疏。

帝王之治，本於仁義禮樂，而民有不率教者，有刑以齊之。進修八規疏。

人君以父母斯民之心，舉赤子之命，不付之慈祥之吏，而付之虎狼之口，豈所忍哉？字牧之官，鮮有慈祥之儔[七]，率多貪暴之類[八]。妻妾服飾，思極侈靡。所事權貴，悦於貨賂則思充其欲。所識窮乏，德於周急則思得其心。巧作名色，吞噬朘削。粒米狼戾於公廩，杼柚空竭於閭里。使我赤子困於苛政，厥聲嗷嗷。如此而欲望本固，豈不過乎？弘文館疏。

承政院之職，在於出納惟允。近來未聞封還内旨，專務承順[九]，殊失惟允之義也。政府十條書啓。

事大交隣之際，當一以誠信，不可少有欺慢。議啓。

人臣之義，當專於所事。當彼時，專心於大行王者，豈宜深罪？舉事當顯明，不然士林多罹禍。忠順堂入傳所啓。［一〇］

金安老處心行事真小人情狀，若得志，誤國必矣。己卯黨籍論。

仁宗不豫，公謂領相尹仁鏡曰：「今主上無嗣，大君年幼，何不早爲建白，封爲世弟，以爲國本乎［一一］？」仁宗昇遐，當舉垂簾儀。尹仁鏡曰：「何殿當聽政乎？」公曰：「昔宋哲宗時，太皇太后同聽政，自有古例，況嫂叔同聽政乎？」行狀。

簫韶奏，春秋成，而鳳麟至，先天而天不違也。圖書出，而聖人則之，曆象日月星辰，敬授人時，後天而奉天時也。九經衍義。

忠言讜論，非人臣之利，乃國家之福也。自非忠激義奮、捨身徇國者，其能犯雷霆之威，進無益之言乎？進修八規劄。

宰相尊行其道，臺諫卑行其言，其職雖殊，其所以贊襄君德，調劑治道一也。臺諫彈一宰臣，秉鈞大臣，托以引嫌，朋比相援，杜沮公論，决非社稷之利。公論之在朝廷，猶人身之有血氣。血氣有滯，百脉不順，心腹痞結，必發蹠盭之疾矣。論李沆疏。

退溪先生曰：「古之明主愛一嚬一笑，不獨明主宜然，宰相尤當存此戒也。故其於一時人物，一字之辭［二］，榮於華衮，一言之斥，嚴於斧鉞。若不擇其人之當否，而苟加之許斥，則豈爲愛嚬笑之道哉！」答東皋。

盤錯别利器，肯綮恢游刃。答任方伯。

職思其憂，惟在自盡其心，勿以遺落廢務爲高致。答黄俊良。

有土有民[一三]，赤子之命，待我爲死生。

觀隣邑之政，初甚得愛民之情[一四]。及其徵債等事，目見赤地流莩，而苛刻特甚，期於剥削[一五]。此無他，所欲蔽錮而失初心也。

極歉自有寬徵之理[一六]，敲扑難加餓莩之民也。

縣事如此，蘇策果爲戛戛。固宜就其中而漸圖補完，正是欲速不得。大槩清心省事爲要法。

臨事而太顧人情，必不得其正。

以民供上之道，不可以私廢之也。今世鄉居品官輩，或梗强不納[一七]，或請乞除減，何從而得供上之物乎？答琴蘭秀書。

吏治一以簡靜不擾爲尚。其收賦於民也，雖甚輕約，而若民所當爲者，無所增減，不爲違道干譽也[一八]。

待吏一以誠信[一九]，不逆其欺詐也。附録。

解豐基歸家之日，行李蕭然，惟書籍數馱而已。所盛杻籠，到家還付官卒。

身在冷官，若不以恬靜苦潔爲心[二〇]，必有爲所不當爲之事。與子寯。

出官後須存官員之體，勿與下人作閒雜言語，以防侮慢之習[二一]。

國穀固不可不催納，其穀亦不可不擇捧。然嚴督太過，揀擇太過[二二]，則如此凶年，必生大怨。須量宜酌中而行之，官廳所納亦然。大抵人心有所偏重則弊生，汝以補治爲心，安知弊病不生於此乎？

諫官以爲人君耳目，當各以所聞見論啓，而必待完席。史官多至八員，而諸員皆尸素，委置下位。萬世信史，艸艸已甚，可謂寒心。附録。

栗谷先生曰：「官守各有其職，而誠激于中，則不可拘於守職。進言必有其時，而害切于國，則不可局於待時。」論妖僧普雨疏。

自古國家之所恃而維持者，士林也。士林者，有國之元氣也。士林盛而和則其國治，士林激而分則其國亂，士林敗而盡則其國亡。已然之跡，昭載簡策。洗滌東西疏。

沈義謙儕輩皆疑金孝元有報復之心，孝元儕輩嫉義謙以爲害正之人。前後輩不相協，士林有不靖之漸。非關國家而傷人才，壞國脉，舉世滔滔，豈非命乎？經筵日記。

東西之名，尚爲朝廷之痼疾[二三]。薦用一人，則上下輒疑其吹噓附會。論劾一人，則上下輒疑其排擯異己。每有所爲，人各以私意相窺測，苟非公心直道、負一時之重望者，決不能鎮服群情以主清論矣。請進德能政劄子。

一自蚌鷸相持之後，前瞻後顧，左牽右掣，猶恐彼之圖我，故更無餘力可及他務。夫是之故，仕路混濁，紀綱日頽，生民日殘，而莫之匡救。洗滌東西疏。

我國私賤立法太偏，既從母，又從父，其弊至於良民盡入於私家，而軍丁日少。語録。

余謂爲邑者有二策：興利除害，足民設教者，其上也；量蠲舊弊，清浄無爲者，其次也。由前之説者，失於煩擾則民怨作；由後之説者，失於疏脱則吏情懈。有爲而不煩，無爲而不疎，然後可以宰百室之邑矣[二四]。送趙重峰説。

士之官於朝者必求大行，則非居卿相不能行也。卿相非人人所能爲，則惟邑宰親民，可以自行其道。故士不能爲卿相，則當爲邑宰。雖然，爲卿爲相，聲績無聞。作邑，然後乃見政跡，則能治一邑勝作卿相矣。贈柳夢鶴説。

南袞、金安老、李芑、尹元衡之遺弊未盡洗滌[二五]，虐民之苛法未見改革，而方且偷閑厭事[二六]，無所建明，則是舉一國而付之相忘之域矣。東湖問答。

當今之弊，一族切隣之弊一也，貢物防納之弊二也，進上煩重之弊三也，役事不均之弊四也，吏胥誅求之弊五也。欲革諸法[二七]，則當廣言路以集善策，惟以革弊爲期，然後國可爲也。

先生於海州設社倉，春散秋收，每息二升，以周貧乏。又申鄉約之法，大槩仿呂氏鄉約。而凡鄉之約四：一曰德業相勸，二曰過失相規，三曰禮俗相交，四曰患難相恤。海州鄉約。

薄税斂，輕徭役，慎刑罰，三者安民之大要也。聖學輯要。

將兵之事，吾所不敢，亦可爲將帥之師矣。語録。

嘗於經筵曰：「不出十年，當有土崩之禍。願豫養十萬兵，都城二萬，各道一萬，復户鍊才，使之分六朔遞守都城，而聞變合十萬把守，以爲緩急之策[二八]。否則一朝變起，不免驅市民而戰，大事去矣。」柳公成龍不可[二九]，曰：「無事而養兵，是養禍也。」筵臣皆以先生言爲過慮，遂不行。先生退，謂柳公曰：「俗儒固不達時宜，而公亦有是言耶？」仍愀然久之。及壬辰亂作，柳公於朝堂歎曰：「李文靖真聖人也[三〇]！」

判吏曹也，一國宰相、名士、布衣皆往其門，夜深始夕食[三一]。其弟曰：「今日接許多賓客，其如傷生何？」答曰：「我乃銓衡也，將以銓衡人物。求官之士皆厭見，則赴舉之士皆可斥之乎？」

先生在海西，取真西山政經中守令當爲之規，與方伯李海壽講而試之。及爲大憲，歎曰：「立紀綱，正風俗，其在斯乎？」因政經爲化俗儀五十餘條爲戒書，分曉于八道。附録。

爲銓郎時，患銓曹政事不用公道，乃謁判書朴永俊曰：「欲擇守令，莫如擇初入仕。今值新政之日，正是機會。請務公道[三二]，以革宿弊。」經筵日記。

食其力而殺其肉，非仁也，又有國法不可犯也。遂不食牛肉，祭祀亦不用焉。名臣録。

古者府吏皆有常禄[三三]，各司贖布及作紙皆散之無用之地。若該曹收納無遺，則一歲所得必不下數萬匹矣。以此爲吏胥之俸，何不可之有？此非賦外别科也，只是轉無用爲有用矣。六條戒。

或以爲量田不可止，此甚不然。國無紀綱如此，雖欲使量田，必以賄賂爲能事。富者以肥田爲瘠，貧者以瘠田爲肥，國失正田，民受患害矣。如其不善量[三四]，莫如不爲之爲愈也。經筵日記。

帝王之學，莫切於變化氣質。帝王之治，莫先於推誠用賢。變化氣質，當以察病加藥爲功。推誠用賢，當以上下無間爲實。進聖學輯要劄。

賢人者，有國之器用也。求治而不求賢，猶舍舟楫而求濟川也。

創業、守成、更張三者，創業無以議爲，而守成易，更張難。且當守成而務更張[三五]，是無病而服藥，反致成疾矣。當更化而務遵守[三六]，是嬰疾而卻藥，卧而待死矣。

人君之急務，莫先於明理。理苟明矣，則是非好惡，咸得其正，如燭照而權稱矣。理有未明，則是其所當非，非其所當是，好者未必善，惡者未必惡，終至於安其危，利其灾，樂其所以亡者矣。明理之後，又以善斷爲貴。如或知其是而不盡好之之道，知其非而不盡惡之之道，則無貴乎明理矣。玉堂論乙卯僞勳陳時弊劄。

民依於食，國依於民。無食則無民，無民則無國。擬陳時弊疏。

天下有事，則芻蕘之言重於泰山；天下無事，則聖賢之説輕於鴻毛。司諫院乞變通弊法劄。

人臣之惡，莫甚於私黨。人君所痛嫉者，亦莫甚於朋黨。故小人之陷君子，必以是嚆矢，第患人君不之察耳。聖學輯要。

人君雖知君子之可好、小人之可惡，用舍之際，不能行其所好惡之實，則無益於治亂。惟以舉措之得宜爲貴。

漢文雖賢，志趣不高。見賈誼言大，疑而不用。比如主人欲構小屋[三七]，而工師乃欲構大厦，則豈肯聽其言乎？

儒者曰「唐虞可立致」，俗吏曰「古道必難行」，均之兩言皆非也。三代非曰一蹴便到，今日行一善政，明日行一善政，漸圖至治耳。語録。

西漢之淳厚，東漢之節義，西晉之清談，皆一代所尚也。人君當觀一代所尚之如何，所尚不正，當矯其弊。行狀。

牛溪先生曰：「論事則易，做事則難。聽其言而取其人，其不至於僨事而害國者幾希矣[三八]。」辭吏參疏。

古人用人必試其能，必考其績。虞舜之聖，猶被歷試；九官之賢，必待三考。

我國禁錮庶孽，古今天下，曾無所有。如今多亂，立賢無方，似宜變通近法，使庶孽通仕路，隨才任用，則實合三代聖王之制，而不拂天地生物之心矣。時務便宜十五條。

臨津之戰，劉克良先登陷陣，以一死報國。衝冒白刃，剞斫而死，聞者莫不流涕。似宜褒崇[三九]，贈以高官，官其子孫，廩其寡妻。戰死陣上者，將帥贈官追獎，士卒賜米優恤，公私賤人許令免賤，以慰忠魂，感慕餘人矣。

敗軍之將無毫髮之罰[四〇]，此所以每戰輒敗，而寇賊長驅，如入無人之境者也。自今諸將顯有不戰先走之狀者，即行軍法，以明軍律可也。

褒忠之典，不可不汲汲舉行。如劉克良、高敬命、趙憲、邊應井之力戰死於陣上，宋象賢、金鍊光之守城不屈，皆忠義之傑也。其餘伏節而死者，必多有之。誠宜採訪，一一褒贈，慰彼忠魂，以激一代忠義之氣。

北民之號呼填壑[四一]，皆守令不法之致也。臣見大明會典，設監察御史數十百員，以把持天下。朝廷宜擇遣强清文官于八道，糾察守令貪贓不法。或暗行村落，廉訪民隱；或直入官廨，搜刮實跡。庶幾彈壓畏忌，不能肆其掊克矣。便宜畫一啓。

作宰百里，生民休戚係焉。以「視民如傷」四字爲本原，而以「清慎勤」三字爲端的用心處。答李壽俊。

古之循吏，知有國而不知有其身，知愛民而不知愛其家。憫生民之困窮[四二]，悼己志之未伸。日日束裝爲還家計者，志不在温飽也。俗吏畏勢而不畏法，愛貨而不愛民。樂於居官而悲啼於還家者，皆鄙夫患失之徒也。送李近春聞慶序。

昔胡文定公過衡山，愛其雄秀，欲登覽。既而思曰非職事所在，遂撤不行[四三]。古人知所先後，皆師法也。送安習之牙山序。

救荒之政，古人以大事處之，竭其才誠方全濟，如富弼、洪皓是也。今日部參奉輩委諸下吏，盜減米鹽，粥飲不稠，水醬不潔，日費米鹽而實惠不及，誠可痛惋。啓辭。

我國之税至輕，六等田一結，爲七八十斗而下之。下税爲四斗[四四]，下之中爲六斗，下之上爲八斗，乃六十七十分之一也。田税之輕如此，而民力困竭，長時愁怨者，貢納至重故也。必須損益貢法，然後修明田税三等之法，於國於民，皆得其便矣。

壬辰之亂，不執萬世必報之論，乃立目前姑息之計者，初非舍義理之正，亦非惑利害之私也，只爲中朝將相不宜激怒故也。處中之義，非後生所易度也。魯西雜著。

漢陰嘗謁先生，告以「利害是非」四字，曰：「天下只有此四件要當。舍利害，擇是非，方爲君子。」漢陰深感其言，終身不爲世變所挫。名臣録。

忠臣言事，常患其言之不深，無以感悟君聽。人君聞諫[四五]，常患言者之過中，可以暴揚君過。二者常反而不相須。故臣忠而不見信，君過而不能改，終至於不相知而成千古之恨者相望也。辛巳封事。

如欲救民，當會計一年經費，量出爲入，而以稍存贏餘，以備不虞爲準。更定法制，則賦役必均[四六]，而恩結民心，爲祈天永命之本矣。思政啓辭。

宰相會議之地，不關之事必顧視[四七]，莫敢先發言語，以至日暮。或有座中一人，爲苟且粗畧之論，因而從人，使所議之事無次[四八]，末而罷。此等氣像，必於中微之世見之，豈非可憂之甚乎？宣政殿啓辭。

【校勘記】

[一]作齊居之　「作齊居之」，一蠹集卷二無此四字。

[二]莫不悚動　「悚」，静庵集卷四作「竦」。

[三]嘗使之磨勘　「嘗」下，静庵集卷二有「多」字。

[四]視壅則志隔　「隔」，晦齋集卷六作「滯」。

[五]莫急於蠲税減逋　「逋」下，晦齋集卷七有「負」字。

[六]以蘇殘氓矣　「殘」，晦齋集卷七作「疲」。

[七]鮮有慈祥之儔　「祥」下，晦齋集卷十二有「悃愊」二字。

[八]率多貪暴之類　「暴」下，晦齋集卷十二有「無厭」二字。「類」，晦齋集卷十二作「流」。

[九]近來未聞封還内旨專務承順　「專務承順」，晦齋集卷十三中位於「近來」下，「内旨」下有「者」字。

［一〇］按：此條重出，又見卷七第十二條。

［一一］以爲國本乎　「爲」，晦齋集附録作「定」。

［一二］一字之辭　「辭」，退溪集卷九作「許」。

［一三］有土有民　「民」，退溪集卷二十六作「社」。

［一四］初甚得愛民之情　「情」，退溪集卷二十六作「聲」。

［一五］期於剥削　「削」，退溪集卷二十六作「盡」。

［一六］極歉自有寬徵之理　「歉」，退溪集卷二十六作「凶」。

［一七］或梗强不納　「梗强」，退溪集卷三十六作「强梗」。

［一八］不爲違道干譽也　「干譽」下，鶴峯先生文集續集卷五退溪先生言行録有「之事」二字。

［一九］待吏一以誠信　「吏」下，鶴峯先生文集續集卷五退溪先生言行録有「民」字。

［二〇］若不以恬静苦潔爲心　「潔」，退溪集續集卷七作「淡」。

［二一］以防侮慢之習　「侮慢」，退溪集續集卷七作「慢侮」。

［二二］揀擇太過　「過」，退溪集續集卷七作「苛」。

［二三］尚爲朝廷之痼疾　「痼」，栗谷集卷七作「疢」。

［二四］然後可以宰百室之邑矣　「百」，栗谷集卷十四作「千」。

[二五]尹元衡之遺弊未盡洗滌　「尹元衡」下，栗谷集卷十五有「誤國」二字。

[二六]而方且偷閑厭事　「閑」，栗谷集卷十五作「安」。

[二七]欲革諸法　「諸」，栗谷集卷十五作「弊」。

[二八]以爲緩急之策　「策」，栗谷集卷三十四作「備」。

[二九]柳公成龍不可　「成龍」下，栗谷集卷三十四有「以爲」二字。

[三〇]李文靖真聖人也　「李文靖」，栗谷集卷三十四作「李文成」。

[三一]夜深始夕食　「始」，栗谷集卷三十八作「後」。

[三二]請務公道　「請」下，栗谷集卷二十八有「自今」二字。「務」下，栗谷集卷二十八有「張」字。

[三三]古者府吏皆有常禄　「府吏」，栗谷集卷十五作「胥徒」。

[三四]如其不善量　「如」，栗谷集卷三十作「與」。

[三五]且當守成而務更張　「張」，栗谷集卷二十五作「化」。

[三六]當更化而務遵守　「化」，栗谷集卷二十五作「張」。

[三七]比如主人欲構小屋　「構」下，栗谷集卷二十九有「數間」二字。

[三八]其不至於僨事而害國者幾希矣　「害」，牛溪集卷三作「敗」。

[三九]似宜褒崇　「宜」下，牛溪集卷三有「下教」二字。

[四〇] 敗軍之將無毫髮之罰 「之」，牛溪集卷三作「責」。
[四一] 北民之號呼塡壑 「北」，牛溪集卷三作「小」。
[四二] 憫生民之困窮 「民」，牛溪集卷六作「人」。
[四三] 遂撤不行 「撤」，牛溪集卷六作「輟」。
[四四] 下税爲四斗 「下」下，牛溪集續集卷二有「之」字。
[四五] 人君聞諫 「君」，牛溪集卷二作「主」。
[四六] 則賦役必均 「均」，牛溪集續集卷二作「輕」。
[四七] 不關之事必顧視 「必」，牛溪集續集卷二無此字。「顧視」下，牛溪集續集卷二有「左右」二字。
[四八] 使所議之事無次 「次」，牛溪集續集卷二作「大結」。

海東七子近思録卷之十一

治人

教學

寒暄先生曰：「釋陸行設教，其徒考業者千餘人。或止之曰：『禍患可畏。』曰：『使先知覺後知，先覺覺後覺，吾所知者告人耳[二]，吾何與哉！』行雖緇流，其言亦可取也。」本集。○先生不廢講論，白勖以「謗議將騰」勸止之，先生所答如此。

晦齋先生曰：「大學之書教學者以修己治人之道，故詳於進修之功而略於爲治之目；中庸九經告人君以爲政之道，故詳於經世之目而略於修己之功。由大學之道而欲收治平之功，不可不取中庸九經，以爲設施之條目；由中庸之九經而欲盡脩身之道，不可不取大學之格致誠正，以爲進脩之階級。」九經衍義。

退溪先生曰：「豐基白雲洞書院者，前鄉守周世鵬之所創建，而安文成公裕之故居也。昔南唐之世，就李渤舊隱廬山白鹿洞創立學宮，此書院所由始也。宋朝仍之，而天下只四書院而已。渡江以後，斯文蔚興，處處增置。至胡元，猶立太極書院。逮我大明，文化大闡。以一統志所載考之，天下書院總爲三百餘所。隱居求志之士，肄業講道之倫，多厭世之囂競，思逃於寬閒之野、寂寞之濱，故抱負墳策，樂就於書院。其視國學鄉校，豈可同日而語哉！苟有先正留塵播馥之地，莫不立書院，則吾東方文教之盛，可與鄒、魯、閩、越并稱矣。」上方伯沈通源書。

明道云「子弟凡百玩好，皆喪志。雖文字[二]，亦不欲好之」，則可知雜藝關心之爲不可。然「游於藝」發於聖訓，非爲禁絶也，慮其耽著爲害耳。答宋言慎書。

先王教人之法，今可見者小學、大學也。小學之教，固可以盡人事之纖微曲折。大學雖有以極其規模之大，然以言乎其知，則就事物言窮格；以言乎其行，則由誠意、正心、脩身而推之於家國，達之於天下也。答黄俊良。

子朱子之學，其爲學者立規也。特以五倫爲本，係之以爲學之序，終之以篤行之事。博學以下致知也，篤行以下力行也。以是二者待天下之士，如群飲于河，各充其量，高而爲聖賢，下而爲善士。

詩雖末技，本於性情，有體有格，不可易而爲之[三]。故古之能詩者，千鍛百鍊，非至恰好，不輕以示人。故曰：「語不驚人死不休。」與鄭琢書。

舜之教禹以精一[四]，孔之教顔以四勿，固治病之大藥。然能用此藥者，禹與顔子耳，不在於舜與孔。故曰：「爲仁由己，而由人乎哉？」答李咸亨書。

其視聖賢書，不過爲決科取禄之資。非惟不自務學，又嗤病他人之志道者，使噤口結舌而不敢出一言。哀哉！

三代之學，皆所以明人倫也。人倫之明，即正道之明也。養德性而立根本，在乎小學。廣規模[五]，達幹支，在乎大學。充之以三書五經，博之以諸史百家，正學不外於是矣。開寧鄉校重修記。

教人必以立志爲先，持敬爲用功地頭。答金富仁。

訓誨子孫，必先以小學、孝經書略通文義，然後及其四書。循循有序，未嘗躐等。名臣録。

常病門人之盡看細語，曰「如谷騰霧」「如波滚沙」之説。君其省之！答金富仁。

栗谷先生曰：「設教之術，莫先於學校。當使五部及八道每年一度選生，進幼學之稍有志者，録其名，移于吏禮曹。吏禮曹按簿而更加商議[六]，取上舍生二百[七]，居于太學。幼學二百人，分處于四學。別擇儒臣爲太學及四學之官，惟以講明正學爲務。若有學行中於是者，即陞于朝，使居于臺侍之列。行無瑕玷，年過四十者，亦授以百執事之職。外方則隨其多少，居于鄉校及書院。別有卓異者，監司録其名，移于吏禮曹，居于太學。觀其實德而升補于朝，則爲士者皆知德義之尊，而四方風動矣。」東湖問答。

以「夫子不語怪、力、亂、神」爲法，且以范氏「七戒」存心寓目。

昔者聖人亦有師。師不必賢於己，亦有以一言之善爲師者。故芻蕘之言，聖人擇焉。孔子曰：「三人行，必有我師。」經筵日記。

學者趨向未定，立心未固，先事乎博則取舍不精，或有支離失真之患。必也先尋要路，的開門庭，然後博學無方，觸類而長矣。聖學輯要序。

牛溪先生曰：「所謂師友，非能換人之骨，脱人之胎[八]，立地變化，使之爲聖爲賢也。師友是我異形之人，他人食飽，我能從而飽乎？不過指引其路脉，明證其所得而已。」書示邊生。

【校勘記】

[一] 吾所知者告人耳　「告」原作「是」，據景賢録卷上改。

[二] 雖文字　「文」，退溪集卷十三作「書」。

[三] 不可易而爲之　「不」上，退溪集卷三十五有「誠」字。

[四] 舜之教禹以精一　「教」，退溪集卷三十七作「告」。

[五] 廣規模　「模」下，退溪集卷四十二有「而」字。

［六］吏禮曹按簿而更加商議　「按」下，栗谷集卷十五有「其」字。
［七］取上舍生二百　「百」下，栗谷集卷十五有「人」字。
［八］脱人之胎　「脱」，牛溪集卷六作「奪」。

海東七子近思録卷之十二

治人

警戒

寒暄先生曰：「言人之惡，如含血噴人，先汚其口。」事實

靜庵先生曰：「宋之仁宗欲知勞苦，常於宮中學步以試之。古人云：『宴安乃鴆毒。』若習安逸，則善心不生矣。」侍讀官時啓辭。

士大夫家儉約自持，則子孫長久而不敗；遊宴自恣，則易至於傾家破産焉。今之有識者亦爲習俗所移，指儉約爲蕭條，以遊宴爲太平氣象。一言喪邦，其此之謂歟？

膚受之愬，浸潤之譖[一]，非通明智慧卓越者，初雖不信，終未免駸駸然入於其中。侍講官時啓。

人主常以禍在朝夕爲心，如朽索之馭六馬[二]，則庶乎可保其位也。副提學時啓辭。

晦齋先生曰：「儉約而獲福，奢泰而招損，天之理也。以今所見言之，巨室纔成，拘忌輒生。避居委巷，朱門空鎖。纔易一世便成廢宅，子孫之保有者無幾。是費有盡之財，營無益之宇也。往者，有宗室孝寧大君性頗謙素，厭處華室，嘗構艸廬，恒處其中，終能延壽九耋，子孫蕃衍。此近事之明驗也。」劄子。

退溪先生曰：「向來之誤，今日之覺。不幸已往，至幸方來。惟在加之意，愼無以得少爲足，亦深以作撤爲戒[三]，勿爲澆俗所遷奪。積之以久，何憂於卒無得耶？」答金克一。

來詩三復玩吟，怳若身在江門橋上，座下凉生，深幸深幸。天賦之質若是高明，而全不勇奮，甘與下類爲伍，爲君深惜。後日顛躓，必思吾言也[四]。答金箕報書。

志業未修而爲禄隱之計，正古人所謂「長沙時不如南康時」者。今又汩之以俗務，能保其不變乎？幸勿墮落塹以得計也。答南彦經書。

窮理而驗於踐履，始爲真知。主敬而能無二三，方爲實得。今雖見理而未免於淺淡，雖持敬而或失於蹔頃，則其日用應接之間，從以懷之者[五]，沓至而無窮。豈但思慮食色燕談之爲害而已乎？答栗谷書。

嚮道之意雖切，願學之志雖懇，實未曾下手用工。讀書泛泛，度日悠悠，義理未精，踐履有違，往往環顧其中，與不學之人初無相遠。徒以是自咎自責於對衆言談之間，朋友書尺之際，非但無益於此學，反以取笑於流俗，非細故也。答朴漸書。

從事於學者，率多有自喜欲速之弊。自喜則不聽人言，欲速則不究衆理。如是而望其入道積德，卻不如卻步而求前乎？答奇高峯書。

輕俊有才氣者，不以義理礱淬之，恐其人之失身。答黄俊良書。

暮年方窺古人之緒餘，顧心力俱弊[六]，無望於分寸之工，益知年富力强者不可不思勉也。答趙月川書。

慮人之譏笑而加勉，則善矣。憂人之非毁而自沮，則恐不足爲士也。

古人因困窮而學益進，今人因困窮而志遂渝，是爲可懼。苟志之誠篤，一「窮」字豈能奪之！

江山風月，天地間公物，遇之而不知賞者，滔滔皆是。或占勝而認爲一己之私，亦癡矣。洛水之過吾鄉，當以月川爲第一。但絶境佳名，不至相負，乃可貴也。

得好書而不看，名讀書而無得，吾輩皆然。

學問而常有急迫，斯必安排扭捏之意，此延平所謂「積下一團私意」，亦孟子所謂「揠苗助長」之患。所由雖善，爲心害甚重。答鄭惟一書。

吾徒所就，揆古人事業，不啻黄鵠壤蟲之間，而顧汲汲以纂輯抄節爲最上第一件。埋頭没脚於其中，不暇顧親切工夫，其與聖人之學寖遠矣。

看史抄書，昔之躬行君子，非不爲此事。但不於本原上細加涵養省察之工[七]，而日向故紙堆中，尋逐已陳底粗跡，以是爲能事，則是定無蓄德尊性之功，而反益麤心浮氣之長矣。

心不能主宰，則雖作詩寫字，游水玩山。程朱之門，皆以爲戒。

見人輒有求，所以事事賤。默看世間事，政是此一字爲病[八]。

爲人作請簡，雖與自己之求有間，然亦多爲人所賤惡。故尋常所聽從者十居二三，往往猶有羞吝。欲一切不爲，則又不近人情。可否之擇，真不易也。

聖賢之書，公等視爲決科之階梯，誠無如之何矣。答琴應夾書。

正路易差，雜術易惑。滉常讀吾書[九]，自謂篤信之至，無物可回。然或因考證而旁及異書，不無浸淫之慮，方知於吾道立脚不牢、著眼不明也。答金富仁書。

求諸己、求諸人，此君子、小人用心之所由分也。見人之善惡而尋己之善惡，正是君子反求諸身，遷善改過，點檢矯揉處。

主静之義，龜山門下相傳旨訣，以及於晦庵。此事一蹉，則入於禪學[一〇]，故程、朱子又有「用敬不用静」之説。此乃恐人之誤入，故發此救之，非主静爲不可也[一一]。答金就礪。

看書有貪多欲速之心，無沈潛體驗之功，此山谷所謂「釋卷而茫然」者也。

慕善太過，則必以愚人爲真善[一二]；嗜學太急，則徑以末學爲已學；好禮太僻，則以矯俗爲得禮。

正俗失，反古道，固君子之事。然亦有率意輕作者，恐非避禍之道也。

昔蘇老泉二十八始發憤讀書，而文章冠古今。以公之年，加百倍千倍之功，何患無成？答李咸亨書。

吾見後生輩得小小名字，自以爲平生一大事，甚可悶。寄孫安道書。

寶鑑埋塵，非磨寧新？明珠在淵，不探則捐。聖訓之極，我心之則。屏陳爾傍，道存爾常。能思能行，一言猶贏。不思不爲，萬言奚施？自警屏銘。

幸俗務而廢志業者[一三]，終爲鄉里之陳人而已。附録。

貧窮，士之常事，亦何介意。汝父平生以此被笑於人多矣，但當爲堅忍而順處，自脩而待天。

工文藝非儒也，取科第非儒也。世間許多英才，更有甚人能擺脫此科臼耶？

學問之道，不日進則日退[一四]。操心之法，不警懼則必怠慢。書晦庵詩後。

男女，大慾之所存。夫婦，人倫之所始。故先王之教，每窒其源而謹其防。今群居談謔，盡是辱坑之事[一五]，穢念常在於襟裾，媟語不憚於閨門。昔胡澹庵乃以拄天地、貫日月之氣節，一朝摧銷陷没於一妖物頰上之微渦，取辱至此。故朱夫子尚云寄一生於虎尾春冰，而常持「雪未消，艸已生」之戒。答禹景善書。

人主常以禍在朝夕爲心，如朽索之馭六馬，則庶乎可保其位也。[一六]

栗谷先生曰：「心定者言寡。定心，自寡言始。」自警文。

時然後言，則言不得不簡。

萬惡皆從不謹獨生。

曉起，思朝所爲之事；食後，思晝所爲之事；就寢時，思明日所爲之事，則盡誠爲之。不可爲之事，一切割斷，不可使是非交戰於胸中。

橫逆之來，自反而深省，以感和爲期[一七]。

非夜眠及疾病則不可偃卧，但不可拘迫耳。晝有睡思，當唤醒此心，十分猛省[一八]。眼皮若重，起而周步，使之惺惺。

用工不緩不急，死而後已。若求速其效，則此亦利心也。

非聖之書勿讀，無益之文勿觀。讀書之暇，或游藝，如彈琴、習射、投壺等事，各有儀度[一九]，非時勿弄。如博奕等雜戲，不可寓目。學校模範。

荒雜怪神及市井鄙俚之説，不可出諸口。至如追逐儕輩，空談度日，妄論時政，方人長短，皆妨工害事，切宜戒之。

科第雖非志士所汲汲，如應舉，則當以誠心做工，不可浪過時月。但不可以得失傷其所守[二〇]，且常懷立身行道、忠君報國之念，不可苟求温飽而已。

士子通患，不務讀書，不屑科業，悠悠度日。學問科業，兩無所成。

不務實學，只以辯博説話爲文身之具者[二一]，是儒之賊也。

凡人自謂立志，而不即用工、遲回等待者，名爲立志，而實無向學之誠也。雖有志於學，而不能勇往直前以有所成就者，舊習有以沮敗之也。擊蒙要訣。

衣服不可華侈，禦寒而已。飲食不可甘美，救饑而已。居處不可安泰，不病而已。

每日頻自點檢：心不存乎，學不進乎，行不力乎？有則改之，無則加勉。

人君能行善政，和氣感乎上，則休祥至焉。多行非道，乖氣感乎上，則灾異作焉。天何心哉，皆人所召耳。進聖學輯要劄。

牛溪先生曰：「親近書册，俯讀仰思，操存玩索，交致其功。一日常業，有端的用心處，則可以不墜初志，漸有得力處。」答洪錫胤書。

以朱子之言，只從今日爲始，隨處提撕，隨處收拾，隨時體究，隨事討論。一日之間，整頓得三五事[二二]，理會得三五事，爲日用工夫，則學日進而志日强矣。書示姜生。

君有志而不能讀書，歲月荏苒，老大不遠。惟顧人事之外，專一書册，以求古人之微言，以免鄉里之常人也。與崔繼祖書。

過情之言非能助乎我[二三]，而適足以累我之身。非徒累我，而尤足以害我之德也。雜記。

小學之教，加之以幼稺之初，要使明倫敬身之意，浹洽於日用之間，即見孝悌之當然，如着衣啗飯，無待於外求矣。小學輯注跋。

【校勘記】

［一］浸潤之譏　「譏」，静庵集卷三作「譖」。
［二］如朽索之馭六馬　「馭」，静庵集卷四作「御」。
［三］亦深以作撤爲戒　「撤」，退溪集卷十三作「輟」。
［四］必思吾言也　「必」，退溪集卷十三作「當」。
［五］從以懷之者　「以懷」，退溪集卷十四作「而壞」。
［六］顧心力俱弊　「弊」，退溪集卷二十三作「敝」。
［七］但不於本原上細加涵養省察之工　「原」下，退溪集卷二十六有「心地」二字。「察」下，退溪集卷二十六有「内直外方」四字。
［八］政是此一字爲病　「政」，退溪集卷二十七作「正」。
［九］滉常讀吾書　「滉」，退溪集卷二十八作「僕」。「常」下，退溪集卷二十八有「時」字。
［一〇］則入於禪學　「學」，退溪集卷二十八無此字。
［一一］非主静爲不可也　「非」下，退溪集卷二十八有「以」字。
［一二］則必以愚人爲真善　「必」，退溪集卷二十九作「誤」。
［一三］幸俗務而廢志業者　「幸」，退溪集續集卷七作「牽」。

［一四］不日進則日退　「則」下，退溪集續集卷八有「必」字。
［一五］盡是辱坑之事　「辱」，退溪集卷十六作「慾」。
［一六］按：此條重出。
［一七］以感和爲期　「和」，栗谷集卷十四作「化」。
［一八］十分猛省　「省」，栗谷集卷十四作「醒」。
［一九］各有儀度　「度」，栗谷集卷十五作「矩」。
［二〇］但不可以得失傷其所守　「傷」，栗谷集卷十五作「喪」。
［二一］只以辯博説話爲文身之具者　「辯」，栗谷集卷十五作「辨」。
［二二］整頓得三五事　「事」，牛溪集卷六作「次」。
［二三］過情之言非能助乎我　「言」，牛溪集續集卷六作「名」。

海東七子近思録卷之十三

治人

辨異端

寒暄先生曰：「儒之爲道，不過父子有親[一]，君臣有義，夫婦有別，長幼有序，朋友有信。其文詩、書、易、春秋，其法禮樂刑政，其行服仁守義。其爲道易明，而其爲教易行也。以之爲己，則順而祥；以之爲人，則愛而公；以之爲天下國家，無所處而不當。釋之爲道，不過曰禁而相生養之道，以求其所謂清浄寂滅者。而其文金剛、般若、楞嚴、法華，其法觀定見性，其行默言絶穀。其道虚無[二]，而其爲教誕妄。以之爲己，則逆而不祥；以之爲人，則偏而不公；以之爲天下國家，無所處而得其宜。其邪正曲直之所在，槩可知矣。」庚子疏。○時圓覺寺僧潛轉佛像，謂佛自回立，士女奔波。先生上疏，肆諸市朝。

一蠹先生曰：「曾謂泰山不如林放乎？」行狀。○頭流山頂有廟，俗所謂「聖母澀纓」，作文祭之，先生云云。[三]

靜菴先生曰：「匪神而致誠，匪鬼而致祀，不惠于民，不孚於天，而反祈虛報於冥邈[四]，無稽之甚，其亦陋矣。」弘文館請罷昭格署跋。○戊寅七月副提學時。

晦齋先生曰：「遺卻擇善省察工夫，但執虛靈之識，不暇修爲，而可以克己復禮，可以酬酢萬變云，則比如不出門而欲適千里，不舉足而欲登泰山。」答忘機堂。

天地之間，道一而已矣。若外於此而別爲一道可以爲教，則是決非率性之謂，而害吾道之邪說也。今異教之人，毀其髮毛，緇其法服，子焉而不父其父，臣焉而不君其君，民焉而不事其事，固不可於吾道并立於天地間也[五]。蓋天下無性外之物，而各有當行之路。是以循乎牛之性則角而可耕，循馬之性則鬣而可乘，循雞犬之性則絳冠而司晨，披毛而自吠。是雖形殊跡異[六]，莫非天命之所爲也。若牛而去其角，馬而去其鬣，雞犬而去其冠毛，不循其性而廢其所司之職，安得免其違天之罪乎[七]？

天下之禍，莫大於甚似而難辨。惟其甚似，故能惑人。惟其難辨，故彌亂真。老、佛之虚無寂滅，溺於空虚而過之；管、商之權謀術數，失之污賤而不及。九經衍義。

退溪先生曰：「理無爲而氣有欲，故主於踐理，養氣在其中，聖賢是也；偏於養氣，則必至於賊性，老莊是也。」答朴雲書。

能與陽明角立，以争禪學之非者，静庵而已。答洪仁祐書。

禪學如膏油，近人則赭污。陽明又以雄辭濟之[八]，尤易惑人。

篁墩心經非專主尊德性而折道問學[九]，其意欲救世儒尚口耳、緩踐履之弊而已，則其説雖有矯枉過直之失，猶之可也。其後别立一説，以爲朱子早攻象山，晚年自覺其非，而與象山合，乃著道一編，以證明其説。于時，有陳建著學蔀通辨以斥。篁墩之卒陷於陸氏，不可掩矣。答李楨問目。

釋氏不知性之爲理，而以所謂精靈神識者當之，謂死而不亡，去而復來。安有是理乎？答鄭惟一書。

莊、列之徒，徒知厭事求静，而欲以坐忘爲道之極致。殊不知心貫動静、該事物，作意忘之，愈見紛拏。至其痛絶而力滅之，則流遁邪放，馳騖於汗漫廣漠之域，所謂坐忘便是坐馳也。答金富仁書。

老氏元不識「理」字。

「提耳而誨之，可使不識一字之凡夫立造神妙。」此吴艸廬之言，而亦禪家頓悟之機，聖門無此法。白沙詩教辨。

陽明徒患外物之爲心累，不知民彝物則真至之理，乃欲事事物物一切掃除，皆攬入於本心滚説了[一〇]。此與釋氏之見何異？而時亦出言稍攻釋氏，以自明其學之不出於釋氏，是亦自欺而誣人也[一一]。傳習録辨。

陳白沙其悟入處，終是禪家伎倆。

陽明畔道非聖，欲排窮理之學，則斥朱説於洪水猛獸之灾；欲除煩文之弊〔一二〕，則以始皇焚書謂得孔子删述之意。其所賊仁害義，亂天下未必非斯人也。

醫閭則爲厭事求定而入於禪。

我欲看佛經，以覆其邪遁，而恐如涉水者，初欲試其淺深，竟有沈溺之憂。如異端文字，全然不知亦無妨。附録。

中原學者皆帶蔥嶺氣味，獨薛文清真得聖賢宗旨，平生用工在「敬」字上。

南冥唱南華之學，蘇齋守象山之見，甚可懼也。

崔孤雲徒尚文章而諂佛。

整庵之學自謂不淫於異端，而陽排陰助，左遮右攔，實程朱之罪人也。名臣録。

涵養體察，吾家宗旨。天理人事，本非二致。但「悟」之一字，即葱嶺帶來頓超家法，吾家宗旨，未聞有此。

栗谷先生曰：「異端豈必佛、老、禪、陸爲然乎？世之非先王之道，循一己之欲，莫非異端也。若以俗習爲是，孜孜不已[一三]，非笑陸學，則何異於尊尚四凶而譏刺楊墨乎？」學蔀通辨跋。

佛氏之説，有精有粗。粗者，不過輪迴報應之説，誘脅愚迷而已。精者，極論心性，而認理爲心，以心爲萬法之本；認心爲性，以性爲見聞作用。以寂滅爲宗，而以天地萬物爲幻妄。以出世爲道，以秉彝人倫爲桎梏。直指人心，見性成佛。静定之極，畧見心性影子於彷佛想像之際，則遂擬之豁然大悟，猖狂自恣，謂之了事。于今又有陸象山者與朱子并生，其學不絶，與朱子正學并立而相抗。言必稱孔孟，行必本孝悌。其用心精微處，乃禪學也，闢之之難，十倍於佛氏。佛氏之害，若外寇之侵突；陸氏之學[一四]，如奸臣之誤國。聖學輯要。

世道日下，人心污穢，不顧義理，惟利是求。人物之眇然，不及於異端横騖之時[一五]，足知利欲之害甚於異端也。

禮曹判書尹春年妄自尊大，以師道自處。浮薄之徒，多從之講學。其所以論説，皆收拾佛老緒餘。經筵日記。

先生十九歲入金剛，仍棲山寺，戒定堅固。因忽思以爲佛氏之勿作增減想者，只欲截斷此心走作之路，凝聚精神，以造静極虚明之域，故假説此話頭，使之依靠而下功也。遂盡棄其學，而專心吾道。謚狀。○李月沙所撰。

上命義盈庫進黄蠟五百斤，外間莫知所用。或云將用於佛事，先生以大諫五啓還下。啓辭。

牛溪先生曰：「小邦僻在遐遠，學未通方[一六]，當仰中國書籍以爲口耳之資[一七]。伏遇皇朝頒賜五經四書大全，表章先儒之説，小邦之人無不講習而服行，以爲此説之外無他道理也。今兹閣下軍旅之外，旁及講學之事，諄諄開導，牖以小邦迷昧之失，甚盛舉也。第緣末學膚淺，思慮荒蕪，其何能言下領悟，發微詣極，以承老爺之恩乎？邦國垂亡，上下皇皇。久困行間，平日所知，失亡殆盡，不得求正。講學之事，請俟他日。」皇明兵部主事袁黄力排程朱，專主禪陸，示一書曰「程朱之説行，而孔孟之道不復明於天下，天下貿貿焉聾瞽久矣。我明興，理學大暢，揭千古不傳之秘，盡掃宋儒支離之習」云云，先生所答如此。

【校勘記】

〔一〕不過父子有親　「過」下，景賢録續録卷上有「曰」字。
〔二〕其道虛無　「其」下，景賢録續録卷上有「爲」字。
〔三〕按：此條出自一蠹集卷二讚述。
〔四〕而反祈虛報於冥邈　「報」下，静庵集卷二有「永命」二字。
〔五〕固不可於吾道并立於天地間也　「於」，晦齋集卷五作「與」。
〔六〕是雖形殊跡異　「跡」，晦齋集卷五作「職」。
〔七〕安得免其違天之罪乎　「免」，晦齋集卷五作「辭」。
〔八〕陽明又以雄辭濟之　「辭」，退溪集卷十三作「辯」。
〔九〕篁墩心經非專主尊德性而折道問學　「折」，退溪集卷二十一作「抑」。

〔一〇〕皆攬入於本心滾說了　「滾」，退溪集卷四十一作「衮」。
〔一一〕是亦自欺而誣人也　「是」下，退溪集卷四十一有「不」。
〔一二〕欲除煩文之弊　「煩」，退溪集卷四十一作「繁」。
〔一三〕孜孜不已　「不已」，栗谷集卷十三作「求利」。
〔一四〕陸氏之學　「學」，栗谷集卷二十作「害」。
〔一五〕不及於異端橫騖之時　「不」上，栗谷集卷二十五有「反」字。
〔一六〕學未通方　「未」，牛溪集卷六作「本」。
〔一七〕當仰中國書籍以爲口耳之資　「當」，牛溪集卷六作「常」。

海東七子近思録卷之十四

治人

觀聖賢

寒暄先生服小學以培根本，遵大學以立規模，力持誠敬而發揮六經，以期至於聖賢之域。此先生爲學之大略也。師友録。

鄭汝昌、金宏弼生於一時，其相與切磋之益，如考亭之於南軒。大臣議。

東國諸賢中，惟一蠹先生庶幾無疵累。年譜。○曹南冥撰。

寒暄、靜庵、晦齋道同心一，私淑而克自追配焉。兹三先生屹然如泰山喬嶽鼎立。景賢堂敍述。

寒暄之學踐履雖篤，至於「道問學」工夫，恐有未盡。退溪附録。

靜庵先生曰：「金宗直亦儒者也。其時如金宏弼輩，雖不得大施於一時，然近來聞其風而追慕者，興起於爲善，則此人之功也。可見善人爲國家元氣也。故善人之在世也，人之爲不善者必曰：『無乃某人聞之乎！』不敢肆其意焉。」參贊官時啓辭。

光祖之學之正，其所傳者，有自來矣。自少慨然有求道之志，受業於金宏弼，宏弼學於金宗直，宗直之學傳於其父司藝臣叔滋，叔滋之學傳於高麗臣吉再，吉再之學得於鄭夢周之門。夢周之學，實爲吾東之祖矣。康惟善伸冤疏。

先生天分異甚，絶出等夷，鸞停而鵠峙也，玉潤而金精也。猶如猗蘭播芬，而皓月揚輝也。行狀。○退溪撰。

先生受命世之姿[二]，抱適用之學。聞寒暄學有淵源，趨往受業。格君安民，此固素心，便以堯舜君民、興起斯文爲己任。設薦舉科，以籲後乂。罷昭格署，以正祀典。訓小學，以育英才。

百僚悚勵，四方風動。誌文。○栗谷撰。

玉潤金精，先生之質。規矩準繩，先生之德。堯君舜民，先生之志。幼學壯行，先生之仕。罹譖見擯，先生之窮也。命折而道全，先生之終也。祭熙川書院文。○愚伏撰。

以性理存心，以繩墨律身，以達不離道爲事業，以致君堯舜爲規模。栗谷代白仁傑疏。

晦齋先生曰：「孕粹奎璧，稟精山嶽。學窮道源，神游理窟。弸𢡃中積，彪炳外發。志慕軒、虞，身許稷、契。」祭慕齋文。

先生無授受之處，自奮於斯學。闇然日章而德符於行，炳然筆出而言垂於後。求之東方，殆鮮其倫。行狀。○退溪撰。

晦齋之學故優於靜庵[二]，但其倡道當世，樹風後世，則靜庵爲優。退溪答金就礪書。

某於靜庵行狀極言天資高處，而其說學力處較少；晦齋行狀極言學力深處，而其說天資高處爲輕。

世人徒見權忠定論救被罪之人，而以晦齋不言猶欠直截。然忠定自忠定，晦齋自晦齋。比干以諫死爲仁，箕子之狂，微子之去，不得爲仁乎？聖人既取史魚之如矢，則伯玉之君子可廢乎？且忠定之所言者小，晦齋之所言者大矣。西崖書。

朱子發程門所未發，而門人得力不及於程門〔三〕。亦如孟子發前聖所未發，而萬章、公孫丑之徒不及於游、夏。答鄭子中。

孟子曰：「能言距楊墨者，聖人之徒也。」愚亦曰：「能尊考亭之道者，是亦考亭之徒也。」理學通録。

王魯齋學術固多病，人心道心圖誠有可疑處，其自敘亦殊未瑩。答趙士敬。

游定夫倍師從夷，如遇孟子，恐異於曾子之歎，不獨發於陳相也。

朱夫子答吕伯恭書：「蟬聲益清，每聽[四]，未嘗不懷高風也。」滉平日極愛此等處，每夏月，緑樹交陰，蟬聲滿耳，未嘗不懷仰兩先生[五]。如庭艸，一間物耳。每見之，輒思濂溪一般意思也。

朱子初得陳安卿，甚喜之，屢稱於朋友間。蓋其學長於辯説，不屑踐履工夫，正所謂「智者過之」也。先生嘗覺其有誤，欲極論曉之，他便隱其説。以是觀[六]，其心術之病亦不少。答鄭子中。

真西山議論雖有文章氣習，然其人品甚高，見理明而造詣深，朱門以後，一人而已。范蘭溪有得於此[七]。朱門所許，蓋非獨一箴也[八]。答黄俊良。

文山乞斬董宋臣，不聽，則致仕而去，若將終身。及其再出，則所謂纓冠之急[九]，何暇計陳宜中耶？今欲指小節以議大節，恐未免蚍蜉撼樹之譏也。答趙士敬。

前朝之士安文成公倡學校，崇儒術，雖未能變魯而至道，及其末也，兼道德節義之美焉。有如鄭圃隱之出，將非其力歟？策題。

禹祭酒先生之忠義大節，既足以動天地而撼山嶽，而經學之明，進退之正，有大過人者。爲後學師範，而可以廟食百世矣。易東書院記。

高麗末繼之者雖卒，而王氏宗社未亡，故圃隱猶事之。正如秦之呂、晋之牛，而綱目不斥王導。圃隱政得此義。附録。

程子曰：「人當於有過中求無過，不當於無過中求有過。」以圃隱之精忠大節，可謂經緯天地，棟樑宇宙。而世之好議論喜攻發，不樂成人之美者，嘵嘵不已。滉每欲掩耳而不聞。答鄭寒岡。

陽村學術淵博，後學安敢妄議其得失！答金富倫書。

陽村圖説極有證據，但以先賢之説揆之，恐不免啓學者穿鑿之病耳[一〇]。答金惇敘。

沖庵問學初雖陷於老莊，後來所見甚高人一等[一一]，歸養、辭職等疏出於至誠。有此見識，終陷大禍[一二]，豈不悲哉！與洪應吉。

梅月堂别是一種異人，近於索隱行怪之徒，而所值之世適然，遂成其高節耳。答許篈。

佔畢非學問底人，終身事業只在詞華上。附録。

佔畢於本朝有山斗之望，亦欲加詆，則更於何處得人耶？答黄俊良。

金何正晚年義理所見甚精，論説平易明白。附録。

花潭其質似朴而實誕，其學似高而實駁。其論理氣處，出入連累，全不分曉。松堂之理學，亦有可疑處。答南彦經。

手持足行，目視耳聽，花潭但謂之氣之妙處，而不歸之於理，固是偏處。答鄭惟一。

花潭一生用力於此事，自謂窮深極妙，而終見得「理」字不透。所以雖拼死力談奇説妙，未免落在形器粗淺一邊了，爲可惜也。

聽松先生嘗游趙静庵之門，其爲學由博而折之以大、小學、論語以及周、程、朱諸書。手書程子「涵養須用敬，進學在致知」等語，揭之壁上以自警。通不踰閑，介不絶俗。味澹泊，絶嗜慾，常情所不堪，而綽綽然有裕。兹實一國之善士，當代之逸民。聽松誌文。

見慕齋金先生，始聞正人君子之論。年譜。

一齋公隱居樂志，篤於自信，誠可嘉尚。但過於自信，堅於自用。答奇高峰。

李浚慶當危疑之際，不動聲色，措國勢於泰山之安。

曹南冥人多謂狷介高尚底人，非學問上恁地做工夫，故無進取事業。附録。

當今南州高士，獨數南冥一人。但高尚之士，好奇自用。好奇則不遵常軌，自用則不聽人言。答李剛而。

履素齋李仲虎能篤學力行，往往有絶異驚人之事。其心性情圖并説詩於道學精微處，恐未可輕擬。答金而精。

奇明彦既得了，又退而加工。只此一事，人所不及處。答鄭惟一。

明彦近讀易理策，真是昂鶴避雞群者。答黄俊良。

鄭逑甚穎敏，但恐敏處反爲病[一三]。答烏川諸君。

宋雲長有才不學。答黄俊良。

詔使許國、魏時亮，天使問：「東方有能知孔孟舊學、箕子疇數者？」先生録示高麗禹倬、鄭夢周，本朝金宏弼、鄭汝昌、趙光祖、尹祥、李彦迪、徐敬德等。

先生偶書一絶，莫不整絜，點畫字體必端方楷正。雖吟一絶一句，必精思更正，不輕示人。附録。

退溪先生學問，一以程朱爲準。敬義夾持，知行并進。表裏如一，本末兼舉。洞見大原，植立大本。若論其至，吾東方一人而已。鄭惟一語。

不由師承，超然獨得。其純粹之姿，精詣之見，弘毅之守，高明之業。道積于一身而言垂于百代，功光于先聖而澤流于後學。求之東方，一人而已。

退溪之學不爲功利所奪，不爲異端所惑。博而不雜，約而不陋。論學必本於聖賢，而參之以自得之實。教人必主於彝倫，而先之以明理之功。持己以正，而不苟爲崖異之行；儀禮援古，而不遺乎時王之制。急於修己而不言人過，勇於從人而不掩己短。接人以和而人自敬，待下以寬而下自肅。不以一節一善成名，而所學所守之正，求之東方，未有其比。禹性傳語。

平易明白，先生之學也；正大光明，先生之道也；和風慶雲，先生之德也；布帛菽粟，先生之文也。襟懷洞徹，如秋月冰壺；氣像温粹，如精金美玉。凝重如山嶽，静深如淵泉。望之可知其爲成德君子。

曹雲冥曰：「斯人有王佐之學。」奇高峰曰：「其心如秋月寒水。」金鶴峰曰：「東方箕子後一人。」趙月川曰：「其學得朱子嫡統。」實記。

静庵倡道，一時恰然歸向，亦不過聲聞而已。陶翁歉然欽退，專以講習爲業，然絃誦溢於閭巷，以至江外夷女爲夫服喪，胡酋湯介爲父服喪，東方學業莫盛於此。退老所做，優於静庵矣。名臣録。

李滉地位甚高，祖述程朱，我國此等人絶稀。李恒則當初以業武妄行之久，悟而志學，做得工夫。其勇與古人何異？但晚年知學，故學問不能該通矣。曹植則氣質磊落，壁立千仞，可以激懦立頑，而學問則有不循規矩之病。一時賢者不一其人，而李滉其尤也。

志貫皦日，行潔秋水。上泝洙泗，下窮濂洛。考亭遺訓，符契允合。儒林瞻仰，泰山喬嶽。栗谷祭退溪文。

道學自趙静庵始起，至退陶先生，儒者模樣已成矣。然遵行聖賢言語而已[一四]，不見其有自見處。栗谷語録。

近觀静庵[一五]、退溪、花潭三先生之説，静庵最高遠，退溪次之，花潭又次之。就中静庵、花潭多自得之味，退溪多依樣之味。静庵則望見全體，微有未盡瑩者，且不能深信朱子。的見其意，氣質英邁超卓，故言或有過當者。微涉於理氣一物之病，而實非以理氣爲一物也。退溪多依樣子之味，其言拘而謹。花潭多自得之味，故其言樂而放。謹故少失，放故多失，寧爲退溪之依樣，不必仿花潭之自得也。經筵日記。

嘗謂退溪李先生真得考亭法門宗旨。雖以癃疾居遠，不及服事於函丈之間，而終身宗仰不替，如出其門。牛溪行狀。

退溪記事自陰晴寒暑之節，讀書講論之實，靡不詳載。非但此也，今日看破某書，某疑見出某書某理，改某過，修某慝，謹言謹行以自課焉。其篤實之學，老而愈篤，真可謂百世之師也。牛溪雜記。

退溪與奇明彦論四七説，明彦分明直截，勢如破竹；退溪辨説雖詳，義理不明，反復咀嚼，終無的實滋味。明彦只是有箇才智，何於此處見得到耳[一六]？退溪以四端爲由中而發，七情爲感外而發，以此爲先入之見，以朱子發於氣、發於理之説主張而伸張之[一七]，亦爲正見之一累。栗谷與牛溪書。

羅整庵有見於大本，而反疑朱子有二歧之見。雖不識朱子，而卻於大本上有見矣。但以人心道心爲體用，失其名義，可惜也。雖然，整庵之失在於名目上，退溪之失在於性理上，退溪之失較重矣。

栗谷先生曰：「自漢以來，稍知尊孔孟而抑異端者，不過數人而已。董生之『正其謀不謀其利』，揚雄之『先自治而後治人』，退之之『能起八代之衰』，永叔之『能革五季之弊』者是也。然董生得其經[一八]，而其失也，流而爲迂。退之自守不固，饑寒困窮之不勝，而號於人。永叔雖若庶幾，而道學終愧於濂洛。況莽大夫揚雄，焉能爲有爲無乎？」文策。

荀卿、毛萇、董仲舒、諸葛亮、王通、韓愈之徒[一九]，立言立事，有補於世教。而荀、揚皆偏駁，毛萇無顯功，王通見小而欲速，皆無足觀。惟仲舒有正誼明道之論，諸葛亮有儒者氣象，韓愈排斥佛老，視諸子爲優。但仲舒流於災異之説，亮近於申、韓之習，愈疎於踐履之學，所以不能接聖賢之統也[二〇]。聖學輯要。

程、張之後，繼之以朱子焉。但龜山受學於程子，豫章受學於龜山，延平受學於豫章。三先生業雖不廣[二一]，是朱子源流之所自也。

朱子後，得道統無可指的之人[二二]，張南軒爲道義之交，蔡西山及黄榦皆有得於朱子之學。

麗末，鄭夢周稍有儒者氣像[二三]，亦未能成就其學。跡其行事，不過爲忠臣而已。東湖問答。

權近入學圖似齟齬。鄭圃隱號爲理學之祖，而乃安社稷之臣，非儒者也。語録。

我國先儒皆無著述，至陽村始有著述。名臣録。

世宗朝上有堯舜之君，下無稷契之臣。如許稠、黄喜，皆流俗中稍秀者耳。東湖問答。

梅月堂才溢器外，不能自持。然標節義，扶倫紀，可與日月争光。聞其風，懦夫亦立。雖謂之百世之師，亦近之矣。梅月堂傳。

成運樂善好學，與物無競。居家不問有無，簞瓢或空，晏如也。經筵日記。

河西，清水芙蓉，光風霽月。出處之正，無與公比者。語録。

徐敬德其論理多主橫渠之説，微與程朱不同，而自得之樂，非人可測也。議論與聖賢有差異，故退溪以爲非儒者正脉。經筵日記。

徐敬德、成守琛一時并出。學問之工，敬德雖深，德器之厚，守琛爲優。

徐花潭以窮格爲事，或默坐累日。如欲窮天之理，則書「天」字于壁，既窮之後，他字[一二四]。其精思力究，非人所及。其學不事讀書，專用探索，既得之後，始讀書而證之。

潛心墳典，游刃群書。志斷浮雲[一二五]，浩然歸田。春風秋月，目擊無際[一二六]。祭聽松文。

李浚慶以四朝老臣，清以律身，毅以治事，屏黜權姦，詡戴聖君，孰不曰賢相乎？惟其驕亢自高，不能下士，積成釁隙，奇大升尤發侵語。與士類不協，疾病。上劄論朝臣，有「朋黨之私，卒之誤君上以喪邦」之語，士林指爲醜正之人。惜哉！經筵日記。

曹植遯世獨立，志行峻潔，有壁立氣像，真是一代之逸民。臨終，謂其學徒曰：「後人以我爲處士則可矣，若目以儒者，則非其實也。」星官南師古語人曰[二七]：「今歲處士星無光。」不久而植歿，可謂應時非常之士哉！

白仁傑少從趙光祖學，每與成渾、李珥論學。八十之年，矻矻不已。牛溪常曰：「公之才比之圍棋，有時高着敵國手，有時亂着者也。」

白仁傑志氣不群而學術麤疏，喜於敢言而不適時用。

生稟偉氣，養以直節。奮公直聲[二八]，風霜滿筆。祭休庵文。

許曄自少以學問自許，而議論頗異。退溪嘗曰：「太輝若不學問，則真是善人也。」經筵日記。

李之菡氣度異常，天姿寡慾，於名利聲色澹然，人莫測其蘊也。

水月情懷，大羹腸胃。土木形骸，泥塗軒冕。祭土亭文。

土亭非適用之才。比之於物，則是奇花異艸、珍禽怪石，非布帛菽粟也。經筵日記。

朴淳表裏潔白，憂國以誠，只恨精神氣魄稟得弱耳。附録。

金繼輝清白自守，明練典故。雖不重不威，病於輕率，論其才器，則求之列卿，未見其比。洗滌東西疏。

鄭澈忠清剛介，一心憂國。雖量狹見偏，病於執滯，而論其氣節，則實是一鶚之比。

奇大升文學名世，氣槩豪俊，以經綸一時自負，而其學只務辯博宏肆，實無操存踐履之工。經筵日記。

趙穆，李滉之高弟；金千鎰，李恒之高弟，皆人望也。

崔永慶清介絶世，容貌嚴重，有不可犯者。坐而語人，無一點塵慾。牛溪語于白休庵曰：

「吾見某人，還時忽覺清風滿袖。」

崔永慶云：「奇明彦小有才學，大有病痛。以乙巳群姦爲有功，以南冥擾亂朝廷。以此偏見，若得施設，必害於政。」

李生珥自星州來訪[二九]，其人明爽多記覽，頗有意於吾學。真所謂後生可畏，前聖豈欺我哉！退溪答趙月川書。

聖遠言湮，異端亂真，終始迷溺者多矣。程伯子、張横渠、朱晦庵諸先生，其始若不能無少出入，而旋覺其非。噫！非天下之大智大勇，其孰能脱洪流而返真源也哉？往聞人言，足下讀釋氏頗中其毒，心惜之久矣。日者之來見我也，不諱其失而能言其非[三〇]，吾知足下之可與適道也。退溪答栗谷書。

栗谷於道洞見大原，其所謂「人心道心之發無二原」，「理氣不可謂互發」等語，皆實見得。誠山河間氣，三代上人物。牛溪附録。

栗谷儘是五百年間氣人物也，經筵日記如青天白日。

每對先生，如登高閣，洞開入窗，使人自無邪僻之心。栗谷遺事。○申應榘撰。

退溪理氣之論，終有未透處，若聞栗谷之言，則必相契合矣。沙溪語録。

牛溪先生少居貧，養親躬親漁獵，力營滋味未嘗乏。

聽松先生患風疾，沈綿枕席，晝夜使侍，未嘗頃刻離側。聽松恐其生疾，每令退休，則不敢違志。坐於户外簷下蒿席之上，屬耳窗間，俟夜深睡着，然後少退假寐。未明及未覺，先往户外坐到天明，乃入户省候，有若自私室始來者。及其危革，乃割股以進之。蓋早以學行名，故不以一善見稱，實則真孝子也。家狀。

弱冠與栗谷李先生定爲道義之交，切磋相長，麗澤最多。論者以爲析理精通栗谷爲優，而踐履篤實先生爲優。然先生則每曰：「栗谷非吾友，乃吾師也。」

成渾早承家庭之訓，行純而不雜，學進而不退，於學問深有自得之妙。經筵日記。

吾於義理曉解處優於牛溪，雖知之未能實踐。牛溪則既知之，便能一一踐履，此吾所以不及也。栗谷語録。

【校勘記】

〔一〕先生受命世之姿　「姿」，静庵集附録卷六作「才」。

〔二〕晦齋之學故優於静庵　「故」，退溪集卷三十作「固」。

〔三〕而門人得力不及於程門　「門」下，退溪集卷二十四有「人」字。

〔四〕每聽　「聽」下，退溪集卷十有「之」字。

〔五〕未嘗不懷仰兩先生　「生」下，退溪集卷十有「之風」二字。

〔六〕以是觀　「觀」下，退溪集卷二十四有「之」字。

〔七〕范蘭溪有得於此　「此」下，退溪集卷二十有「學」字。

〔八〕蓋非獨一箴也　「一」下，退溪集卷二十有「心」字。

〔九〕則所謂纓冠之急　「謂」下，退溪集卷二十三有「被髪」二字。

〔一〇〕恐不免啓學者穿鑿之病耳　「鑿」下，退溪集卷二十八有「傅會」二字。

〔一一〕後來所見甚高人一等　「甚」，退溪集卷十三作「實」。

〔一二〕終陷大禍　「陷」，退溪集卷十三作「蹈」。

〔一三〕但恐敏處反爲病　「恐」與「爲」下，退溪集卷三十七皆有「其」字。

〔一四〕然遵行聖賢言語而已　「然」下，栗谷集卷三十一有「退陶似」三字。

〔一五〕近觀靜庵　「靜庵」，栗谷集卷十作「整庵」。

〔一六〕何於此處見得到耳　「何」，栗谷集卷十作「偶」。

〔一七〕主張而伸張之　下「張」字，栗谷集卷十作「長」。

〔一八〕然董生得其經　「其」，栗谷集拾遺卷六作「聖人之」。

〔一九〕荀卿毛萇董仲舒諸葛亮王通韓愈之徒　「董仲舒」下，栗谷集卷二十六有「揚雄」二字。

〔二〇〕所以不能接聖賢之統也　「聖賢」，栗谷集卷二十六作「孟氏」。

〔二一〕三先生業雖不廣　「三」上，栗谷集卷二十六有「斯」字。

〔二二〕得道統無可指的之人　「統」下，栗谷集卷二十六有「正脉者」三字。

〔二三〕鄭夢周稍有儒者氣像　「像」，栗谷集卷十五作「象」。

〔二四〕他字　「他」上，栗谷集卷二十九有「更書」二字。

［二五］志斷浮雲　「志」，栗谷集卷十四作「夢」。

［二六］目擊無際　「目擊」，栗谷集卷十四作「擊目」。

［二七］星官南師古語人曰　「南師古」下，栗谷集卷二十九有「會」字。

［二八］奮公直聲　「奮公直聲」，栗谷集卷十四作「公奮直辭」。

［二九］李生珥自星州來訪　「星州」，退溪集卷二十三作「星山」。

［三〇］不諱其失而能言其非　「失」，退溪集卷十四作「實」。

東亞《近思録》文獻叢書

《近思録(吕氏家塾讀本) 文場資用分門近思録 分類經進近思録集解》 (宋) 朱熹、吕祖謙、葉采、(明) 周公恕 等 撰

《性理群書句解後集》
(宋) 朱熹、吕祖謙、蔡模 等 撰

《近思録解義》 (清) 張紹价 撰

《近思録備考 近思録訓蒙輯疏》
[日] 貝原篤信、安褧 撰

《近思録説略》 [日] 澤田希 撰

《近思録集説 近思録欄外書》
[日] 古賀樸、佐藤一齋 等 撰

《近思録釋疑 近思續録 海東七子近思録》
[朝鮮] 金長生、宋秉璿、朴泰輔 等 撰

《星湖先生近思録疾書 近思録釋義 續近思録》
[朝鮮] 李瀷、朴履坤、李漢膺 撰

圖書在版編目（CIP）數據

近思録釋疑 /（朝）金長生，（朝）鄭曄撰 ；（朝）宋時烈修訂 ； 程水龍主編 ； 程水龍，陸森森校點. 近思續録 /（朝）宋秉璿，（朝）金聖禮編 ； 程水龍主編 ； 彭春玉，李想校點. 海東七子近思録 /（朝）朴泰輔編 ； 程水龍主編 ； 傅孟凱校點. -- 上海 ： 上海古籍出版社，2024. 11. --（東亞《近思録》文獻叢書）. -- ISBN 978-7-5732-1437-9

Ⅰ. B244. 75

中國國家版本館 CIP 數據核字第 20241Y7B62 號

題簽：史楨英

近思録釋疑

（朝鮮）金長生 鄭　曄 撰

（朝鮮）宋時烈 修訂

程水龍 陸森森 校點

近思續録

（朝鮮）宋秉璿 金聖禮 編

彭春玉 李　想 校點

海東七子近思録

（朝鮮）朴泰輔 編

傅孟凱 校點

出版發行　上海古籍出版社

地　　址　上海市閔行區號景路 159 弄 1－5 號 A 座 5F

郵政編碼　201101

網　　址　www. guji. com. cn

E-mail　guji1@guji. com. cn

印　　刷　江陰市機關印刷服務有限公司

開　　本　890×1240　1/32

印　　張　23. 125

插　　頁　7

字　　數　444,000

版　　次　2024 年 12 月第 1 版　2024 年 12 月第 1 次印刷

印　　數　1—1,300

書　　號　ISBN 978－7－5732－1437－9/B・1437

定　　價　98. 00 元